대전환 시대의 국가론

위기 극복의 국제정치학

이 저서는 2022년 서울대학교 미래전연구센터, 경제인문사회연구회,
한국국제정치학회의 지원을 받아 수행된 연구임.

서울대학교 미래전연구센터 총서 8

대전환 시대의 국가론

위기 극복의 국제정치학

김상배 엮음

김상배·박성우·홍태영·손 열·조홍식·
송지연·차태서·여유경·고민희·민병원 지음

Bringing the State Back in the Age of Great Transformation:
International Politics of Crisis Management

한울
아카데미

차례

서론
대전환 시대의 위기 극복 국가론 김상배
왜 지금 다시 국가를 논하는가?

1. 국가론 연구의 역사적 진화 8
2. 대전환의 위기와 국가의 새로운 역할? 10
3. 대전략의 모색과 오늘날 국가의 과제 13
4. 네트워크 국가론, 새로운 국가론의 모색 15
5. 이 책의 구성 19

제1부 역사·사상 맥락에서 본 국가론

제1장
'국제'에 관한 고전정치철학의 이해와 현대적 활용 박성우
새로운 상상력을 위하여

1. 서론: 근대적 주권, 국제 개념의 한계와 고전정치철학의 소환 30
2. 투키디데스의 전쟁론: 퓌시스와 노모스의 대화 33
3. 플라톤의 정의론: 개인적 정의, 국가적 정의, 글로벌 정의의 연계성 42
4. 아리스토텔레스의 국익론: 자연과 국제의 목적론적 일체성 51
5. 결론을 대신하여: 21세기 국가론을 위한 상상력 61

제2장
근대 국민국가에서 탈근대 민주적 공간으로 홍태영
근대국가에 대한 논의 지형 변화의 역사와 사상

1. 서론 71
2. 근대 국민국가의 구성과 전환 74
3. 사회의 국가화 혹은 국가의 통치화 84
4. 근대의 경계에서 국가론의 전복 혹은 해체 95
5. 글을 나가며 102

제2부 자본주의 국가론: 지구화, 산업화, 민주화 맥락

제3장
세계화, 재세계화, 자본주의 국가 손열
국가론의 재조명

1. 서론 108
2. 자본주의 국가론 110
3. 세계화 시대의 국가론 113
4. 반세계화와 재세계화 116
5. 재세계화의 국가론 121

제4장
세계화 시대 자본주의 질서와 국가의 변화 조홍식

1. 국가와 자본, 이론적 배경 124
2. 통화질서의 변화와 국가의 새로운 역할 128
3. 금융질서의 변화와 국가-자본의 융합 134
4. 국가 중심 대안적 질서의 등장? 140
5. 2020년대 위기와 분열 147

제5장
산업화, 세계화, 그리고 탈산업화 시대의 국가와 노동 송지연

1. 서론 152
2. 산업화 시기의 국가와 노동 154
3. 세계자본주의 황금기의 국가와 노동 156
4. 세계화와 자본주의 다양성 158
5. 탈산업화와 자동화 시대의 국가와 노동 162
6. 코로나19 팬데믹 대전환 시기의 국가와 노동 165
7. 결론: 위기, 대전환, 새로운 국가의 역할 170

제6장
포스트-트럼프 시대 미국 정체성 서사 경쟁 차태서
현대 국가론에서 문화적 전환의 맥락에서

1. 서론: 내러티브로서의 네이션과 2020년 미국 대선의 의미 176
2. 미국의 정체성 내러티브 경쟁사 181
3. 펜데믹 시대, 미국 영혼 전쟁의 발발 191
4. 결론을 대신하여 205

제7장
위기와 거버넌스 여유경
중국의 도구화된 이데올로기와 국가

1. 문제 제기 220
2. 중국식 레닌주의 변이 222
3. 정치적 위기와 국가 226
4. 경제-사회적 위기와 국가 229
5. 지구적 위기와 국가 236
6. 맺음말 243

제4부 대전환 시대의 미래 국가론: 팬데믹, 정보화 맥락

제8장

국가의 위기, 위기의 국가? 고민희

코로나19 위기와 국가의 미래

1. 서론: 위기를 다시 불러들이기 252
2. 본론: 위기와 국가에 대한 이론적 논의 255
3. 결론 280

제9장

네트워크 국가의 등장과 국가론의 미래 민병원

1. 들어가는 말 284
2. 정보기술과 네트워크 사회의 권력 286
3. 영토성의 종말과 근대국가의 변환 292
4. 역사 속의 제국과 오늘날의 네트워크 국가 299
5. 국가론의 재조명과 미래의 국가 304
6. 맺는 말 310

찾아보기 315

서론

대전환 시대의 위기 극복 국가론

왜 지금 다시 국가를 논하는가?

김상배 | 서울대학교

1. 국가론 연구의 역사적 진화

지난 40여 년을 되돌아보면, 시대적 전환에 대응하는 국가의 역할에 대한 논의는 우여곡절을 겪어왔다. 1980년대는 국가론의 범람 시대였다. 이른바 '국가 소환하기Bring the State Back In'라는 담론 하에 네오-마르크스주의자Neo-Marxist 또는 네오-베버주의자Neo-Weberian로 알려진 학자들의 연구가 활발히 진행되었다. 이들은 다양한 행위자들의 이해관계를 조율하는 중립적 관리자 정도로만 국가를 보던 기존의 다원주의적 정치학에 반론을 제기하고, 정당하게 강제력을 독점한 주체로서 국가의 위상과 역량을 탐구했다. 국가는 '지배계급의 도구'이지만 상대적 자율성을 지니며, 역사적이고 사회경제적인 거시적 맥락에서 진행되어 온 변화의 정치적 주체로서 파악해야 한다는 것이었다. 이러한 자본주의 국가론의 연장선에서 국내 학계도 사회구성체 논쟁과 발전국가 연구 등을 활발히 진행했다.

1990년대를 넘어서면서 몰려온 신자유주의적 지구화globalization[1]와 정보화 및 민주화의 물결은 국가보다는 시장과 사회의 역할에 눈을 돌리게 했다. 지배의 주체로서 국가보다는 혁신과 저항의 주체로서 민간 행위자에 주목한 정치경제학과 정치사회학이 득세하는 양상을 보였다. 지구화의 심화와 디지털 네트워크의 확산 속에서 국민국가는 자국의 영토적 경계를 넘나드는 자본과 기술에 대한 주권적 통제를 잃어가고 있다는 인식이 확산했다. '국가의 쇠퇴', '국가의 위기', 심지어 '국가의 종말'이라는 말까지 등장했다. 글로벌 경제와 국제정치에서도 다국적 기업과 글로벌 시민운동, 테러 네트워크 등과 같은 초국적 행위자들이 조명을 받았다. 이에 비해 활동 주체이자 분석 단위로서 국가에 관한 관심은 상대적으로 저조했다. 국가의 실종은 아니더라도 국가론은 실종된 듯 보였다.

신자유주의적 지구화의 전개가 담론 차원에서 국가론의 후퇴를 초래한 것은 사실이지만, 존재 차원에서 국가 자체를 쇠퇴시킨 것은 아니었다. 국가는 지구화 과정의 주요 행위자인 동시에 글로벌 차원에서 진행된 자본 축적에 영향을 미치는 정치적 환경과 제도적 여건을 제공하는 일종의 후견인이었다. 지구화의 서슬이 퍼렇던 시절에도 진행된 국가론 논쟁은 이러한 국가의 역할에 착안했다. 특히 신자유주의적 지구화 추세 속에서 드러난 이른바 '자본주의의 다양성'이 큰 테마였다. 지구화의 물결에 대한 일국 차원의 규제정책이나 국가와 시장의 역관계, 그리고 시민사회 변수 등에서 나타나는 차이는, 지구화가 단순히 획일적인 '수렴convergence'의 과정이 아니라 국가별 또는 지역별로 '분기divergence'의 결과를 낳고 있음을 여실히 보여주었다.

2008년 세계 금융위기를 겪으며 시대적 흐름이 크게 바뀌어 국가가 적극적인 역할을 해야 한다는 담론이 떠올랐다. 위기에 대응하는 일국 차원의 노력을 넘

1 이 책에서 'globalization'은 '지구화' 또는 '세계화'로 표기했다.

어서 선진국 정부들의 국제공조를 위한 협의체도 가동되었다. 국내정치 차원에서도 신자유주의적 지구화에 반발하는 국가의 반격이 이루어졌다. 2010년대에 들어 우파 포퓰리즘의 부상과 함께 민족주의와 권위주의 움직임이 주요 국가들에서 나타났다. 다국적 기업들의 초국적 활동에 대응하는 보호무역주의 경향도 대두되었다. 미중 패권경쟁이 가속화되면서 국제정치적 갈등의 축도 강대국 간 지정학적 경쟁으로 옮겨갔다. 지구화의 선봉장이었던 미국마저 자국 우선주의로 회귀하면서 이른바 탈脫지구화de-globalization의 경향은 더욱 강화되었다.

2019년 1월 세계경제포럼WEF은 '지구화 4.0'이라는 화두를 던진 바 있다. 오늘날 기술·경제적 발달이 불균등 성장과 사회적 불평등을 심화시키고, 더 나아가 정치적 갈등과 지정학적 위기를 증폭시킬 수 있다는 문제 제기였다. 기존의 신자유주의적 지구화가 너무 나갔지만(Globalization has gone too far), 이를 제어할 대안이 제대로 마련되지 않았다는 우려도 제기되었다. 오히려 강대국들의 경쟁은 이러한 불평등과 갈등 및 위기를 더욱 조장하는 방향으로 치닫고 있다고 지적했다. 특히 무역과 기술 분야에서 가속화되는 미중 패권경쟁의 양상은 지정학적 위기를 낳을 조짐을 여실히 보여주었다. 4차 산업혁명의 기술발달 추세에 적응하여 지속적인 경제발전을 이룩하면서도, 그 와중에 발생하는 다차원적 난제들을 해결하기 위해 국가가 나서서 새로운 거버넌스의 프레임워크를 구축할 필요성이 제기되었다.

2. 대전환의 위기와 국가의 새로운 역할?

2020년대에 접어들면서 '신흥안보emerging security'로 개념화되는 새로운 안보위협에 직면하여 국가의 적극적 역할에 대한 기대가 커졌다. 특히 코로나 팬데믹으로 인한 위기의 극복 과정에서 국가의 시대적 사명이 거론되었으며, 이러한 분위기는 기후변화 위기와 기술안보 갈등이라는 새로운 안보 변수에 의해서 강화되었다. 실제로 오늘날 안보위협은 과거 거시적인 시각에서 본 국가안보의 프레임만으로는 파악할 수 없을 정도로 복잡다단해졌다. 생활 속의 '안전' 문제가 집단과 조직의 '보안' 문제가 되고 더 나아가 국가적 차원의 '안보' 문제로 부상하고 있다. 그야말로 코로나 팬데믹의 보건안보 위협에서부터 공급망 교란의 경제안보, 디지털 인프라의 사이버 안보, 개인정보 보호와 데이터 안보 문제, 그리고 우크라이나 전쟁과 같은 전통적인 지정학적 갈등에 이르기까지 복합적인 위기 속에서 살고 있다.

새로운 안보위협의 복합적 발생은 여러 분야에 걸친 다양한 전환을 초래하고 있다. 그야말로 '대전환Great Transformation'이 발생하고 있다. 오늘날 대전환은 정치·경제적, 기술·사회적, 생태·환경적 차원에서 발생하는 글로벌 전환, 디지털 전환, 그린·바이오 전환의 '삼중 전환'으로 요약된다. 이러한 과정이 단순한 '이행transition'이 아니라 복합적인 '전환transformation'이라는 점에 유의해야 한다. 대전환의 과정에서 지구화와 지정학, 효율성과 공정성, 성장지향성과 지속가능성 등의 논리가 서로 긴장하고 경합한다. 이러한 긴장과 경합의 틈새로 자본과 데이터, 바이러스가 국가의 영토적 경계를 넘나들며 대전환을 촉진하고 있다. 그런데 과거 국가가 담당했던 역할 모델에만 기대어서는 이러한 대전환의 위기에 제대로 대처할 수 없다는 것이 문제다. 국가의 새로운 역할에 대한 기대가 커지는 대목이다.

첫째, 글로벌 전환의 과정에서 국가의 새로운 역할이 기대된다. 지구화의 과정에서 구축된 글로벌 시장 환경과 첨단기술의 발달이 창출한 성과들은 되돌릴 수 없을 정도로 우리의 삶에 깊게 자리 잡았다. 그러나 이러한 지구화의 전개는 급속한 변화와 혼란도 초래했다. 빈부격차, 인종·지역 차별, 사회적 양극화 등과 함께 정치적 포퓰리즘의 경향도 강화되고 민주화 과정의 역주행도 나타나고 있으며, 강대국들의 패권경쟁은 이러한 문제들을 증폭시키고 있다. 최근 이러한 양상은 글로벌 공급망의 교란으로 인한 경제안보 담론의 확산에서 나타났다. '상호의존의 무기화'와 글로벌 공급망의 안보화로 지구촌이 분절화될 가능성이 거론되면서 이에 대처하는 국가의 새로운 역할에 대한 기대가 커지고 있다. 국가에 의한 공급망의 안정성과 복원력, 신뢰하는 파트너와의 기술협력 필요성 등이 거론된다.

둘째, 디지털 전환의 과정에서도 국가의 새로운 역할이 기대된다. 플랫폼 경제의 활성화와 빅테크 기업의 부상 등으로 새로운 경쟁 환경이 창출되었으며, 이러한 양상은 코로나19 이후 비대면 환경의 도입으로 인해 더욱 강화되는 추세다. 새로운 경쟁 환경에서도 효율성의 논리를 넘어서 공정한 규범의 수립이 요구되는 가운데, 플랫폼 기업에 대한 규제와 개인정보 보호 등의 이슈가 제기되고 있다. 특히 플랫폼 기업의 독점화 경향 속에서 중소 자영업자와 플랫폼 노동자의 권익 보호 문제가 규제정책의 핵심으로 떠올랐다. 또한 빅테크 기업의 빅데이터 권력으로부터 개인의 정보와 데이터를 보호하는 데이터 안보의 이슈도 이해관계의 조정자이자 규칙의 제정자로서 국가가 해결해야 할 새로운 쟁점이다. 이러한 와중에도 자국 플랫폼 경제의 경쟁력 확보를 소홀히 할 수 없다는 것이 국가가 안고 있는 또 다른 숙제이다.

끝으로, 그린·바이오 전환의 과정에서도 국가의 새로운 역할이 기대된다. 코로나 팬데믹 위기는 실물경제의 침체와 고용 위기를 거쳐서 재정 및 금융 분야의 위기로 전이될 가능성을 안고 있다. 위기의 발생을 미연에 방지하는 국가의 확대된 역할이 요구되는 대목이다. 그러나 코로나 방역 과정에 도입된 디지털 기술은 민주주의와 인권의 침해 문제를 야기한다는 점에서 또 다른 갈등의 불씨가 존재한다. 코로나 위기에 대한 국가의 대응은 개별 국가 차원의 대응뿐만 아니라 국제질서의 운영 차원에서 국제공조의 메커니즘을 요청한다는 점도 고려해야 한다. 또한 기후변화 위기에 대응하는 탈脫탄소화의 목표 달성을 위해서도 국가의 새로운 역할이 중요하다. 지구화가 초래한 새로운 위협에 대한 처방은 기본적으로 효율성보다는 회복력을 강조하고 이윤 추구보다는 지속가능성에 가치를 두는 연대와 협력이어야 한다.

3. 대전략의 모색과 오늘날 국가의 과제

대전환의 위기는 국가적 차원에서 '대전략Grand Strategy'의 모색을 요구한다. 그렇다면 글로벌 전환, 디지털 전환, 그린·바이오 전환에 대응하는 국가 대전략의 과제는 무엇인가? 새로운 대전략의 추진을 위해서는 무엇보다도 인식의 전환과 균형 있는 발상이 필요하다. 국가 재정의 양적 투입이나 공정 논리 일변도의 규제 마인드만으로는 안 된다. 그렇다고 개인 자유와 자율 규제의 논리를 내세워 무작정 국가를 눌러앉히는 것도 대안은 아니다. 대전환의 과정에서 발생하는 난제들을 잘 풀어가면서도 사회적으로 지켜야 할 가치를 제대로 챙기는 국가의 역할이 필요하다. 지속가능한 성장을 추동할 국가 거버넌스에 대한 진지한 고민이 필요함은 물론이다. 특히 정치·경제적 발전 거버넌스, 기술·사회적 민주 거버넌스, 생태·환경적 위기 거버넌스 등을 모색해야 하는 과제가 국가의 앞에 놓여 있다.

첫째, 글로벌 전환의 과정에서는 지구화와 지정학의 균형이 큰 과제다. 지구화 자체를 되돌릴 수는 없을 뿐만 아니라 현재 직면한 초국적 과제들은 일국 차원에서 해결되지 않는다. 어쩔 수 없이 재再지구화re-globalization를 위한 국가의 노력이 요구된다. 이론적으로 신자유주의적 지구화는 역사적으로 특정한 시기에 탄생한 하나의 정치적 산물이다. 그런데 현재의 지구화는 너무 나갔다는 것이 중론이다. 그럼에도 지구화를 근본적으로 되돌릴 수는 없을 뿐만 아니라, 무작정 되돌리기에는 그간 상당한 성과를 보여준 것도 사실이다. 신자유주의적 지구화의 문제점을 교정하고 '탈脫신자유주의'의 가치를 중심으로 새로운 지구화를 모색하려는 노력이 필요하다. 이러한 과정에서 국가는 여전히 지구화를 재조정 및 재구성하는 핵심 행위자이다. 국가는 전략적 타협의 정치적 기초를 제공함으로써 개방과 자유의 가치를 존중하고 다자주의적 국제질서와 국내적 안정을 도모하는 중심 행위자이다.

둘째, 디지털 전환의 과정에서는 효율성과 공정성의 조화가 과제다. 플랫폼 경쟁이 진화하면서 그 불확실성이 증대되고 있으며, 이에 대한 신新산업정책과 신新규제정책의 필요성이 동시에 제기된다. 플랫폼 기업의 급속한 성장이 야기하는 문제점과 이를 규제하려는 정부 차원의 부정적 인식이 동시에 발생하는 모순적 상황이 창출되고 있다. 이러한 와중에도 국가는 혁신기업들이 공정한 규칙을 지키면서도 글로벌 시장으로 진출할 수 있도록 지원해야 한다. 기존의 효율성 중심의 경쟁 패러다임을 넘어서 시민의 권리라는 변수도 고려하는 적극적 대책을 마련할 필요가 있다. 이 밖에도 금융과 무역의 규제, 노동의 적절한 관리, 지구적 위협에 대한 공동 대응 등과 같이 국가의 전략적 대응을 요구하는 이슈들이 산적해 있다. 이러한 맥락에서 디지털 전환에 걸맞은 포괄적이고도 지속가능한 '네트워크 거버넌스'를 구축하고, 그 과정에서 국가의 역할 설정 및 여타 행위자와의 협력체계 구축의 과제가 제기된다.

끝으로, 그린·바이오 전환의 과정에서는 성장지향성과 지속가능성의 조화가 과제다. 코로나 팬데믹과 같은 신흥안보 위험에 대응하기 위해서는 전통안보 모델과는 다른 거버넌스가 필요하다. 최근 발생하고 있는 신종 감염병은 X-이벤트의 성격을 띠고 있어 사실상 완벽히 '막는 것防'이 불가능하다. 단순한 차원의 방역 모델을 넘어서는 '예방-치료-복원'의 복합 모델이 필요하다는 지적이 나오는 이유다. 신흥안보 분야에서 발생하는 새로운 위험과 이에 대응하는 거버넌스를 창출하는 과정에서 핵심은 '예방력prevention'뿐만 아니라 진화론의 맥락에서 보는 적합력fitness과 복원력resilience의 확보에 있다. 아울러 생태환경 위기에 효과적으로 대처하는 적합 거버넌스를 동원하면서도 이러한 과정에서 발생할 사회통합 문제에 소홀하지 말아야 한다. 포스트-팬데믹 시대의 일상회복과 새로운 질서의 구축, 이 과정에서 발생하는 이해와 갈등을 조율하는 국가 차원의 '메타 거버넌스meta governance'의 역량이 요구된다.

대전략의 모색 과정에서는 단순한 기능적 역할 변화의 차원을 넘어서 국가의 존재적 형태 변화에 대한 논의도 필요하다. 이는 국가의 조직구조나 주권관념의 재조정 문제이며 동시에 대내외적 국가정체성을 재설정하는 문제를 의미한다. 이는 초국적이고 인도주의적 난제에 대처하는 국가의 규범성과 정당성 확보의 과제와 연결된다. 위기 극복의 주체가 예전부터 우리가 알고 있던 국가가 아닐 수도 있기 때문이다. 결국 이는 전형적인 국가 또는 '국제'의 틀을 넘어서 개방적 규범국가를 추구하는 문제로 귀결된다. 또한 디지털 기술문명의 대전환을 맞아 국가모델의 지향점을 고민하는 문제이기도 하다. 과거 효율성의 증대를 앞세운 성장국가 모델을 넘어서 성장과 함께 가치와 규범적 요소의 중요성도 간과하지 않는 가치국가 또는 어진仁 국가로의 변환이 필요하다.

궁극적으로 대전환의 시대를 맞아 미래 한국의 좌표를 담아낼 국가의 역할과 모습을 놓고 중지를 모아야 할 때다. 글로벌 전환의 파고 속에서 '낀 나라'의 위기를 중견국의 기회로, 디지털 경제 시대의 전환 과정에서 걸림돌이 아닌 디딤돌이 되는 국가로, 그린·바이오 전환의 시대를 맞아 효율적 성장국가에서 미래 인류 문명에 기여하는 규범국가로 도약해야 한다. 중장기적으로 미래 디지털 기술문명의 도래에 대비하여 글로벌 중견국이자 디지털 강국으로서 한국의 매력을 발산할 수 있는 새로운 국가모델에 대한 논의가 필요하다. 안과 밖으로 개방된 네트워크를 포용하는 새로운 국가모델도 설계해야 한다. 통일한국의 미래국가론도 이러한 연장선에서 고민해야 한다. 이 과정에서 기반이 되어야 할 것은 과거 좁게 설정된 국가이익의 정의를 넘어서는 국민적 합의를 도출하는 일이다.

4. 네트워크 국가론, 새로운 국가론의 모색

이상의 논의를 바탕으로 이 글은 미래 국가의 모델로서 '네트워크 국가network state'의 개념을 제안하고자 한다. 오늘날 세계정치에서 국가의 모습은 부국강병에 주력하는 위계 조직으로 개념화되던 기존의 국가모델을 넘어서고 있다. 또한 국가의 활동 반경도 영토적 경계를 넘어서 그 안과 밖으로 광역화되고 있다. 이러한 과정에서 지난 수백 년 동안 이념형적 국가모델로 인식되어 온 국민국가는 변환을 겪고 있다. 네트워크 국가는 이러한 와중에 발생하고 있는 국가변환을 잡아내려는 개념이다. 물론 이러한 국가변환의 양상은 글로벌 차원에서 획일적으로 나타나지 않고 각 국가와 지역, 이슈마다 다르게 나타난다. 이러한 맥락에서 네트워크 국가의 개념을 이론적으로 좀 더 분석적인 차원으로 발전시키고 이를 뒷받침하는 경험적 연구를 수행해야 하는 과제가 제기된다.

실제로 오늘날 세계정치에서 국경을 넘나들며 초국적으로 활동하는 비국가 행위자들이 늘어나고 있다. 주로 글로벌 네트워크의 형태를 띠는 이들의 영향력이 국가 행위자들의 기성 권력에 도전하는 경우도 발생하고 있다. 다국적 기업이나 금융자본, 초국적 테러 네트워크나 글로벌 시민사회 네트워크 등이 그러한 사례들이다. 이밖에도 다양한 형태의 글로벌 싱크탱크와 지식 네트워크, 국제문화교류의 네트워크, 이민자 네트워크 등의 활동도 부쩍 눈에 띈다. 국가 수준을 넘어서 활동하는 국제기구나 지역기구 등의 확대도 빼놓을 수 없다. 이러한 초국적 네트워크들이 부상하는 이면에는 4차 산업혁명 또는 정보통신 혁명의 전개에 힘입어 구축되어 작동하고 있는 글로벌 차원의 디지털 커뮤니케이션 네트워크가 있다.

이러한 변화에도 불구하고 기존 국제정치에서 주도적인 역할을 담당해 온 국가 행위자들이 순순히 물러난 것은 아니다. 국가 행위자들은 국내외적으로 다양한 정책 수단을 동원하여 다국적 기업들의 팽창을 견제할 뿐만 아니라 초국적으로 발생하는 안보위협과 시스템 불안에 대응하여 국제적 공조를 펼치기도 한다. 여기서 더 나아가 최근에는 미·중·일·러로 대변되는 강대국들이 나서서 초국적 네트워크 행위자들이 주도해 왔던 지구화에 역행하는 행보를 보이고 있다. 이들 국가의 국내정치가 보수화 및 권위주의화되는 경향을 보이는 가운데, 자국의 이익보호를 추구하며 보호무역주의를 내세우면서 국가 간의 통상마찰이 늘어나고 있다. 이른바 지정학의 부활이 거론되는 것은 바로 이러한 이유 때문이다.

이러한 시각에서 보면 미래 세계정치에서도 국가 행위자는 여전히 중요한 역할을 담당할 것으로 보인다. 그렇지만 미래의 국가는 예전의 근대 국제정치에서 군림했던 국민국가의 모습은 아니다. 국민국가를 넘어서는 미래 국가모델로서 '네트워크 국가'에 대한 논의가 출현하는 것은 바로 이 대목이다. 네트워크 국가의 부상은, 한편으로 국가가 자신의 기능과 권한을 적절하게 국내의 하위 단위체에게 분산·이전시킴으로써 그 구성원들로부터 정당성을 확보하고, 다른 한편으로 개별 국가 차원에 주어지는 도전에 효과적으로 대처하기 위해서 영토적 경계를 넘어 국제적이고 지역적이며 경우에 따라서는 초국적인 차원의 제도적 연결망을 구축하는 과정에서 발생한다.

이러한 네트워크 국가들의 권력게임도 새로운 시각에서 이해할 필요가 있다. 여전히 지정학적 시각에서 본 물질적 자원권력의 구축이 중요하겠지만, 이를 넘어서는 새로운 권력정치의 메커니즘을 적시해야 한다. 군사력과 경제력이 행사되는 과정에서 기술, 정보, 지식, 문화 등과 같은 비물질적 권력자원의 중요성이 커졌다. 행위자들이 형성하는 관계적 맥락에서 작동하는 구조적 권력이나 제도적 권력, 그리고 상대방을 설득하고 동의를 구하며, 더 나아가 가치관과 정체성에도 영향을 미치는 구성적 권력도 만만치 않은 힘을 발휘하고 있다. 좀 더 포괄적인 의미에서 보면, 새로운 행위자로서 네트워크 국가가 벌이는 권력게임은 행위자 자체의 속성보다는 이들이 몸담은 네트워크의 맥락에 기대어 전개되는 양상이다.

이렇게 전개되는 미래 세계정치는 기존 국제정치이론의 연구 대상이었던 국민국가 간의 정치, 즉 국제정치國際政治, international politics의 반경을 넘어설 것으로 보인다. 오히려 미래 세계정치는 네트워크 간의 정치, 즉 망제정치網際政治, internetwork politics로 개념화되어야 할 것이다. 네트워크 간의 망제정치는 국가 행위자뿐만 아니라 다양한 비국가 행위자들이 다층적인 네트워크를 형성하면서 경합하는 모습으로 전개된다. 게다가 이러한 경합의 이면에는 사이버 공간을 배경으로 하여 작동하는 디지털 네트워크가 있다. 부연컨대, 기존의 국제정치가 국가라는 노드 행위자들 간의 '점대점點對點 정치'였다면, 미래 세계정치는 다양한 네트워크 행위자들 간의 '망대망網對網 정치'로 보아야 할 것이다.

이렇듯 망제정치에는 행위자의 성격 및 네트워크의 구성 원리와 작동 방식 등의 측면에서 각기 다른 상이한 네트워크들이 경합한다. 게다가 21세기 세계정치의 네트워크 경합은 '단일 종목'의 경기가 아니라 여러 분야에서 동시에 경합을 벌이는, 올림픽 경기와도 같은, '종합 경기'이다. 따라서 경우에 따라서는 경쟁과 협력을 분별하기 어렵고, 승자와 패자를 가리기 힘든 일종의 '비대칭 망제정치'의 양상을 보이기도 한다. 따라서 이러한 과정에서 발생하는 세계정치의 구조 변동은 기존 이론이 상정했던 바와 같이 '세력전이'의 단순한 형태가 아닐 수 있다. 실제로 최근 강대국들이 벌이는 패권경쟁은 여러 분야에 걸쳐서 다양한 행위자들이 경쟁하면서도 협력하는 복합적인 양상을 보이고 있다.

이른바 복잡계 환경을 배경으로 진행되는 망제정치의 현상은 기존의 국제정치이론이 설정하고 있던 이론적 가정의 범위를 넘어서 발생한다. 따라서 세계정치의 미래를 이해하려는 시도를 기존 주류 국제정치이론인 현실주의의 기본 가정 안에 가두어 둘 수는 없다. 다시 말해, 국민국가들이 벌이는 자원권력의 경쟁, 그리고 그 결과로서 파생되는 무정부 질서anarchy에 대한 이론적 가정에만 입각해서는 더 이상 오늘날의 세계정치를 제대로 볼 수가 없다. 20세기 초엽에 그 진용을 갖춘 현대 국제정치학의 렌즈만으로는 네트워크 국가의 부상과 이들이 벌이는 네트워크 권력게임, 그리고 여기서 파생되는 새로운 네트워크 질서로 대변되는 변화의 실체를 또렷이 파악할 수 없음은 오히려 당연하다.

5. 이 책의 구성

이 책은 "대전환 시대의 국가론: 위기 극복의 국제정치학"이라는 대주제 하에 크게 네 부분으로 구성했다. 제1부 "역사·사상 맥락에서 본 국가론"은 두 개의 논문을 실었다. 제1장 "'국제'에 관한 고전정치철학의 이해와 현대적 활용: 새로운 상상력을 위하여"(박성우)는 21세기 세계가 전통적인 근대 국가 개념, 그 연장선에서 이해되는 근대 국제 개념으로는 포착하기 어려운 새로운 현실에 직면해 있음을 지적한다. 특히, 안보, 국익, 정의의 차원에서 그러하다. 주지하는 바와 같이 전통적인 안보 개념은 후퇴하고, 인간안보를 비롯한 기후 및 환경안보, 식량안보, 보건안보, 사이버 안보, 에너지 안보 등 비전통 안보 개념이 부상하고 있다. 국익과 관련해서도, 군사적·경제적 이익에 기초한 하드 파워로서의 국익보다 문화적·종교적·규범적 차원의 소프트 파워로서의 국익의 중요성이 높아지고 있다. 정의 담론에 있어서도 기후변화로 초래될 대재난에 대한 위기 의식이 전 세계적으로 확산하면서, 국내적 틀에만 묶여 있던 정의 담론이 글로벌 영역으로 확장되어, 이른바 글로벌 정의 담론이 확산되고 있다. 글로벌 정의 담론은 기후변화와 같은 환경문제뿐만 아니라, 세계 빈곤, 극심한 경제적 불평등, 제노사이드, 인권 유린 등 다양한 층위의 지구적 문제를 개선하기 위한 이론 틀로도 주목받고 있다.

제1장은 이러한 상황에 대한 하나의 대응으로서, 고대 그리스의 국제정치사상을 검토하고 이를 통해 근대적 국제 개념을 극복하는 데 필요한 새로운 상상력을 제공한다. 고대 그리스의 사상가들에게 '국제'는 단순히 국가들 간의 관계로 규정되지 않는다. 이들에게 '국제' 개념은 개인의 영혼을 출발점으로 국가, 세계, 자연의 유기적인 연속성 안에 존재한다. 제1장은 이러한 독특한 의미의 '국제' 개념을 바탕으로 고대 국제정치사상에서 전개되고 있는 전쟁론, 정의론, 국익론을 검토한다. 특히 고대 국제정치사상을 대표하는 세 명의 사상가인 투키디데스, 플라톤, 아리스토텔레스가 각각 영혼-국가-국제-자연의 구성

적 존재론 안에서 전쟁, 정의, 국익을 각각 어떻게 해석하고 있는가를 분석하고, 이를 토대로 근대적 국제 개념의 고정 틀에서 벗어나 새롭게 전개되고 있는 국제정치의 양상을 이해하고 이에 대처하기 위한 이론 틀을 모색했다.

제2장 "근대 국민국가에서 탈근대 민주적 공간으로: 근대국가에 대한 논의 지형 변화의 역사와 사상"(홍태영)은 국가를 두 가지 층위에서 접근했다. 하나는 근대에 형성된 정치공동체의 형태이자 시공간적 개념으로서 국민국가이며, 다른 하나는 그러한 정치공동체로서 국민국가 내에서 작동하는 권력의 집중체로서 국가(권력)의 문제이다. 이러한 국가를 둘러싼 논의는 근대국가가 출현하고 이후 전환되는 과정에서 지속적으로 변화해 왔다. 17세기 홉스 이래 근대 정치철학의 대상으로서 국가에 대한 논의는 국가의 정당성과 그를 둘러싼 기원에 대한 논의가 중심을 이루었다. 이후 프랑스혁명과 함께 근대국가가 본격적으로 출현하고 자본주의의 발전과 궤를 같이하면서 국가는 '사회적인 것'을 둘러싸고 그것을 해결할 것인가의 문제를 두고 다양한 사회과학들의 논의 대상이 되었다.

20세기 들어서 복지국가의 발달과 국가의 역할 확대 속에서 다시 국가의 위상과 국가권력의 민주화 그리고 제3세계의 해방 이후 민주화 과제 등 민주주의의 문제를 둘러싸고 정치학적 논의가 주를 이루었다. 그리고 21세기에 들어서 국가에 대한 논의는 세계화 속에서 급속히 약화되었다. 그것은 국민국가 위기의 반영이기도 하고, 또한 민주주의에 대한 새로운 탐구가 필요하다는 것을 의미하기도 한다. 따라서 제2장은 근대 정치공동체로서 국가에 대한 논의가 그 출발 시점에서부터 어떻게 진행되어 왔으며, 다양한 전환의 계기들을 통해 어떠한 쟁점을 가지면서 위상의 변화를 가져왔는가를 살펴보았다. 그리고 현재의 시점에서 국가에 대한 논의를 둘러싼 쟁점, 특히 세계화와 그에 따른 국민국가의 위기 상황 속에서 민주주의가 새롭게 재구조화되기 위한 정치적 공간에 대한 사유의 지점들을 찾고자 했다.

제2부 "자본주의 국가론: 지구화, 산업화, 민주화 맥락"은 세 편의 논문을 실

었다. 제3장 "세계화, 재세계화, 자본주의 국가: 국가론의 재조명"(손열)은 지식사회학적 시각에서 자본주의 국가론의 흥망성쇠는 세계자본주의 질서의 부침과 연결되어 있음을 강조한다. 1980년대 사회과학계를 풍미한 국가론은 1970년대 세계경제의 장기침체 속에서 국가의 적극적 개입을 요청한 현실을 배경으로 이루어졌고, 1990년대 국가론의 퇴조는 신자유주의적 세계화에 따른 자유주의 국제질서 발전의 결과라 할 수 있다. 최근 국가의 역할에 대한 재조명은 2010년대 금융위기와 세계화의 퇴조, 2020년 코로나 팬데믹의 지구적 확산에 따른 경제적 충격이라는 맥락에서 이해될 수 있다. 이렇듯 대형 경제위기는 기성 질서의 동요와 해체를 가져오고 새로운 정책담론과 국가의 재구조화를 이끌어낸다.

제3장은 신자유주의적 세계화에 대한 비판적 서사narrative로서 세계화를 '불평등'으로 개념화하는 좌파 포퓰리즘, '주권의 상실'로 이해하는 우파 포퓰리즘, 세계화를 강대국 간 '지경학적 경쟁'으로 보는 지경학 서사, 기후위기와 팬데믹 등 '지구 위협'을 강조하는 국제적 연대 서사 등 네 가지 서사를 제시한다. 이들은 신자유주의적 세계화의 결함을 서로 다른 시각에서 조명하며 국가에 대해 서로 다른 처방전을 요청하고 있다. 이런 점에서 현재 세계화는 근본적인 쇠퇴라기보다는 조정의 단계에 있으며, 그 결함을 교정하고 비세계화의 흐름을 억제하여 재세계화Reglobalization로 나아가야 하는 단계라 할 수 있다. 재세계화 시대 국가는 경합하는 서사들이 강조하는 불평등 시정, 주권 재조정, 전략 경쟁 완화, 지구 악재 해소라는 과제들을 담당하는 주역으로 개념화할 수 있다. 향후 국가론은 사회적 내장성embeddedness 개념에 기초해 국가-사회-시장 간 적절한 경계를 구획하는 국가의 재조직화와 함께, 다자주의적 국제질서와 국내적 안정의 적절한 균형을 향한 전략적 타협과 합의를 이루고, 공생가치와 지속가능성을 담지하는 지구적 거버넌스 구축을 지지하는 정책 프로그램을 제시하는 과제를 다루어 갈 것이다.

제4장 "세계화 시대 자본주의 질서와 국가의 변화"(조홍식)는 제2차 세계화

시기(1970년대부터 현재까지)의 자본주의 질서 속에서 국가가 어떻게 변화했는지 살펴보았다. 우선 자본주의 작동의 가장 기초적인 도구와 에너지를 제공하는 화폐 질서 속에서 국가를 분석했다. 소위 포스트-브레턴우즈 체제에서 세계는 공식적 화폐 협력 레짐을 파기하고 시장에 기반한 통화질서의 시기로 돌입했다. 시장의 메커니즘이 작동할 때 국가보다는 자본의 힘이 강화될 것으로 예상할 수 있으나 실제로는 국가(미국)의 역할이 강화되는 역설적 결과를 낳았다. 초국적 국가 기능이 대폭 강화된 유로의 출범 또한 국가의 역할을 유지하려는 노력이 어떻게 새로운 형식의 국가 기능으로 표출되는지를 보여주었다. 기제로서 국가와 시장, 행위자로서 국가와 자본을 대립하는 요소로 보는 시각의 한계를 뚜렷하게 지적하는 듯하다.

또한 금융자산의 증폭을 통한 자본주의의 발전과 '국가의 자본주의화'를 검토했다. 자본주의 질서를 형성하는 국가와 시장, 국가와 자본의 융합 현상은 금융 부분에서도 확인할 수 있다. 국가는 국채나 연기금, 국부펀드를 통해 금융시장의 중요한 당사자로 부상하게 되었고, 그 과정에서 국민을 세계자본주의 질서의 참여자로 동참하도록 만들었다. 금융은 현재와 미래를 연결하는 시간의 관리 체계라는 점에서 국가의 능동적 개입은 국가와 자본의 융합을 상징하고 초래한다고 분석할 수 있다. 끝으로, 기존 자본주의 질서에 도전하는 중국 모델의 부상이나 대안적 세계화, 반세계화 운동을 고찰한다. 중국은 국가주도 자본주의 모델을 제시하고 있다. 또 세계화에 대한 선진국 사회 내부의 반발도 포퓰리즘이나 친환경 논리 등을 통해 강하게 부상하고 있으며, 정치와 국가의 논리가 자본을 통제하고 조정해야 한다는 주장이 강력하게 제기되고 있다. 다만 과거 공산주의처럼 본질적 자본주의의 부정이나 단절을 주장하는 대안이라고 하기에는 한계가 뚜렷해 보인다. 오히려 자본주의의 수정을 통한 보완을 촉구하는 움직임의 성격이 더 강할지도 모른다.

제5장 "산업화, 세계화, 그리고 탈산업화 시대의 국가와 노동"(송지연)은 코로나19 팬데믹이 가져온 국제정치경제 질서의 변화는 자본주의 생산시스템에

도 중대한 전환을 가져왔다고 지적한다. 팬데믹 시기를 지나면서 더욱 가속화된 디지털화와 자동화는 기업의 생산성과 효율성은 빠르게 증가시켰지만, 이러한 기술혁명은 인간의 정형화된 일자리를 대체하는 결과를 가져오고 있다. 기술혁명을 통해서 새롭게 창출되는 일자리도 있지만, 이들 대다수는 안정적인 고용과 소득을 보장하지 않는 비전형적인 일자리로 사회안전망의 사각지대에 위치한 경우가 많다. 최근 노동시장이 직면한 새로운 위기 상황에서 국가의 역할에 대한 재조명이 필요한 시점이다.

제5장은 자본주의 생산시스템의 발전경로에서 국가와 노동의 관계가 어떻게 형성되고 변화했는지 살펴보았다. 산업화 초기 국가와 노동의 관계에 국내 정치·경제·사회적 변수가 중요하게 작동했다면, 제2차 세계대전 이후 국가들의 경제적 상호의존성이 심화되고 기술발전으로 국가 간의 경계를 넘어서는 경제활동이 활발해지면서 국제정치경제적 요인 역시 국가와 노동의 관계 형성에 중대한 영향을 미치고 있다. 제5장은 자본주의 생산시스템의 발전경로에서 전환점으로 인식되는 산업화, 제2차 세계대전 이후 세계자본주의 황금기, 정보기술혁명을 통해서 가속화된 세계화, 제조업에서 서비스업 중심으로 경제구조가 변화하는 탈산업화, 그리고 코로나19 팬데믹으로 가속화되고 있는 노동시장의 위기 상황을 중심으로 국가와 노동의 관계를 분석했다.

제3부 "전환기 국가론의 시각에서 본 미국과 중국"은 두 개의 논문을 수록했다. 제6장 "포스트-트럼프 시대 미국 정체성 서사 경쟁: 현대 국가론에서 문화적 전환의 맥락에서"(차태서)는 미국은 내러티브의 구성물로서의 네이션, 복수의 민족 전기 서사들 간의 경쟁과 협상의 장소로서의 네이션이라는 개념적 정의가 세계 어느 나라보다도 더 잘 들어맞는, 전형적인 사례라고 주장한다. 네이션에 대한 원초주의적 입장이 주목하는 혈연이나 지연 등에 기반한 민족의 물질적 질료가 거의 완벽히 부재한 이민자의 나라로서, 미국은 '원칙상' 독립선언서와 연방헌법에 표현된 보편주의적 교리에 동의하는 사람은 누구나 그 구성원이 될 수 있는 정치체이기에, '우리 인민은 누구인가'라는 질문은 때때로

매우 불온하고 정치적인 함의를 띨 수 있다. 어떤 전기적 서사로 국가의 경계를 구축하고 그 민족의 정체성을 규정할 것인지가 치열한 정쟁의 대상이 될 수 있으며, 실제 200여 년 넘게 이어진 미국사의 파노라마에서 국가의 자아상을 둘러싼 담론투쟁은 미국 정치의 핵심 주제를 이루었다. 이런 맥락에서 민족정체성의 정치라는 틀로 오늘날 미국의 정치를 분석하는 것은 현재 미국 내부 갈등의 본질을 파악하려는 노력이자, 미국 민주주의 위기의 근본적 원인을 설명하려는 시도이다.

이에 제6장은 먼저 미국의 자아정체성을 놓고 경쟁해 온 두 개의 주요 서사—자유 보편주의적 시민 민족주의 vs. 반자유 특수주의적 종족 민족주의—에 대한 내용을 살펴봄으로써 트럼프 시대를 미국 정치사상사의 긴 맥락에 위치시켰다. 다음으로 코로나 팬데믹이 창궐한 사회적 혼란 속에서 본격적으로 미국의 영혼을 둘러싼 전투가 벌어진 2019~2021년 기간 동안의 몇몇 전장들을 분석했다. 그리고 마지막 결론에서는 바이든 당선 이후에도 지속되고 있는 민주주의의 위기상을 탐구한 후, 어떻게 새로운 공동의 네이션 서사를 개발하고 정치혁신을 달성함으로써 향후 미국이 국가정체성의 혼란을 극복할 수 있을지를 모색했다.

제7장 "위기와 거버넌스: 중국의 도구화된 이데올로기와 국가"(여유경)는 '1949년 마오쩌둥 이후 현대 중국은 어떻게 변화되어 왔는가?'라는 문제를 제기한다. 제7장은 현대 중국의 리더십이 당면했던 주요 위기를 중심으로 지배적 이데올로기와 그에 따른 거버넌스의 변화를 통해 국가의 역할과 변동을 분석하는 것을 목적으로 한다. 이를 위해, 1949년 이후 현대 중국의 리더십이 당면했던 위기를 크게 정치적, 사회-경제적, 그리고 지구적 위기로 분류하여 위기를 전후한 이데올로기의 변화와 그로 인한 거버넌스, 특히 국가의 역할에 대한 내부적 논의와 실천을 살펴본다. 이를 통해 제7장은 두 가지 점을 설명한다. 우선, 중국에서 이데올로기는 마오쩌둥의 '마오주의' 이후 목적이 아닌 점차 정권의 정당성과 사회주의 정체성을 합리화하기 위한 수단으로 되어가고

있다. 두 번째로 중국이 앞으로 나아가지 못하고 마오쩌둥 시대의 일인 지배, 장기 집권의 부활, 집단지도체제의 사실상 붕괴, 사상 통제, 강력한 국가주의, 민족주의 부활 등 다시 과거로 회귀하는 원인으로 중국적 특수성을 강조하는 마오주의와 함께 사회적 안정과 질서를 위해 국가의 깊숙한 사회통제가 불가피하다는 트라우마를 남긴 천안문 사태의 지속적인lingering 영향력을 강조한다.

제4부 "대전환 시대의 미래 국가론: 팬데믹, 정보화 맥락"은 두 개의 논문을 담았다. 제8장 "국가의 위기, 위기의 국가?: 코로나19 위기와 국가의 미래"(고민회)는 국가의 지속가능성 여부가 학계에서 활발하게 논의되고 있는 데 비해, 국가의 존속을 위협하는 '위기'의 실체와 본질에 대한 탐구는 미진하며, 국가와 위기의 관계에 대한 이론화는 정체되어 있다고 비판한다. 위기와 국가의 관계에 대한 하나의 탐색적인 시도로서, 제8장은 위기의 의미와 기원을 추적하는 것을 시작으로 고대 그리스에서 현대까지 존재했던 위기에 대한 다양한 해석과 적용을 살펴보고, 위기의 개념화가 현대 국가를 이해하는 데 어떠한 함의를 가지는지에 대해 논한다. 위기는 현상적으로는 국가에 대한 해체의 담론을 구성하지만, 본질적으로는 국가의 역할을 강화한다는 것이 제8장의 주요 논지이다. 거시적 구조의 불가피한 충돌을 위기로 규정할 때 기존의 국가체제는 정당성의 위기에 봉착하지만, 그러한 정당성의 위기가 곧 국가의 해체를 의미하는 것은 아니며, 구성원들로 하여금 새로운 형태의 국가 공동체를 요구하는 행동을 촉구한다. 다른 한편으로 개인과 사회의 위험 가능성을 위기로 볼 때, 국가는 전보다 증대된 역할을 부여받고 그 기능을 강화하게 되며, 구성원들은 국가의 역할에 대한 믿음과 기대를 가지게 된다. 이런 점에서 위기와 국가는 상호파괴적이라기보다는 상호구성적이라고 할 수 있다.

이러한 논지를 뒷받침하기 위해 제8장은 위기의 속성을 구성하는 두 가지 관점—모순contradiction과 위험risk—을 두 축으로 하여 위기와 국가의 관계를 분석한다. 모순으로의 위기를 논하는 데 있어서는, 왕정 지배체제와 민주주의의 충돌의 순간을 포착하고 혁명으로 표현된 정치적 변혁의 중요성에 주목한 토머스 페인Thomas Paine과, 냉전과 자본주의의 발달이 절정에 치달았던 1970년대에 사회통합과 국가 기능 사이의 구조적 충돌을 지적한 위르겐 하버마스Jurgen Habermas를 중심으로 논지를 엮어냈다. 또한 개인과 사회, 그리고 국가의 관계에서 형성되는 모순과 조응하여, 위험risk으로서의 위기가 어떻게 현대 자본주의 국가의 형성과 확대, 그리고 기능적 분화를 가져왔는지에 대해 미국의 경제 위기와 자연재해를 중심으로 논한다.

제9장 "네트워크 국가의 등장과 국가론의 미래"(민병원)는 세계화 및 정보화의 추세 속에서 미래의 국가가 어떤 모습으로 바뀔 것인지를 논의했다. 특히 정보기술이 발전하면서 전통적인 국가의 특징, 그중에서도 절대 주권의 개념과 영토성이 약화되는 모습에 주안점을 두면서 이것이 과거와 대비해 국가에 어떤 영향을 초래하는지 살펴보고자 한다. 제9장은 아울러 전통적인 근대국가의 핵심을 이루는 영토성의 기준이 대폭 약화된 지금의 모습이 어떤 의미를 갖는지를 집중적으로 논의한다. 근대 국제정치질서의 근간을 형성하는 베스트팔렌Westfalen 체제의 핵심인 주권 개념이 '영토성territoriality'이라는 원칙을 바탕으로 하는데, 오늘날 정보화 및 네트워크 사회의 등장으로 이러한 전통적인 기준에 제약이 가해지고 있기 때문이다. 아울러 제9장은 국가가 이와 같은 도전에 직면하여 어떻게 대응하고 있는지를 짚어보면서 궁극적으로 미래의 정치체로서 국가가 어떤 방향으로 진화해 나갈 것인지를 논의했다.

제9장은 우선 정보기술의 발전과 그로 인한 네트워크 사회의 등장이 가져온 정치적 변화를 살펴보았다. 이러한 기술적 변화는 정치적 공간을 확장시키면서 글로벌 공유재의 문제를 초래하고 있는데, 이는 과거의 '미지의 땅'에 대한 논의와도 밀접하게 연관된다. 또한 새로운 기술과 공간의 확장은 상호의존적이면서도 분리 불가능한 방식으로 국가들을 연결함으로써 권력의 성격을 바꾸어 놓고 있는 모습도 살펴본다. 제9장은 이어서 영토성의 문제를 본격적으로 탐구한다. 특히 이러한 주제는 전통적인 국가론에서 중시하는 국가의 '자율성' 논쟁의 연장선상에서 중요한 의미를 갖는데, 이 점이 오늘날 국가의 '변환'과

어떻게 연결되는지도 살펴본다. 아울러 역사 속의 대영제국 사례에서 시작하여 오늘날 '네트워크 국가network state'가 등장하는 배경을 소개하고, 그 대내외적 속성이 어떻게 규정되는가를 심층적으로 논의한다. 마지막으로 이러한 네트워크 국가에 관한 탐구가 전통적인 국가론 논쟁 속에서 어떤 의미를 갖는지, 그리고 미래의 국가 변환을 진단하는 데 어떤 도움을 줄 것인지를 짚어본다.

***

이 책은 2022년도 한국국제정치학회 하계대회 기조세션이었던 "대전환 시대의 위기 극복 국가론" 학술대회를 위해서 기획되었다. 2021년 중후반에 기획되어 2022년 상반기 필진을 위한 준비 세미나를 거쳐서 초고 형태의 원고가 2022년 6월 28일에 개최된 학술회의에서 발표되었다. 그 이후 수정과 보완의 과정을 거쳐서 단행본의 형태로 세상에 나오게 되었다. 이 책이 나오기까지 많은 분께서 도움을 주셨다. 특히 이 책에 담긴 연구의 수행에 참여해 주신 아홉 분의 필자들께 감사의 마음을 전한다. 2022년 6월 28일에 개최된 한국국제정치학회 하계학술회의에서 사회자와 토론자로 참여해 주신 선생님들에 대한 감사의 말도 빼놓을 수 없다. 직함을 생략하고 가나다순으로 언급하면, 공진성(조선대), 김미경(조선대), 김준석(가톨릭대), 김희강(고려대), 손병권(중앙대), 이희옥(성균관대), 임혜란(서울대), 장인성(서울대), 정재환(울산대), 정진영(경희대), 조한승(단국대), 허재철(대외경제정책연구원) 등 여러분께 감사드린다. 또한 경제인문사회연구회 정해구 이사장님과 홍일표 사무총장님께 큰 감사를 드린다. 이 책의 기획 및 진행과 관련된 의논 말씀을 드렸을 때부터 흔쾌히 공동으로 학술대회의 주최를 수용해 주시고 물심양면의 지원을 해주셔서 이 책이 좋은 결실을 맺게 된 것 같다. 또한 이 책의 출판 과정에서 교정 총괄을 맡아준 서울대학교 석사과정의 신은빈에 대한 감사의 말도 잊을 수 없다. 끝으로 출판을 맡아주신 한울엠플러스 관계자들께도 감사의 말을 전한다.

제1부

역사·사상 맥락에서 본 국가론

제1장 '국제'에 관한 고전정치철학의 이해와 현대적 활용
새로운 상상력을 위하여
_ 박성우

제2장 근대 국민국가에서 탈근대 민주적 공간으로
근대국가에 대한 논의 지형 변화의 역사와 사상
_ 홍태영

1 '국제'에 관한 고전정치철학의 이해와 현대적 활용

새로운 상상력을 위하여

박성우 | 서울대학교

1. 서론: 근대적 주권, 국제 개념의 한계와 고전정치철학의 소환

오늘날 우리가 사용하는 '국제'라는 개념은 독특한 역사적 맥락에서 탄생한 근대 주권국가 간의 관계로 이해된다. 주지하는 바와 같이 주권국가란 대내적으로 최고의 권위를 가진 주체이자, 대외적으로는 어떠한 간섭과 개입도 거부하는 배타적인 행위자를 의미한다. 일반적으로 주권국가들로 구성된 국제관계는 개별 국가들을 포괄하는 공통 권력이 존재하지 않으므로 일종의 무정부 상태로 파악된다. 이러한 국제관계에서 개별 국가는 자조의 원칙에 따라 이익을 극대화할 수 있으며, 이러한 국가의 행태는 도덕적으로 정당화된다. 이와 같은 주권 개념과 '국제' 개념은 근대 이후 나라 밖의 제 현상을 분석하는 기본 틀이 되어왔다.

이러한 전통적인 근대 주권, '국제' 개념은 한계에 직면해 있는 듯하다. 무엇보다 안보, 국익, 정의의 차원에서 21세기 국가와 세계는 근대의 폐쇄적이고 고정적인 국가, 국제 개념으로는 포착할 수 없는 복합적이고 다면적인 현상들을 경험하기 때문이다. 우선, 안보 차원에서 국가의 생존을 위주로 한, 전통적인 안보 개념은 상대적으로 후퇴하고, 개인 안보를 비롯한 기후 및 환경 안보, 식량 안보, 보건 안보, 사이버 안보, 에너지 안보 등 다양한 차원의 신안보 이슈가 부상하고 있다(김상배, 2016). 국익 개념과 관련해서도, 군사적·경제적 이익에 기초한 하드 파워로서의 국익보다 문화적·종교적·규범적 차원의 소프트 파워로서의 국익의 중요성이 점차 높아지고 있다(Nye, 2005). 정의 담론에 있어서도 기후변화로 초래될 대재난에 대한 위기 의식이 전 세계적으로 확산하면서, 국내적 틀에만 묶여 있던 정의 담론이 글로벌 영역으로 확장되어 이른바 글로벌 정의 담론이 주목받고 있다. 글로벌 정의 담론은 기후변화와 같은 환경문제뿐 아니라, 세계 빈곤, 극심한 경제적 불평등, 제노사이드, 인권 유린 등 다양한 층위의 지구적 문제를 개선하는 데 중요한 기준으로 부상하고 있다(Pogge and Moellendorf, 2008).

현대 정치에서 근대적 주권, 국제 개념의 실효성이 약화되고 있는 것과는 별개로 국제정치학자들은 오래전부터 이 개념들이 사실상 '상상되고' '구성된' 것이라는 점을 지적해 왔다. 역사적으로 근대국가는 이전과 다른 새로운 유형의 정치공동체라는 것을 주장하기 위해 주권 개념을 창안했고, 주권 개념으로 정초된 근대국가들은 역시 이전과는 다른 유형의 국가 간 관계, 즉 '근대 국제 체제'를 탄생시켰다는 것이다(Krasner, 1999; Osiander, 2001; Philpott, 2001). 근대적 주권, 국제 개념이 특수한 역사적 맥락에서 구성된 결과물이고, 현실적으로도 그 실효성이 약화되고 있다면, 21세기 현실에 부합하는 새로운 주권, 국제 개념은 무엇인가? 아직 우리 학계는 근대적 주권, 국제 개념의 대안이 될 만한 개념을 찾지 못한 채, 근대적 개념의 역사적 해체와 한계에 대한 지적에만 집중하고 있다. 새로운 현실에 부합하는 개념을 당장 고안하기는 어렵다. 그러나 우선 근대 이후 고착된 국가와 국제에 관한 고정 관념을 탈피할 필요가 있다. 고정 관념을 탈피하기 위해서는 새로운 상상력이 요구된다. 이 논문은 근대와는 전혀 다른 방식으로 국가와 국제를 사유하고 있는 고전정치철학에 주목함으로써 상대적으로 근대적 사유 방식에 갇혀 있는 우리의 사고 틀에 새로운 상상력을 제공하고자 한다.

고전정치철학자들, 특히 고대 그리스의 사상가들에게 '국제'는 국가의 경계 밖에서 벌어지는 모든 사안을 포괄하는 개념이 아니다. 이들에게 '국제'는 그보다 상위에 존재하는 자연이나 우주의 범주 밑에 존재하는 하위 개념이다. 개인 간의 관계가 국가라는 존재론적 틀 속에 존재하듯이, 국가 간의 관계는 우주 혹은 자연이라는 존재론적 틀 속에 존재하는 것으로 이해했다. 투키디데스, 아리스토텔레스, 플라톤과 같은 고전철학자들에게 국가(폴리스)의 위상은 당연히 자연과 우주 전체의 존재론적 틀 속에서 자리매김된다. 이들에게 국가의 영역은 다른 삶의 영역과 분리된 독립된 공간이 아니라, 안으로는 인간 개개인의 심리적 영역, 그리고 밖으로는 자연과 우주 전체의 영역을 연결하는 중간 영역으로 이해된다. 이러한 관점에 따르면, 모든 인간사人間事는 작게는 개인의 영혼으로부터 국가, 국제, 자연, 우주 전체로 이어지는 동심원적 구조 안에 놓여 있으며, 국제는 이러한 동심원적 구조의 일부분에 해당된다. 개인의 영혼, 국가, 국제, 자연이 어떤 방식으로 연계되어 있고, 이 가운데 어떤 영역이 가장 중요한가에 대해서는 고전철학자들 간에도 차이를 보인다. 예컨대, 플라톤이 개인 영혼의 조화와 국가의 운영에 초점을 두었다면, 투키디데스는 대중의 욕망(결국, 영혼의 문제)과 전쟁(국제관계), 그리고 자연의 관계에 초점을 뒀다고 할 수 있다. 그러나 세 사상가들은 공히, 유기적으로 연결되어 있는 개인, 국가, 세계, 자연, 우주를 총체적으로 고려할 때, 인간사의 본질(그것이 전쟁의 문제이든, 정의의 문제이든 혹은 국익의 문제이든 간에)에 접근할 수 있다는 입장을 갖고 있다.

이 논문은 고전정치철학을 대표하는 세 사상가들인 투키디데스, 아리스토텔레스, 플라톤이 각각 영혼, 국가, 국제, 자연의 관계를 어떻게 이해하고 있으며, 이러한 이해는 이들의 전쟁론, 국익론, 정의론에 어떻게 반영되어 있는가를 분석할 것이다. 고전정치철학에서 '국제' 개념을 중심으로 전개되고 있는 전쟁론, 정의론, 국익론을 살펴보는 것은 근대적 국제 개념의 고정 틀에서 벗어나 21세기 국제관계를 새롭게 규정하는 출발점이 될 것이다.

2. 투키디데스의 전쟁론: 퓌시스와 노모스의 대화[1]

투키디데스는 아테네와 스파르타 간의 패권경쟁, 그리고 이를 배경으로 그리스 세계 전체가 양 진영으로 나뉘어 27년간 치룬 전쟁의 역사를 기록한 역사가이다. 놀라운 사실은 2500년 전의 역사가인 그가 20세기 국제정치학이 태동한 이래 고전적 현실주의 이론의 창시자로, 혹은 신현실주의의 선구자로, 심지어 21세기 미중 패권전이 이론의 예언자로 주목받고 있다는 사실이다.[2] 20세기 이래 국제정치학계가 투키디데스를 현대 국제정치의 본질을 간파한 이론적 선구자로 간주하는 가장 큰 이유는 그가 최초로 국제정치를 도덕이나 규범이 아닌 '자연'의 법칙이 통용되는 공간으로 이해한 인물이라고 보기 때문이다. 이러한 견해는 기본적으로 국제정치는 퓌시스Φύσισ, 즉 자연의 영역이고, 노모스νόμος, 즉 인간적인 약속이나 도덕, 규범, 법이 개입할 수 없는 영역이라는 가정에 따른 것이다. 투키디데스의 『펠로폰네소스 전쟁사』 곳곳에는 국제정치를 노모스의 영역이 아닌, 퓌시스의 영역이라고 이해하는 대목이 발견된다. 그러나 이러한 이해가 투키디데스 자신의 이해와 일치한다고 단정하기는 어렵다. 엄밀하게 말하자면, 투키디데스가 기록한 전쟁사에는 국제정치를 퓌시스의 배타적인 영역이라고 확신하는 이들뿐 아니라, 이러한 가정에 동의하지 않

1 이 절의 주요 논지는 필자의 이전 논문(박성우, 2008)으로부터 온 것이다.

2 고전적 현실주의, 신현실주의, 패권전이 이론의 선구자로서의 투키디데스에 대한 비판적 검토에 대해서는 박성우(2008)를, 최근 앨리슨이 미중경쟁의 미래를 '투키디데스 함정'으로 경고한 것에 대한 비판적 검토에 대해서는 김지훈(2020)을 참조.

는 이들도 동시에 등장한다.

그럼에도 불구하고, 20세기 국제정치학자들은 투키디데스가 퓌시스 우위의 국제정치관을 제시했다고 해석하는 데 주저하지 않는다. 이러한 해석을 뒷받침하기 위해서 가장 많이 인용되는 에피소드는 『펠로폰네소스 전쟁사』 5권에 소개되어 있는 아테네-멜로스 회담과 이후 드러나는 멜로스의 운명이다. 20세기 학자들에 따르면, 투키디데스는 국제정치를 노모스의 영역으로 보고 있는 멜로스인들과 퓌시스의 영역으로 보고 있는 아테네인들 간의 대립에서 멜로스인들의 파멸을 적나라하게 보여줌으로써 국제정치에서 퓌시스의 우위를 확인시켜 줬다는 것이다. 그러나 이러한 해석은 단편적인 측면이 있다. 무엇보다 투키디데스는 국제정치를 퓌시스의 영역이라고 확신하고 이를 노골적으로 강요해 온 아테네인들이 패배했다는 사실을 기록하고 있다. 물론 이것만으로 투키디데스가 국제정치의 영역을 노모스의 영역으로 규정했다고 단정할 수는 없다.

사실 국제정치나 전쟁이 퓌시스의 영역인가, 아니면 노모스의 영역인가의 문제는 2500년 전 펠로폰네소스 전쟁을 치렀던 아테네인이나, 스파르타인뿐 아니라, 21세기를 사는 현대인들에게도 여전히 제기되는 의문점이다.[3] 투키디데스는 자신이 전쟁사를 기술한 목적이 후대에 영원히 남길 만한 교훈을 주는 것이라고 선언했다(Thuc.1.22).[4] 그렇다면 그가 퓌시스와 노모스의 관계와 관련해서 후대에 남기고자 한 교훈은 무엇인가? 특히 국제정치의 본질과 관련해서 투키디데스는 퓌시스와 노모스의 관계를 어떻게 파악하고 있는가?

우선, 고대 그리스적 맥락에서 퓌시스와 노모스의 의미부터 간단히 살펴보

3 21세기에도 국제관계를 현실주의적 관점으로 보는 것이 지배적이지만, 국제법이나 정전론의 실효 가능성이 제기되고 있는 것을 보면, 국제관계를 노모스의 영역으로 보는 시각도 여전히 유효하다고 할 수 있다.

4 괄호 안의 정보는 관례대로, 'Thuc'는 『펠로폰네소스 전쟁사』를, 이어지는 숫자는 각각 권과 절을 의미한다. 이 저작의 인용은 이후에도 같은 형식으로 표기한다.

자. 퓌시스는 총체적인 성격의 자연을 의미한다. 자연은 현실에 존재하는 것들의 생성과 성장을 일으키는 근본 법칙이며, 기본 원리다. 반면 노모스는 제도적, 사회적 환경에 적응하는 모든 관습적인 행위 양식이다. 따라서 노모스는 지배 계급이 자신들의 지배 수단으로 사용한 실정법, 혹은 "야만인들"과 구별되는 문명인으로서 그리스인들만의 관습법적 체계를 모두 일컫는다(Kerferd, 1981: 18; Dodds, 1951: 181~183; Saxonhouse, 1978). 투키디데스의 전쟁사 기술에는 퓌시스의 요소가 자주 등장한다. 전쟁 중 예기치 않았던 지진, 가뭄, 기근, 잦은 일식, 역병 등은 인간의 힘으로 통제할 수 없으면서, 전쟁에 엄청난 영향을 미치는 퓌시스의 힘으로 묘사된다. 그러나 퓌시스는 이런 가시적인 자연현상의 형태로만 존재하는 것이 아니다. 아테네인들이 그들의 제국을 정당화하기 위해 사용했던 '두려움, 명예, 이익'이라는 아테네 제국 성장의 세 가지 요소도 다름 아닌 퓌시스에 대한 호소였고, 멜로스 대담에서 약자는 강자에게 복종해야 한다는 아테네인들의 주장 역시 "인간적인 퓌시스ἡ ἄνθρωπεια φύσις", 즉 인간사人間事 안에서 발견되는 인간본성human nature을 근거로 한 것이다.

자연현상으로서의 퓌시스와 인간본성으로서의 퓌시스는 분명 구분된다. 역병이나 지진과 같은 자연현상은 인간이 통제할 수 없는, 당시로서는 설명하거나 예견할 수도 없는 퓌시스의 영역이다. 반면, 아테네인들이 그들의 제국을 정당화하기 위해 내세운 인간본성으로서의 퓌시스는 그것이 자연의 이치와 일치한다는 것을 다른 공동체의 인간들에게도 설득하고 인정받아야 하는 특징을 갖는다. 인간본성으로서의 퓌시스는 해석의 여지가 있다. 인간본성은 인간이 좀처럼 그것을 거스를 수 없다는 측면에서 자연현상으로서의 퓌시스와 유사한 성격을 띠지만, 동시에 인간에 의해서 규범적으로 규정될 수 있다는 측면에서 노모스적인 성격도 갖는다.[5]

5 퓌시스와 노모스의 관계에 대해서 대부분의 현실주의자들을 비롯해 일부 고전학자들도 투키디데스가 퓌시스의 가치를 항상 우위에 놓는다고 해석한다(Croix, 1972: 29; Saxonhouse, 1978: 461~487).

투키디데스가 전쟁이나 국제관계에 관여하고 있다고 보는 퓌시스 중 특별히 우리의 관심을 끄는 것은 자연현상으로서의 퓌시스보다는 인간본성으로서의 퓌시스다. 앞서 언급한 바와 같이 아테네인들이 주장하고 있는 퓌시스란 국제관계에서 강자가 약자를 지배하고(Thuc.1.76, cf. 3.45; 3.82; 3.84), 강한 지배욕으로 충만해 있는 인간본성을 의미한다. 아테네인들은 이와 같은 퓌시스에 기초한 국제관계의 현실이, 관습이나 도덕, 법과 같은 노모스에 기초한 국제규범 혹은 질서보다 우선한다고 주장한다.

전쟁 과정에서 퓌시스를 무시하고 정의와 경건성piety과 같은 노모스를 선택한 멜로스의 파멸을 보면, 국제정치에서 퓌시스의 우월성이 입증된 것으로 보인다. 그러나 주지하는 바와 같이 퓌시스의 우위를 강조하며 멜로스를 파괴했던 아테네 제국 역시 쇠퇴의 길을 걸었다. 이런 사실을 기록하고 있는 투키디데스는 결국 국제정치에서 퓌시스보다 노모스가 우위임을 주장하는 것인가? 이것 역시 단정할 수 없지만, 적어도 투키디데스는 아테네인들이 가정하고 있는 퓌시스의 정의에 심각한 오류가 있음을 암시한다.

아테네인들이 규정한 퓌시스가 정확한 것이 아니라면, 투키디데스가 보는 퓌시스, 즉 진정한 인간본성은 어떠한가? 인간본성에 관한 투키디데스의 대표적인 기술은 아테네 역병과 케르키라 내전을 설명하는 과정에서 발견된다. 투키디데스는 아테네 전역에 번진 역병을 설명하는 대목에서 역병으로 인해 사람들이 자신의 미래가 어떻게 될지 몰라서 가장 기본적인 윤리마저도 위태롭게 되었다고 서술한다. 불법과 무법이 설칠 뿐 아니라, 사람들은 그들의 생명이나 부가 허망한 것이라고 느끼고, 뭐든지 금방 소비하고 쾌락만을 즐기며, 인간의 법에 대한 두려움뿐 아니라 신에 대한 두려움도 없어졌다고 한다(Thuc.2.53). 이러한 투키디데스의 서술은 극단적인 상황에서 인간은 누구나 노모스를 무시하게 된다는 기왕의 아테네인들의 주장을 다시 한번 확인시켜 준다.

케르키라 내전의 서술에서도 역시 내전으로 폴리스의 정치적 통합이 붕괴됨은 물론 사적인 증오가 확산되어 사회적 관습이나 도덕, 즉 노모스가 완전히 붕괴되었음이 묘사된다. 민주파와 과두파로 나뉜 내전에서 아들이 아버지에 의해 살해당하기도 하고, 신전에서 살해되거나 제단에서 끌려 나가는 일도 비일비재하다. 역병에 관한 앞의 기술과 마찬가지로 케르키라 내전에 대한 투키디데스의 논평 역시 인간본성의 비관적 특성이 보편성을 띤다는 것으로 해석될 여지가 있다.

그런데 투키디데스는 이런 비관적인 인간본성을 드러내는 대목에서 중요한 단서를 달고 있다. 평화와 번영의 시기에는 도시와 개인들 모두 더 "고상한 감정(ἀμείνους τὰς γνώμας [ἔχουσι])"으로 서로를 대할 수 있으나 "전쟁이 잔혹한 선생" 노릇을 한다(ὁ πόλεμος…βίαιος διδάσκαλος, Thuc.3.82)"라는 것이다. 이는 인간본성이 필연적으로 저속한 성향을 띠는 것이 아니라, 전쟁이라는 극한 상황 속에서 인간본성이 특정한 성향을 띠게 됐다는 것을 의미한다. 같은 단락에서 투키디데스는 이와 같은 저속한 인간본성을 보이는 인간들이 전부가 아니라 "대부분"이라고 기술하고 있는데, 이것 역시 내전 상황에서도 어떤 인간들은 여전히 고상함을 간직하고 있음을 암시하는 대목이다. 비슷한 맥락에서, 아테네에 역병이 발생했을 때에도 대부분의 사람들은 자신의 안전만을 생각했지만, 일부는 이런 자신을 부끄럽게 여겨 전염의 위험을 무릅쓰고 가족을 잃어 망연자실하는 친구들을 방문하는 등 덕을 중시하는 사람들도 있었다고 투키디데스는 언급한다(Thuc.2.51).

이렇게 보면, 투키디데스가 파악하고 있는 인간본성은 서로 상반된 성향을 동시에 갖고 있으며, 따라서 항상 비관적인 것만은 아니다. 확실한 것은 투키디데스의 인간본성은 고정적이지 않다는 점이다. 이보다 더 주목할 만한 것은, 만약 인간본성, 즉 인간적인 퓌시스가 이처럼 가변적이어서 단정하기 어려운 것이라면, 인간의 영역보다 훨씬 범위가 넓은, 총체로서의 퓌시스는 더욱 파악하기 어려운 대상이라는 것이다. 이런 사정을 감안할 때, 퓌시스 전체는 물론이고, 인간본성이 무엇인지 제대로 파악하지 못했음에도 불구하고 자신 있게 퓌시스에 대해서 단정해 버린 아테네인들은, 인간의 위치와 한계를 모르면서

도 지혜가 있는 것으로 확신해 버리는, 휘브리스ὕβρις를 드러낸 인간의 전형이다.[6]

플라톤의 『고르기아스』에서 칼리클레스가 주장하듯이 동물의 세계에서 강한 것이 약한 것을 지배하는 것을 보면 아테네인들이 주장하는 강자 지배의 원칙이 분명 퓌시스의 일부인 것은 사실이다(『고르기아스』 483d).[7] 그러나 이 동물 세계의 퓌시스를 인간사에 적용하는 것이 총체적인 퓌시스에 부합하는 것이라고 확신할 수 없다. 인간에게는 신을 두려워할 수 있는 지각 능력도 있고, 동물에게 없는 말, 즉 로고스λόγος를 사용할 수 있어서 '말이 되는 것' 혹은 '이성적인 것'을 서로 따져 물을 수 있는 능력이 존재하기 때문이다. 따라서 퓌시스를 올바로 정의 내리기 위해서는, 전쟁 중에 아테네인들이 보여준 자세보다 훨씬 더 겸손한 자세를 취해야 한다. 특히 인간사에 퓌시스를 적용할 때에는 (소크라테스 이전 철학자들처럼 완전히 퓌시스를 이해하기 전에는 정치적인 일에 전혀 간여하지 않겠다는 입장을 취하는 정도까지는 아니더라도), 적어도 휘브리스에 빠지지 않도록 조심스럽게 퓌시스에 접근해야 한다. 퓌시스는 인간들에 의해 만들어진 노모스보다 분명 우위에 있으며, 우리는 퓌시스의 일부분에만 (그것도 오류 가능성을 배제하지 못한 채) 접근할 수 있을 뿐, 퓌시스 자체의 진정한 의미에 결코 도달할 수 없다는 것을 인정해야 한다.

만약 어떤 노모스가 '제대로 이해된' 퓌시스를 보다 많이 닮아 있다고 한다면 그 노모스는 그렇지 않은 노모스보다 더 지속적일 것이다. 어떤 노모스가 퓌시스를 보다 많이 닮았느냐가 관건이라면, 노모스와 퓌시스는 서로 배타적인 관계가 아니다. 인간은 가능하면 퓌시스를 최대한 닮은 노모스를 만들어 사

6 휘브리스란 유한한 능력을 가진 인간이 신과 자연에 대해 모든 것을 알 수 있고, 또 할 수 있다는 오만함을 의미한다. 소포클레스 비극의 주인공 중 한 사람인 오이디푸스가 이런 휘브리스를 가진 대표적인 인물이다. 보다 일상적인 의미로 휘브리스는 자신의 지식과 권력을 믿고 다른 사람에게 무례를 행하는 것을 의미한다.

7 이후 플라톤의 저작은 관례대로 대화편명과 스테파누스 페이지를 표기한다.

회를 구성하는 것이 바람직하다. 문제는 인간으로서 총체적인 퓌시스를 온전히 이해하는 것은 불가능하다는 것이다. 투키디데스가 이런 관점에서 퓌시스와 노모스의 관계를 바라보고 있다면, 퓌시스의 내용을 속단하고 이것을 타자에게 강요까지 한 아테네인들은 명백한 오류를 범한 것이다. 멜로스인들의 노모스가 오히려 퓌시스를 보다 닮은 것일 수 있다. 이런 맥락에서 국제정치에서 도덕이나 정의를 배제하는 것이 퓌시스에 부합하는 것이라고 단정할 수 없으며, 현실에서 반드시 선호될 이유도 없다.[8] 중요한 것은 국제관계의 특정 상황에서 행위자들이 퓌시스와 노모스의 관계를 어떻게 해석하느냐이다. 멜로스의 운명을 고려한다면, 국제관계는 아테네가 정의 내린 퓌시스와 닮아 있다. 그러나 아테네의 궁극적인 패배를 고려하면, 국제관계는 멜로스가 정의 내린 퓌시스, 즉 노모스와 수렴하는 퓌시스와 닮아 있다고 할 수도 있다.

퓌시스를 무시한 멜로스가 어떻게 파멸했는가는 명시적으로 드러난다. 그러나 국제관계에서 노모스를 무시한 아테네가 어떻게 멸망했는가는 약간의 설명이 필요하다. 일반적으로 어느 국가가 대외적으로 국가 간의 노모스를 무시하는 행태를 보이게 되면, 국가의 이런 행태는 자국 시민들의 정신(영혼)에 영향을 미치게 되고 결국 시민들 간에도 서로 노모스를 무시하는 경향이 나타난다고 할 수 있다. 시민들 간에 노모스가 무시되는 상황에서 대외적으로 발휘할 수 있는 국력이 점차 약화되는 것은 예상할 수 있는 일이다. 국가가 대외적으로 행하는 부도덕한 행위나 무자비함이 대외적으로는 퓌시스 혹은 '현실주의'라는 이름으로 어느 정도 정당화될 수 있을지 몰라도, 대내적으로 시민들의 영

8 투키디데스에게 퓌시스와 노모스의 관계가 고정적인 것이 아니고 열려 있는 상태라면, 흔히 저항할 수 없는 필연적 힘으로서의 아낭케(ἀνάγκη)와 인간이 통제할 수 없는 힘인 운으로서의 투케(τύκη)의 관계도 새로운 '투키디데스 읽기'에서 조명되어야 할 것이다. 지면의 부족으로 자세히 논하기는 어렵지만, 기왕에 인간이 어쩔 수 없이 행하게 되었다는 아낭케는 사실 퓌시스적인 것이 아니라, 행위자의 의지를 반영하는 노모스와의 합의임을 진지하게 고려해야 한다. 아낭케와 투케의 관계에 대해서는 Strauss(1964: 182~191) 참고.

혼을 타락시키는 것은 막지 못하고 결국 스스로 파멸에 이를 수 있기 때문이다. 투키디데스는 대외정책의 부도덕성이 국내정치를 오염시킬 수 있다는 것을 아테네 제국의 쇠퇴를 그리면서 암시하고 있지만, 국내정치를 '어떻게' 오염시켰는지는 명확하게 제시하지 않았다. 투키디데스의 역사 기술이 그의 특정한 의도를 전달하기 위한 것이긴 하나, 시민들의 영혼의 타락이라는 문제까지 역사적 사실로 기술할 수는 없었기 때문일 것이다. 반면 플라톤은 국가의 대외정책이 대내적으로 시민들의 정신에 어떤 영향을 미치는지에 대해서는 침묵하나, 시민들의 영혼의 타락으로 정치공동체가 어떻게 파멸하게 되는가에 대해서는 깊은 관심을 보인다. 이런 맥락에서 투키디데스와 플라톤은 상호 보완의 성격을 갖는다.

전쟁이 노모스의 영역을 벗어나 적어도 어느 정도는 강자가 약자를 지배하는 퓌시스의 영역 안에 놓여 있다는 것은 부인할 수 없는 사실이다. 이런 맥락에서 이른바 강자의 지배를 합리화하는 '아테네 테제'는 전쟁을 수행하는 아테네가 취할 만한 입장이다. 그렇다면, 아테네인들이 범한 오류는 무엇인가? 우선, 투키디데스는 전쟁이 인간의 의지나 노모스와 무관하게, 전적으로 퓌시스의 영향력 아래 놓여 있다는 가정을 부정한다. 전쟁은 다른 인간사와 마찬가지로 노모스와 퓌시스가 함께 관여한다. 그럼에도 불구하고 전쟁이 전적으로 퓌시스의 관할 하에 있다고 주장하는 것은 휘브리스의 징후를 드러내는 것이다. 전쟁이 퓌시스의 영역이라는 주장을 누가 하고 있는가를 살펴보면, 왜 이러한 주장이 휘브리스를 드러내는 것인지를 확인할 수 있다.

따라서 투키디데스가 가장 경계하고 있는 것은 감히 퓌시스를 무엇이라고 단정하는 휘브리스다. 아테네는 전쟁을 수행하면서 점점 휘브리스를 노골적으로 드러냈다. 그렇다고 투키디데스가 전쟁을 노모스의 영역으로 규정한 것은 아니다. 오히려 투키디데스는 노모스를 내세우며, 희망적 기대에만 의존한 채, 현실을 직시하지 못하는 무책임한 이상주의idealism를 반대한다. 투키디데스에게 전쟁 혹은, 보다 일반적으로 국제정치는 퓌시스와 노모스가 수렴하는 영역이다. 현실에서는 누군가 퓌시스와 노모스의 결합을 주장하고, 공동체가 이를 수용하거나 거부함으로써 정책을 결정하기도 하고, 전쟁을 수행하기도 한다. 어떤 방식으로 퓌시스와 노모스가 결합하는 것이 바람직하다고 투키디데스가 밝힌 바는 없다. 다만, 이 과정에서 퓌시스와 노모스를 자신의 편의에 따라 규정하는 휘브리스를 경계해야 한다는 것이 그의 핵심적인 주장이다.

투키디데스는 인간이 휘브리스를 자제할 수 있는 효과적인 요소로 경건성을 제시한다. 신의 존재를 의식하고, 인간사가 그 영향력으로부터 완전히 자유로울 수 없다는 것을 인정하는 것은 곧 인간의 한계를 의식하는 것이고, 이는 곧 경건성으로 이어진다. 따라서 경건성을 가진 이는 결코 휘브리스에 빠지지 않는다. 그런데 이 대목에서 주의할 부분이 있다. 경건성은 근본적으로는 신에 대한 태도를 중심으로 한 내적 의식意識과 관련이 있지만, 표면적으로는 종교적 의례나 관습을 얼마나 잘 준수하는가와 관련이 있다. 그러나 투키디데스가 인간의 휘브리스를 제어할 수 있는 요소로서 제안하고 있는 경건성은 단순히 종교적 의례나 관습을 교조적으로 따르는 것을 의미하지 않는다. 역설적으로 종교적 의례를 지키면서 신에 대해서 '충분히' 경건성을 가졌다고 자만하는 것 역시 휘브리스에 빠지는 것이다. 알키비아데스가 경건성이 부재한 휘브리스였다면, 니키아스의 휘브리스는 경건성을 동반한 휘브리스다. 투키디데스는 양자 모두 장기적으로는 신으로부터의 처벌의 대상이 된다고 경고한다. 요컨대, 휘브리스를 제어하기에 효과적인 경건성은 신을 대하는 인간의 겸손한 태도, 더불어 완벽하게 세계를 이해하지 못한다는 인간의 한계에 대한 자각이다.

3. 플라톤의 정의론: 개인적 정의, 국가적 정의, 글로벌 정의의 연계성[9]

플라톤 정치철학 연구자들은 그의 정의론이 국제정치적으로 확장될 가능성에 대해 대체로 부인해 왔다.[10] 플라톤의 정의론은 이론적으로나 실천적으로나 일국의 범위 안에서만 가능하고 국경을 넘어 글로벌 차원으로 적용될 수 없다는 것이다. 그러나 플라톤이 자신의 정치철학에서 국제정치적 요소를 의도적으로 배제했다고 단정하기 어렵다. 사실 플라톤의 정의론이 가장 잘 드러난 것으로 알려져 있는 『국가』의 논의 구조를 자세히 들여다보면, 플라톤의 정의론 안에 국제정치적 요소가 강하게 반영되어 있음을 알 수 있다.

플라톤의 『국가』에서 가장 큰 특징은 개인과 국가 간의 유비 관계를 통해서 정의론을 전개하고 있다는 것이다. 개인에 적용되는 정의의 원리는 국가에도 동일하게 적용될 수 있다는 것이다. 이러한 개인-국가 유비의 구조는 플라톤적 정의론이 국제정치적으로 적용될 때의 기본 원칙이 무엇인가를 확인시켜 준다. 우선, 정의로운 개인의 외적外的 행위, 즉 타인에 대한 행위에 대해서 생각해 보자. 플라톤의 『국가』는 적어도 개인의 정의와 관련하여, 내적/외적 불일치를 허용하지 않는다. 즉 내적으로 정의로운 개인은 결코 외부적으로 부정한 행위를 할 수 없다고 가정한다. 개인과 국가 간의 유비의 대칭 구조를 고려하면, 개인과 마찬가지로 국가의 경우도 내적으로 정의로운 상태라면, 대외정책에 있어서도 정의로운 상태에 있어야 한다.

요컨대, 플라톤적 정의론은 개인의 내적 상태(혼의 상태)(a)에서부터, 개인의 외적 행위(b), 이어서 국가의 내적 상태, 즉 시민들을 규율하는 국가의 행위(c)

9 이 절의 주요 논지는 필자의 이전 논문(박성우, 2018)으로부터 온 것이다.

10 20세기 가장 널리 읽힌 플라톤 정치철학 연구서들 중 플라톤의 국제정치사상을 포함한 예는 거의 없다(Shorey, 1968[1933]; Barker, 1959; Guthrie, 1975; Guthrie, 1978; Vlastos, 1995; Klosko, 2006[1986]).

와, 국가의 대외적 행위(d), 나아가 우주적 질서(e)에 이르기까지 일관성이 유지되는 구조를 갖고 있다. 따라서 플라톤적 정의가 온전히 규명되기 위해서는 이상 국가의 대외정책(d)을 포함한 모든 영역(a~e)이 서로 어떻게 연계되는가를 검토해야 한다. 개인의 외적 행위(b)란 타인을 대상으로 한 행위이므로 개인의 사회적 역할 즉, 공동체의 구성원으로서의 역할, 나아가 시민으로서의 역할과 관련이 있다. 한편, 국가의 내적 상태(c)란 곧 국가 구성원에 해당하는 시민들에 대한 국가의 규율과 질서와 관련이 있다. 따라서 (b)가 개인의 관점에서 국가로 향하는 정의正義라면, (c)는 국가의 관점에서 개인으로 향하는 정의正義이다. 개인의 외적 행위(b)와 국가의 내적 상태(c)는 서로 다른 범주에 속해 있긴 하지만, 사실상 서로 밀접한 관련을 맺고 있다. 개인과 국가, 두 영역 간에 이와 같은 연속성을 고려하면, 우리의 궁극적인 관심사는 국가의 대외적 행위(d)는 나머지 영역과 어떤 관계에 있는가 하는 것이다. 만일 (d)를 중심으로 나머지 영역과의 관계를 해명할 수 있다면, 비로소 『국가』의 핵심 논제를 중심으로 플라톤적 정의론이 국제관계를 포함하여 완성됐다고 할 수 있을 것이기 때문이다. 아쉽게도 플라톤은 정의의 여러 영역들과 그 관계를 적극적으로 해명하지 않았다. 대신 문제를 제기하고 답하는 대화법적 형식으로, 정의의 여러 영역들의 존재를 암시하고 이들 간의 관계를 나타냈다. 여기서는 특별히 『국가』 1권을 중심으로 그 실마리를 찾아보고자 한다.

먼저 트라시마코스와 소크라테스의 대화를 살펴보자. 트라시마코스는 일반적으로 정의라고 일컬어지는 것은 강자의 이익에 불과하고, 부정한 일을 성공적으로 행할 수 있는 자야말로 강자라는 주장(『국가』 338c-339a)[11]을 한 것으로 유명한 대표적인 소피스트이다. 이에 대한 소크라테스의 반론은 여러 차원의 것이 있으나, 여기서 특별히 주목하고자 하는 것은 "부정한 것이 강하다"라는

11 플라톤의 『국가』의 인용은 스테파누스 페이지 표기 방식을 따랐다.

명제에 대한 소크라테스의 반론(『국가』 351a-352c)이다. 트라시마코스의 주장에서 부정의를 행할 수 있는 자란 단지 사소한 수준의 부정의를 저지르는 자가 아니라 부정의를 행하고도 사후적으로 보복당하지 않을 수준의 압도적인 힘의 우위가 있는 자이다. 이러한 상황은 어딘가 약점을 가질 수밖에 없는 개인들 사이에서보다 힘의 격차가 확연하게 드러나는 국가들 사이에서 쉽게 발견된다. 그래서 소크라테스도 트라시마코스의 주장을 국가 간의 관계로 치환해서 반론을 시작한다.

소크라테스는 "나라나 군대는 말할 것도 없고, 하물며 강도단團이나 도둑의 무리 또는 그 어떤 집단"이라 할지라도 무언가를 공동으로 도모하려 할 때, 집단 내부적으로 서로 부정의를 행한다면 대외적으로 힘을 발휘할 수 없다"라고 지적한다(『국가』 351c). "부정의는 서로 간에 대립과 증오, 다툼을 초래하나, 정의는 합심과 우애를 가져다 줄"(『국가』 351d) 것이기 때문이다. 소크라테스는 되풀이해서, 부정의가 깃든 곳에는 "그것이 나라이건 씨족이건 군대이건 또는 다른 어떤 것이건 간에 자체적으로 대립과 불화를 만들어 내어 뭔가를 해내는 것조차 불가능하게 한다"(『국가』 352a)고 주장하며, 아무리 부정한 집단이라고 하더라도 그들 사이에는 어떤 형태로든 최소한의 정의가 깃들어 있어야 한다는 점을 강조한다(『국가』 352d). 이런 소크라테스의 논변은 사실 개인-국가 유비에 기초해 있다. 내부적으로 부정의가 만연해 있는 국가나 집단은 내부적인 불화와 반목으로 인해 대외적으로 단결된 힘을 발휘할 수 없음과 마찬가지로 부정의로 꽉 차 있는 개인은 내적(심리적) 갈등과 모순으로 인해 외적으로 아무 일도 할 수 없게 된다는 것이다(『국가』 351d-352a).

그런데 이러한 소크라테스의 논지는, 완벽하게 부정한 사람이나 완벽하게 부정한 국가에 대해서는 설득력이 있지만, 내적으로 적당한 수준의 정의를 유지하는 경우에 외적으로 어떤 힘을 발휘할 수 있는지에 대해서는 모호한 부분이 남아 있다. 소크라테스가 예시한 강도단과 같이 외적으로 부정의를 행하면서, 내적으로 최소한의 정의를 유지하는 경우는 어떠한가? 내적으로 어느 정도의 정의를 유지하는 집단이라면, 외적으로 부정의를 행할 수 있는 것으로 볼 수 있다. 이런 경우가 사실 우리가 상식적으로 생각해 낼 수 있는 상황이다. 강도단은 외적으로 부정하지만, 여전히 힘을 발휘할 수 있다. 강도단 내부의 규율이 유지될 정도의 정의—그것을 정의로 일컬을 수 있는가 여부는 논외로 하더라도—만 있다면 그 강도단은 외적으로 힘을 발휘할 수 있다. 즉 외적 부정의와 내적 정의가 공존하는 경우를 상정할 수 있다는 것이다. 그럼에도 불구하고 소크라테스는 극단적으로 부정한 집단, 즉 내적으로나 외적으로나 완벽하게 부정한 집단만을 상정하고, 그러한 경우에 아무런 힘을 발휘하지 못한다고 주장한 것이다. 소크라테스가 이렇게 극단적으로 부정한 집단만을 가정하는 이유는 이 대목에서 설득하고자 하는 바가 부정한 국가나 집단에 대한 것이 아니라, 부정한 인간에 대한 것이기 때문이다. 개인의 경우는 국가나 집단과 달리, 외적으로 부정의를 행하기 위해 내적으로 최소한의 정의만을 유지한다는 것이 사실상 불가능하다. 개인의 혼은 전적으로 조화롭고 정의롭던지, 전적으로 갈등하고 부정할 수밖에 없기 때문이다.

이렇게 보면 소크라테스는, 전적으로 부정한 경우에는 개인이든 국가든 아무 일도 할 수 없다는 것을 설득하긴 했지만, 적어도 집단의 경우에는 외적인 부정의와 내적인 정의가 공존할 가능성을 부인하지 않았다. 왜 이런 차이를 보이는 것인가? 플라톤적 정의가 적용될 수 있는 영역의 구분은 소크라테스의 국제정치적 의도를 이해하는 데 도움을 준다. 개인의 정의는 내부와 외부 영역 간에 상호 영향을 미친다. 즉 내적 불화, 혹은 자기 분열적 갈등을 겪고 있는 개인은 외적으로 어떤 일도 온전히 성사시킬 여력이 없다. 또 외적으로 행하는 부정의는 지나친 욕망에서 기인하는 바, 다분히 내적으로도 다양한 욕망을 촉발시켜 내적 분열을 야기한다. 즉 개인이 외적으로 부정의를 행한다는 것은 곧 내부적 갈등과 분열을 초래한다. (a)가 (b)에 영향을 미칠 뿐 아니라, 동시에 (b)도 (a)에 영향을 준다는 얘기다.

그렇다면, 국가의 경우는 어떠한가? 국내적으로 최소한의 정의만 있으면,

대외적으로 부정의를 행할 수 있다는 것이 앞서 확인한 일차적인 가정이다. 우리의 상식도 여기서 크게 벗어나지 않는다. 대외적으로는 부정한 행위를 하기 위해서라도 국내적으로 어느 정도의 정의는 유지되어야 한다. 즉 소크라테스는 일단 (c)가 (d)에 어느 정도 영향을 미칠 수 있음을 지적했다. 그러나 국내적으로 전적으로 부정한 경우를 제외하면, (c)와 (d)의 관계는 애매한 상태로 남게 된다. 더구나 (d)가 (c)에 영향을 미칠 가능성은 거의 고려된 바 없다. 개인의 경우, 내적/외적 정의가 상호 밀접하게 영향을 주고받은 것과는 매우 대조적이다.

그러나 소크라테스와 트라시마코스의 대화는 암묵적으로나마 국가의 외적 행위(d)가 국가의 내적 행위(c)에 영향을 줄 수 있음을 암시한다. 언뜻 보면, 국가가 내부적으로 화합과 결속을 유지하면서도 대외적으로는 어떤 부정의도 행할 수 있을 것 같지만, 만일 개인-국가 유비의 틀 안에서 개인과 국가의 대칭성을 유지한다면, 개인의 경우 내부/외부의 균열을 배제해야 하는 것처럼 국가의 경우에도 내부/외부의 균열을 배제해야 한다는 것을 강하게 암시한다.

플라톤은 물론 대외적으로 부정의를 행한 국가에서 이로 인해 내부적으로도 부정의가 발생할 가능성을 직접적으로 논증한 바는 없다. 그러나 유비의 구조를 고려하면 국가의 대외적 부정의가 국내적 정의의 잠식을 초래할 가능성을 추론할 수 있다. 예컨대, 국가가 대외적으로 이기적인 이익을 극대화하기 위해 팽창과 침략을 거듭한다고 가정해 보자. 이러한 국가의 시민들은 자국의 행위를 자랑스러워하면서, 동시에 국가의 행태를 개인적으로도 모방하게 될 것이다. 국가의 부도덕한 대외적 행위를 개인적으로 모방하는 것은 결국 사회적 부정의를 낳고 급기야 국가의 쇠퇴를 초래할 것이다. 물론 국가가 대외적으로 부도덕한 행위를 한다고 해서 당장 국가가 와해되는 것은 아니다. 국가의 국제적 지위와 명예에 고무되어 여전히 사회적으로 충성을 보이는 이들도 생길 것이다. 그러나 국가의 대외적 부정의가 늘어나게 되면, 이를 모방하여 타락하는 시민의 수도 늘어날 것이고, 국가의 쇠퇴 역시 시간문제가 될 것이다.

이러한 상황을 막기 위해서는 국가가 대외적으로 힘을 발휘할 때 매우 조심스런 태도를 취해야 한다. 요컨대, 국가의 대외적 부정의가 곧바로 내부적 분열로 이어지는 것은 아니므로 어느 정도의 여유가 있을지 모르나, 지속적으로 부정의를 행하는 것은 경계해야 한다.[12]

이제 폴레마르코스와 소크라테스의 대화를 살펴보면서 플라톤적 정의의 국제적 적용을 둘러싼 또 다른 쟁점을 검토해 보자. 정의란 무엇인가라는 소크라테스의 물음에 폴레마르코스는 "적敵에게는 해를 주고, 친구에게는 득을 주는 것"이라는 대답을 내놓는다(『국가』 332d). 폴레마르코스의 대답은 개인적 차원에도 적용될 수 있지만, 다분히 공동체적 관점을 반영한 것이다. 폴레마르코스는 '전쟁의 수장'이라는 그의 이름에 걸맞게 특히 전시 상황에서 바람직한 것을 일반적 정의로 규정한 것이다. 일견 타당해 보이는 폴레마르코스의 공동체적 정의관에 대해 소크라테스는 심각한 의문을 제기한다. 일차적으로 소크라테스는 누가 친구이고 누가 적인지 구분할 수 있는지, 그리고 무엇이 친구에게 줘야 할 이득이고 무엇이 적에게 가해야 할 해인지를 정확하게 알아낼 수 있는가를 의심한다(『국가』 334c-335a). 소크라테스의 문제 제기처럼 인간사에서, 눈에 보이는 것이 아닌, 진정한 친구와 적, 그리고 절대적인 의미의 이득과 해를 규정하기란 쉽지 않다. 그럼에도 불구하고 폴레마르코스는 친구와 적의 구분, 해와 이득의 구별을 문제라고 여기지 않는 듯하다. 개인사個人事에 있어서는 양자의 구분에 왕왕 오해가 발생할지 몰라도, 적어도 국가적 차원에서는 누가 적

12 물론 어떤 메커니즘으로 대외적으로 부정의한 행위가 국내적으로 부정의를 낳는가에 대해서는 논증이 필요하다. 이 논증은 사실 『국가』의 범위를 초월하는 텍스트적·실증적 변호가 필요하다. a, b, c, d 가 어떻게 유기적으로 연관되는가를 해명해야 하기 때문이다. 이와 관련해서 일단의 투키디데스 연구자들은 '남보다 더 많이 가짐(πλεονεξία)'이라는 개념을 활용하여, 아테네가 강력한 제국으로서 대외적으로 부정의를 행할 때, 대외적으로 행한 부정의가 국내적으로 '침투'하여 시민적 덕성을 파괴하고 궁극적으로 제국이 쇠퇴하는 결과를 낳았다고 지적한다(Strauss, 1964; Orwin, 1994; Park, 2008).

이고 친구인지, 무엇이 마땅히 적에게 가해야 할 해이고, 친구에게 주어야 할 이득인지는 국가가 정한 규정에 따르면 되기 때문이다. 그러나 국가가 정해준 적국과 우방국은 불변하는가? 국가가 정해준 국익은 의심할 바 없는가?[13]

『국가』의 전체적인 줄거리에 비추어 볼 때, 폴레마르코스의 국가관은 수호자들에게는 매우 바람직하다. 수호자는 대외적으로는 사납고, 대내적으로는 상냥한 기질을 발휘해야 하는데, 이런 성향을 갖기 위해서는 국가에 의해 엄격하게 규율된 교육을 필요로 한다. 폴레마르코스의 국가관, 즉 국가가 지정한 적과 시민의 구분을 의심 없이 받아들이고, 무엇이 자국의 이익을 추구하는 것이고 무엇이 적을 해롭게 하는 것인지에 대한 국가의 명령에 절대적으로 복종하는 태도는 용기를 필요로 하는 수호자 계급에게 절실히 요구되는 사항이다. 하지만, 국제관계에서 영원한 우방과 영원한 적국은 존재하지 않는다. 또 한 때의 국익으로 여겨졌던 것이 어느 순간 국가에 해害가 될 수도 있고, 그 역도 성립한다. 개인사의 경우뿐 아니라, 국제관계에 있어서도 장기적이고 포괄적인 관점에서의 좋음Good에 대한 지식이 전제되지 않는 한, 우적友敵 구분이나 득실 개념은 한시적인 것에 불과하다.

여기서 좋음에 대한 지식이란 단지 국익과 관련해서, 단지 좀 더 먼 미래를 내다볼 수 있다거나, 기술적으로 좀 더 세밀하게 국익을 산정할 수 있는 계산 능력을 의미하는 것이 아니다.[14] 국익이 근본적으로 무엇인지 알아내기 위해서는 가장 보편적인 좋음Good이 무엇인가를 알아야 하고, 이에 대한 지식은 적어도 국가의 범주를 초월하는 '전체'(이 전체가 어느 범주까지 포괄할지는 확실하지 않다. 헬라스 세계일지, 지구 전체일지, 우주일지 말이다)에 대한 지식을 전제로

13 극단적인 사례이기는 하지만, 나치 정권 하에서 충성스런 독일 시민들이라면 국가가 정해준 적, 유태인을 학살하는 데 동조해야 했다.

14 필자는 국익 추구를 둘러싼 근본적인 문제를 아리스토텔레스의 『정치학』과 플라톤의 『알키비아데스』 해석에 기초해 검토한 바 있다(박성우, 2011; 2014).

한다. 이러한 포괄적인 지식을 추구하는 자는 사실 철학자밖에 없다. 이런 맥락에서 플라톤은 이상 국가의 통치자로 가장 포괄적인 지혜인, '좋음'의 이데아 the Good를 추구하는 철학자를 지목한 바 있다(『국가』 473d). 수호자들이 국가가 제시하는 '좋음'을 맹목적으로 받아들인 것은 이들이 자신의 땅에서 나고 자랐으며 계급적 위치까지도 땅에 의해서 정해졌다(αὐτόχθων)고 하는 일종의 "고상한 거짓말"을 받아들였기 때문이다(『국가』 414d-415c). 적어도 철인왕은 이런 "고상한 거짓말"을 믿지 않는다(『국가』 389b-c, 414b-c). 폴레마르코스의 정의관에 대한 소크라테스의 반론은 대외정책을 수행함에 있어서 적어도 수호자들의 용기나 맹목적 충성심 이외에 지혜가 수반되어야 함을 암시한다.

문제는 이러한 '좋음'의 지혜를 추구하는 철학자가 통치자가 된다는 것이 대단히 비현실적이라는 사실이다. 플라톤 정치철학을 철학의 절대적 권위를 바탕으로 전체주의를 주입시키기 위함이라고 해석하는 이들을 제외하고는[15] 플라톤의 철인왕의 기획을 액면 그대로 받아들이는 해석자는 많지 않다.[16] 무엇보다 이런 지혜를 추구하는 철학자들은 적어도 자발적으로 통치에 임하지 않는다.[17] 또 이론적으로는 좋음의 이데아와 관련된 지혜가 필요하지만, 현실적

15 20세기 중반 전 세계가 전체주의의 위협에 놓여 있을 때, 전체주의 이데올로기의 서구적 기원을 천착하면서, 플라톤 정치철학을 비난하는 분위기가 팽배한 적이 있었다. 포퍼를 위시해서 아렌트 역시 이런 기조에서 플라톤을 비판한 바 있다(Popper, 1966; Arendt, 1990; Thorson, 1963). 그러나 이런 해석은 일시적인 유행에 불과하다. 1990년대 이후 플라톤이 상당 정도 민주적 사고 틀을 갖고 있었다는, 적어도 민주주의의 신봉자는 아니더라도 민주주의 개선을 추구하고 있었음을 밝히는 연구들이 주를 이룬다(Ober, 1998; Monoson, 2000). 플라톤이 민주주의자였는가 비민주주의자였는가라는 구분에 관해서는 사실 민주주의가 근대 이후 다의적인 요소를 담고 있었기에 연구자들은 그때그때 다른 판단을 내리기 일쑤였다. 이에 대한 판단은 역설적으로 플라톤의 문제였다기보다 근대인의 문제였다. 이러한 시각에 대해서는 Lane(2001)을 참조.

16 대표적으로 스트라우스는 철인왕의 기획을, 역설적으로 철인왕을 빙자한 어떤 보편적 국가주의도 비극적 결말을 초래할 수 있다는 경고로 해석한다(Strauss, 1964; 박성우, 2014: 5장).

17 학자들은 『국가』에서 철학자가 자발적으로 통치에 임할 수 있는 근거를 찾을 수 있는지에 대해서 논쟁을 벌여왔다. 이에 대해서는 Kraut(1973); Brickhouse(1981); Andrew(1983); 박성우(2014: 5장) 참조.

으로는 이러한 지혜를 온전히 가진 자가 존재하지 않는다는 어려움도 있다. 사실 철학자φίλοσοφος란 이러한 지혜의 존재를 믿고 이를 추구할 뿐이지, 이런 지혜를 이미 획득한 자라고 할 수 없다. 이러한 사정을 고려하면, 플라톤이 국제관계에 있어서 포괄적이고 광범위한 지혜의 필요성을 주장하는 것은, 철인왕의 지혜를 기대한다기보다, 시민들 중 철학자 이외의 다른 구성원들이 가진 절제나 정의를 대외정책 결정에 수용할 필요가 있음을 시사하는 것이라고 볼 수 있다.

앞서 트라시마코스와 소크라테스와의 대화를 검토하면서, 정의라는 덕이 상식적으로 이해되는 바와 달리 국내적 범주에 한정되지 않고 국가의 대외적 행위와 국내적 상태가 연계되어 있어서, 대외적으로 부정의한 행위를 하면 국내-국제의 연계에 의해 국내적으로도 부정의를 초래할 수 있음을 암시한 바 있다. 방금 검토한 폴레마르코스와 소크라테스와의 대화는 용기라는 덕의 한계를 지적함으로써 국내적 원칙으로만 간주되던 정의가 국제적으로도 확장될 필요가 있음을 재확인시켜 준다. 이러한 입장을 받아들이면 국내적 차원의 정의를 상당 부분 국제적으로 확장시킬 필요가 있다. 그것이 어떤 형태로 나타날 수 있는가는 불분명하지만(이를테면, 국내적 차원의 분배적 정의를 국제적으로 확장할 수도 있고, 국내의 헌법이나 기본법의 근거가 되는 자연법을 국제적으로 확장하여, 자연법을 보다 적극적으로 국제법의 연원으로 삼을 수도 있을 것이다), 폴레마르코스와 소크라테스의 대화의 재조명은 적어도 정의正義의 경계가 국경을 초월할 수 없다는 편견으로부터는 벗어날 수 있는 계기를 제공한다.

4. 아리스토텔레스의 국익론: 자연과 국제의 목적론적 일체성[18]

국가가 대외정책을 수행함에 있어서 국익國益이 우선적으로 고려되어야 한다는 것은 자명한 원칙으로 이해되어 왔다. 그런데 '국익이 우선적으로 고려되어야 한다'는 것은 무엇을 의미하는가? 일차적으로 그것은 국가의 존립과 관련된 국익의 경우, 다른 어떤 종류의 이익이나 가치보다도 (그것이 설령 인류 보편적 가치라고 할지라도) 앞서 추구되어야 한다는 것을 의미한다. 예컨대, 9·11 테러 이후 미국 사회는 테러 방지를 위해서 고문이나 그 밖의 다른 인권 침해까지도 용인하는 국내법을 허용했는데, 이는 국가의 생존이나 안보와 같은 국익을, 인권이라는 보편적 가치보다 우선시한 것이라고 할 수 있다(Danner, 2004: 10; Hersh, 2004: 50).

그럼에도 불구하고 현대 국가는 자신들의 대외정책을 정당화하기 위해 끊임없이 보편적인 가치에서 명분을 찾고 있다. 예컨대, '세계평화를 위협하는 세력을 저지하기 위한 예방 전쟁'이라거나 '인도주의적 목적을 달성하기 위한 불가피한 개입' 등의 주장은 현대 국가가 전쟁을 개시하고, 개입을 정당화하기 위해 내세우는 명분들이다. 현대 국가는 국제적 정의正義나 인간의 존엄성, 세계평화와 같은 일국의 국익의 범주를 넘어서는 보편적 가치에 호소하고 있다. 현대 국가의 국익 추구가 그것 자체로서 정당화되는 것이 아니라, 그보다 상위에 존재하는 보편적 가치에의 호소를 수반하고 있다는 것은 각국의 국익 추구가 이 보편적 가치의 관점에서 정당한 것이어야 하고, 그 획득이 정당한 대가 desert로 받아들여져야 한다는 것을 의미한다. 달리 말해, 현대 국가의 국익 추구 행위도 결코 도덕이나 정의와 같은 보편적 가치로부터 완전히 자유로울 수 없다는 것이다.

18 이 절의 주요 논지는 필자의 이전 논문(박성우, 2011)으로부터 온 것이다.

전통적인 근대 주권국가 개념에 따르면 국익 추구의 도덕적 한계란 있을 수 없다. 국익 추구 행위에 있어서 최종적인 책임은 오로지 국가만이 가질 수 있는데, 주권국가는 국가의 존립 자체를 다른 어떤 가치보다도 우선시하므로 사실상 주권국가 행위의 도덕적 한계는 존재하지 않는다. 이런 입장에 따르면, 개별 시민은 국익을 전제로 한 국가의 명령에 대해 도덕성 여부를 따질 필요가 없다. 그럼에도 불구하고 '주권국가의 모든 행위가 도덕적 책임으로부터 자유롭다'라는 원칙은 제2차 세계대전 이후 원칙적으로 거부되어 왔다. 제2차 대전은 명목상 주권국가들 간의 전쟁이었음에도 불구하고 전후 처리 과정에서 전범재판(예: 뉘른베르크 재판)을 진행한 바 있다. 이 재판은 사실상 국익을 전제로 한 주권국가의 명령이라도 복종해서는 안 되는 인류의 보편적 가치가 존재한다는 것을 전제한 것이다. 개인은 국가의 명령에 맹목적으로 복종할 것이 아니라, 국익과 구별되는 어떤 보편적 가치나 도덕의 명령에 따랐어야 했다는 것이다. 이는 경우에 따라서는 주권국가가 도덕적 책임의 최종 결정권자가 아니며, 아울러 국익 추구에 있어서도 국가의 범주를 초월하는 어떤 보편적 가치나 도덕이 부과하는 도덕적 한계가 규정되어야 한다는 것을 의미한다.[19]

분명한 것은 우리는 국익을 추구하는 과정에서도 때로(항상 그런 것은 아니지만), 개별 국가적 차원보다 상위에 존재하는 보편적 가치를 여전히 포기하지 않는다는 것이다. 다만 문제는 이 보편적 가치가 국익과 갈등할 경우 우리가 어떤 원칙에 입각해서 이 갈등을 중재해야 할지 아직 알지 못한다는 것이다. 국익 추구의 도덕적 딜레마로부터 벗어나기 위한 방편으로 이른바 '아리스토텔레스적 전환'을 시도하고자 한다. 즉 아리스토텔레스의 국익론을 통해서 근

19 비슷한 맥락에서 1960년대 초 오토 아돌프 아이히만(Otto Adolf Eichmann)은 나치 정권에서 대량 학살을 집행한 죄로 이스라엘 법정에 선 바 있다. 비근한 예로 2011년 5월, 16년 전 보스니아 내전에서 세르비아의 인종청소를 감행한 라트코 믈라디치가 체포되어 전범재판에 서게 됐다. 벤하빕은 이와 같은 전범 재판의 경험을 초국가적인 인권의 실체로 간주하고 이를 바탕으로 세계시민주의의 논의를 발전시킨 바 있다(Benhabib, 2008).

대적 주권국가 개념에 따라 당연한 것으로 여겨온 국익 추구의 방식을 재고하며, 새로운 국익 추구 모델의 가능성을 모색해 보자는 것이다.

'아리스토텔레스적 전환'은 국익 추구가 궁극적으로는 국가를 구성하는 개별 시민들의 좋은 삶을 목표로 해야 한다는 아리스토텔레스의 정치이념으로부터 출발한다. 아리스토텔레스의 정치사상적 관점에서, 국가의 존립 근거는 시민들에게 좋은 삶을 제공하는 것에서 발견된다(예: Pol.1280a33; 1280b39).[20] 따라서 개별 국가의 국익 추구는 단순히 국가에 이익이 되기 때문이 아니라, 국가의 근본적인 목적에 부합하는 방향으로 이뤄져야 한다. 즉 국익은 맹목적으로 추구될 것이 아니라, 궁극적으로 그 국가의 구성원들에게 좋은 삶을 제공하고 있는가라는 도덕적 제약을 받게 된다는 것이다.

주지하다시피 아리스토텔레스는 『정치학』 1권에서 인간이 자연적으로 혹은 본성상φυσεί '정치적 동물ζῷον πολιτικόν'임을 강조하고 있다. 이는 단순히 인간이 공동체를 이루기 위해 군집하는 속성이 있음을 의미하는 것이 아니라, 인간이 폴리스(polis, 정치공동체, 국가)에 속해 있을 때 비로소 자연이 인간에게 부여한 기능과 목적을 다할 수 있음을 의미한다. 인간의 탁월성을 가능케 하는 존재로서의 폴리스는 일견 자족적이고 고립적인 상태가 바람직한 것으로 보인다. 그러나 아리스토텔레스가 좋을 삶을 위해서 전제하고 있는 폴리스가 현실적으로 폐쇄적이고 고립적인 상태로 존재할 수 있다고 본 것은 아니다. 『정치학』 7권에서 아리스토텔레스는 이상 국가의 자족성αὐτάρκεια을 강조하면서도(Pol.1362b2), 이상 국가의 영토를 설정할 때 외적의 접근 가능성을 염려하고, 생산물의 반입과 유출의 편리성을 고려한다(Pol.1362b39). 이뿐만 아니라 그의 이상 국가는 제한된 범위에서 해상을 통한 무역 활동도 허용한다(Pol.1327a25). 아리스토텔레스의 좋은 삶이 성취되기 위해서는 불가피하게 국제정치적 여건

20 이후 아리스토텔레스의 인용은 관례대로 베커(Bekker) 기입법을 따랐다.

이 조성되어야 함을 인정해야 한다. 요약하자면, 인간이 인간으로서의 탁월성을 발휘하고 좋은 삶을 영위하기 위해서는 자연이 부과한 목적에 맞게 생성된 국가의 존재가 필수적인데, 이 국가는 현실적으로 국제적 여건을 고려하지 않을 수 없다는 것이다.

문제는, 개인의 좋은 삶의 추구와 그 전제가 되는 이상적인 국가의 건설, 그리고 이상 국가 성립의 조건이 되는 바람직한 국제관계가 항상 선순환적 관계로 유지되지 않는다는 데 있다. 이를테면, 이상 국가의 유지를 위해 수행하게 되는 대외정책이 이상 국가 존립의 궁극적인 목적이 되는 개인의 좋은 삶의 추구를 방해하는 결과를 초래할 수도 있다. 다시 말해, 이상 국가의 국익 추구와 이 국가에 속해 있는 시민들의 좋은 삶의 추구 사이에 마찰이 발생할 수 있다. 이 마찰에 대한 아리스토텔레스적 해법은 잠시 미루고, 우선 국익 추구가 아리스토텔레스의 좋은 삶의 정치에서 어떤 위상을 차지하고 있으며, 이 과정에서 어떤 마찰이 생길 수 있는가를 이해할 필요가 있다.

아리스토텔레스에게 폴리스의 유지와 발전은 개별 인간의 좋은 삶을 위한 필수 요소이며, 폴리스의 유지와 발전에 위협이 되는 것은 좋은 삶의 추구에도 결정적인 위협 요인이다. 폴리스의 유지와 발전에 위협이 되는 요소는 무엇인가? 내전στάσις이나 외부의 침입이다. 그런데 성격적 탁월성을 발휘하려는 사람들끼리 정치공동체를 구성하고 있는 한, 내부의 분란으로 공동체가 붕괴될 가능성은 희박하다. 이들은 서로 사적 이익을 자제하고 공공선을 추구하여 내부의 결속을 위해 탁월성을 발휘할 것이기 때문이다.

이제 대비해야 할 것은 외부의 침입에 의한 폴리스의 붕괴이다. 외부의 침입에 대비하기 위해서는 국가안보를 확실히 해야 한다. 국가안보를 획득하기 위한 보다 적극적인 방법은 단순하게 표현하자면, 주변국을 정복하거나 지역의 패권국ἥγεμων이 되는 것이다. 여기서 주목할 것은 국가안보를 획득하기 위한 국가의 대외적 행위가, 탁월성을 발휘하려는 개인들이 동료 시민들에게 보이는 도덕적이고 고상한 활동과 매우 대조적이라는 사실이다. 다시 말해, 개인이 국가 안에서 성격적 탁월성을 발휘할 때에는 동료 시민들에 대해서 도덕적 고상함을 유지할 수 있지만, 이들이 속해 있는 국가가 국가안보를 위해 행하는 대외적인 행위는 더 이상 그 고상함이 유지되지 못한다는 것이다. 그뿐만 아니라 국가가 종종 타국을 대상으로 고상함이나 절제를 보이는 것보다 적극적이고 공격적인 태도를 보이는 것이 동료 시민들 간의 내부적인 결속과 연대성을 도모하는 계기가 되기도 한다.

형식적으로 표현하자면, 성격적 탁월성의 발휘가 국내적으로는 공공선을 끌어내지만, 대외적으로는 국가 간의 공공선으로 이어지지 않는다는 것이다. 이는 세계정부가 구성되지 않는 한, 애초부터 국가를 초월하는 국가 간의 공공선이 존재하지 않거나, 존재하더라도 이를 확인하고 추구하는 것이 불가능하기 때문일 것이다. 다만, 분명한 것은 단일한 폴리스의 존재를 전제로 하는 성격적 탁월성의 추구는 폴리스의 경계를 넘어서는 국가 간의 공공선으로 이어지지 않는다는 것이다. 따라서 만약 국가의 대외 활동에 관여하는 시민이 있다면, 국내적으로 자신의 동료 시민들에게 보여줬던 태도와는 판이한 태도로 타국이나 타국 시민들을 대하게 될 것이다.

문제는 이렇게 동료 시민들 간의 대내적 행위에 대해서만 한정적으로 정치적 탁월성을 발휘하는 삶이 아리스토텔레스의 관점에서 과연 좋은 삶으로 간주될 수 있느냐는 것이다. 공동체의 공공선을 위해서 자신의 사적 이익을 희생하면서 내부적 결속과 연대에 기여하는 삶을 살고 있다고 하더라도, 바로 그 공동체가 대외적으로는 마치 강도 집단과 같은 행태를 보이고 있다면, 이런 집단 안에서의 삶이 과연 인간의 탁월성의 관점에서 옳은 삶이며, 좋은 삶으로 분류될 수 있는가의 문제이다. 아리스토텔레스는 대내적으로 동료 시민들에게 행했던 성격적 탁월성을 대외적으로도 똑같이 발휘해야 한다고 탁월성의 병렬적 적용을 명시적으로 주장한 바 없다. 그럼에도 불구하고, 아리스토텔레스는 탁월성의 발휘에 있어서 대내외적으로 갈등 상황이 벌어질 수 있다는 점을 간과하지 않았고, 이를 문제시했다. 아리스토텔레스는 적어도 이상 국가가 피해야 할 대외관계에 대해 다음과 같이 지적한다.

> 이웃 나라들이 원하던 원치 않던 이웃 나라들을 지배하고 폭군처럼 다스릴 궁리를 하는 것이 정치가가 할 일이라는 것은 매우 불합리한 듯하다. …… 대부분의 사람들은 주인처럼 지배하는 것을 정치로 혼동하고 있는 듯하며, 자신에게도 옳지도 유익하지도 않다고 여기는 것을 남들에게는 거리낌 없이 행한다. 그들은 자신을 위해서는 정의로운 통치를 추구하면서도 남들을 대할 때는 정의 같은 것에 아무 관심도 없다. 본성적으로 지배받게 되어 있는 자들이 따로 있고 지배하게 되어 있는 자들이 따로 있는 것이 당연한 일이고 또 실제로 그렇다면, 모두를 지배하려 할 것이 아니라 지배받게 되어 있는 자들만 지배하려 해야 할 것이다. 그것은 마치 잔치나 축제를 위해 사람을 사냥하지 않고, 이런 목적을 위해 사냥하도록 되어 있는 식용 야수들만 사냥하는 것과도 같은 것이다(Pol.1324b22).

요약하자면, 만약 어느 국가의 대외적인 행위 양태가 좋을 삶을 추구하는 국내 정치 행위와 판이하게 구별된다면, 이 국가는 궁극적으로 시민들에게 좋은 삶을 제공하지 못할 수 있다는 것이다. 설령 이런 대외적인 행위가 그 국가의 안보를 더욱 견고하게 하는 것처럼 보인다고 하더라도 아리스토텔레스의 관점에서는 이를 용인할 수 없다. 국가 존속의 근본적인 목적이 개별 인간들의 좋은 삶에 있으므로, 국가가 이들의 좋은 삶을 저해하는 결과를 초래한다면, 이는 아리스토텔레스의 좋은 삶의 정치이념에 정면으로 반하는 일이기 때문이다. 이상 국가의 국익이라고 하더라도 그 국익을 추구하는 과정에서 좋은 삶을 저해한다면 아리스토텔레스는 이를 허용할 수 없다. 이는 외적인 좋음, 예컨대 건강이나 재물의 지나친 추구가 성격적 탁월성을 해치는 결과를 초래할 때, 이를 더는 허용할 수 없는 것과 같은 이치이다.

이제 아리스토텔레스에게 관건이 되는 것은 단순히 이상 국가의 유지가 아니라, 이상 국가의 유지를 위한 국가의 대외정책이 궁극적으로 국내 구성원들의 좋은 삶의 추구에 어떤 방식으로 영향을 미치느냐는 것이다. 따라서 아리스토텔레스에게 국익 추구를 위한 대외적인 활동은, 소극적으로는 국내 구성원들이 좋은 삶을 추구할 수 있는 국제적인 여건을 마련하는 것이며, 보다 적극적으로는 좋은 삶에 긍정적으로 기여하는 것이다.

아리스토텔레스 정치철학의 잘 알려진 난제 가운데 하나는 목적론적 자연관에 충실한 정치적 삶보다 공동체적 삶을 초월하는 총체적인 앎을 추구하는 관조적 삶βίος θεορέτικος이 더 훌륭하다는 논지다. 결론부터 말하자면, 아리스토텔레스에게 나타나는 정치적 삶과 관조적 삶의 상충 문제는 국제정치적 맥락을 고려할 때 자연스럽게 해결된다는 것이다. 국제정치적 맥락에서 관조적 삶을 사는 사람들은 비로소 국가의 공공선에 기여하는 바가 드러나고, 관조적 삶이 아리스토텔레스의 좋은 삶의 정치에 전반적으로 부합한다는 것이 밝혀지기 때문이다. 아울러 이렇게 국제정치적 맥락에서 관조적 활동의 역할을 부각하는 것은 국익 추구의 도덕적 딜레마도 극복할 수 있다는 이점이 있다. 이제 이 같은 결론에 어떻게 도달했는가를 규명하고자 한다.

우선, 좋은 삶의 정치를 위해 국가가 대외적으로 행하는 국익 추구 과정에서 제기될 수 있었던 도덕적 딜레마를 상기해 보자. 만약 자족적이고 고립된 폴리스의 존재가 가능하다면, 좋은 삶을 위해서는 동료 시민들을 대상으로 개인의 사적 이익을 일정 정도 자제하고 공공선을 추구하는 삶을 요구하는 것으로 충분하다. 그러나 완전히 고립된 국가를 가정하는 것은 현실적이지 않다. 따라서 국가의 생존이 대외적으로 위협받을 가능성을 염두에 두어야 한다. 국가의 존립이 대외적으로 위협받는 상황에서 좋은 삶이 온전하게 성취될 리 없음은 당연한 일이다. 그렇다면 대외적 위협으로부터 벗어날 가장 완전한 해결책은 무엇인가? 어떤 주변국도 감히 이 나라의 안보를 위협하지 못하도록 패권국ἥγεμων이 되거나, 나아가 제국ἀρχή의 지위를 갖는 것이다. 그런데 패권국이나 제국의 지위를 유지하기 위해서는 대외적으로 공격적인 성향을 유지해야 할 뿐 아니라, 끊임없이 전쟁에 대비하고 정복을 벌여야 한다.

그런데, 아리스토텔레스는 좋은 삶을 지향하는 국가가 빠질지 모르는 주변국에 대한 지배의 유혹을 잘 인지하고 다음과 같이 경고한 바 있다. 즉, 앞에서 우리는 아리스토텔레스가, "이웃 나라들이 원하던 원치 않던 이웃 나라들을 지배하고 폭군처럼 다스릴 궁리를 하는 것은 매우 불합리"하며 "모두를 지배하려 할 것이 아니라 지배받게 되어 있는 자들만 지배하려 해야" 하는데, 이를 위반한다면 "마치 잔치나 축제를 위해 사람을 사냥하지 않고, 이런 목적을 위해 사냥하도록 되어 있는 식용 야수들만 사냥하는 것과도 같은 것이다"라고 경고했음을 주목한 바 있다(Pol.1324b22). 그런데 앞의 논의에서는 아리스토텔레스가 어떤 근거로 국내에 적용해야 하는 원칙을 대외적 행위에도 확장하여 적용해야 한다고 보았는지 확인할 수 없었다. 이제 아리스토텔레스의 관조적 활동의 위상을 고려함으로써 그 근거를 추정해 볼 수 있다.

이를 위해 먼저 아리스토텔레스가 제시하는 일ἔργον과 여가σχολή, 그리고 전쟁πόλεμος과 평화εἰρήνη의 이분법적 구도를 이해할 필요가 있다. 아리스토텔레스에게는 다른 목적을 갖고 있는 활동보다 그 자체의 목적을 갖고 있는 것이 더 우월하다(Pol.1333a30). 그래서 일보다 여가가 우위에 있다는 것이고, 이런 맥락에서 아리스토텔레스는 일에 해당하는 정치적 활동보다 관조적 활동이 더 우월하다고 본 것이다(Pol.1334a11). 주지하다시피 전쟁은 정치 참여와 마찬가지로 일에 해당하며, 반면 평화가 여가에 해당한다(Pol.1334a13). 아리스토텔레스가 끊임없는 정복과 전쟁을 비하했던 것은 그가 단순한 평화주의자였기 때문이라기보다, "일로서의 전쟁"보다, "평화로서의 여가"가 우위에 있다는 아리스토텔레스의 좋은 삶의 정치이념의 일관된 입장 때문이라고 할 수 있다.[21] 같은 맥락

21 비슷한 맥락에서 아리스토텔레스는 『니코마코스 윤리학』에서도 일과 여가의 관계를 행복과 연관시켜 다음과 같이 정리한다. "행복은 여가 안에 들어 있는 것 같다. 우리는 여가를 갖기 위해 여가 없이 바쁘게 움직이며, 평화를 얻기 위해 전쟁을 하기 때문이다. 따라서 실천적 탁월성의 활동은 정치나 전쟁에서 성립하는 것이며, 이것들에 관련한 행위는 여가와는 거리가 먼 것으로 보인다"(NE.1177b5).

에서 아리스토텔레스는 일에 대한 여가의 우위의 원칙을 적용하여, 입법자는 전쟁보다 평화에 기여하도록 법을 준비해야 한다고 지적한다(Pol.1334a2).

그런데 입법자가 전쟁보다 평화를 우선적으로 고려하여 입법하기는 쉽지 않다.[22] 아리스토텔레스는 전지적全知的 관점에서 경험적으로 평화를 중심으로 한 입법이 필요하다고 설득하지만, 당시의 법은 대부분 평화보다 전쟁을 준비하기 위한 법이었다. 이런 상황에서 평화를 전제로 한 법을 만들기 위해서는 수단과 목적을 구분하고, 일과 여가를 구분할 수 있는 능력을 갖춰야 한다. 누가 이런 능력을 발휘할 수 있는가? 이런 능력은 실천적 이성의 활동만으로는 불가능하다. 관조적 이성의 활동이 요구된다. 바로 이 대목에서 관조적 활동 그리고 관조적 삶을 지향하는 사람들이 공동체에 공헌하는 바가 드러난다. 이들이 직접 입법 활동을 하지 않겠지만(입법 활동 역시 엄밀한 의미의 관조적 활동과 구분되므로), 이들이 공동체에 존재하는 한, 그리고 이들의 삶이 정치적 삶보다 우위에 있다는 것을 인정하는 한, 입법자는 무엇을 우선순위로 하여 법을 제정해야 하는가를 가늠할 수 있게 될 것이다.

관조는 기본적으로 특정 국가의 존속이나 번영에 국한되지 않는다. 관조적 활동은 개인의 영혼의 동태에서부터, 자신이 속한 국가는 물론, 이 국가가 관계하는 대외관계, 나아가 전 우주를 대상으로 한다. 따라서 관조적 삶을 살고 있는 사람들은 개별 국가의 구성원이라기보다 우주의 시민cosmopolitan citizen으로서 국가의 경계를 넘나들며 관조적 활동을 전개하고 있다고 할 수 있다. 물론 이들은 국가가 제공하는 외적인 좋음(의식주, 친구, 가족 등)을 누린다. 이 때문에 앞에서 관조적 삶이 무임승차라는 부도덕을 수반하는 것이 아닌가라는 비판에 직면할 수 있음을 지적한 바 있다. 그럼에도 불구하고, 국가 안에서 관조적 활동의 우위를 인정하고 이를 위주로 하는 삶을 좋은 삶으로 받아들이는

22 플라톤의 『법률』은 전통적으로 훌륭한 법으로 평가받고 있는 크레타법과 스파르타법이 모두 전쟁에서의 승리를 목적으로 입법되어 있음을 주목한다.

것은 일과 여가의 관계 그리고 전쟁과 평화의 관계를 제대로 설정할 수 있게 하고, 이로써 좋은 삶의 규정을 국내적으로 뿐 아니라 대외적인 행위에 있어서도 일관성 있게 유지하는 것을 가능하게 한다. 바로 이런 측면에서 관조적 활동과 그 삶이 국가의 공공선에 기여하는 바가 발견되며, 이런 맥락에서 이들은 결코 무임승차자가 아니다. 이들은 자신이 속한 국가의 대외적 행위가 일국의 국익의 관점에서만이 아니라 보다 상위의 관점에서 접근해야 함을 예시함으로써 국가의 대외정책에 도덕적 한계를 설정할 수 있는 길을 열어놓은 것이다.

그러나 전 우주를 대상으로 하는 이들의 관조가 대외정책의 구체적인 방향을 직접적으로 제시해 줄 수는 없다. 무엇보다 이들의 관조적 활동이 곧바로 우주 전체에 대한 포괄적 지식을 이미 획득했다는 것을 의미하지 않는다는 점에 주목할 필요가 있다. 관조는 이런 '지식에 대한 사랑φίλοσοφια'에 불과하다. 우주 전체에 대한 지식에 비하면 관조를 통해 얻은 지식은 여전히 미미한 수준이다. 따라서 관조의 내용이 국가의 대외정책에 실천적으로 적용되는 것을 기대하기는 어렵다. 그럼에도 불구하고 관조적 활동의 인정은 대외정책의 목적이 적어도 전쟁 자체가 아니라 평화가 되어야 한다는 것과 그것이 좋은 삶을 목적으로 하는 국가의 존립 근거에 부합해야 한다는 것을 재확인해 준다. 보다 구체적으로 그리스적 맥락에서 관조적 삶과 관조적 활동을 인정하는 국가의 대외정책은 적어도 다른 그리스 국가들(페르시아와 같은 이어족異語族, βάρβαροι을 포함하지 않는 문화적으로 동질적인 그리스 국가들)을 예속하려 들지 않을 것이고, 보다 넓게는 이어족들을 포함하는 인류 전체를 포용하는 대외정책이 되어야 한다는 점을 강조할 것이다.[23]

23 이런 맥락에서 아리스토텔레스는 외국인에 대해서도 다른 기준으로 대해서는 안 된다고 다음과 같이 지적한 바 있다. "수호자들은 모르는 사람들에게는 가혹해야 한다고 말하는 것은 옳지 않다. 우리는 어느 누구에게도 가혹해서는 안 되며, 도량이 넓은 사람들은 불의를 저지른 자들에게라면 몰라도 본성이 가혹하지 않기 때문이다"(Pol.1328a8).

5. 결론을 대신하여: 21세기 국가론을 위한 상상력

투키디데스의 전쟁론은 인간이 퓌시스와 노모스의 대화의 중심에 서 있음을 암시한다. 전쟁은 한편으로 인간의 규범적 통제에서 벗어나는 퓌시스의 영역에 존재하는 것으로 인식되지만, 다른 한편 여전히 전쟁의 개시와 수행, 종결은 모두 인간의 결정에 의해 이뤄지는 것이므로, 전쟁의 관행이나 규범과 밀접히 연결되기 때문이다. 투키디데스는 펠로폰네소스 전쟁사를 기록하면서 전쟁을 둘러싼 퓌시스와 노모스의 대화에서 인간이 어떤 태도를 가져야 하는가에 대해서 역설하고 있다. 필자의 해석에 따르면, 투키디데스는 퓌시스와 노모스의 중심에 서 있는 인간이 가장 경계해야 할 것은 휘브리스라는 것이다. 2절에서 분석한 바와 같이, 휘브리스는 인간이 인간으로서의 한계를 망각하고, 퓌시스와 노모스의 관계를 마음대로 재단할 수 있다고 믿는 것을 의미한다. 휘브리스를 드러내는 것은 자신감(자만심)의 충만을 의미하지만, 개인이든 국가든 휘브리스는 조만간 파멸을 초래한다. 투키디데스는 알키비아데스의 휘브리스가 그를 파멸로 몰아넣었고, 이와 유사하게 아테네 제국의 휘브리스가 제국의 쇠퇴를 초래했다고 암시한다.

휘브리스는 종종 자기 확신이나, 용맹ἄνδρεια과 혼동되는 경우가 있다. 투키디데스는 경건성εὐσέβεια을 개인이나 국가가 휘브리스의 오류를 범하고 있는가 여부를 판가름하는 중요한 기준으로 본다. 경건성이야말로, 한편으로 인간적 덕의 필요성과 다른 한편으로 인간적 덕의 한계를 저울질할 수 있는 균형자로서의 역할을 하기 때문이다. 다른 한편, 전쟁의 참화가 깊어지면, 종종 경건성은 종교적 의식이나 의례에 대한 맹목적인 추종과 혼동되는 현상이 발생한다. 투키디데스는 경건성에는 신화나 미신적 요소가 결부되어 있음을 부인하지 않지만, 이에 대한 맹목적인 추종, 그리고 그에 대한 보상으로서의 축복에 대한 기대는 결코 경건성을 입증하는 것은 아님을 경고한다.

21세기의 상황은 어떠한가? 근대 이후 종교는 폭력과 국제적 갈등을 부추기는 것으로 이해되어 왔다. 따라서 근대 이후의 정치사상은 종교는 가급적 공적 영역에서 배제하고, 정치와 분리시키는 자유주의적 해법을 바람직한 것으로 받아들여 왔다. 그러나 9·11을 정점으로 종교의 재부상 현상이 나타나는 21세기 세계정치에서 정교분리와 세속주의가 유효한 해결책이 될 수 없음이 드러났다. 인간의 휘브리스를 경계하는 투키디데스의 경건성 개념에 따르면, 세속주의를 통해 종교적 갈등이나 분쟁을 해결할 수 있다고 믿는 자유주의적 신념 또한 인간의 휘브리스에 해당한다. 즉, 투키디데스의 경건성 개념은 종교 부상을 완전히 억압할 수 있다거나, 특정 종교가 다른 종교를 우월한 지위에서 배제할 수 있다는 입장을 거부할 것이다. 투키디데스의 경건성은 다양한 종교의 공존을 인정하는 다원주의적 태도를 용인하는 반면, 자유주의를 만능으로 여기고, 그 안에 내재해 있는 이성주의의 폭력성을 휘브리스의 한 유형으로 파악할 것이기 때문이다.

21세기의 국제정치는 사실상 현실주의, 정전론, 평화주의가 혼재된 상태이다. 혹자는 현실주의는 현실에만, 정전론은 국제법 규범에만, 평화주의는 낙천적 몽상가의 이상주의에만 존재한다고 생각할지 모르지만, 우리의 국제정치 현실과, 국제법 규범과 국제정치 이념에는 세 요소가 엄연히 공존한다.[24] 개별 국가의 대외정책, 국제법적 레짐, 그리고 글로벌 시민사회의 인식은 이 세 접근 모두를 혹은 그 조합을 인정하고 있는 것이 오늘날 우리가 경험하고 있는 국제정치의 현주소다. 국가의 생존은 여전히 가장 중요한 요소이지만, 평화라는 이상이 국제법 규범에 실현되고, 국제법이 개별 국가의 정책 결정에 실질적인 구속력을 갖는 데에는 여러 장애가 있을 수 있다. 문제는 이 세 개의 접근법을 결

24 제1차 대전 이후 현실주의는 근대국가의 토대로 여겨져 왔으나, 제2차 대전 직후 세계는 평화주의의 이상을 실현하고자 유엔을 창설했다. 이후 세계는 현실적 권력을 경외함과 동시에, 현실주의는 이념적으로 책임 있는 국가의 합리성이라는 이름으로 지배적 지위를 차지하게 됐다. 그러나 제2차 대전 이후 국제법 질서는 실효성 문제를 차치하면, 적어도 형식적으로는 평화주의와 정전론의 공존이라고 할 수 있다.

코 타협할 수 없는 상호 배타적인 접근이라고 이해하는 것이다. 그럴 경우, 상황에 따라서 일시적으로 평화주의의 목소리가 높아지는가 하면, 곧바로 현실주의가 득세하는 국제정치관의 '시소 타기'가 연속된다. 현실주의, 정전론, 평화주의가 서로 대화하지 못하고 상호 배타적인 것으로 이해되는 한, 규범적 차원에서 국제정치의 진보는 기대할 수 없다.

플라톤의 연계적 정의론은 이 세 개의 접근법이 사실상 국제정치 현실에서 공존할 수 있다는 것을 전제로 개인의 영혼에서부터 우주적 질서 간의 연결고리를 찾는다. 이런 맥락에서 플라톤의 연계적 정의론은 21세기 세계정치의 현안으로 떠오르는 글로벌 정의의 실현에 시사점을 제공한다. 예컨대, 플라톤적 정의론은 인도주의적 개입을, 강대국의 국가 이익의 추구인가 아니면 세계인권선언이라는 '과도한' 이상에 발목 잡힌 비현실적 평화주의인가의 논쟁에서 벗어나, 이상의 점진적 실현이라는 관점에서 재해석할 수 있다.

정의가 과연 국경을 초월할 수 있는가의 문제는 플라톤 정치철학만의 주제는 아니다. 주지하는 바와 같이 많은 현대정치이론가들이 국경을 초월한 글로벌 정의의 가능성을 타진하고, 글로벌 정의의 본질이 국내적 정의와 동질적인 것인지, 아니면 근본적으로 구별되는 것인지를 규명하는 데 많은 노력을 기울여 왔다.[25] 플라톤의 정의론은 오늘날 현안으로 부상하고 있는 글로벌 정의의 본질 그리고 그것의 실현 가능성 문제와 관련하여 유의미한 시사점을 제공할 수 있을까?

플라톤의 정의론이 곧바로 오늘날 글로벌 정의의 주요 쟁점들(예컨대, 인권

25 예컨대 베이츠는 롤스가 국내적 정의 원칙으로 지목한 분배적 정의를 국제적으로 확장해야 한다고 주장한다. 반면 정작 롤스 자신은 이러한 시도는 자신의 정의론을 과장하고 왜곡하는 것이라고 주장한다(Beitz, 1979; Rawls, 1999). 인권 보장의 관점에서도 정의의 국제적 확장 가능성 여부는 논란을 일으킨다. 혹자는 인권 보장을 위한 정의의 원칙이 국경을 넘어 타국의 내정에 개입하는 것을 허용해야 한다고 주장하는 반면, 혹자는 어떠한 경우라도 주권의 원칙이 훼손되는 것은 자의적인 힘의 정치로의 타락을 의미한다고 주장한다(Pogge, 2010; Carens, 2010; Walzer, 2008; Luban, 2008).

보장을 위한 국제적 개입, 국제적 불평등 해소를 위한 글로벌 분배적 정의의 실현, 재앙적 기후변화를 막기 위한 국제적 협력)에 직접적인 가이드라인이 될 수는 없다. 그러나 플라톤적 정의론은 적어도 정의의 영역이 국가의 경계를 넘어설 필요성을 강력히 설득하고 있다. 특별히 주목할 만한 것은, 플라톤이 정의의 국제적 확장 문제를 제기한 것은 오늘날처럼 현실적으로 당면한 문제를 해결하기 위함이 아니라, 최선의 삶을 추구하고, 최선의 국가를 만들기 위한 보편적 동기에 기인한다는 점이다. 플라톤에게 정의의 국제적 확장은 인간이 국가라는 정치공동체 안에서 삶을 영위하는 한, 시대를 초월해 고려해야 할 보편적인 문제였다는 것이다.

플라톤적 정의론은 몇 가지 시사점을 제공한다. 플라톤적 정의론의 관점에서 정의는 적어도 각 영역별로 개별적으로 존재하는 것이 아니라 상호 연계되어 있음을 알 수 있다. 이런 관점에서 이상 국가의 대외정책으로 가장 중요한 요소는 신중함과 절제다. 절제된 대외정책은, 국가가 행한 대외적 행위의 결과를 모두 파악할 수 없다는, 인간 능력의 한계에 대한 자각으로부터 출발한다. 따라서 플라톤적 정의론이 지지하는 대외정책이란 시민들이 이와 같은 절제의 덕을 발휘할 수 있는 정책을 의미한다. 이러한 정책은 단순한 평화주의와 구분된다. 플라톤은 이상 국가도 어느 정도의 부富를 축적해야 하고, 이를 위해서는 주변국을 공격할 수도 있다는 것을 지적한 바 있다. 그러나 이 국가의 궁극적인 목적은 지배 자체가 아니라, 궁극적으로 시민들로 하여금 좋은 삶을 영위하도록 하기 위한 내적인 덕의 함양에 있다.

그렇다면 플라톤적 정의론을 충족시키려면, 대외적으로 어느 정도의 절제를 추구해야 있는가? 개인의 삶에서부터 우주 전체를 포괄하는, 전체에 대한 지식이 전제되지 않는 한, 이 질문에 단적으로 답하기는 어렵다. 최선의 국가가 대외정책에 있어서 절제를 발휘하기 위해서는 국제관계나 대외정책이 전체에 대한 지식에 비하면 매우 제한적 지식에 의존하고 있다는, 인간 지식의 한계를 자각해야 한다. 이러한 자각을 촉진하기 위해서 필요한 것이 공동체 내에 존재하는 철학자들이다. 철학자들이야말로 전체에 대한 지식을 추구하면서 특정 정치공동체의 이익에 매몰되지 않고, 절제의 중요성을 가장 잘 인식하고 있는 존재이다. 이런 맥락에서 모든 철학자는 본질적으로 세계시민주의적 성향을 띤다고 할 수 있다. 이런 철학자가 실천적으로 영향력을 행사하려면, 철학자가 정치권력을 갖고서 대외정책에서 절제를 실천해야 한다.

플라톤 정치철학은 철학자의 권력 행사를 사실상 부인할 뿐 아니라 철학자의 정치참여의 가능성을 거의 인정하지 않는다. 이러한 상황에서 어떤 국가의 대외정책이 절제된 방식으로 표출되기 위해서는 철학자의 기능을 대체할 만한 요소가 있어야 한다. 현재 우리가 상상할 수 있는 것은 우선 철학자와 비슷하게 보편적 가치를 지향하는 시민들을 존중하고 이들의 가치를 정책에 반영하는 것이다. 보편적 가치를 지향하는 시민들은 철학자들처럼 보편적 가치에 대한 철학적 탐구를 삶 전체에 반영하지 않더라도, 적어도 어떤 사안에 대해서도 특수 이익보다는—그것이 사적 이익이거나, 계급적 이익, 혹은 국가적 이익인가를 막론하고—보다 보편적 가치를 지향하게 될 것이다.

마지막으로 아리스토텔레스의 목적론적 국익론이 근대 주권론의 해체 가능성을 열고 있음을 지적하고자 한다. 아리스토텔레스의 목적론적 국익론에 따르면, 한 국가의 국익을 다른 국가의 국익과 배타적인 것으로 규정하기 어렵다. 국가의 궁극적인 목적은 구성원의 행복에 있고, 그것이 곧 국가의 탄생을 허용한 '자연'의 목적에 부합하는 것이므로 국익은 바로 이러한 국가의 목적을 충족시킬 때 달성된다. 이런 맥락에서 국익 추구는 물론, 세계정치 전체의 구성도 '행복의 정치'에 초점이 맞춰져 있어야 한다. 그럼에도 불구하고 우리는 근대국가의 주권 개념에 너무나 익숙한 나머지, 혹은 반복된 학습과 구성된 현실constructed reality로 인해, 국익 추구를 위한 국가의 대외적인 활동에 도덕적 한계를 부과하는 것을 '규범적으로' 거부해 왔다. 앞에서 우리는 아리스토텔레스의 좋은 삶의 정치를 국제정치적 맥락에서 재해석함으로써, 국익 추구의 과정에서도 도덕적 가치가 개입될 수 있음을 시사했다. 관조적 활동의 범주가 영혼의 세부 영역에서부터 광활한 우주의 영역까지 대단히 광범위함을 고려할 때, 관조적 삶을 우위에 둔 아리스토텔레스의 좋은 삶의 정치가 앞으로 어떤 구체적인 도덕적 제약을 국익 추구의 행위에 부과할 수 있을지는 미지수이다. 그럼에도 불구하고 아리스토텔레스의 좋은 삶의 정치는, 국가의 궁극적인 목적을 개별 인간들의 좋은 삶에 두고 있는 한, 적어도 팽창적 지배를 통한 국익의 추구는 바람직하지 않다는 점을 강조하고 있다(박성우, 2005).

최근 국익 추구와 관련하여 새로운 쟁점으로 부각되고 있는 것 중 하나는, 국익을 정확히 계산하거나, 국익을 정의定義하는 것조차 혼란스러워졌다는 인식이다. 국경을 초월한 자본과 노동의 이동이 광범위하게 진행되는 지구화 과정을 통해 국민국가의 경계가 불분명해지고, 자국민의 이익과 외국인의 이익이 중첩되거나 혼재되어 있는 상황이 비일비재하기 때문이다. 이제 과거처럼 국민국가적 관점에서 국익을 추구하는 것 자체가 불가능해졌는지 모른다. 이런 맥락에서 아리스토텔레스의 좋은 삶의 정치에 바탕을 둔 국익 추구는 애초부터 개별 국가들 간의 국익 추구를 제로섬 관계로 파악하지 않았고, 관조적 활동의 용인을 통해 국익 추구에 있어서도 경계 밖의 요소들을 허용했다는 측면에서 지구화 시대의 국익 추구 모델로 활용될 수 있다.

한편, 지구화는 과거 국익의 범주로 심각하게 고려되지 않았던 제 문제들(예컨대, 환경문제나 인간안보, 지역안보)을 개별 국가들이 처리해야 할 심각한 문제로 대두시켰다. 이뿐만 아니라 여전히 국익의 관점에서 개별 국민국가의 관심을 끌지는 못하나 인도주의적인 관점에서 결코 무시할 수 없는 현실(난민, 해외에서의 학살, 아프리카 아동들의 기아)이 부각되기도 한다. 현대 국가들은 대체로 이런 문제들을 해결할 필요성은 인정한다. 그러나 이들이 근대국가적 관점에서 국익을 정의하는 한, 이런 문제들은 여전히 국익의 범주 밖으로 내몰릴 것이며, 결국 누구도 해결하려 들지 않는 국제적 난제로 남게 된다. 아리스토텔레스의 좋은 삶의 정치는 이러한 국제적 문제들을 국익의 범주 안으로 끌어들여, 개별 국가들로 하여금 이러한 문제들의 해결을 국익의 추구로 간주하게끔

한다. 일각에서는 세계시민주의cosmopolitanism에의 호소를 통해 당면한 문제들에 해결하고자 한다. 그러나 근대적 의미의 국민국가가 존속되고, 혹자의 표현처럼 글로벌 데모스global demos가 출현하지 않는 한, 세계시민주의적 관점은 당분간 실효를 거두기 어렵다. 이런 맥락에서 아리스토텔레스의 좋은 삶의 정치의 국제정치적 확장은, 세계시민주의의 실효성이 의심되는 현 상태에서 국가의 대외적 행위에 도덕적 한계를 설정하고, 당면한 지구적 문제에 접근할 수 있는 효과적인 경로가 될 수 있다.

김상배. 2016.『신흥안보의 미래전략: 비전통 안보론을 넘어서』. 김상배 외 지음. 사회평론아카데미.

김지훈. 2020.「'투키디데스의 함정'에서 벗어나기: 투키디데스의 가르침 재조명」. ≪국제정치논총≫, 제60권 4호, 7~40쪽.

박성우. 2003.「소크라테스는 칼리클레스와 화해할 수 있을까?」. ≪서양고전연구≫, 제20권, 81~118쪽.

_____. 2005.「행복(eudaimonia)의 정치: 아리스토텔레스의『니코마코스 윤리학』과『정치학』에 나타난 철학적 삶과 정치적 삶의 의미」. ≪한국정치학회보≫, 제39권 5호, 111~131쪽.

_____. 2007.「플라톤의 〈메네크세노스〉와 아테네 제국의 정체성, 그리고 플라톤적 정치적 삶」. ≪한국정치학회보≫, 제41권 4호, 115~137쪽.

_____. 2008.「현실주의 국제정치이론에서 "투키디데스 읽기"의 한계와 대안의 모색」. ≪국제정치논총≫, 제48권 3호, 7~34쪽.

_____. 2011.「국익 추구의 도덕적 한계와 아리스토텔레스의 좋은 삶의 정치」. ≪21세기정치학회보≫, 제21권 2호, 1~22쪽.

_____. 2014.「국익의 철학적 토대와 철학적(소크라테스적) 국익 추구의 가능성: 플라톤의 〈알키비아데스〉를 중심으로」. ≪국제정치논총≫, 제54권 3호, 9~43쪽.

_____. 2018.「플라톤 정치철학과 아테네 제국」. ≪21세기정치학회보≫, 제28권 1호, 67~89쪽.

이승주 외. 2013.『국익을 찾아서』. 명인문화사.

케이건, 도널드. 2006.『펠로폰네소스 전쟁사』. 허승일·박재욱 옮김. 까치.

플라톤. 2005.『플라톤의 국가·정체(政體)』. 박종현 옮김. 서광사.

Andrew, Edward. 1983. "Descent to the Cave." *The Review of Politics*, Vol.45, No.4, pp.510~535.

Arendt, Hannah. 1990. "Philosophy and Politics." *Social Research,* Vol.57, No.1, pp.73~103.

Aristotle. 1985. *Nicomachean Ethics.* Translated by Terence Irwin. Indianapolis: Hackett.

______. 1988. *Politics.* Translated by C. D. C. Reeve. Indianapolis: Hackett.

Barker, Ernest, 1959. *The Political Thought of Plato and Aristotle.* NY: Dover Publication.

Bartelson, Jens. 2008. "Globalizing the Democratic Community." *Ethics and Global Politics,* Vol.1, No.4, pp.159~174.

Beitz, Charles. 1979. *Political Theory and International Relations.* Princeton: Princeton University Press.

Benhabib, Seyla. 2008. *Another Cosmopolitanism.* Oxford: Oxford University Press.

Brickhouse, Thomas. 1981. "The Paradox of the Philosophers' Rule." *Apeiron*, Vol.15.

Busch, Nathan. 2008. "International Duties and natural Law: A Comparison of the Writings of Grotius and Plato." *Interpretation*, Vol.35, No.2, pp.153~182.

Carens, Joseph H. 2010. "Aliens and Citizens: The Case for Open Borders." in Thomas Pogge and Darrel Moellendorf(eds.). *Global Justice: Seminal Essays.* Polity Press.

Croix, G. E. M. de Ste. 1972. *The Origins of the Peloponnesian War.* London: Duckworth.

Danner, Mark. 2004. *Torture and Truch: America, Abu Ghraib, and Wao on Terror.* NY: New York Review of Books.

Dodds, E. R. 1951. *The Greeks and the irrational.* Berkeley: University of California Press.

Finnemore, Martha. 1996. *National Interest in International Society.* Ithaca: Cornell University Press.

Guthrie, W.K.C. 1975. *A History of Greek Philosophy: IV Plato: the man and his dialogues earlier period.* Cambridge: Cambridge University Press.

______. 1978. *A History of Greek Philosophy: V. The later Plato and the Academy.* Cambridge: Cambridge University Press.

Hersh, Seymour M. 2004. *Chain of Command: the Road from 9/11 to Abu Ghraib.* NY: HarperCollins Publisher.

Kegley, Jr. Charles W. 1988. "Neo-Idealism:A Practical Matter." *Ethics and Internatioanl Affairs,* Vol.2, pp.173~197.

Kerfeld, G. B. 1981. *The Sophistic Moment.* Cambridge: Cambridge University Press.

Klosko, George. 2006[1986]. *The Development of Plato's Political Theory*. Oxford: Oxford University Press.

Krasner, S. D. 1999. *Sovereignty: Organized Hypocrisy.* Princeton, NJ: Princeton University Press.

Kraut, Richard. 1973. "Reason and Justice in Plato's Republic." in E. N. Lee(ed.). *Exegesis and Argument.* Assen: Van Gorcum.

Lane, Melissa. 2001. *Plato's Progeny: How Plato and Socrates Still Captivate the Modern Mind.*

London: Gerald Duckworth.

Luban, David. 2008. "Just War and Human Rights." in Thomas Pogge and Keith Horton(eds.). *Global Ethics: Seminal Essays*. Polity Press.

May, Larry. 2015. *Contingent Pacifism: Revisiting Just War Theory*. Cambridge: Cambridge University Press.

Meinecke, Friedlich. 1957. *Machiavellism: The Doctrine of Raison d'Etat and Its Place in Modern History*. New Haven: Yale University Press.

Monoson, Sara. 2000. *Plato's Democratic Entanglements: Athenian Politics and the Practice of Philosophy*. Princeton: Princeton University Press.

Morgenthau, Hans J. 1985. *Politics Among Nations: The Struggle for Power and Peace*, 6th ed. New York: Alfred A. Knopf.

Nincic, Miroslav. 1999. "The National Interest and Its Interpretation." *Review of Politics*, Vol.61, No.1, pp.29~55.

Nye Jr., Joseph S. 2005. *Soft Power: The means to success in world politics*. New York: Public Affairs.

Ober, Josiah. 1998. *Political Dissent in Democratic Athens: Intellectual Critics of Popular Rule*. Princeton: Princeton University Press.

Orwin, Clifford. 1994. *The Humanity of Thucydides*. Princeton: Princeton University Press.

Osiander, Andreas. 2001. "Sovereignty, International Relations, and the Westphalian Myth." *International Organization*, Vol.55, No.2, pp.251~287.

Pangle, Thomas L. and Peter J. Ahrensdorf. 1999. *Justice Among Nations: On the Moral Basis of Power and Peace*. Lawrence: The University Press of Kansas.

Park, Sungwoo. 2008. "Thucydides on the Fate of Democratic Empire." *Journal of International and Area Studies*, Vol.15, No.1, pp.93~109.

Phillips, Warren R. and R. C. Crain. 1974. "Dynamic Foreign Policy Interactions: Reciprocity and Uncertainty in Foreign Policy." in Patrick J. McGowan(ed.). *Sage International Yearbook of Foreign Policy Studies*. Beverly Hills: Sage.

Philpott, D. 2001. "Usurping the sovereignty of sovereignty?" *World Politics*, Vol.53, No.2, pp.297~324.

Plato. 2000. *Republic*. Translated by G. R. F. Ferrari and Tom Griffith. Cambridge: Cambridge University Press.

Pogge, Thomas. 2010. "Cosmopolitanism and Sovereignty." in Thomas Pogge and Darrel Moellendorf(eds.). *Global Justice: Seminal Essays*. Polity Press.

Pogge, Thomas and Darrel Moellendorf. 2008. *Global Justice: Seminal Essays*. St. Paul: Paragon House.

Popper, K. R. 1966. *The Open Society and Its Enemies*. Princeton: Princeton University Press.

Rawls, John. 1999. *The Law of Peoples: with "The Idea of Public Reason Revisited."* Cambridge:

Harvard University Press.

Saxonhouse, Arlene W. 1978. "Nature & Convention in Thucydides' History." *Polity*, Vol.10, No.4, pp.461~487.

Shorey, Paul. 1968[1933]. *What Plato Said.* Chicago: University of Chicago Press.

Strauss, Leo. 1964. *The City and Man.* Chicago: University of Chicago Press.

Syse, Henrik. 2010. "The Platonic Roots of Just War Doctrine: A Reading of Plato's Republic." *Diametros*, Vol.23, pp.104~123.

Thorson, Thomas Landon(ed.). 1963. *Plato: Totalitarian or Democrat?* Englewood Cliffs: Prentice-Hall.

Thucydides. 1998. *The Landmark Thucydides: A Comprehensive Guide to the Peloponnesia War.* in Robert B. Strassler(ed.). Free Press.

Vlastos, Gregory. 1995. *Studies in Greek Philosophy Volume II: Socrates, Plato and Their Tradition.* Princeton: Princeton University Press.

Walzer, Michael. 2008. "The Moral Standing of States: A Response to Four Critics." in Thomas Pogge and Keith Horton(eds.). *Global Ethics: Seminal Essays.* Polity Press, pp.51~72.

2 근대 국민국가에서 탈근대 민주적 공간으로*

근대국가에 대한 논의 지형 변화의 역사와 사상

홍태영 | 국방대학교

1. 서론

근대의 특수한 정치공동체로서 국민국가는 고대의 도시공동체city나 로마 그리고 중세의 기독교 제국empire, 동양에서 볼 수 있는 다양한 정치공동체 혹은 중화주의질서를 통해 구현된 정치공동체들의 공존 방식 등과 구별되는 정치형태로서 이해될 수 있다. 또한 17~18세기 서구 유럽에서 시작되어 19세기 제국주의 시기를 거치면서 확산된 국민국가가 현시점 아랍이나 아프리카 지역에서는 여전히 맞지 않는 옷을 입은 듯 지속적인 파열 양상을 보이고 있다는 점도 그러한 특수성을 보여주는 것이라 할 수 있다. 그리고 현재의 세계화 속에서 구현되고 있는 국제질서나 국민국가를 흔드는 다양한 힘들은 국민국가의 영속성에 충분히 의문을 제기하고 있다. 그러한 점에서 근대국가는 중세 봉건

* 이 글은 ≪한국정치연구≫ 제31권 3호(2022)에 게재된 글을 수정·보완한 것임을 밝힌다.

제의 위기를 극복하는 과정에서 등장한 역사특수적인 정치공동체의 형태라고 할 수 있으며, 특히 자본주의의 발달은 근대 국민국가 형태를 구성하는 데 주요한 요소라고 할 수 있다.

여기에서 국가를 두 가지 층위에서 이해해야 할 필요성이 제기된다. 우선은 근대에 형성된 정치공동체의 형태이자 시공간적 개념으로서 국민국가인데, 이때 국민국가라는 공동체는 근대 이래 세계적으로 전일화되며, 그들 간의 국제관계가 형성된다. 다른 하나는 그러한 정치공동체로서 국민국가 내에서 작동하는 권력의 집중체로서 국가(권력)의 문제이다. 국민국가라는 시공간 내에서 작동하는 사회적 구성 요소로서 자본주의적 시장 관계, 대의제와 결합한 민주주의적 정치, 사회적인 것 등으로부터 발생하는 다양한 문제들을 해결하기 위한 국가의 역할을 둘러싼 논의와 갈등의 역사가 근대 역사의 단층들을 구성한다. 그리고 이 두 가지 층위로 이해된 국민국가들 간의 관계가 근대의 세계적 공간 내에서 이루어지는 국제관계이다.[1]

근대국가가 출현하고 이후 전환되는 과정에서 국가에 대한 논의들 역시 변해왔다. 17세기 홉스 이래 근대 정치철학의 대상으로서 국가에 대한 논의는 자신의 정당성과 국가를 둘러싼 기원에 대한 논의가 중심을 이루었다. 이후 프랑스혁명과 함께 근대국가가 본격적으로 출현하고 자본주의의 발전과 궤를 같이하면서 국가는 '사회적인 것'을 둘러싸고 그것을 해결할 것인가의 문제를 두고 다양한 사회과학들의 논의의 대상이 되었다. 20세기 들어서 복지국가의 발달과 국가의 역할 확대 속에서 다시 국가의 위상과 국가권력의 민주화 그리고 제3세계의 해방 이후 민주화 과제 등 민주주의의 문제를 둘러싼 정치학적 논

1 근대의 사회적 상상을 둘러싼 다양한 논의들에도 불구하고 폴라니(Polanyi, 1997), 테일러(2010), 가라타니 고진(2009) 등이 보여주는 근대에 대한 묘사에 유사성이 존재한다. 제솝은 국가는 사회구성체 안의 다른 제도적 앙상블들 중 하나이면서 동시에 사회구성체의 응집을 유지할 전반적인 책임이 있다는 역설적 측면을 제시한다(제솝, 2021: 23).

의가 주를 이루었다. 그 시기는 분명 국가론의 전성시대였다. 하지만 그렇게 활발했던 국가에 대한 논의가 1990년대 이후 갑작스럽게 사라졌다. 정치학은 물론 사회과학의 어떠한 영역에서도 더 이상 국가를 논하지 않는다. 그것은 20세기 말 이후 변화된 상황—사회주의의 몰락, 세계화 등—속에서 국가의 새로운 모습 혹은 변환에서 비롯된 것이기도 하고, 또한 국가에 대한 접근의 필요성 때문일 수 있다. 특히나 제3세계 국가들의 민주화 문제가 단지 일국적 차원의 문제가 아닌 세계적 차원 혹은 세계 체제 수준의 문제일 수 있다는 시각 역시 작용했다. 그리고 무엇보다도 민주주의의 문제가 국가권력의 문제에 한정된 것이 아니며 삶 자체의 문제이자 다층적 구조의 산물이라는 시각의 확산 때문이기도 하다.

21세기 들어서 세계화로 자본과 노동의 이동이 가져오는 경계 허물기, 지구적 수준에서 발생하는 기후 및 환경 변화 등 국민국가의 경계를 넘어서 발생하는 문제는 국민국가라는 정치공동체의 한계를 보여주고 있다. 물론 안보의 수준에서 국가는 여전히 건재하다 할 수 있지만, 상이한 영역들의 경계를 가로지르는 흐름이 새로운 공동체의 가능성을 열고 있는 것도 분명하다. 그리고 여전히 우리 시대의 규범적 지평을 형성하는 민주주의의 확장이라는 차원에서 국민국가라는 정치공동체를 어떻게 사유해야 하는지에 대한 물음을 던지는 것이 필요한 시점이다. 그러한 의미에서 우선 이 글은 근대 정치공동체로서 국가에 대한 논의가 그 출발의 시점에서부터 어떻게 진행되어 왔으며, 다양한 전환의 계기들을 통해 어떠한 쟁점을 가지면서 위상의 변화를 가져왔는가를 살펴보고자 한다. 그리고 현재의 시점에서 국가에 대한 논의를 둘러싼 쟁점, 특히 세계화와 그에 따른 국민국가의 위기 상황 속에서 민주주의가 새롭게 재구조화되기 위한 정치적 공간에 대한 사유의 지점들을 찾고자 한다.

2. 근대 국민국가의 구성과 전환

근대의 정치공동체로서 국민국가의 구성 과정에서 국가(권력)는 중심적 역할을 부여받는다. 국민국가로 구성되는 과정에서 그 구성원인 국민의 안전을 책임져야 하는 역할에서 시작하여 그 공동체 자체의 안전을 지키는 역할이 국가에 주어진다. 나아가 자본주의의 발달과 '사회적인 것'의 출현 속에서 국가는 새로운 역할을 부여받는다. 그리고 이러한 과정을 거치면서 19세기 말에 이르러 국가는 근대의 정치공동체인 국민국가의 일정한 완성태를 이루어낸다.

1) 홉스에서 헤겔로: 근대 자유주의 국가에 대한 정치철학적 정당화

근대의 정치공동체로서 국민국가가 구체적인 모습을 드러내기 시작한 것은 영국의 청교도혁명과 명예혁명, 미국의 독립혁명, 프랑스 대혁명을 거치면서였다. 17~18세기를 통해 발생한 세 개의 혁명과 더불어 홉스 이래 근대 정치철학자들은 그러한 혁명에 앞서거니 뒤서거니 하면서 혁명을 예견하거나 정당화하며 근대 국민국가의 모습을 그렸다. 근대 초 새로운 시공간적 구성으로서 '국민국가'라는 정치공동체가 구성되기 시작했고, 그 과정에서 '국가(권력)'는 그 중심적 역할을 수행했다. 새로운 공동체를 구성해 가는 과정이자 국가권력이 확립되는 과정이 진행된 것이다. 이 시기 근대 정치철학자들의 논의는 '국가(권력)'의 확립, 그 정당성의 부여에 초점을 맞추고 있었다. 정치철학자들 사유의 출발점은 근대적 개인, 즉 이성과 자연권의 소지자로서 국가권력에 정당성을 부여하는 개인이라는 틀이었다. 그리고 그러한 국가권력의 확립은 곧 주권의 확립이었고, 주권의 배타적 영역이자 주권에 의해 구성되는 국민국가를 구성하는 것이었다.

홉스에서 시작된 자연권과 계약론적 전통에서 말하는 논의의 핵심은 정치공동체의 정당성의 기원이 공동체 밖의 그 무엇으로부터가 아니라 공동체를 구성하는 개인의 권리, 즉 자연권에 있음을 말하는 것이었다. 홉스의 논의에 따르면 개인은 자연 상태에서 자신들의 고유한 권리를 가지고 있지만, 결국 자연 상태의 귀결은 전쟁 상태이다. 전쟁 상태에 이르러 개인들은 '죽음에 대한 공포'를 느끼게 되며, 그러한 공포로부터 벗어나기 위해 개인들은 자신의 권리를 양도해서 성립시킨 국가를 갖게 된다. 국가를 통해 개인은 죽음의 공포에서 벗어나며, 동시에 그 국가권력으로부터 자신의 권리와 안전을 보장받게 된다. 홉스의 『리바이어던Leviathan』의 표지는 근대 국가권력과 정치체로서 국가의 모습을 상징적으로 보여준다. 즉 근대국가는 정치적 주체로서 인민이 자신의 정치적 의지를 표상하는 '하나의 의인擬人, One person'의 모습, '리바이어던'으로 표현되고 있다. '리바이어던'은 국가권력이 어떠한 표상representation 과정을 통해 인민을 대표하는가를 보여주면서 동시에 근대 정치체political body로서 국가라는 단일한 정치공동체를 보여준다.

홉스는 『리바이어던』의 막바지에서 "주권자의 직무는 군주든 합의체든 그가 주권을 위임받은 목적, 즉 '인민의 안전'의 획득"(홉스, 2008: 430)이라는 점을 분명히 언명하고 있다. 이러한 주권자의 직무는 자연법에 의해 그에게 부과된 의무이며, 이때 말하는 '안전'은 "생명의 보존은 물론, 생활상의 만족, 즉 모든 사람이 코먼웰스에 위험이나 해악을 가함이 없이 합법적 근로에 의해 얻을 수 있는 모든 생활상의 만족"이라고 규정하고 있다(홉스, 2008: 430). 또한 사고로 인해 자신의 노동으로 생활을 영위할 수 없는 사람들의 경우 사적 개인들의 자선 행위에 맡겨놓을 것이 아니라 코먼웰스의 법으로 하여금 최소한의 생활필수품이 지급되도록 해야 한다는 점을 명시하고 있다(홉스, 2008: 445). 그만큼 국가권력의 역할은 공동체의 경계 내, 즉 주권이 영향을 미치는 공간 내의 구성원들, 합법적으로 인정된 구성원의 삶의 안전을 책임져야 한다는 사실을 분명히 하고 있다. 이것이 근대 국가권력의 속성이다. 푸코가 말했듯이, 전통적인 권력 즉 "죽게 만들고 살게 내버려 두는 권력"에서 근대적 권력, 즉 "살게 만들고 죽게 내버려 두는 권력"으로의 이행이 발생했다는 것을 근대의 정치철학자들이 논리적으로 서술해 갔음을 알 수 있다(푸코, 1998: 278~279).

계약론적 전통은 홉스 이래 로크, 루소를 거쳐 칸트에 이르러 정점에 이르게 된다. 그것은 이성을 갖춘 개인에 근거한 민주적 공화국의 구성, 나아가 그러한 공화국들에 의한 국제관계에서의 영구적 평화 구축이라는 이상에 이르게 되었다는 점이다. 칸트는 분명 홉스와 루소를 결합하여 계약론을 설명한다: "보편적 국민의지는 영구히 보존되어야 하는 하나의 사회로 자신을 통합한 것이며, 또한 결국에는 자신을 보존할 능력이 없는 사회구성원들을 보존하기 위해 내적 국가권력에 스스로 복종한 것이다"(칸트, 2012: 194). 특히 칸트는 "참된 공화정이 대의제 체계"이며, 대표자를 매개로 하여 국민은 자신이 "주권자 자체"가 된다는 점을 강조한다(칸트, 2012: 218). 이렇게 구성된 국가는 국민에게 세금을 부과할 권리 및 나아가 자산가를 강제할 권리를 갖는다. 후자의 권리는 "최소한의 자연적 욕구조차 충족시킬 만한 능력을 가지고 있지 못한 사람들을 보존하기 위해 필요한 수단을 창출"하기 위해 국가가 갖는 권리라고 언명하고 있다(칸트, 2012: 194). 도덕적 존재moral being로서 인간은 그 스스로 목적인 존재이며, 비판적 사고를 통해서 자신을 "자유롭고 공개된" 검토를 받고, 정치적 자유를 통해 "자신의 이성을 모든 면에서 공적으로 만드는 것"이라고 정의한다(아렌트, 2002: 66~87). 결국 인간은 도덕성을 통해 사적인 존재와 공적인 존재로서의 일치를 이루게 된다. 칸트는 도덕적 존재로서 또한 권리의 주체로서 인간은 민주공화국의 구성원이 되며 그러한 공화국으로 구성된 평화를 염두에 두었다. 참된 공화국이란 결국 가장 좋은 통치자로 만드는 체제인 최상의 체제들로 구성된 국제관계 속에서 영구적인 평화가 가능해진다는 것이 칸트가 이상적으로 바라본 세계이다. 물론 칸트 역시 그것이 이상적이라는 것을 알고 있었지만, 그러한 평화가 이루어지도록 노력해야 한다는 점을 강조한 것이다(칸트, 2012: 237).

프랑스혁명의 옹호자였던 칸트는 프랑스혁명의 대의명분이 사라진 듯 보였을 때조차도 인간과 시민의 권리선언에 표명된 사상들의 윤리적 가치에 대한 자신의 믿음을 버리지 않았다. "… 이 모든 것에도 불구하고 그와 같은 혁명은 모든 목격자들의 마음속에 감격에 가까운 공감을 자아낸다 … 인류 역사에 있어서의 그와 같은 현상은 결코 잊혀질 수 없다"(카시러, 1988: 222에서 재인용). 그 사건은 진보의 "역사징표"였으며, "전체적인 인간종의 한 성격과 동시에 (비이기성으로 인한) 이 인간종의 한 도덕적 성격을 적어도 소질에 있어서 증명"하는 것이었다(칸트, 2012: 130). 프랑스혁명은 근대 정치철학에서 제시한 보편적 인간의 권리를 현실적인 권력의 보호막을 통해 제도적으로 확립하고자 했다는 점에서 근대 정치철학의 실재화였다. 프랑스혁명에서 절대군주를 대체하여 등장한 근대적 국가권력은 홉스가 제시했던 인민의 표상으로서 국가권력이면서 또한 동시에 루소의 일반의지의 실현체로서 국가와 동일시되었다. 하지만 헤겔은 프랑스혁명이 가지고 있는 추상성으로 인해 발생하는 혁명세력과 반혁명세력의 대립과 모순을 이해했을 뿐만 아니라 시민사회의 출현으로 인해 발생하는 인간의 욕망의 표출을 파악하면서 이 문제들을 철학적으로 해결하고자 했다(리터, 1983: 45~56).

칸트의 계약론 흐름 그리고 계몽주의 비판을 주도했던 헤르더의 낭만주의 흐름을 결합한 이가 헤겔이었으며, 그러한 의미에서 헤겔의 정치철학은 근대 정치철학의 정점에 있다고 할 수 있다. 즉 헤겔에 이르러 근대 국민국가라는 공동체가 국가(권력)를 중심으로 결집되고 또한 국가를 통해 드러난 절대정신의 발현체로서 국민국가라는 공동체의 구성이라는 이중적 과정이 정치철학적 차원에서 구현되었다. 다른 한편으로 찰스 테일러가 분명하게 언급했듯이, 헤겔은 "철저한 자율에의 열망"과 다른 한편으로 "자연과 사회와의 표현적 통일에의 열망"을 결합하려는 시도 속에서 자신의 지적 작업을 수행했다(테일러, 1988: 121). 이 두 가지 열망은 곧 홉스 이래 자유주의적 전통에서 추구되어 온 개인의 이성적 자율의 실현이라는 흐름과 독일의 노발리스, 피히테 등에서 나타난 낭만주의적 흐름, 즉 자유를 향한 혁명적 열망과 근대혁명에 대한 낭만주의적 부정을 결합하려는 시도라고 할 수 있다. 헤겔에게 국가는 "세계 안에 거하며 세계 안에서 의식을 통하여 그 자신을 실현하는 정신"이다(헤겔, 2008: § 258). 이때 국가는 계약론자들이 상정하는 법적 유대에 의해 결합된 개인의지의 집합체로서 국가와도 구별되며, 낭만주의의 유기체론, 즉 교회의 권위와 지도 아래 통일된 유기체와도 구별되는 변증법적 통일이자 반대되는 것들의 통일로서 제시된 것이다(카시러, 1988: 322~323).

헤겔의 국가에 대한 사유가 전환되는 과정에서 중요한 지점은 그의 시민사회에 대한 이해이다. 헤겔의 국가에 대한 이해의 근거가 되는 시민사회에 대한 근대적 이해는 애덤 스미스, 존 스튜어트 밀John Stuart Mill 등 스코틀랜드 계몽주의자들의 영향과 흡수 때문이다. 헤겔에게 존재하는 '필요의 체계'로서 시민사회라는 개념이 스코틀랜드 경제학자들에게 빌려온 것이라는 사실은 그의 초기 저서들에서 잘 드러난다(Waszek, 1988; Chamley, 1963). 개인과 정치체의 동일화라는 루소의 개념은 이후 보편과 특수의 동일성이라는 헤겔적 근대국가 개념을 발생시켰다.[2] 헤겔은 1817~1818년 '자연법과 국가학' 강의에서 '시민사회'를 "그 자체로서 보편적인 그리고 대자적인 존재가 아니라 개인의 존재와 보존의 수단"으로 이해했으며, 그것은 "욕구의 만족이 주요한 목적이기 때문에" 필요의 체계이고, 그 구성원인 "Bürger는 시민이 아니라 부르주아"라는 점을 강조했다(J.-F. Kervégan, 1992: 187). 그리고 국가는 윤리적 보편성universum éthique으로서 우월성을 담보하게 된다. 헤겔의 가족-시민사회-국가의 변증법을 살펴볼 때, 우선 개인은 가족 내에서 추상적인 존재이기를 그치고 구체적으로 살아 있는 존재이며, 사랑의 감정을 갖는 존재로서 노동하고 사회화가 이루어진다. 시민사회를 통해 개인들은 의식적으로 발전된 조직을 구성하게 된다. 그리고 최종적으로 국가는 이성적 존재로서 제시된다. 감정에 기초한 가족, 권

2 헤겔 이후 시민사회는 더 이상 정치적 체계로서 이해하는 것—사회계약론자들에게 국가와 사회는 거의 동일시되었다—이 아니라, 국가와 대조를 이루면서 동시에 국가학(Staatswissenshaft)—독일적 전통에서 19세기 동안 관방학(Cameralism)—의 대상이 된다(Tribe, 1995).

리와 욕구의 체계인 시민사회, 이들의 한계를 극복하는 것으로서 국가이자, 인륜성의 이념의 완전한 실현태이며, 공동의 삶에서 선을 실현하는 국가로서 제시된다(헤겔, 2008). 즉 국가를 통해 가족과 시민사회의 한계와 모순들이 극복되는 '인륜성의 최고구현체'로서 국가가 등장한 것이다. 헤겔은 근대국가의 본질은 "공동적인 것이 특수성의 완전한 자유와 개인의 행복으로 결합되어 있어야만 한다는 것, 따라서 가족과 시민사회의 이익이 국가에 총괄되어야만 한다는 것, 그러면서도 목적의 보편성은 스스로의 권리를 보존하지 않을 수 없는 특수한 존재의 독자적인 지知와 의욕 없이는 전진할 수 없다는 것"에 있다는 점을 분명히 한다(헤겔, 2008: 453). 국가는 보편적인 것의 실현은 물론 개인적인 것, 즉 주체성의 발전도 동시에 담보할 수 있어야 한다는 점에서 새로운 국가로서 자리매김된다.

2) 19세기 사회과학과 자본주의 국가(론)

헤겔에 이르러 정점에 이른 근대 정치철학은 이후 19세기에 들어서 자신의 자리를 사회과학에 내주었다. 헤겔이 시민사회에 대한 이해를 통해 근대 자본주의의 등장, 즉 이해관계 체계의 전일화와 그것의 국가를 통한 포섭이라는 열망을 표현하고자 했다면, 결국 그것은 19세기를 지나며 헛된 희망임이 드러났다. 프랑스혁명(1789)과 함께 구체적이고 현실적인 국민국가nation-state의 형태가 유럽 전역에서 서서히 등장했다. 그리고 이후 근대 세계에 대한 전망을 둘러싼 본격적인 이데올로기들의 경쟁 그리고 사회의 변화를 이해하고 그것을 둘러싼 해석과 연관된 사회과학들의 탄생을 가져왔다는 점에서 프랑스혁명은 세계사적 사건이었다(월러스틴, 1994). 그리고 주권자로서 국민의 등장은 결국 오랫동안 근대 정치철학자들이 논리적으로 설명하고자 했던 문제가 현실에서 어떻게 실현되는가를 보이는 것이었다. 그 과정에서 이제 더 이상 국가에 대해 추상적으로 논의하기보다는 구체적인 '사회'의 문제 그리고 '개인'으로 환원될 수 없는 '사회적인 것le social'의 등장에 따라 '개인' 및 개인의 '권리'에서 출발하여 국가를 확립시키는 정당성의 논의로서 근대 정치철학의 시간은 종결되었음을 의미했다.

19세기는 그러한 점에서 사회과학의 시대였다. 국가에 대해서 역시 사회과학적 접근이 이루어지기 시작했고, 사회의 다양한 분야 혹은 역할과 관련한 사회과학들이 등장하기 시작했다. 그 첫 번째 주도권을 잡은 것은 '정치경제학'이었다. 애덤 스미스 이후 영국의 정치경제학은 자본주의의 학문으로서 국가에 대해 논의했고, 그때 국가의 역할은 '작은 정부론'이라고 칭해지듯이, 자본주의적 사회질서의 유지에 한정되었다. 나름대로 자유주의적 정치경제학 체계를 구성한 세Jean Baptiste Say의 논의에 따르면 생산-교환-분배라는 정치경제학의 세 영역에서 국가는 분배라는 부분에 한정되었으며, 그 역시 극히 제한적이었다. 이러한 세의 논의는 라카르도 등에게 영향을 주어 19세기 중반 정치경제학 논의의 틀을 구성했다. 생산과 교환의 영역은 시장의 논리를 통한 '자연'스러운 작동이라는 확고한 신념이 정치경제학자들에게 존재했고, 분배의 영역에서도 국가는 최소한의 역할을 수행할 뿐이었다. 맬서스Thomas Robert Malthus와 같은 정치경제학자들이 주목한 빈곤 문제는 국가가 개입할 여지가 있는 부분이긴 했지만, 빈곤 역시 자본주의 경제의 작동에 필요한 부분이라는 인식—경쟁에 자극이 필요하다는 측면에서—이 있었다. 결국 '사회적인 것'에 대한 해결을 담당하는 것은 '자연적인' 시장의 논리였고, 국가는 그러한 시장의 작동을 원활하게 하는 지킴이 역할을 하는 데 그쳐야 했다.

이러한 정치경제학의 논의에 대해 마르크스는 『자본』의 부제가 말하듯, '정치경제학 비판'을 통해 국가의 역할을 새롭게 정의하고자 했다. 우선 마르크스의 『공산당선언』(1848)에 나타난 국가에 대한 정의는 '부르주아의 집행위원회'로, 다소 추상적이고 비유적이었지만, 그것은 국가가 명확히 자본의 역할을 보장한다는 측면에서 부르주아 계급의 도구로서 국가임을 분명히 하는 것이었다. 그리고 이후 본격적인 정치경제학(비판) 연구라고 할 수 있는 그의 『자본』

에 나타난 국가는 자본주의 사회구성체의 재생산에 없어서는 안 될 구조적 구성 요소로서 자리매김된다. 『자본』의 곳곳에서 제시된 국가의 역할은 자본주의적 생산관계의 재생산, 곧 계급의 재생산이라는 의미에서 프롤레타리아—이중의 의미에서 자유로운 노동자—의 재생산과 자본가계급 자체로서 국가의 위상을 정립하는 것이다. 마르크스의 사유 속에서 국가는 자본가의 이익을 사회 전체의 이익, 즉 일반이익 차원으로 전환시키는 역할을 수행해야 하는 것이다. 그와 함께 주목해야 할 마르크스의 정치 저작인 「루이 나폴레옹의 브뤼메르 18일」(1852)에서 제시하고 있듯이, 자본주의 국가는 그 구성이 어떠하든 구조적으로 주어진 자본주의 사회의 재생산의 역할을 수행한다. 부르주아 국가라는 의미는 자본주의 사회구성체 속에서 국가가 자연스럽게 부르주아 계급의 이익을 일반이익 내지는 전체의 이익으로 재생산해 낼 수 있도록 한다는 의미이다.

마르크스가 국가에 대해 서술한 몇 편의 글이 이후 마르크스주의 국가론을 둘러싼 논의의 출발점이 되는 것은 분명하다. 또한 근본적으로 이러한 근대국가에 대한 논의에 있어서 자유주의 정치경제학자들과 마르크스는 서로 대척점에 위치하지만, 그들은 국가와 시민사회라는 대당과 '경제적인 것'의 결정성이라는 문제 설정을 공유한다고 할 수 있다. 즉 경제적인 것에 의한 정치적인 것의 결정, 결국은 국가에 대한 도구주의적 문제 설정이라는 틀은 여러 해석에서 다소 차이가 있음에도 불구하고 부정할 수 없는 부분이다.

19세기 말 영국 자유주의 정치경제학 및 마르크스에 대한 비판을 동시에 진행하면서 '사회적인 것'의 문제에 해결책을 제시한 흐름이 사회학이다. 프랑스의 뒤르켐Émile Durkheim, 영국의 홉하우스Leonard Trelawney Hobhouse 등의 사회적 자유주의, 독일의 베버 등의 사회학적 전통은 헤겔이 말한 시민사회의 모순의 지양으로서 국가의 위상을 구체적으로 그리고 기능주의적(?)으로 이해하고 그 방법을 제시하고자 했다. 19세기 말에 유럽에서 다양한 방식으로 등장한 사회적 자유주의 혹은 자유주의적 사회주의는 그간의 정치경제학에 기반해 진행되었던 경제적 자유주의에 대한 비판으로서 자유주의의 전환이었다. 사회적인 것의 문제 설정을 포괄하는 새로운 사회과학의 체계가 등장한 것이었고, 그것을 가장 체계화한 이는 뒤르켐이다.

뒤르켐의 사회학은 자신의 고유한 사회학적 방법을 통해 원자화된 개인을 논의의 출발점으로 하는 경제학이나 근대 정치철학의 논의를 전복하고, 사회현상 모두를 사회적 관계를 통해 이해하고자 했다. 그의 사회학적 문제 설정은 사회적 관계 속의 개인과 그들에 의해 이루어지는 사회적 행위들에 대한 이해, 나아가 개인들 간의 새로운 사회적 관계의 확립, 즉 사회적 연대의 구성이었다. 전통적 유대 관계가 사라진 현대 산업사회에서 새로운 유기적 사회관계를 확립하기 위한 방법은 무엇인가에 대한 고민이 그 출발이었으며, 그러한 문제설정 속에서 국가의 역할이 새롭게 주어졌다. 국가는 경제적 관계라는 시민사회의 외곽에 위치하거나 혹은 경제적 계급관계를 지탱해 주는 역할에 한정되지 않고 적극적으로 사회적 연대를 구성해 내야 하는 임무를 부여받게 된다. '사회적인 것'을 개인주의적 해결이나 혁명적 해결이 아닌 사회적 연대를 통해 해결하고 그것에 기반을 제공할 수 있는 국가의 새로운 역할을 규정하고자 했다. 뒤르켐은 국가를 "사회의 이름으로 말하고 행동하는 유일한 특징을 갖는 사회체의 총체"라고 정의한다(Durkheim, 1900-1905?: 173). 즉, 국가는 어떤 기관이나 구체적인 행위로 환원될 수 없는 정신적인 특징을 갖는다. 국가는 무엇보다도 "사고의 기관"이며 "사회정의의 기관"이기 때문에, 그것의 주요한 역할은 "자신의 영역을 확대하거나 보다 많은 시민들을 체화하면서" "사회의 물질적 힘을 증가"시키는 것이다(Durkheim, 1900-1905?: 174~175). 국가는 개인들의 자유를 확장하기 위해 지속적으로 사회적인 것에 개입해야 하고 그러한 국가의 개입이 개인의 자유를 제한하지 않는다고 보았다. 국가는 "사회생활의 모든 영역에 나타나 그 자신을 드러내는 존재가 된다. 특수한 집합적인 힘들이 존재하는 모든 곳에는 이것들을 중화시키기 위해 국가권력이 존재해야 한다"(뒤르켐, 1998: 130~131). 뒤르켐이 제시한 국가는 19세기 자본주의의 발전을 통해 발생한 사회적인 것을 주도적으로 해결하고 그것을 통해 민주주의를 실현해야 하는 과제를 가지고 있다. 그러한 의미에서 근대 정치에서 제시한 국가의 역할, 결국은 사회의 모순을 흡수하고 해결하는 과제를 19세기적 해석을 통해 새롭게 규정했다고 할 수 있다.

20세기 초반 베버의 근대국가에 대한 정의는 영토성과 폭력에 주목하고, 또한 19세기에 성장한 국가의 모습을 보면서 사회과학적 논의들을 정리했다는 데 의미가 있다. 베버에게 근대국가란 영토적 경계 내에서 폭력의 정당한 사용을 독점하는 능력을 갖는 것으로, 합법적 폭력의 수단의 독점을 통해 영토적 경계 내에서 지배력, 즉 주권적 권력을 행사한다(베버, 2021). 근대국가에 대한 베버의 정의는 국가의 두 가지 층위, 즉 정치공동체로서의 위상과 정치공동체를 결집하고 제반의 사회적 요소들을 구조화하는 중심으로서 국가권력의 역할이 갖는 특성을 잘 드러냈다고 할 수 있다. 국가는 주권이 미치는 영토 내에서 합법적 지배력을 행사함으로써 질서를 유지하고자 한다. 그리고 국가권력의 확립 과정에서 전문성과 정보, 효율성 등의 이유로 불가피하게 등장하는 관료적 권력에 대한 견제의 필요성을 제시하면서 강력한 의회를 옹호하기도 했다. 서서히 확대되고 있는 관료의 역할로 인해 발생하는 관료제의 문제가 등장한 것이고, 그것은 결국 국가권력 자체의 문제이기도 했다. 결국 베버는 민주주의를 시장과 비슷하며 투표권과 권력을 획득하기 위한 경쟁 속에서 가장 유능한 인재를 찾아내고 가장 무능한 자들을 제거하는 제도적 메커니즘이라고 이해했다(헬드, 1988: 176).[3] 이러한 이해는 19세기 자유주의의 연장선이자 20세기 초반 출몰한 '대중'에 대한 두려움이자 우려를 표현한 것이라 할 수 있다. 하지만

3 민주주의에 대한 베버의 이해가 좀 더 극단화된 형태는 슘페터에게서 발견된다. 슘페터에게 민주주의는 정치적 방법이며, 국민투표의 성공적인 추구의 결과로서 모든 문제에 대한 결정권을 어떤 개인들에게 줌으로써 입법적·행정적 결정을 포함한 정치적 결정들에 도달하기 위한 제도적 장치이다(슘페터, 2011).

이러한 민주주의에 대한 이해는 20세기에 폭발한 인민에 의해 거부될 수밖에 없는 것이었다.

19세기 말부터 '사회적인 것'을 해결하고자 하는 시도와 함께 서서히 모습을 드러낸 복지국가는 제1차 대전을 거친 후 애국주의적 문제의식과 1929년 대공황 이후 등장한 케인스주의 경제학 등의 영향 속에서 확장되었고, 제2차 대전 이후 체계적으로 발전했다. 1945년 베버리지 보고서가 상징적으로 제시했듯이 5대악—질병, 무지, 빈곤, 불결, 나태—에 대한 근절과 '요람에서 무덤까지' 국민의 삶을 책임지는 국가가 탄생한 것이다. 산업재해, 실업, 의료, 연금 등 눈에 띄는 사회문제에 대해 개입하기 시작했지만, 국가는 적극적으로 사회문제를 찾아나서고 촘촘한 사회적 안전망을 고안해 냄으로써 국민의 삶 전체를 관리하기 시작한 것이다. 푸코가 근대국가의 탄생을 보면서 그것이 "살게 만들고 죽게 내버려 두는 권력", 즉 "생명관리권력bio-pouvoir"이라고 칭했던 권력이 말 그대로 체계화된 방식으로 등장한 것이다. 하지만 이러한 과정에서 비대해지는 관료제의 문제, 대의제 민주주의의 한계 등이 드러나기 시작했고, 그 대립축에서 인민은 새롭게 성장하고 공적 영역에 등장하기 시작했다. 그에 따라 국가와 민주주의와 관련한 새로운 문제들이 등장했다.

3. 사회의 국가화 혹은 국가의 통치화

20세기 국가는 분명 정치학적 논의의 중심 대상이 되었다. 그것은 20세기 국가에 대한 논의에 세기 초 베버의 우려 속에서 제기된 바와 같이 '민주주의'가 그 중심에 들어섰기 때문이다. 20세기 전반기 대중민주주의의 발달 속에서 그것의 타락한 형태였던 파시즘의 출현에서부터 제2차 대전이 종전한 후 제3세계 국가들의 독립은 국민국가의 새로운 탄생과 함께 '민주화'라는 정치적 화두를 던졌다. 또한 서구의 선진적인 국민국가들에서 복지국가가 등장함에 따라 국가 역할의 확대 그리고 관료제화된 국가에 대한 민주주의의 문제가 제기된 것이다.

1) 사회의 국가화에 대항하는 민주주의(화)

제2차 대전이 종전된 후 서구 유럽은 복지국가의 체계화에 들어선다. 베버리지 보고서가 상징적으로 보여주듯 사회적 위험에 대한 국가의 체계적인 대응이 이루어지기 시작한 것이다. 그와 함께 자연스럽게 국가의 역할은 사회의 영역, 시장은 물론 개인의 삶의 영역에까지 침투하면서 확장되었다. 이미 전쟁을 통해 비대해진 국가기구가 복지국가의 확장 속에서 더 다양한 방식으로 사회 곳곳에 침투하기 시작한 것이다. 따라서 서구 유럽에서 복지국가의 확대는 자연스럽게 국가의 역할과 관련한 논의를 활발하게 했다. 이와 함께 제2차 대전 이후, 제3세계 국가들의 독립 역시 그 국가의 위상과 역할을 둘러싼 논의를 불러일으키는 계기가 되었다. 제3세계 신생국가들의 경우 각자의 국민국가 건설 과정에서 국가의 비대화와 비민주적 현상이 광범위하게 발생함에 따라 민주화가 중요한 과제로서 떠올랐다.

국가에 대한 논의에서 민주주의의 문제가 주요하게 제기된 것은 확장되고 비대해진 국가권력의 문제이기도 하지만 20세기 이래 다양한 방식으로 인민대중이 공적 공간에 등장하기 시작했다는 점이다. 제3세계의 인민들은 반제국주의 민족독립운동 과정에서 성장하기도 했으며, 서구 선진 국가들의 경우에는 양차 대전을 거치면서 인민 스스로가 거대한 사건의 중심에 있음을 경험하는 계기가 되었다. 그러한 점에서 인민의 민주주의적 요구는 자연스러운 것이었고, 1960년대는 그러한 인민의 욕구가 폭발하는 시기였다. 그리고 그러한 인민의 욕구와 민주주의에 대한 연구는 정치학의 몫이었다. 그와 함께 자본주의 국가에 대한 분석 작업에 몰두한 마르크스주의를 주목해야 한다. 1917년 러시아혁명 이후 동구 사회주의혁명과 1950~1960년대 제3세계 혁명운동은 마르크스주의의 영향이기도 했고, 그러한 점에서 정복과 혁명의 대상으로 설정된 자본주의 국가에 대한 분석 작업이 마르크스주의적 관점에서 진행되었다.

20세기 국가에 대한 논의의 다양한 흐름을 살펴보면, 개인이나 집단의 다양한 이익들의 조정자로서 역할을 강조하는 다원주의적 국가론, 국가를 자본 축적 과정과 계급 갈등의 측면에서 바라보는 마르크스주의적 국가론, 국가를 사회적 관계의 변화 속에서 작용하는 자율적 실체로 파악하면서 국가주의적 혹은 국가중심적—베버의 영향을 받은—국가론 등으로 크게 분류될 수 있다(김세균, 2002: 168~169). 물론 이러한 세 가지 흐름 내에 혹은 흐름을 가로지르는 다양한 흐름들, 엘리트주의적 국가론이나 제3세계 국가의 특수성을 이해하기 위해 제시되었던 과대성장국가론, 관료적 권위주의론 등 세부적인 다양한 흐름도 존재한다. 국가를 둘러싼 다양한 논의의 폭발은 20세기 복지국가의 발달에 따라 국가가 사회 전 영역에 침투하면서 사회의 중심에 등장했기 때문이다. 그것은 '사회의 국가화'라는 말로서 제시되었고, 곧 국가에 의한 사회의 장악이라는 모습으로까지 비춰진 것이다. 또한 1917년 러시아 사회주의혁명과 함께 자본주의 국가에 대한 이해의 다양한 접근이 이루어졌다. 국가에 대한 논의는 그러한 국가의 확장이 가져오는 비민주적 결과, 즉 개인의 권리 침해와 권력에 의한 억압 효과에 대한 비판적 의미를 담고 있었고, 궁극적으로 민주주의의 확장이라는 목적이 있었다. 나아가 사회주의혁명을 꿈꾸던 마르크스주의자들에게 국가에 대한 이해는 국가권력의 장악을 통한 사회주의로의 이행을 위해 필수적인 것이었다.

우선 누가 지배하는가의 문제에 집중했던 다원주의적 국가론과 엘리트 국가론 등의 논의에서는 국가권력을 장악하고 있는 이가 누구인가 혹은 어떤 계급인가의 문제에 집중하면서 민주주의를 위한 시도로서 국가 통치엘리트의 다원화 등의 문제를 제기했다. 자유주의적 시각에서 누가 통치하는가(Who governs?)를 물었던 다원주의 국가론의 로버트 달Robert Dahl과 '권력 엘리트들power elites' 간의 연합 등을 추적한 엘리트주의 국가론의 라이트 밀스Charles Wright Mills의 논의—노동자계급의 혁명적 역할에 대한 마르크스주의적 견해의 거부 속에서 다원주의적 모델에 대한 비판을 수행한 논의—는 1960년대 국가론의 한 단면이었고, 또한 정치학적 주제로서 국가에 대한 논의의 시작이었다. 다음으로 계급론적 관점에서 접근했던 밀리밴드Ralph Millband의 도구주의적 국가론과 풀란차스Nicos Poulantzas의 상대적 자율성론에 근거한 마르크스주의 국가론의 논의 중심은 사회주의 혁명론의 문제로 연결되었다. 두 학자의 논의는 의회주의적 노선을 반영한 영국 노동당의 마르크스주의와 프랑스의 구조주의적 마르크스주의, 특히 이데올로기적 국가기구에 주목하면서 국가권력이 단지 관료제나 국가기구로 한정되지 않는다는 점을 강조하는 흐름의 연장선상에 있었다. 이는 결국 자본주의에서 사회주의로의 이행을 위한 국가권력의 장악 혹은 전복의 문제를 사유하기 위한 국가에 대한 이해의 시도였다고 할 수 있다. 특히 이 논쟁을 정리하고자 했던 라클라우의 지적처럼, 마르크스주의 국가론에서 '정치적 요소'의 특수성을 정식화하려는 시도로 세련된 형태의 '최종심급에서 경제적인 것의 결정'이라는 도식이 갖는 애매함이나 추상성을 극복하려는 시도로서 평가받았다(라클라우, 1985). 이러한 논의는 알튀세르와 발리바르의 지적처럼, 마르크스주의에서의 이론의 공백, 즉 국가 및 정치(적인 것)에 대한 논의 결핍에 대한 지적과 맥락을 같이하는 것이었고, 1970년대 프랑스 자유주의 정치철학자들이 제기한 전체주의 논쟁 속에서의 '정치적인 것의 귀환'으로 이어졌다.[4]

밀리밴드와 풀란차스의 국가론 논쟁 과정에서 드러난 문제들에 대해 일종의 이분법적 틀, 즉 경제결정론에 따른 도구주의적 국가론과 구조주의에 기반한 정치주의적 해석이라는 틀에 갇혀 있음을 비판하면서 자본주의 사회 모순

4 1970년대 프랑스 정치학계에서의 전체주의 논쟁과 정치적인 것에 대한 강조 그리고 마르크스주의에서 국가론 논쟁은 전반적으로 스탈린 체제에 대한 비판과 더 나아가 마르크스주의 자체에 대한 비판 혹은 반성과도 연결된다. 이러한 논의의 맥락에 대해서는 홍태영(2008: 「서론」) 참조.

들로부터 국가 형태 도출을 진행해야 한다는 논의를 전개시킨 것은 독일의 국가도출학파였다. 국가도출논자들은 『자본』에서 마르크스가 제시한 정치경제학 범주들이 객관적인 영원한 실체가 아니라 자본주의 사회의 사회적 관계들에 의해 역사적으로 결정된 관계들이라는 점을 강조하면서 그러한 형태들로부터 국가를 직접적으로 '도출'할 것을 요구했다(Holloway and Picciotto, 1985: 169~170). 국가도출논자들은 마르크스의 『자본』에서의 논의가 경제적 분석이 아니라 경제적 형태에 대한 유물론적 비판이자 자본주의 사회 전체에 대한 총체적인 분석임을 강조했다. 따라서 국가도출론자들은 자본주의 국가 형태를 "자본주의적 생산양식의 본래적 모순으로부터 도출"해야 하며, 이를 위해 '자본관계' 자체 내지는 '자본에 의한 노동 착취의 관계'로부터 출발해야 함을 강조한다(박상섭, 1985: 117~119). 그러한 의미에서 국가는 단순한 정치적 제도나 자본에 의해 설립된 제도라는 단순화된 이해가 아니라 "자본의 사회적 재생산 과정에 있어서의 본질적 계기"로서 파악되어야 한다(알트바터, 1985: 73). 국가는 개별 자본 혹은 특정 자본의 이익이 아니라 '자본 일반' 즉 총체적 자본의 이익을 위한 '자율화된 국가'로서 존재하는 것이다. 국가가 '사회문제'를 해결하기 위해 수행하는 '사회정책'은 온정주의적 감독이나 생산자의 복지 등을 특징으로 하면서 사회의 계급적 특징을 유지시키는 것을 목적으로 한다(뮐러·노이쥐스, 1985: 68~69).

미국의 스코치폴Theda Skocpol은 풀란차스의 국가의 상대적 자율성에 대한 논의나 국가도출론 등 자본논리학파의 논의가 선진 자본주의 국가에서의 정치적 갈등과 변형에 대해 무기력한 설명을 제공한다고 비판하면서, 자본주의 국가의 재생산에 있어서 국가구조와 정당 조직, 그리고 국가적 및 국제적 경제상황 속에서 운영되는 국가의 다양한 조직들에 대한 이해를 통해 국가를 파악할 수 있다고 본다(스코치폴, 1981: 43~45). 이와 함께 스코치폴은 구조기능적 사회체계 및 집합행동, 정치 폭력 등의 범주를 포괄하여 비교역사학적 방법을 통해 다양한 형태의 사회변혁과 혁명을 분석했다. 이러한 비교역사학 혹은 역사

사회학적 방법을 통해 근대국가에의 접근에 대한 마르크스주의적 국가론의 이론적 한계를 극복하고자 하는 시도 속에서 베버주의적 방법론—독일 역사주의 전통은 물론 국가 개념 자체 차원에서—을 수용한 결과이다. 틸리(틸리, 1993), 기든스(Giddens, 1985), 만(Mann, 1988), 바디와 비론봄(Badie et Birnbawm, 1979) 등의 작업은 근대국가의 출현, 형성 및 발전에서 보이는 다양한 경로 및 유형에 대한 분석들이다. 이러한 역사사회학의 근대국가에 대한 분석은 마르크스주의가 주목했던 국가권력 자체와 국가권력의 자본주의적 사회구성체에서의 역할을 넘어서 근대국가라는 정치공동체가 그 출현의 조건 속에서 주어진 다양한 요소들, 특히 자본과 폭력을 상이한 조합을 통해 구체적으로 어떠한 경로를 통해 혹은 어떠한 주체들에 의해 그것들이 어떠한 방식으로 구성되는가를 보여주고자 했다. 그러한 점에서 국가의 근대적 역사특수성을 보여주고자 했고, 그것의 다양한 변형들, 예를 들어 제3세계 신생국가의 형성에 대한 이론적 틀을 제공하기도 했다.

제3세계에서 자본주의의 이식과 근대국가의 형성은 서구적 근대의 역사특수적 변형태의 출현이라고 할 수 있다. 그러한 점에서 선진 자본주의 국가에 대한 논의와 더불어 제3세계 국가들의 특수성을 이해하기 위해 제시된 국가론으로 과대성장국가론, 관료적 권위주의론, 제3세계 파시즘론 등이 등장했다. 제국주의의 지배로부터 벗어난 제3세계 나라들의 경우 자본주의의 저발전 혹은 빈곤의 누적 등에도 불구하고 관료제의 과잉, 국가기구 특히 억압적 국가기구의 과잉 성장, 혹은 지속적으로 반복되는 군사쿠데타 등을 특징으로 하고 있었다. 이러한 특수성을 이해하기 위해 제시된 제3세계 국가론의 다양한 논의들이 존재한다.

우선 프랭크, 아민, 월러스타인 등에 의해 제기된 '세계체제론'은 제3세계 국가들을 세계자본주의 체제의 중심부와 종속적 관계에 있는 주변부로 파악하고, 제3세계 국가는 주변부 국가로서 중심부 부르주아지의 이익과 제3세계 국가의 세계자본주의 체제로의 편입을 심화시키는 것을 자신의 주요한 임무로 파악한다(카노이, 1985: 322). 하지만 세계체제론과 이로부터 파생된 종속이론의 국가론은 제3세계 자체의 내부의 자본주의 발전 그리고 계급구조 및 계급투쟁에 대한 구체적인 분석을 간과했다는 비판을 받아야 했다. 이로부터 카르도소와 팔레토, 오도넬 등은 국내의 계급관계와 계급투쟁을 주목하면서 주변부자본주의 국가의 특성을 파악하고자 관료적 권위주의론bureaucratic authoritarianism을 제시했다. 관료적 권위주의론은 제3세계 나라들은 수입대체 산업화 과정에서 엘리트 헤게모니에 대한 민중운동의 위협이라는 정치적 위급성을 극복하는 배타적인 코포라티즘적 권력이며, 동시에 초국적 자본의 국내파트너로서의 역할을 충실히 수행한다고 본다(카노이, 1985: 335~337). 제3세계 국가들의 경우 허약한 국내 부르주아지들이 헤게모니를 구축할 수 없기 때문에 민주적 국가 형태를 취할 수 없고, 결국 군부와 외국자본에 기댈 뿐만 아니라 중심부 국가 자체에 의존해야 한다는 점이 강조되었다.

세계체제론과 종속이론, 관료적 권위주의론이 미국 자본주의의 강력한 영향력하에 있는 남미 국가들을 설명하는 과정에서 제기되었다면, 파키스탄과 방글라데시라는 아시아 탈식민 국가의 모습을 설명하는 과정에서 알레비는 '과대성장 국가론'을 통해 고전적 마르크스주의 국가론에 대해 일정한 의문을 제기했다. 알레비는 파키스탄과 방글라데시의 군사-관료과두체제가 단일한 계급의 도구라기보다는 자생적 부르주아, 메트로폴리탄 신식민의 부르주아, 지주계급 등 식민지 고유의 다양한 계급들의 지배를 실현하는 특수성을 보인다고 지적한다(Alevi, 1985: 344~346). 우선은 탈식민 사회에서 특정한 어느 한 계급이 독점적 지배를 실행하지 못하면서 다양한 분파들의 이익을 실현하는 방식을 통해 군사-관료과두체제는 상대적 자율성을 획득하는 특징을 보이기도 한다.

제3세계 국가론의 특징들을 살펴보면 일정한 지역적 특성, 결국 자본주의 및 경제체제의 성격을 반영한 것이라 할 수 있다. 신생국가들이라는 점에서 국가권력은 국내적으로 헤게모니적 권력을 확립해야 하는 과제와 더불어 국제관계 속에서 자신의 존재를 인정받아야 하는 이중의 과제를 가지고 있었다. 이제야 비로소 자본주의적 발전의 길에 들어선 탓에 '사회적인 것'의 해결에 있어서 국가는 억압적 방식을 통해 자본의 이익을 적극적으로 옹호하는 경우가 일반적이었고, 비민주적인 권위주의 정권이 형성되는 것은 어쩌면 불가피한 것이었는지도 모른다. 1980년대 한국 정치학계에서도 이러한 논의들을 비판적으로 수용하면서 한국 자본주의 국가에 대한 논의를 전개했다. 다국적 자본의 영향력이 강하면서 자본의 이동이 상대적으로 자유로웠던 남미나 저발전 및 종교적 영향이 강했던 중동과 달리 국내 자본 축적이 이루어지면서 독점자본이 일정한 성장을 보였던 한국 자본주의의 특수성을 반영한 국가론이 전개되었다. 1970년대 말부터 종속이론, 주변부자본주의론, 종속자본주의론, 관료적 권위주의론 등의 논의가 수입되어 한국 자본주의 및 국가에 대한 설명을 시도했다. 다양한 논의들 속에서 '독점강화/종속심화'라는 테제를 통해 한국 자본주의의 특성을 묘사하고 그에 따른 신식민지파시즘의 시각으로 한국 자본주의 국가를 설명하고자 한 논의가 주목을 받았다(박현채·조희연 편, 1989). 이러한 논의들은 1990년대 한국 자본주의가 급속한 성장을 통해 선진 자본주의의 문턱에 들어서고 정치적으로 민주화를 성공적으로 이루어냄으로써 급속히 사그라들었다. 남미나 아시아의 많은 국가들에서 보이는 저발전과 주변부적 성격을 극복한 어쩌면 '예외적인' 사례로서 한국이 드러난 것이라 할 수 있다.

하지만 20세기 중후반 광범위하게 진행되었던 선진 자본주의 국가나 제3세계에서 국가를 둘러싼 논쟁은 20세기 말 급속히 사그라들었다. 그것은 '국가'에 대한 논쟁이 '민주화', 나아가 '사회주의로의 이행'에 대한 사유와 함께 진행되었던 탓에 20세기 말 사회주의의 몰락과 마르크스주의의 위기가 그 쇠퇴를 불러온 것이다. 또한 신자유주의적 세계화에 따른 국민국가 자체의 위기 역시 국가에 대한 논의를 후퇴시켰다. 사회주의로의 이행의 전망의 상실과 함께 민주주의의 문제가 단지 일국적 차원에서 사유될 것이 아니라는 인식이 공유된 것이다. 그럼에도 민주주의의 문제가 실종될 수는 없는 것이었다.

2) 국가의 통치화: 푸코

국가에 대한 논의 확장을 통해 '사회의 국가화'에 대한 우려와 해결책의 모색을 시도한 정치학의 논의에 대해 푸코는 사회의 국가화가 문제가 아니라 '국가의 통치화gouvernementalisation'에 대해 고민할 것을 요구했다. 푸코는 현재 우리는 18세기에 발견된 통치성의 시대에 살고 있다고 말하면서, 자유주의적 통치성에 대한 분석, 즉 그것이 현재의 시점에서 어떻게 프로그램화되고 있는지를 분석하고자 했다. 통치의 문제 설정을 통해 푸코가 포착하고자 한 것은 다양한 권력 장치들의 작동을 통해 사회를 포괄해 내는 권력의 망을 파악하는 것이고, 그러한 권력의 망을 통해 작동하는 통치성을 통해 생산되는 주체의 모습이다. 결국 푸코는 통치성 개념을 통해 근대적 주체의 죽음과 함께 근대국가 개념의 해체를 주도했다고 할 수 있다. 특히 푸코는 권력관계가 국가기구의 테두리를 벗어나 분석되어야 한다는 점을 강조했다(푸코, 1991: 155).

푸코는 통치성gouvernementalité 개념을 통해 새로운 연구 영역으로서 근대국가의 계보학으로 이동한다. 근대국가의 계보학의 의미는 국가를 통해 구성되는 권력의 담론과 구체적인 권력의 작동 방식에 대한 탐구이다. 푸코는 국가의 문제를 파악하기 위해서는 그러한 통치성의 실천들로부터 출발해야 한다고 말하고 있다. 그것은 국가기구가 전지전능한 권력을 갖기는 하지만, 그것이 실제로 행사되는 모든 권력의 영역에서는 세심한 부분에까지 권력의 작동 방식을 제어하지 못하기 때문이며, 또한 국가는 일련의 권력관계의 그물망 위에 존재하는 상부구조이며, 실제로 인간의 육체를 규정하고 성이나 가족관계, 인척 관계, 지식 그리고 기술 따위를 규제하는 것은 사회 전체에 퍼져 있는 섬세한 권력의 그물망들이다. 그러한 의미에서 푸코는 국가란 "재정의 근원들, 투자의 양식들, 결정의 중심들, 통제의 형태들, 지역 권력, 중앙 권위들 사이의 관계 등을 수정하고 전치시키고 전복하고 미끄러지게 하는 끊임없는 국가화(들)과 지속적인 타협들의 효과, 종 혹은 횡단면일 뿐"이며 또한 "다중적인 통치성들의 체제의 유동적인 효과일 뿐"이라고 본다(Foucault, 2004: 79). 그러한 의미에서 푸코는 홉스가 설정했던 개인들의 집중화된 표상으로서 국가라는 근대국가의 정의를 해체시키고자 한 것이다.

나아가 푸코는 통치성 개념을 통해 근대국가에서 권력이 어떠한 장치를 통해, 어떠한 가치, 품행, 삶의 형태를 만들어내고 그것들을 통해 어떠한 주체를 생산하는가를 보이고자 했다. 결코 그 역易—즉 근대적 주체로서 개인의 계약의 산물로서 국가—이 아니다. 푸코는 권력이 주체를 생산하는 메커니즘에 대해 이해하고자 했다. 푸코가 권력의 메커니즘을 분석하면서 제시한 개념이 생명관리권력bio-pouvoir이다. 이는 특정한 '영토' 내에서 '인구'를 대상으로 그들의 '안전'을 확보하는 권력이다(푸코, 2011). 이것이 푸코가 이해하는 근대국가(권력)이다. 19세기 이래 '자유주의적 통치성'은 근대국가 작동의 방식을 이해하는 개념이 된다. 푸코의 통치성 개념, 나아가 근대 국가권력을 규정짓는 개념으로서 '생명관리권력'은 홉스에서 시작한 안전에 대한 국가의 문제의식이 복지국가라고 하는 사회적 국민국가를 통해 정점에 이르는 과정을 이해할 수 있게 한다. 특히 19세기 후반 본격적으로 등장한 '사회적인 것'의 해결 방식으로 형성되기 시작한 '생명관리권력'은 결국은 근대적 주체가 어떠한 방식으로 형성되었는가, 즉 주체화 양식을 보여주었다.

푸코는 통치성, 특히 자유주의적 통치성에 대한 분석이 결국 국가에 대한 계보학적 이해임을 강조한다. 그가 말하는 계보학은 "통일적이고 형식적이며, 과학적인 이론적 담론의 강제성에 대항하여 투쟁하고 반대"하면서 또한 "인식의 과학적 서열화와 그 고유의 권력의 효과에 대항하여 국부적 앎들을 다시 활성화하는 것"을 지향한다(푸코, 1998: 28). 푸코는 권력의 계보학의 목표가 "사회의 서로 다른 층위와 영역에서 그토록 다양하게 확장되며 행사되고 있는 수많은 권력 장치들을, 그 메커니즘과 효과 그리고 상호 관계 안에서 확정 짓는 일"이라고 말한다. 나아가 푸코는 이러한 근대국가의 계보학적 분석을 통해 국가에 대한 총체적인 성격에 대한 이해를 포기하지 않는다. 그는 국가란 "이미 주어져 있는 요소와 제도의 고유한 본성, 연결, 관계 등을 사유하는 방식의 일종"이며, "이미 확정된 제도들로 이루어진 총체, 이미 주어져 있는 현실들로 이루어진 총체에 관한 인식 가능성의 도식"이라고 본다(푸코, 2011: 388~389). 푸코는 근대국가의 계보학을 통해 국가 개념을 해체시키지만, 통치성 개념을 통해 다시 국가 개념을 포착하고 있다. 푸코가 해체시킨 국가는 근대 정치철학이 성립시킨 주권적 국가이지만, 그가 다시 포착하고자 하는 국가는 그것과는 구별되는 새로움을 갖는다.

푸코는 자유주의의 변화 과정을 시민의 권리 확대 혹은 정부개입의 정도 변화 등으로 환원하지 않으면서 새로운 지점들을 통치성 개념을 통해 포착하고자 했다. 국가는 개인의 생명과 안전 그리고 자유를 보장하기 위해 성립되었다는 자연권 및 사회계약론의 논의는 근대국가 형성 과정의 일면을 말하고 있는 것이다. 푸코는 근대정치의 형성 과정에서 국가가 '인구population'라는 새로운 대상을 확정 지으면서 그들의 생명을 관리하는 정치를 수행하기 시작했음에 주목했다. 동시에 그는 그러한 목적을 실현시키기 위해 장치가 형성되고 그러한 장치를 통해 실현하고자 하는 권력의 의지를 읽어야 할 필요성을 강조한다. 따라서 주권 및 권리의 주체로 환원되지 않는 새로운 과제가 제기되며, 그것은 주권, 규율, 통치적 관리라는 삼자관계의 형성을 이해해야 함을 의미한다.

그리고 결국 푸코가 도달한 지점은 근대 국가권력 논의의 출발점이었던 '개인'이라는 근대적 주체의 죽음을 선언한 것이었다. 홉스에게 국가권력을 탄생시킨 개인은 자연권을 가진 이성적 존재로서 자신의 의지에 의해 계약을 통해 국가를 구성하는 주체였다. 그렇게 탄생한 국가는 근대를 관통하여 자신의 영역을 확장시키면서 국민을 구성하고 또한 '사회적인 것'의 문제를 해결하는 중심에 존재했다. 그리고 국가의 구성원으로서 근대적 주체는 규율화된 주체, 통치성의 망을 통해 규율을 내면화한 주체를 의미했다. 그러한 의미에서 20세기 국가론에 접근한 사회의 국가화에 대항하는 민주화에의 노력 혹은 혁명을 통한 국가의 전환은 근본적으로 다시 사유해야 할 문제가 되었다. 국가라는 행위자에 대한 인식에 대한 근본적인 문제 제기에서 출발함으로써 하나의 주체로서 국가라기보다는 사회 속에서 작동하고 있는 권력에 대해 논의해야 함을 의미했다. 이제 국가보다는 권력을 논해야 하는 것이다. 그렇기에 근대의 지평으로서 민주주의 역시 새롭게 사유해야 한다. 또한 민주주의의 주체는 권력에 의해 생산된 주체가 아니라 스스로 자신의 존재를 드러내는 민주주의 주체로 다시 사유해야 한다. 푸코는 '안전'이라는 새로운 통치 이성의 대상인 '인구'라는 개념에 대비해 '인민'이라는 개념에 주목한다. 인민이란 "스스로 인구이기를 거부한 채 이 체계를 마비시키는 사람들"이다(푸코, 2011: 80). 관리의 대상으로서 인구가 존재한다면, 인민은 인구의 조절에 저항하고 인구를 최적의 수준에서 존재, 유지, 존속시키는 장치에서 벗어나려는 사람들이며, 민주주의의 주체로서 등장한다.

4. 근대의 경계에서 국가론의 전복 혹은 해체

20세기 말부터 '인민'은 기존 대표를 통한 정치를 거부하면서 서서히 정치의 전면에 등장하기 시작했다. 하지만 정치의 전면에 등장한 인민의 행태가 분명 민주주의적 방향성을 보인 것만은 아니었다. 2021년 1월 트럼프의 지지자들에 의한 의회의사당 난입 사건, 2022년 프랑스 대통령 결선투표에서 마린 르펜의 40%가 넘는 지지율 등은 21세기 들어서 전 세계적 현상으로 나타나고 있는 정치의 전면에 '인민'의 등장, 곧 포퓰리즘 현상의 단면들이다. 기존 대표체계에 대한 강한 거부감 속에서 인민이 곳곳에서 자신의 정치적 의사를 직접적으로 표현하고자 하는 현상들이 나타나고 있다. 이러한 현상은 1980년대부터 서서히 복지국가의 위기가 본격화되고 신자유주의가 기세를 펼치면서 등장하기 시작했다. 20세기 말 사회주의의 몰락 그리고 1970년대 이후 위기를 맞은 복지국가와 신자유주의적 세계화의 확장은 근대의 정치공동체로서 '국민국가'

의 한계, 즉 영토적 경계 내에서 주권적 권력으로서 국민국가의 한계를 노출했다. 이 위기는 자본주의 사회에서 '사회적인 것'의 해결을 위한 일국적 차원, 즉 국민국가 수준에서의 시도들이 분명한 한계를 갖는다는 것을 의미했다. '사회적인 것' 자체가 일국적 수준의 문제가 아님에 따라 그 해결 역시 일국적으로 불가능해짐을 의미한다. 또한 20세기 말 사회주의의 몰락은 오랫동안 국가에 대한 논의를 주도했던 마르크스주의적 국가론의 한계를 드러낸 것이었다. 즉 사회주의로의 이행의 전망이 무의미해진 상황에서 일국적 차원에서 계급론적 혹은 이행론적 접근을 통한 자본주의 국가의 이해 역시 효력을 상실한 것이다. 20세기 말에 출몰한 이러한 다양한 현상들은 이미 1968년 혁명의 과정에서 제기된 것들의 연장선상에서 이해될 수 있다. 푸코가 제기한 것처럼 근대의 위기와 탈근대적 답변을 찾아야 함을 의미했고, 그러한 점에서 20세기 말의 사건들은 '지연된' 위기의 표현이었을 뿐이다.

이와 더불어 20세기 사회주의의 몰락과 신자유주의에 의해 시작된 세계화는 근대의 정치공동체로서 국민국가와 그 체계에 대해 새로운 접근을 요구하게 되었다. 세계체제론을 주장했던 월러스타인의 논의가 신자유주의적 세계화 속에서 다시 주목받았다. 일국적 차원에서 계급투쟁과 그 과정에서 국가의 역할에 주목했던 것을 넘어서 세계적 수준에서의 계급관계, 특히 자본의 세계적 이동과 이주노동자의 발생이 만들어낸 새로운 형태의 계급관계와 계급투쟁에 주목했다. 자본주의 발생 이래 자본은 항상 '더 낮은 임금의 노동자'를 찾아 국경을 넘어 움직여 왔고, 그 과정에서 자본주의는 전 세계를 자신의 세계 속에 조직했다. 그리고 전 세계적 수준에서 계급투쟁이 전개되고 있다. 19세기 이래 노동자는 항상 '위험한 계급'이었으며, 단지 그들의 피부색이 바뀌고 있을 뿐이다. 월러스타인의 말처럼 "계급투쟁은 인종투쟁이 될 것이며 … 21세기의 문제는 인종차별의 문제"(Wallerstein, 1995: 27)가 되고 있을 뿐이다.

신자유주의적 세계화 과정에서 결국 국민국가의 위상과 역할 역시 변화되었다. 바우만의 지적처럼 "국민국가는 지역적인 법과 질서의 경계관리구역이며,

동시에 글로벌하게 생산되는 위험과 문제들을 처리하기 위한 국지적 쓰레기통이자 쓰레기 제거와 재활용 공장"으로 그 위상이 변질되었다(바우만, 2014: 110). 주권자로서 시민들의 집합체이자 연대와 삶의 공동체로서 국민국가의 위상은 사라지고 치안police과 통치 대상의 집합체로 전락한 것이다. 정치의 공간으로서 그리고 정치적 주체들의 행위의 공간으로서 국민국가의 의미는 사라지고, 시민의 삶의 안전safety을 보장하는 복지국가는 이제 안보security 국가가 되었다. 오늘날의 국가는 시장이 산출한 실존적 불확실성과 불안을 제거하고자 하는 역할을 중단하고, 자신의 정당성을 세우는 데 필요한 비경제적 유형의 취약성과 불확실성을 찾으려 하면서, 특히 최근에 개인 안전security을 그 대안으로서 찾은 것이다(바우만, 2013: 84). 결국 정치politics는 사라지고 치안police만이 남은 상황에 이른 것이다. 이러한 주권권력의 변화 속에서 외국인은 사회의 안전을 위협할 수 있는 잠재적인 범죄자이며 위험한 사람, 위험한 계급으로 지칭된다. 극우민족주의자들이 국가의 주권을 강화할 것을 주장하는 것은 "예외 상태의 상시화"를 통한 권력의 강화이며, '호모사케르'의 발명을 통하는 방식이다. "벌거벗은 생명"으로서 호모사케르는 주권권력이 법적·정치적 질서 속에 포섭하면서 동시에 배제시키는 존재로서 설정된다(아감벤, 2008).

근대에 시작되었던 정치공동체의 형태로서 국민국가와 그것의 중심에 위치지어졌던 국가권력에 대해서까지 문제 제기가 이루어지고 있다. 신자유주의적 세계화는 국민국가라는 공동체의 영토적 경계의 의미에 대해 다시 묻기 시작했고, 권력에 대한 푸코의 논의는 근대 정치공동체로서 국가에 대한 새로운 이해를 요구하게 되었다.[5] 신자유주의적 세계화를 통해 국민국가의 한계가 드러

5 이미 풀란차스가 1980년대에 들어서 제기한 것처럼, 마르크스주의가 강조해 온 국가권력의 단일성에 대해 문제를 제기하면서 푸코의 논의를 받아들여 국가를 권력들의 대결의 응축의 장으로서 이해하기 시작했다. 또한 마르크스의 문제의식과 푸코의 문제의식을 결합해 보려는 시도, 즉 하나의 동일한 이론적 구축물—메타구조라고 불리는—내에 마르크스와 푸코의 접근을 포괄하고자 하는 자크 비데의 예는 독특한 문제의식의 표현이다. 그는 자본주의의 소유와 교환의 질서에 대한 마르크스주

나고, 통치성 개념을 통해 국가권력에 대한 새로운 이해의 흐름이 등장했다. 하트와 네그리는 근대 국민국가의 주권 시대의 한계 속에서 제국적 주권, 혹은 적어도 혼합된 구성을 통해 국민국가는 "전 지구적 명령 분절의 조절자"로서의 역할을 수행하고 있으며, 이미 "전 지구적 수준에서 문화권력과 생체정치권력"이 전개되고 있음을 강조했다(네그리·하트, 2001: 404~405). 낸시 프레이저 역시 지구적 통치성의 형성에 주목하면서 기존의 근대적 "케인스주의-베스트팔렌 프레임"의 한계를 지적하고 있다. 프레이저는 여전히 국가 영토의 영향력이 중요하긴 하지만 탈영토적이고 비영토적인 다양한 구조들이 출현하고, 그것들이 매개함으로써 사회적 영향력들이 형성된다고 말한다. 그러한 의미에서 과거 국민국가 수준에서 작동했던 분배, 인정, 대표의 프레임이 부당하거나 부정의하게 작동하고 있다(프레이저, 2010; 2017). 좀 더 구체적으로 포스트포드주의적 지구화가 국가의 경계를 넘어서 사회적 영향력을 행사하고 있으며, 신자유주의적 세계질서를 통해 "다층적인 통치성"의 구조가 출현하고 "국민국가를 단지 여러 수준 중의 하나로 만들어버리는 복합적 건축물"을 구성하고 있다고 본다(프레이저, 2010: 213). 이는 마치 통치성 개념을 통해 국가권력이 누군가에 의해 소유되거나 행사되기보다는 권력의 망을 통해 작동하며 근대적 국민국가 내에서 주체를 생산해 내는 것을 보았듯이, 지구적 통치성을 형성하는 다층적인 권력의 망을 통해 다양한 주체화 양식을 만들어내고, 또한 그렇게 신자유주의적 통치성에 의한 주체들—신자유주의적 주체이자 경쟁력 있고 자기개발 하는 주체—이 형성되고 있다. 이미 68혁명을 통해 제기되었던 다양한 욕망의 표현

의적 분석에 더불어 지식-권력의 틀을 통해 작동하는 규율의 질서라는 새로운 격자를 결합시킨다(비데, 2021). 근대의 지평으로서 자본주의와 자유주의의 문제 설정 속에 위치한 국가에 대해서는 충분히 인지할 수 있는 문제이지만, 그렇다고 자크 비데가 추구하는, 새로운 메타구조를 통해 마르크스의 문제 설정과 푸코의 문제 설정을 결합하려는 시도는 마르크스는 물론 푸코의 문제의식과도 맞지 않는 과욕의 산물이며, 또한 신자유주의적 세계화가 만들어낸 국민국가라는 공동체의 변형을 설명하지 못한다는 분명한 한계가 있다.

이 '새로운 자본주의 정신'으로 정화되어 등장했고, 그것은 1980년대부터 등장하기 시작한 '새로운 경영 방식'을 통해 자율성, 자발성, 유동성, 리좀적 능력, 다기능성, 창조성 등을 강조하며 새로운 주체들을 등장시켰다(Boltanski et Chiapello, 1999: 150).

근대 국민국가를 통해 구현된 주권권력의 경우, 자본주의적 발전과 결합하여 사회의 재생산에 중요한 역할을 담당하지만 동시에 국경을 넘나드는 자본의 힘을 억제할 수 없다. 그러한 점에 20세기 말부터 진행된 세계화는 분명 자본의 발전이 주도한 것이었고, 국민국가라는 경계는 쉽게 넘을 수 있는 장벽이었다. 그리고 이제 자본의 새로운 질서를 통해 새로운 통치성을 만들어내고, 그 구조 속에서 국민국가는 하나의 행위자로서 존재할 뿐이다. 네그리나 낸시 프레이저가 베스트팔렌 체제의 한계를 지적하고 새로운 공동체의 가능성을 언급한 것은 적극적으로 어떠한 방식의 새로운 공동체를 구성하려는 의지의 표현이라기보다는 현재 진행되는 다양한 흐름이 만들어내는 부정의injustice와 새롭게 구성되는 착취의 메커니즘을 극복하면서 지구적 정의 혹은 새로운 민주주의적 흐름을 구성해 내고자 하는 의지의 표현이다. 그리고 나아가 다시 새로운 주체들의 구성을 통해 새로운 공동체의 구성을 상상해 보고자 하는 것이다. 결국 근대에 시작된 국민국가라는 정치공동체와 그것을 구성하는 데 중심적 역할을 담당했던 국가(권력)에 대한 새로운 접근 혹은 근본적인 전환이 필요한 시점이 된 것이다.

새로운 주체의 등장과 관련해 앞서 언급한 최근 대표적 병적 징후 혹은 근대 민주주의 체제의 한계로서 세계 곳곳에서 등장하는 포퓰리즘에 대해 주목할 필요가 있다. 포퓰리즘의 출발점은 근대 정치의 기제이자 원리로서 대표에 대한 거부에서 출발한다. 물론 포퓰리즘에는 다양한 흐름이 존재한다. 유럽에서 보이는 극우민족주의적 포퓰리즘은 기존 대표에 대한 거부의 표시와 새로운 정치지도자를 통해 자신들의 의지의 실현을 욕망하지만 여전히 국민국가라는 틀을 고수하고 있다. 그들의 강한 민족주의적 경향은 훨씬 더 강한 배타성을 띤다. 하지만 포퓰리즘의 또 다른 흐름은 기존 정치 틀의 거부와 함께 새로운 인민적 주체의 구성을 시도하기도 한다. 결국 홉스에서 출발한 근대국가로서 '리바이어던'의 문제 설정의 한계에 도달한 시점이다. 홉스에서 시작된 근대 정치철학의 국가에 대한 접근은 국민국가라는 틀을 통해 민주주의적 국가권력 및 민주주의의 구성을 추구한다. 즉 인민주권의 국민주권으로의 실현이며, 민주주의가 실현되는 주권적 권력의 방식으로서 국민국가의 구성이다. 하지만 이제 근대 정치의 한계가 분명해진 현시점에서 인민은 더 이상 국가라는 리바이어던이 표상하는 관계를 통해 정치적 주체로서 출현하는 것이 아니라 스스로 정치적 주체로서, 또한 스스로 정치공동체를 새롭게 구성하는 정치적 주체로서 등장하고 있는 지표들이 보인다.

고대 아테네 민주주의 이래 민주주의는 다양한 정치공동체를 통해 다양한 방식으로 표출되어 왔다. 국민국가 시대 민주주의는 국민주권의 틀을 통해 작동했다면, 최근 포퓰리즘을 통한 인민의 재등장은 그 틀에 대한 문제 제기이다. 민주주의의 국민국가적 형식 그리고 인민주권의 국민주권적 표현에 한계가 드러나고 있다. '인민'이란 무엇인가의 문제가 끊임없이 제기된다. 인민은 이미 주어져 있는 것이라기보다는 지속적으로 구축되는 존재이다. 그러한 점에서 인민이라는 호명이 이루어지는 순간 경계를 갖게 된다. 따라서 버틀러는 '인민'이 누구인지를 확정 짓고자 하는 시도의 과정에서 헤게모니의 행사가 발생하고 또한 담론권력이 행사된다는 점을 지적한다(버틀러, 2020: 11). 이러한 문제가 발생하는 것은 결국 국민국가라는 경계가 분명할 때는 그나마 민주주의의 형태와 인민주권—곧 국민주권—사이의 괴리가 덜했다면, 세계화 시대, 국가적 경계가 무너지고 있는 상황에서 특히 끊임없이 이주가 증가하면서 경계를 넘나들며 확장되는 인민에 의한 민주주의의 문제가 제기된다. 즉 성원권의 불인정 때문이다.

그러한 점을 감안하면서 결국 새로운 인민적 주체의 구성을 통한 민주주의와 공동체가 필요한 시점이다. 권력에 대한 새로운 접근은 민주주의적 권력,

즉 인민주권에 대한 새로운 이해이며, 인민주권이 실현되는 방식, 즉 근대의 국민주권의 실현체로서 국민국가가 아닌 인민주권의 실현을 위해 새로운 민주주의의 형태에 대한 고민이 동시에 진행되어야 한다. 근대를 넘어선 새로운 공동체와 새로운 주체에 대한 모색은 상징적으로 1968년 혁명과 함께 시작한 탈근대의 움직임과도 연관된다. 홉스의 국가가 근대적 개인과 그들의 집합적 총체로서 인민에서 출발하여 국민으로의 전환 과정을 거치면서 국민국가로의 길을 열었다면, 탈근대적 문제 설정 속에서 개인은 결코 하나의 잣대로 획일화될 수 없고, 동일시될 수도 없는 다중적인 개인들이다. 그리고 그들의 집합적 실체로 인민은 사건을 통해 구성되고 또한 해체될 수 있으며, 또한 다양한 흐름을 통해 재구성과 해체를 반복하는 무한의 실체이다. 따라서 새로운 공동체에 대한 사유는 이러한 무한의 개인들과 그들의 무한 반복적인 구성에 기반한 공동체의 구성이어야 한다.

버틀러의 말처럼 저항은 "신체적 몸짓"이며, 그러한 "신체들의 연대"를 통한 "새로운 시공간을 표현해 내는 시간"으로서 민주주의적 표현이며, "어떤 다른 미래", "아직 법으로 성문화되지 않았고, 앞으로도 결코 온전히 법제화될 수 없는 방식으로 공적인 것에 대한 권리를 주장하는 수행적 권력"을 의미한다(버틀러, 2020: 111~112). 전 지구적 수준에서 작동하는 통치성이 다층적으로 존재하고 권력의 망에 다양한 교직을 통해 형성되어 있다면, 저항 역시 다양한 수준에서 다양한 방식으로 다양한 주체들을 통해 이루어지고, 그들 간의 연대 역시 다층적으로 이루어질 수 있다. 근대 국민국가 시대에 국가권력의 민주화를 말하면서 민주주의의 실현 혹은 구체화가 국가권력의 민주화라는 과제에 집중했다면, 이제 민주주의는 삶의 문제이며, 다양한 권력의 작동과 결합된다. 그렇게 된다면 주체들에 의한 민주주의적 통치성의 구성을 상상할 수 있을 것이다.

5. 글을 나가며

중세에서 근대로의 이행은 중세의 다양한 '위기들'로부터 비롯되었다. 그리고 근대를 구성하는 다양한 요소들이 그 틀을 갖추면서 안정적인 정치공동체로서 국가를 구성한 것은 19세기에 이르러서야였다. 이성적인 개인/시민의 형성과 그로부터 시작된 민주주의적 운동과 자본주의 및 시민사회의 발달 등등은 근대 정치공동체로서 국민국가의 구성 요소들이다. 그리고 그 중심에 국가권력이 있었고 국가권력은 다양한 요소들을 구조화했다. 20세기 말부터 근대 정치공동체를 구성하는 요소들의 변화가 급속히 진행되면서 그 구조 자체의 변화까지 불러일으켰다. 그것은 곧 그 중심적 역할을 하던 국가권력의 위기일 수 있다. 자본주의적 세계화가 국민경제의 틀과 무관하게 작동하는 듯 하고, 대표를 통한 민주주의의 작동 역시 포퓰리즘으로 상징화되는 위기이다. 따라서 국민국가라는 경계 내에서 국가권력을 중심으로 구조화되었던 요소들이 그 경계를 넘어서 새로운 흐름을 형성하고 있으며, 권력의 작동 방식도 변화를 겪고 있다. '권력'은 여전히 작동한다. 자본주의, 민주주의, 사회적인 것을 둘러싼 투쟁 등등에서 권력은 기존과는 상이한 방식으로 작동한다. 정치인류학자 피에르 클라스트르는 서구 문명의 중요한 요소 중 하나는 '인간이 일을 하지 않으면 안 된다'는 정언명령이며, 그것은 강제가 필요하고 그 강제는 정치권력의 등장과 함께라고 지적한다(클라스트르, 2005: 240). 정치권력은 정치공동체의 특성에 따라 상이한 모습을 띤다. 근대 국민국가라는 정치공동체 속에서 그 형태는 '국가'권력이었다. 하지만 이제 그 정치권력은 국가라는 경계이자 중심을 넘어서고 가로지르면서 작동하고 있으며, 전 지구적 수준에서 자신의 네트워크를 구성해 내고 있다. 그러한 의미에서 근대 국민국가는 새롭게 재편되고 있으며, 그것은 정치공동체 차원에서 그리고 국가권력의 차원에서 새로운 모습으로 전환되고 있다.

가라타니 고진. 2009.『네이션과 미학』. 조영일 옮김. 도서출판b.
김세균. 2002.「국가론」.『정치학의 이해』. 박영사.
네그리, 안토니오·마이클 하트. 2001.『제국』. 윤수종 옮김. 이학사.
뒤르켐, 에밀. 1998.『직업윤리와 시민도덕』. 권기돈 옮김. 새물결.
라클라우, 에르네스토. 1985.「정치적 요소의 특수성: 풀란차스와 밀리반드의 논쟁에 덧붙여」.『국가란 무엇인가』. 임영일·이성형 편역. 까치.
리터, 요하임. 1983.『헤겔과 프랑스혁명』. 김재현 옮김. 한울엠플러스.
마르크스, 카를. 1997.「공산주의자 선언」.『마르크스-엥겔스 저작선집 2』. 김세균 감수. 박종철출판사.
_____. 2012.『루이 보나파르트의 브뤼메르 18일』. 최형익 옮김. 비르투출판사.
_____. 2015.『자본』. 김수행 옮김. 비봉출판사.
뮐러, 볼프강·크리스텔 노이쥐스. 1985.「'복지국가의 환상' 그리고 임노동과 자본 사이의 모순」. 솔 피치오토·존 할러웨이 엮음.『국가와 자본』. 김정현 옮김. 청사.
바우만, 지그문트. 2010.『새로운 빈곤: 노동, 소비주의 그리고 뉴퓨어』. 이수영 옮김. 천지인.
_____. 2013.『부수적 피해: 지구화 시대의 사회 불평등』. 정일준 옮김. 민음사.
_____. 2014.『빌려온 시간을 살아가기: 몸도 마음도 저당 잡히는 시대』. 조형준 옮김. 새물결.
박상섭. 1985.『자본주의 국가론』. 한울엠플러스.
박현채·조희연 편. 1989.『한국사회구성체논쟁』I, II. 죽산.
버틀러, 주디스. 2020.『연대하는 신체들과 거리의 정치: 집회의 수행성 이론을 위한 노트』. 김응산·양효실 옮김. 창비.
베버, 막스. 2021.『소명으로서 정치』. 박상훈 옮김. 후마니타스.
비데, 자크. 2021.『마르크스와 함께 푸코를: 메타구조란 무엇인가』. 배세진 옮김. 생각의 힘.
슘페터, 요제프 알로이스. 2011.『자본주의, 사회주의, 민주주의』. 변상진 옮김. 한길사.
스코치폴, 시다. 1981.『국가와 사회혁명』. 한창수·김현택 옮김. 까치.
아감벤, 조르조. 2008.『호모 사케르: 주권 권력과 벌거벗은 생명』. 박진우 옮김. 새물결.
_____. 2009.『예외상태』. 김항 옮김. 새물결.
아렌트, 한나. 2002.『칸트 정치철학 강의』. 김선욱 옮김. 푸른숲.
알라비, 함자. 1985.「과대성장국가론: 파키스탄과 방글라데시」. 임영일·이성형 편역.『국가란 무엇인가』. 까치.
알트바터, 엘마. 1985.「국가개입주의의 문제점들」.『국가와 자본』. 김정현 옮김. 청사.
월러스틴, 이매뉴얼. 1994.『사회과학으로부터의 탈피』. 성백용 옮김. 창작과비평사.
제르바우도, 파올로. 2022.『거대한 반격: 포퓰리즘과 팬데믹 이후의 정치』. 남상백 옮김. 다른백년.
제솝, 밥. 2021.『국가권력: 마르크스에서 푸코까지, 국가론과 권력 이론들』. 남상백 옮김. 이매진.
카노이, 마틴. 1985.「종속국가에 관하여」.『국가란 무엇인가』. 임영일·이성형 편역. 까치.
_____. 1990.『국가와 정치이론: 현대자본주의국가와 계급』. 이재석·김태일·한기범 옮김. 한울엠플러스.

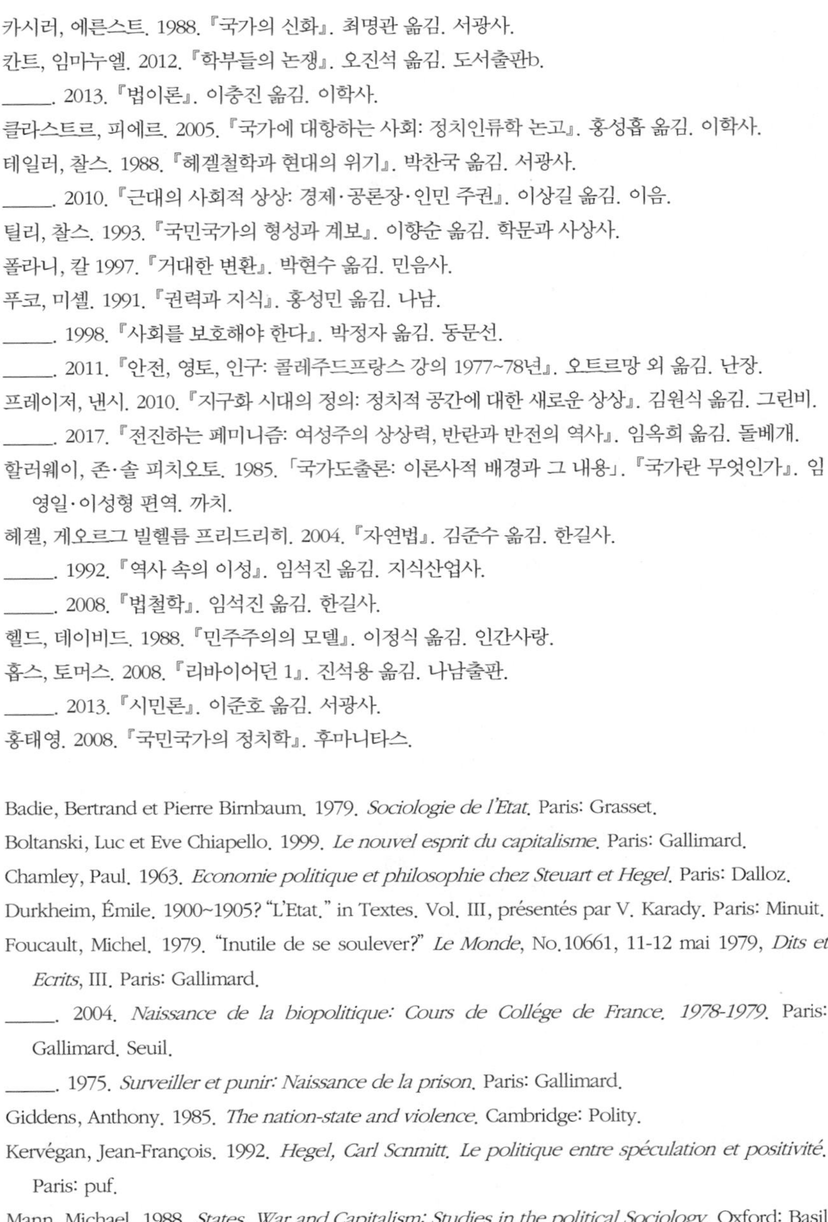

카시러, 에른스트. 1988. 『국가의 신화』. 최명관 옮김. 서광사.

칸트, 임마누엘. 2012. 『학부들의 논쟁』. 오진석 옮김. 도서출판b.

_____. 2013. 『법이론』. 이충진 옮김. 이학사.

클라스트르, 피에르. 2005. 『국가에 대항하는 사회: 정치인류학 논고』. 홍성흡 옮김. 이학사.

테일러, 찰스. 1988. 『헤겔철학과 현대의 위기』. 박찬국 옮김. 서광사.

_____. 2010. 『근대의 사회적 상상: 경제·공론장·인민 주권』. 이상길 옮김. 이음.

틸리, 찰스. 1993. 『국민국가의 형성과 계보』. 이향순 옮김. 학문과 사상사.

폴라니, 칼 1997. 『거대한 변환』. 박현수 옮김. 민음사.

푸코, 미셸. 1991. 『권력과 지식』. 홍성민 옮김. 나남.

_____. 1998. 『사회를 보호해야 한다』. 박정자 옮김. 동문선.

_____. 2011. 『안전, 영토, 인구: 콜레주드프랑스 강의 1977~78년』. 오트르망 외 옮김. 난장.

프레이저, 낸시. 2010. 『지구화 시대의 정의: 정치적 공간에 대한 새로운 상상』. 김원식 옮김. 그린비.

_____. 2017. 『전진하는 페미니즘: 여성주의 상상력, 반란과 반전의 역사』. 임옥희 옮김. 돌베개.

할러웨이, 존·솔 피치오토. 1985. 「국가도출론: 이론사적 배경과 그 내용」. 『국가란 무엇인가』. 임영일·이성형 편역. 까치.

헤겔, 게오르그 빌헬름 프리드리히. 2004. 『자연법』. 김준수 옮김. 한길사.

_____. 1992. 『역사 속의 이성』. 임석진 옮김. 지식산업사.

_____. 2008. 『법철학』. 임석진 옮김. 한길사.

헬드, 데이비드. 1988. 『민주주의의 모델』. 이정식 옮김. 인간사랑.

홉스, 토머스. 2008. 『리바이어던 1』. 진석용 옮김. 나남출판.

_____. 2013. 『시민론』. 이준호 옮김. 서광사.

홍태영. 2008. 『국민국가의 정치학』. 후마니타스.

Badie, Bertrand et Pierre Birnbaum. 1979. *Sociologie de l'Etat*. Paris: Grasset.

Boltanski, Luc et Eve Chiapello. 1999. *Le nouvel esprit du capitalisme*. Paris: Gallimard.

Chamley, Paul. 1963. *Economie politique et philosophie chez Steuart et Hegel*. Paris: Dalloz.

Durkheim, Émile. 1900~1905? "L'Etat." in Textes. Vol. III, présentés par V. Karady. Paris: Minuit.

Foucault, Michel. 1979. "Inutile de se soulever?" *Le Monde*, No.10661, 11-12 mai 1979, *Dits et Ecrits*, III. Paris: Gallimard.

_____. 2004. *Naissance de la biopolitique: Cours de Collége de France. 1978-1979*. Paris: Gallimard. Seuil.

_____. 1975. *Surveiller et punir: Naissance de la prison*. Paris: Gallimard.

Giddens, Anthony. 1985. *The nation-state and violence*. Cambridge: Polity.

Kervégan, Jean-François. 1992. *Hegel, Carl Scnmitt. Le politique entre spéculation et positivité*. Paris: puf.

Mann, Michael. 1988. *States, War and Capitalism: Studies in the political Sociology*. Oxford: Basil Blackwell.

Tribe, Keith. 1995. *Strategies of economic order*. Cambridge: Cambridge UP.

Wallerstein, Immanuel. 1995. "Response: Declining States, Declining Rights?" *International Labor and Working-Class History*, Vol.47, pp.24~27.

Waszek, Norbert. 1988. *The Scottish Enlightenment and Hegel's Account of 'Civil Society'*. Dordrecht: Kluwer Academic Publishers.

제2부

자본주의 국가론: 지구화, 산업화, 민주화 맥락

제3장 세계화, 재세계화, 자본주의 국가
국가론의 재조명
_ 손열

제4장 세계화 시대 자본주의 질서와 국가의 변화
_ 조홍식

제5장 산업화, 세계화, 그리고 탈산업화 시대의 국가와 노동
_ 송지연

3 세계화, 재세계화, 자본주의 국가

국가론의 재조명

손열 | 연세대학교

1. 서론

왜 다시 국가인가? 1970~1980년대 구미歐美 사회과학계를 풍미한 자본주의 국가론은 1990년대 신자유주의적 세계화의 물결, 정보혁명의 파고 속에서 쇠퇴의 길을 걸었다. '국가 vs. 시장'이라는 이분법하에서 시장의 힘이 증대되면서, 국민국가는 자국 경제, 통화, 영토에 대한 통제력을 잃어가고 있다는 인식이 확산되었고, '국가의 후퇴', '국가의 위기' 심지어 '국가의 종말'론까지 등장했다(Ohmae, 1995). 새로운 무대의 주인공으로 다국적 기업과 금융자본, 지구 시민사회 행위자 등이 각광을 받았고, 세계경제는 지속적인 성장을 이루었다.

그러나 2008년 세계 금융위기는 자유주의 국제경제질서 변환의 전환점이 되었다. 보호주의가 부상하며 무역과 자본 거래가 상대적으로 축소되고 자유주의 국제경제제도가 혼란에 빠지는 등, 이른바 비非세계화deglobalization 현상이 전개되었다. 이런 가운데 세계화의 승자와 패자 간 소득격차의 확대, 디지털 거인의 독점, 사회관계의 시장화, 이민의 증가에 따른 문화적 충돌과 인종차별의 격화 등 여러 사회경제적 문제들이 속출하면서 주요국들을 중심으로 신자유주의적 세계화에 대한 불만과 반기가 분출했다. 이는 국가를 새롭게 소환하는 구조적 배경이 되고 있다.

이어 2020년 코로나 팬데믹이라는 보건위기가 초래한 경제적 충격은 국가의 역할을 재고하는 또 다른 계기를 제공했다. 국가는 보건위기 극복이라는 집합적 이익을 위해 이동의 자유를 제한하고 사생활을 침해하는 등 개인의 사적 영역에 깊숙이 침투했다. 경제적 측면에서도 국가의 개입은 한층 광범위하게 전개되고 있다. 지난 금융위기의 경우 주요국들은 미국 중심 국제공조 틀 속에서 신속한 유동성 공급과 긴급 구제금융으로 실물경제에 미치는 부정적 영향을 차단하거나 완화할 수 있었으나, 코로나19 위기는 실물경제와 고용 침체를 불러오고, 나아가 재정, 금융 불안으로 전이되어 보다 전방위적인 국가개입을 초래하고 있다. 국가는 신자유주의 정책기조를 벗어나 확장적 금융정책과 더불어 대규모의 경기 자극 정책 패키지를 동원하여 산업, 중소 자영업에 정책금융을 제공하고, 나아가 개인과 가계 소득 지원, 실업 지원 등 전례 없는 미시적 수준의 개입에 나섰다(Tooze, 2021).

신자유주의적 세계화의 퇴조와 코로나 팬데믹의 전 지구적 확산에 따라 국가개입이 강화되는 현상은 세계경제질서의 '변환'이 '국가'의 소환을 가져온다는 의미로 받아들일 수 있다. 즉, 지식사회학적으로 보면 지난 반세기 자본주의 국가론의 부침은 세계자본주의 질서의 변동과 연결되어 있다. 1980년대 사회과학계를 풍미한 국가론은 1970년대 세계경제의 장기침체 속에서 국가의 적극적 개입을 요청한 현실을 배경으로 이루어졌고, 1990년대 국가론의 퇴조는 신자유주의적 국제경제질서의 전면적 등장의 결과라 할 수 있다. 2010년대 금융위기와 세계화의 퇴조, 2020년 코로나 팬데믹의 지구적 확산 역시 대규모 경제적 충격이라는 맥락에서 이해될 수 있다. 경제위기는 기성 질서의 동요와 해체를 가져오고 새로운 정책담론과 국가의 재구조화를 이끌어낸다.

이 글은 신자유주의적 세계화의 등장과 후퇴라는 거시적 환경 속에서 국가론을 재조명하고자 한다. 1980년대 '국가의 귀환'론과 1990년대 세계화 시대 국가론을 검토한 후, 신자유주의적 세계화에 대한 비판(Post-2008)과 팬데믹 위기를 거치며 등장한 네 개의 경합하는 세계화 국가 서사narrative를 소개한다. 세계화를 '불평등'으로 개념화하는 좌파 포퓰리즘, '주권의 상실'로 이해하는 우파 포퓰리즘, 세계화를 강대국 간 '지경학적 경쟁'으로 보는 지경학 서사, 기후위기와 팬데믹 등 '지구적 위협'을 강조하는 국제적 연대 서사 등 네 개의 서사는 신자유주의적 세계화의 결함을 서로 다른 시각에서 조명하며 국가에 대해 서로 다른 처방전을 요청하고 있다.

이 글은 현재 세계화가 근본적인 쇠퇴라기보다는 조정의 단계에 있으며, 그 결함을 교정하고 비세계화의 흐름을 억제하여 재세계화reglobalization로 나아가야 하는 단계라 진단한다. 재세계화 시대 국가는 사회적 내장성social embeddedness 개념에 기초해 국가-사회-시장 간 적절한 경계를 구획하는 국가의 재조직화를 비롯해, 다자주의적 국제질서와 국내적 안정의 적절한 균형을 향한 전략적 타협과 합의를 이루고, 공생 가치와 지속가능성을 담지하는 지구 거버넌스 구축을 지지하는 정책 프로그램을 제시해야 하는 과제를 안고 있다.

2. 자본주의 국가론

1980년대를 풍미한 국가론은 당시 시카고대학 교수 스코치폴Theda Skocpol이 주도하고 미국사회과학협의회Social Science Research Council의 후원으로 이루어진 공저 『국가의 귀환Bringing the State Back In』(1984)이 대표했다. 국가는 경제적 이익집단이나 사회운동이 경합하고 연대하는 장이거나 계급투쟁의 정치적 무대, 혹은 사회 지배세력의 통치 도구가 아니라 그 자체 독립적인 행위자로서 경제성장, 경제위기 대응, 사회변화, 외교정책 결정의 독립변수로 작용한다는 담론이다. 연구사적으로는 영미식 다원주의와 마르크스주의를 넘어서 베버식의 국가 중심주의 전통을 되살린 것이라 하겠다.

미국 학계가 중심이 된 정치 다원주의 혹은 구조기능주의는 정치를 다원적 사회집단 간 경쟁과 연합의 결과로 인식하기 때문에 국가를 향한 사회의 투입input, 그리고 국가의 산출output에 대한 사회적 분배 효과에 주목했다. 따라서 국가는 독립적인 행위자가 아니라 정치체제에서 합의되고 공유된 일반적인 기능을 수행하는 대리인으로 취급되었다. 유사하게 네오-마르크시즘neo-marxism 역시 이른바 '자본주의 국가론' 논쟁을 통해서 국가를 세계자본주의 체제의 성격에 규정되는 존재로 정의했다. 이들은 국가가 사회경제적 변화를 이끌어온 주체라 평가하면서도 동시에 자본주의 체제라는 구조적 조건하에 존재한다고 본다. 따라서 국가는 사회 지배집단(계급)의 도구로부터 축적의 후견인, 혹은 계급투쟁의 정치적 무대를 제공하는 주체 등 '상대적 자율성' 개념으로 설명되는 존재로 인식되었다(Miliband, 1969; Poulantzas, 1973; Offe, 1974; Jessop, 1982).

비서구 지역 정치경제 분야에서 네오-마르크시즘은 특별히 중요한 영향을 끼쳤다. 당시 제3세계 국가론을 대표한 종속이론은 민간 자본 축적이 부족한 제3세계의 경우 국가의 역할이 더욱 중요하다고 전제하고, 그 위상과 역할은 자본주의 세계체제에서의 위치에 의해 규정된다고 보았다(Frank, 1966; Wallerstein, 1974). 남미와 같은 주변부 자본주의는 중심부 다국적 기업의 투자와 경제 지원(원조)에 의존되어 있으므로 주변부는 필연적으로 '저발전의 발전development of underdevelopment'이라는 정체 상태에 머무른다는 것이다. 여기서 국가는 산업 발전과 심화deepening를 위해 억압적으로 사회경제적 변환을 추진하는 이른바 관료적 권위주의bureaucratic authoritarianism 체제를 수립하는데, 이는 결국 중심부 자본 및 매판자본이라 불리는 국내 자본가의 이익을 대변하는 제도라는 것이다(O'Donnell, 1973).

이렇듯 국가론의 사회중심적 접근의 유행을 바꾸어 놓은 것은 1970년대 세계경제의 장기침체였다. 두 차례 석유 위기, 베트남 전쟁, 스태그플레이션, 브레턴우즈 체제의 위기와 보호주의 부상, 미국의 패권 약화, 제3세계를 중심으로 한 신경제질서의 등장 등으로 전후 자유주의 국제경제질서가 혼란에 빠지자 선진국들은 일국 차원의 대응책을 내놓았고, 성공의 편차를 보였다. 카첸스타인(Katzenstein, 1978)은 『권력과 풍요 사이에서Between Power and Plenty』라는 편집서에서 정책 대응에 성공한 독일과 일본, 실패한 영국과 미국의 사례를 비교 분석하여, 선진국 간 정책 성과의 차이는 통치 연합과 정책 네트워크를 주도하는 국가의 능력에 좌우된다고 주장했다.

스코치폴을 대표로 하는 국가의 귀환론은, 국가는 행정적·법적·관료적·강압적 조직으로서 사회와 정치적 권위 간의 관계를 구조화하는 행위자라는 베버Weber적 국가 개념에 근거하고 있다. 나아가 국가는 자본주의 시장경제 작동 원리와 사회의 공동체적 작동 원리의 공존과 균형을 이루는 주체라는 폴라니(Polanyi, 1944)적 전통, 그리고 유럽 대륙의 후발 산업화의 경우처럼 국가가 후발 이득advantage of backwardness을 적절히 향유할 수 있는 제도의 설계자로 관념하는 거셴크론(Gerschenkron, 1962)적 전통을 이어받았다. 국가중심적 국가론은 국가가 사회이익으로 환원되지 않는 독자적 목표를 추구할 수 있다는 전제하에 국가 자율성과 국가 능력이라는 두 개념을 제시했고, 구체적으로 국가와 사회세력 혹은 사회적 환경과의 관계, 양자 간 힘의 균형 등을 분석 대상으로 삼았다. 에번스(Evans, 1995)는 국가-사회 간 '상호 구성co-constitution'과 '내장된 자율성embedded autonomy' 개념을 제시하기도 했다.

국가론의 국가중심적 접근이 절정에 오른 것은 자본주의 세계체제의 주변부였던 동아시아 국가들이 중심부로 근접한 '현실' 때문이다. 일본을 필두로 등장한 동아시아의 네 마리 용(한국, 대만, 싱가포르, 홍콩)의 자본주의적 성공은 '저발전underdevelopment'의 종속이론을 무너뜨리고 국가론의 전성기를 열었다. 존슨(Johnson, 1982)은 일본의 경제기적의 주역으로 통산성을 지목하고, 통산성이 주도한 산업정책의 역사를 이론화하여 '발전국가developmental state' 모델을 제시했다. 거셴크론의 후발 산업화 사례로서 일본 모델은 ① 자본주의적 방식의 경제발전에 대한 사회적·국가적 합의, ② 응집력 있고 독립적이며 효율적인 국가관료제, ③ 국가관료에게 정책의 주도권을 부여하는 정치체제, ④ 시장 순응적 국가개입으로서 산업정책, ⑤ 핵심 조직으로서 통상산업성의 존재라는 다섯 가지 요소로 구성된다.

한국의 경우, 1980년대 네오-마르크시즘의 영향으로 학생운동권과 진보 지식인을 중심으로 사회구성체 논쟁이 뜨겁게 달아오른 적이 있다. 일본에서 1920년대에 시작되어 전후 초기까지 전개된 사회구성체 논쟁이 일본 자본주의 발달 단계에 따른 보편적 성격을 강조하는 입장과 일본적 맥락 즉, 봉건적 잔재와 제국(미국)에 대한 종속적 성격을 강조하는 입장으로 나뉘었던 것처럼(Hostone, 1992), 한국의 사회구성체 논쟁 역시 한국 자본주의 국가의 성격을 규정함에 있어서 자본주의 역사 발전의 보편성을 강조하는 이른바 국가독점자본주의론과 종속이론의 영향을 받아 한국의 역사적 맥락을 중시하는 주변부 자본주의론 사이의 논쟁으로 전개되었다(박현채, 1985; 이대근, 1985). 그러나 한국이 경제성장을 거듭하고 민주화를 이룩하면서 사회구성체 논쟁은 급격히 소멸했고 발전국가론이 지배적 담론으로 자리 잡았다. 한국 사례는 종속이론의 실패를 증명하고 발전국가론의 유용성을 지지하는 대표적 사례가 되었다(Amsden, 1989; Wade, 1990; Woo-Cumings, 1991; Haggard, 1990).

3. 세계화 시대의 국가론

1990년대 들어 국가론은 세계화의 부상으로 쇠락의 길을 걷는다. 냉전이 해체되어 구공산권이 자본주의 세계에 편입되고, 영국과 미국 등 자본주의 중심부는 신자유주의 정책을 전면에 내걸고 탈규제, 자유화, 민영화, 시장개방에 나섰으며, 정보혁명과 함께 국경을 넘는 상품, 자본, 인적자원의 유통이 증대되었다. 이에 따른 변화를 지칭하는 세계화는 시공간의 압축, 상호의존의 가속화, 세계의 축소, 지구적 통합, 상호연결성의 강화 등 다양하게 개념화되는데,

헬드와 맥그류(Held and McGrew, 1999)는 "모든 사회적 영역에서 지구적 수준의 상호연결/의존이 확대, 심화, 가속화되는 상태와 과정"이라고 정의한다. 세계화란 물질적·시공간적·인지적 측면에서 전개되는 다양하고 복합적인 변화를 지칭하는 언어이며, 특정한 역사적 경로와 필연적인 결과를 의미하는 것은 아니다. 따라서 세계화 진전 과정을 단순히 경제적 혹은 기술적 논리로 환원하여 국가의 위상 및 역할을 규정하는 오류를 피해야 한다.

정치적 측면에서 세계화 논쟁의 핵심은 경제적 세계화가 국가의 능력에 어떠한 영향을 미치는가이다. 예컨대, 생산시설을 해외로 이전할 수 있는 능력을 가진 다국적 기업, 혹은 자본시장에서 이탈exit 옵션을 가진 투자가는, 자기 이익에 반하는 국가정책에 비토veto하여 정책 변경을 추동할 수 있다는 것이다. 따라서 국가가 국제적 경쟁 속에서 해외 경제행위자들을 유치하기 위해 그들의 이익에 민감하게 반응함에 따라 자국민에게 제공하는 재화를 삭감하고 복지정책을 축소하는 신자유주의적 정책을 추진한다는 것이다(Helleiner, 1994; Rodrik, 1997; Cerny, 1999). 스트레인지(Strange, 1996)는 세계시장의 힘이 정치적 권위를 보유하고 국가를 능가하는 시대가 왔다고 선언하며 국가 권위의 하락은 지방, 지역, 지구적 행위자 및 제도의 부상을 가져온다고 주장했다.

사실, 시장의 확대와 경제적 상호의존의 심화는 주요 국가 지도자들의 정치적 선택이기도 하다. 영국과 미국을 필두로 한 주요 선진국들은 자유화, 민영화와 시장개방 등 신자유주의적 정책을 선택했고, 동남아 국가들은 경쟁적으로 지구 공급망 참여를 향한 신자유주의적 발전전략을 추진하여 괄목할 만한 성장을 이루어 냈다. 한편 통화, 금융위기에 봉착한 국가들은 국제통화기금IMF의 구조조정 프로그램에 따른 무역과 금융 자유화를 통해 회생의 길을 강요받았으나, 이를 적극적으로 수용하여 성장의 디딤돌로 삼은 경우도 존재한다. 여기서 국가는 경제적 세계화를 추동하는 주요 행위자이다. 보겔(Vogel, 1996)에 따르면 자유화와 세계화는 규제 철폐로 이루어지는 것이 아니라 경제규제의 개혁 즉, 재규제reregulation로 이루어진다. 국가의 역할은 규제개혁을 주도하여 자신의 힘을 축소하고 시장의 힘을 확대하는 결과를 이끌어 내는 것이다.

한편, 가렛(Garrett, 1998)의 연구에 따르면 세계화의 국내정치적 조건이 그 국가의 경제적 성과에 중요한 관건임을 알 수 있다. 첫째, 세계화가 진전될수록 사회민주주의적 정책에 대한 선호가 증가하고, 둘째 국가가 그러한 정책으로 세계화로 초래되는 불안정성과 불평등을 완화할수록 경제적 성과는 향상된다는 것이다. 세계화의 성공적 추진에 있어서 국가의 역할을 강조하는 또 다른 사례라 할 것이다.

세계화가 국가 간 정책 결과의 수렴을 가져오지는 않았음은 여러 경험적 연구로 밝혀졌다. 이른바 '워싱턴 컨센서스'라 불리는 정책 조합들, 탈규제, 민영화, 자유화, 시장개방 등의 정책은 국가 간에 선택적으로, 서로 다른 방식으로 추진되었다. 대표적으로 '자본주의의 다양성varieties of capitalism'론을 들 수 있다(Hall and Soskice, 2001). 자유시장경제LME와 조정시장경제CME로 대별되는 자본주의 체제는 세계화의 압력 속에서 서로 다른 경제적 성과, 경영 행위, 노동시장 제도를 만들어냈다. 일본과 독일 등 대표적인 조정시장경제 사례는 고유의 제도와 영미식 시장제도의 혼종hybrid을 생산하는 진화의 길을 보여주고 있다(Yamamura and Streeck, 2003; Streeck and Thelen, 2005). 즉, 국가개입에 관한 한 제도적 수렴보다는 제도적 다양성을 재현한 것이다.

요컨대, 세계화는 국가의 후퇴와 시장의 승리라는 단순 도식으로 설명되지 않는다. 국가는 다국적 기업이나 국제기구 같은 초국적 네트워크에 침투되고, 시민사회 역시 초국적 세력의 영향을 받게 된다. 국가-사회 관계와 영토-정치적 권위 연계는 유동화되고 국가의 정책 결정 역시 분절화될 수밖에 없다. 반면 다국적 기업과 비국가 행위자에 조명이 집중된다. 그러나 국가는 세계화를 위한 규제개혁을 주도하는 주체이며, 시장주의적 세계화와 사회적 내장성의 균형을 담지하는 중심 행위자이다. 정치적 차원에서 세계화란 국가-시장-시민사회 간 경계 조정 혹은 삼자 간 힘의 배분 조정을 의미하며, '국가의 재구조화' 과정이라 할 수 있다.

4. 반세계화와 재세계화

21세기 들면서 세계화는 여러 심각한 도전에 직면하게 된다. 그 계기는 세계경제의 불안정성이 커졌다는 점이다. 1997년 아시아 금융위기의 경우, 지구적으로 금융의 과잉 유동화가 파괴적 결과를 초래했지만, 아시아 국가들의 내부체제로서 '정실주의cronyism'가 부각되면서 오히려 미국 신자유주의 세계화 모델이 입지를 강화하는 결과를 낳았다. 그러나 9·11 테러, 닷컴dot.com 버블의 붕괴 등을 거쳐 2008년 세계 금융위기에 이르러 신자유주의적 세계화는 결정적인 도전에 직면했다. 금융 세계화의 과잉이 체계적 위기를 초래했고, 특히 위기의 진앙이 신자유주의적 세계화의 모범국인 미국이었다는 점에서 미국 주도 국제질서의 탈정당화가 본격화되었다(Kirshner, 2014).

2009년 자민당 일당 장기 집권 체제를 종식한 민주당의 하토야마 유키오 총리는 신자유주의적 세계화의 실패와 기축통화로서 달러화의 위상 약화를 지적하면서 전 세계적으로 미국 모델로의 수렴 경쟁이 종식되었고, 새로운 모델을 향한 경쟁이 시작되었음을 선언했다. 중국 역시 미국의 탈규제 압력에 저항하면서 위기 이후 달러 종속으로부터 다변화 전략으로서 RMB 국제화를 적극적으로 추진하고, G20을 무대로 경제적 지도력을 부가하려는 노력을 배가하며 '베이징 컨센서스'라는 국가자본주의 모델을 내세워 기성 질서에 도전하고 있다. 영미의 신자유주의적 세계화 모델을 넘어서 비非자유주의적 자본주의에 기반한 세계화 모델인 일본과 독일의 혼종형hybrid type 모델, 그리고 국가자본주의에 기초한 중국식 세계화 모델이 경합하고 있다.

신자유주의적 세계화의 양대 본산인 미국과 영국에서도 포퓰리즘 정부의 등장이라는 정치적 결과를 낳았다. 2016년 영국은 EU에서 탈퇴하면서 국경의 통제를 선언했고, 미국에서는 트럼프의 대통령 당선과 함께 자유무역과 세계화 기득권층에 대한 반발과 교정을 요구하는 정치가 등장했다. 구체적으로 트럼프 정부는 중국과 멕시코를 지목하여 국경의 통제를 통해 쇠락하는 중산층과 전통제조업을 보호하려는 '미국 우선' 경제민족주의를 전면에 내걸었다. 이는 국제 제도의 약화를 가져와 WTO와 UN이 무력화되고 기후협약이나 무역협정이 약화되는 결과를 낳았다.

이러한 정치적 변화의 이면에는 세계화에 대한 다양한 불만이 자리하고 있다. 세계화는 거대 다국적 기업, 서구 주요국의 정치지도자, 세계적인 미디어기업, 싱크 탱크 등이 결탁하여 그들의 이익을 수호하는 이념에 불과하다는 비판으로부터 시작하여(Payne, 2016), 세계화의 효용성을 인정하면서도 과잉 상태로 개인의 사회적 일상에 지나치게 깊숙이 침투했다는 비판('Globalization has gone too far'), 승자와 패자를 낳고 불평등을 심화시키고 있다는 비판, 세계화가 국가 또는 지역공동체의 자율성을 축소함으로써 문화적 위기, 정체성 혼란을 가져온다는 위기감, 인종적·신식민지적 배제, 민주주의의 훼손과 시장 권위주의의 확산, 환경위기 초래 등을 꼽을 수 있다.

그러나 이러한 문제들이 모두 문자 그대로인 세계화 즉, 국경을 넘는 상호연결성의 확대, 심화와 가속화 때문에 야기된 것만은 아니라는 점을 인식할 필요가 있다. 이 문제들이 신자유주의라는 특정한 관념과 이념으로 무장한 강력한 행위자들의 결정과 실행에 따른 결과라고 한다면, 문제의 소지는 '신자유주의적' 세계화라고 하는 세계화의 한 종류variant에 있다. 현재 우리가 주목하는 신자유주의적 세계화는 역사상 특정한 단계에 존재하는 정치적 구성물이며, 따라서 논리적으로는 다양한 유형의 세계화varieties of globalization의 존재가 상정될 수 있다. 현재의 세계화 유형은 불만과 저항을 통한 비세계화를 겪으며 재배열·재구성을 통해 다양한 경로로 분기·전화하는 재세계화의 과정을 겪거나, 겪게 될 것이다. 이런 점에서 세계화는 근본적인 쇠퇴라기보다는 조정의 단계에 있다고 할 수 있다. 즉, 세상은 신자유주의적 세계화의 결함을 교정하고 비세계화의 흐름을 억제하여 재세계화reglobalization로 나아가는 시점에 있다(Bishop and Payne, 2021).

그렇다면 재세계화의 과제는 현재의 신자유주의적 세계화의 결함과 도전

과제를 식별하여 해법을 마련하는 일이다. 최근 연구들을 분석해 보면 세계화 비판 서사narrative는 다음과 같이 네 가지로 분류할 수 있다. 첫째는 세계화를 '불평등'으로 개념화하는 좌파 포퓰리즘, 둘째는 '주권의 상실'로 보는 우파 포퓰리즘, 셋째는 세계화를 '지경학적 경쟁'으로 개념화하는 현실주의자, 그리고 넷째는 '지구 위협'으로 보는 국제연대론자이다(Roberts and Lamp, 2021; Bishop and Payne, ibid).

첫째는 불평등 서사이다. '월가를 점령하라Occupy Wall Street' 운동, 버니 샌더스, 그리스 시리자Syriza 정권 등으로 대표되는 좌파 포퓰리즘은 세계화가 전체적으로 절대적 이득absolute gain을 가져다주는 점은 인정하나 재분배가 제대로 되지 않고 있는 점에 주목한다. 경제적 이득이 지배계급에 편중되는 현상은 단순히 정책의 문제가 아니라 구조적 현상이고 그 중심에는 국가가 있다. 국가는 조세개혁, 노조 억제, 최저임금 규제 등 소수 지배엘리트에게 유리한 법과 정치를 제공한다. 또한 세계 금융위기 시 미국이 천문학적 규모의 은행 구제금융을 단행한 명분은 'Main Street를 위해 Wall Street를 구제'한다는 것이었고 이에 따라 구제금융을 심지어 유럽계 은행에까지 확대했는데, 이 모든 결정은 월스트리트를 지키려는 지배엘리트와 국가의 결탁이다. 그 결과 임금이 정체되고 소득불평등이 악화되어 슈퍼 리치super rich와 대부분의 국민 간 엄청난 소득격차가 나타났다.

좌파 포퓰리즘의 목표는 기성 체제의 전복 및 노동자와 중산층을 대변하는 국가 수립이다. 따라서 국가는 지배엘리트로부터 노동자와 중산층 보호를 위한 역할을 수행해야 하고, 이런 점에서 국내적으로 재분배에 정책의 우선순위를 놓아야 하며, 국경의 통제 즉, 세계화 흐름을 통제하는 데에는 선택적으로 나선다. 소득 재분배, 인권 보호를 위한 국제적 연대 등을 지지하는 한편 초국적 자본의 흐름 통제, 노동자 계급을 보호하는 무역정책 지지 등을 꼽을 수 있다.

둘째는 주권 상실 서사이다. 트럼프 정부의 사례에서 보듯이 우파 포퓰리즘은 세계화의 이득은 외국과 외국인(이민자)에게 이전된다고 본다. 자유무역과 투자로 미국의 블루칼라 일자리는 중국과 멕시코로 이전되고, 노동자, 가족, 지역공동체는 세계화의 패자가 된다는 것이다. 이 서사는 강력한 반反무역 정서뿐만 아니라 반이민 정서를 깔고 있다. 서유럽의 경우, 반이민 정서와 주권의 상실에 대한 우려가 큰 반면 반무역 정서가 약하다면, 미국의 경우는 제조업 노동자를 보호하는 반무역 정서가 강하다는 차이점이 있다(Eichengreen, 2018).

이 서사는 공동체와 전통에 대한 애착심을 바탕으로 주권의 상실에 민감하게 반응하며, 지배엘리트에 대한 배신감과 반감을 표출하고, '경제적 손실 보상'보다는 외세로부터 공동체 수호를 강조하는 '주권의 회복'에 주목한다. 흥미롭게도 여기서 국가의 역할은 국내적으로는 신자유주의 경제체제를 유지하는 반면, 대외적으로는 통제의 회복('Take back control')을 통해 반자유무역과 반이민 정책을 추진하는 것이다. 트럼프 정부로 대표되는 경제정책은 친親시장, 친기업, 친부유층 정책인 반면, 대외정책은 관리무역과 반反다자주의로 정의할 수 있다.

셋째는 지경학적 경쟁 서사이다. 정치현실주의자들은 세계화 과정에서 미국과 중국 간 경제·기술 경쟁에 주목하여 경제적 상호의존이 국가안보에 미치는 영향(즉 안보적 취약성)을 강조한다(Drezner, 2021). 양국은 세계화의 수혜자인 동시에 강대국 경쟁의 동학 속에서 세계화를 자국에 유리하도록 전략적으로 활용한다. 미국은 중국이 지경학적 관점에서 세계화를 오용, 왜곡하여play by different rules 자국과의 경제적 격차를 축소하고 있다고 본다. 미국은 경제적 경쟁자인 동시에 안보위협국인 중국과의 경제적 상호의존 심화가 국가안보를 훼손한다는 인식과 명분으로 '중국제조 2025'와 '반도체 굴기' 등을 경제침략으로 규정하여 중국의 핵심 산업과 기업의 공급망을 조이고 있다. 예컨대, 미국은 반도체 지구 공급망에서 설계design 부문에서의 압도적 경쟁력을 무기로 화웨이, 칭화유니, 푸젠진화 등 중국의 핵심 기업에 대해 강력한 통제정책을 실행하고 있다.

반면 중국은 미국의 반격에 대응하는 차원에서 다층적으로 경제안보 전략을 전개하고 있다. 중국은 미국과 경제적 상호의존 구도에서 열위에 있기 때문에 비대칭성이 교정될 때까지는 '신형대국관계' 차원의 협력적 관계를 유지하는 방향으로 반응적이고 수비적인 경제안보 조치를 취하는 반면, 자국이 비대칭적 우위를 점하고 있는 상대에 대해서는 안보를 명분으로 선제적인 경제 강압 조치를 감행해 왔다(Sohn, 2019). 2010년 일본과 센카쿠(댜오위다오) 열도 영유권 분쟁, 2016년 한국의 사드 도입, 2020년 호주의 코로나19 책임론 등에 경제 강압 조치로 보복했다.

지경학론자들에게 국가의 역할은 핵심 첨단기술의 육성과 보호, 주요 공급망의 안정성과 회복 탄력성 확보, 신뢰 파트너와의 기술혁신 및 공급망 협력, 기간산업 보호 및 전략산업 육성을 위한 산업정책 등이 꼽힌다. 문제는 미중 양국을 중심으로 한 지경학적 경쟁이 상호의존의 무기화와 지구 공급망의 안보화를 강화하는 경우 세계경제의 분단, 세계화의 분단으로 이어질 수 있다는 점이다.

넷째는 지구적 위협 서사이다. 이제까지의 경제적 세계화 담론이 승자의 담론이거나 승자와 패자의 담론이라면, 지구 위협론에서는 모두가 패자이다. 코로나 팬데믹이나 기후변화 등에서 보듯이 세계화는 지구적 위협을 촉진하고 있다. 감염병의 위험과 위협은 순식간에, 그리고 불균등하게 지구적으로 확산되고 있다. 세계화를 통해 모두가 상호의존적 관계에 놓여 있고, 자국 경제체제는 세계경제체제, 나아가 지구 생태계에 연결되어 있기 때문에, 국가이익과 목표는 지구의 한계 속에서 생존하고 번영해야 한다는 점을 고려해야 한다. 여기서 국가의 역할은 일국 차원을 넘어 글로벌 거버넌스에의 능동적 참여, '회복탄력성 > 효율성, 지속가능성 > 이윤 추구' 가치에 기반한 지구적 연대와 국제협력을 추구하는 일이다.

5. 재세계화의 국가론

근대국가의 전통적인 행위나 역할 영역(국방, 경제 운영, 보건, 법과 질서 등)은 국제적·다자적 형태의 협력 없이는 더 이상 가능하지 않은 시대로 접어들었다. 세계화 시대를 맞아 국가에 대한 요구는 증가해 왔으며, 국가는 타국 혹은 비국가 행위자들과의 협력의 네트워크 없이는 부여된 과제들을 적절히 처리할 수 없게 되었다. 특별히 인류가 직면한 과제들로서 팬데믹 대응, 기후변화 대응, 포스트-팬데믹 세계경제질서 구축 등은 지구적 과제로서 일국 차원의 해결이 사실상 불가능하다. 또한 경제 면에서 세계화는 이미 상당한 성과를 거두었기 때문에 일정한 후퇴는 있을 수 있어도 근본적인 전환은 가능하지 않다(Crouch, 2019; Easterly, 2019). 이는 곧 근대국가는 지역적·지구적 상호연결망에 깊이 내장되어 있어 일국 차원의 대응으로 자신의 운명을 헤쳐나갈 수 없음을 의미한다. 국가의 정치적 권위와 정당성이 국민에게 기본적인 재화와 서비스를 제공하는 데 달려 있다면, 국가의 과제는 이슈 영역에 따라 신자유주의적 세계화에 대한 저항, 재배열, 재구성, 확대, 심화, 가속화 등 다양한 대응을 추구한다는 점에서 이른바 '재세계화reglobalization'의 추구라 할 수 있다.

재세계화 시대 국가는 탈脫신자유주의적 가치를 중심으로 경제질서를 재건축하는 주체이다. 국가는 한편으로 상기 서사들이 요청하는 과제들 즉, 불평등 시정, 주권 재조정, 전략경쟁 완화, 지구 악재 해소라는 과제들을 풀어가야 하며, 다른 한편으로는 폴라니와 러기의 사회적 내장성embeddedness 개념에 기초해 이념, 정책과 프로그램을 마련하고, 국가-사회-시장 간 적절한 경계를 구획하는 국가의 재조직화, 다자주의적 국제질서와 국내적 안정의 적절한 균형을 향한 전략적 타협과 합의, 공생 가치와 지속가능성을 담지하는 지구 거버넌스 구축에 핵심적인 역할을 해야 한다.

박현채. 1985. 「현대 한국사회의 성격과 발전단계에 관한 연구(1): 한국 자본주의 성격을 둘러싼 종속이론 비판」. ≪창작과 비평≫, 제57호.
이대근. 1985. 「한국자본주의의 성격에 관하여: 국가독점자본주의론에 붙여」. ≪창작과 비평≫, 제57호.

Adserà, Alicia and Carles Boix. 2001. "Trade, Democracy and the Size of the Public Sector: The Political Underpinnings of Openness." *International Organizations*, Vol.55.
Amsden, Alice. 1989. *Asia's Next Giant: South Korea and Late Industrialization*. New York: Oxford University Press.
Bishop, Matthew and Anthony Payne. 2021. *Reglobalization*. New York: Routledge.
Cerny, Phillip. 1999. "Globalization and the Erosion of Democracy." *European Journal of Political Research*, Vol.36, pp.1~26.
Crouch, Colin. 2019. *The Globalization Backlash*. NY: Polity.
Drezner, Daniel. 2021. *The Uses and Abuses of Weaponized Interdependence*. Washington: Brookings Institution Press.
Easterly, William. 2019. "In Search of Reforms for Growth: Stylized Facts on Policy and Growth Outcomes." NBER Working Paper, September 2019.
Eichengreen, Barry. 2018. *The Populist Temptation: Economic Grievance and Politival Reaction in the Modern Era*. NY: Oxford University Press.
Evans, Peter. 1995. *Embedded Autonomy: States and Industrial Transformation*. Princeton: Princeton University Press.
Evans, Peter, Dietrich Rueschemeyer, and Theda Skocpol(eds.). 1985. *Brining the State Back In*. Cambridge: Cambridge University Press.
Frank, Andre. 1966. *The Development of Underdevelopment*. NY: Monthly Review Press.
Garrett, Geoffrey. 1998. *Partisan Politics in the Global Economy*. Cambridge: Cambridge University Press.
Gerschenkron, Alexander. 1962. *Economic Backwardness in Historical Perspective*. Cambridge: Harvard University Press.
Haggard, Stephan. 1990. *Pathways from the Periphery*. Ithaca: Cornell University Press.
Hall, Peter A., and David Soskice(eds.). 2001. *Varieties of Capitalism: The Institutional Foundations of Comparative Advantage*. New York: Oxford University Press.
Held, David and Anthony McGrew. 1999. *Global Transformations*. Cambridge: Cambridge University Press.
Helleiner, Eric. 1994. *States and Reemergence of Global Finance*. Ithaca: Cornell University Press.
Hostone, Germaine. 1992. *Marxism and the Crisis of Development in Prewar Japan*. Princeton: Princeton University Press.

Jessop, Bob. 1982. *The Capitalist State.* NY: NYU Press.

Johnson, Chalmers. 1982. *MITI and the Japanese Miracle.* Stanford: Stanford University Press.

Katzenstein, Peter(ed.). 1978. *Between Power and Plenty.* Madison: University of Wisconsin Press.

Kirshner, Jonathan. 2014. *American Power After the Financial Crisis.* Ithaca: Cornell University Press.

Miliband, Ralf. 1969. *The State in Capitalist Society.* Basic Books.

O'Donnell, Guillermo. 1973. *Modernization and Bureaucratic Authoritarianism.* Princeton: Princeton University Press.

Offe, Claus. 1974. "Structural Problems of the Capitalist State." *German Political Studies,* Vol.1.

Ohmae, Kenichi. 1995. *The End of the Nation State.* NY: Simon & Schuster.

Payne, Anthony. 2016. "Who Dun Brexit: Globalization or Global Neoliberalism?" SPERI Comment.

Polanyi, Karl. 1944. *The Great Transformation: The Political and Economic Origins of Our Time.* NY: Beacon.

Poulantzas, Nicos. 1973. *Political Power and Social Classes.* London: New Left Books.

Roberts, Anthea and Nicolas Lamp. 2021. *Six Faces of Globalization: Who Wins, Who Loses, and Why It Matters.* Cambridge: Harvard University Press.

Rodrik, Dani. 1997. *Has Globalization Gone Too Far?* Washington: Institute for International Economics.

Sohn, Yul. 2019. "South Korea Under United States-China Rivalry: Dynamics of the Economic-Security Nexus in Trade Policymaking." *The Pacific Review,* Vol.32, No.6, pp.1019~1040.

Stiglitz, Joseph. 2002. *Globalization and Its Discontents.* NY: Norton.

Strange, Susan. 1996. *The Retreat of the State.* Cambridge: Cambridge University Press.

Streeck, Wolfgang and Kathleen Thelen(eds.). 2005. *Beyond Continuity: Institutional Change in Advanced Political Economies.* Oxford: Oxford University Press.

Tooze, Adam. 2021. *Shutdown: How COVID Shook the World's Economy.* NY: Viking.

Vogel, Steven K. 1996. *Freer Markets, More Rules.* Ithaca, NY: Cornell University Press.

Wade, Robert. 1990. *Governing the Market: Economic Theory and the Role of the Goernment in East Asian Industrialization.* Princeton: Princeton University Press.

Wallerstein, Immanuel. 1974. "The Rise and Future Demise of the World Capitalist System." *Comparative Studies in Society and History,* Vol.16, No.4, pp.387~415.

Woo-Cumings, Jung-en. 1991. *Race to the Swift: State and Finance in Korean Industrialization.* NY: Columbia University Press.

Yamamura, Kozo, and Wolfgang Streeck(eds.). 2003. *The End of Diversity? Prospects for German and Japanese Capitalism.* Ithaca, NY: Cornell University Press.

4 세계화 시대 자본주의 질서와 국가의 변화*

조홍식 | 숭실대학교

1. 국가와 자본, 이론적 배경

국제정치경제학에서는 일반적으로 두 차례의 세계화를 구분한다. 첫 번째 세계화는 영국이 주도했던, 1860년대부터 제1차 세계대전이 발발한 1914년까지의 시기에 해당하며, 금본위제에 기초한 통화질서와 자유무역 속에서 세계경제가 하나의 시장으로 통합되는 운동을 지칭한다(Frieden, 2006: 2~7). 두 번째 세계화는 1970년대부터 21세기 현재까지의 시기를 말하며 생산과 금융은 물론 안보나 과학·기술, 지식·문화 등 거의 모든 방면에서 세계가 통합되어 가는 과정을 뜻한다(Strange, 2015: 25~46).

두 세계화 사이의 시기, 즉 제1차 대전이 종결된 1920년대부터 1970년대까지는 하나의 통합적 세계질서보다는 국가나 지역별로 다양한 정치경제질서가

* 이 글은 ≪세계역사와 문화연구≫ 제64호(2022)에 게재된 논문 「세계화 시대 자본주의 질서와 국가의 변화」를 수정·보완한 것임을 밝힌다.

존재했던 시기라고 볼 수 있다. 양차 대전 사이에 이미 공산주의나 파시즘·나치즘 등 국가 중심 계획경제의 시도를 발견할 수 있으며, 제2차 대전 이후에는 주요 자본주의 국가에서조차 시장과 계획경제를 혼합한 체제가 대세를 이루며 국가별 특징과 차이가 두드러지는 현상이 나타났다.

이 글은 기본적으로 두 번째 세계화의 시기에 국가와 자본의 상호관계가 어떻게 변화했는지 분석하려는 시도다. 1970년대부터 반세기에 해당하는 장기 변화를 제대로 파악하기 위해서는 최소한의 이론적 배경을 밝히는 수순이 필요하다.

역설적으로 세계화라는 커다란 변화를 명확하게 인식하려면 더 긴 맥락을 보아야 할지도 모른다. 19세기부터 나타난 두 차례의 세계화를 더 긴 자본주의의 역사 속에서 관찰할 필요가 있다는 뜻이다. 틸리는 국가와 자본주의가 유럽이라는 역사적·문화적 틀 속에서 상호 영향을 미치며 1000년 동안 서서히 무르익었다고 보았다(Tilly, 1992). 영토를 중심으로 강제력의 축적이 국가라는 형식으로 제도화되었다면 자본의 축적은 도시라는 틀 속에서 이루어졌다. 처음에는 자본의 도시와 영토 국가가 서로 경쟁하며 성장했고, 점차 자본과 국가가 타협하면서 근대적 협력의 관계로 발전했다는 설명이다. 따라서 자본주의와 국가는 근대를 형성하는 두 개의 커다란 역사적 줄기라는 시각이다.

19세기 유럽 사회과학의 창시자들은 국가와 자본의 관계를 정의하는 기본 틀을 제시했다. 자본주의 물질문명이 역사와 세계를 움직이는 힘이라고 보았던 마르크스는 국가란 "자본가계급의 이익을 대표하는 위원회"(Engels et Marx, 2017)라고 설명했다. 이 표현으로 국가와 자본주의의 불평등하고 유기적인 관계를 정의한 셈이다. 이후 네오-마르크시즘에서는 국가의 상대적 자율성을 인정했으나 이론적으로는 여전히 자본의 최종적 결정론에서 벗어날 수 없었다(Althusser, 2005).

뒤르켐의 통합적 국가론은 마르크스와는 상반되는 시각이다. 분업을 근대 사회의 동력으로 규정한 뒤르켐은 국가가 나서서 계급 간 유기적 연대의 통합을 주도함으로써 사회적 안정과 발전을 이룰 수 있다고 보았다(Durkheim, 2013). 자본과 노동의 필연적 대립을 강조했던 마르크스와는 반대로 뒤르켐은 자본과 노동의 분업이야말로 근대사회의 근간을 형성하며 국가는 그 마찰과 균열을 방지하고 통합을 이끌어 사회적 국가Etat social의 기능을 수행해야 한다고 주장했다.

베버는 마르크스나 뒤르켐처럼 자본-노동의 대립 또는 통합의 한 측면을 강조하면서 국가의 역할을 규정하기보다 국가를 근대화를 주도하는 중요한 행위자라고 보았다(Weber, 1978: 212~301, 941~1211). 특히 근대화 과정에서 전통적이거나 카리스마적 지배가 점차 법적·합리적 지배로 발전하는 정치적 변화와 자본주의의 성장이 동시에 이루어진다고 보았다. 여기서 국가와 자본주의는 상호 영향을 미치며 함께 진화하는 동반 관계다.

부르디외는 베버의 국가론을 어느 정도 계승하면서 국가란 사회에 기준이 되는 시각을 생산해 내는 보편성의 틀이라는 측면을 강조한다. 근대적 국가의 역사적 형성은 객관성과 보편성을 생성하여 사회에 제공하는 역할을 통해 가능했다고 보기 때문이다. 다만 이런 보편성의 기제는 자동으로 만들어지는 것이 아니라 국가가 다양한 이익이 투쟁하는 장場이기에 거시적 변화라는 흐름으로 귀결된다는 설명이다(Bourdieu, 1989). 어느 정도 공개된 투쟁의 장에서는 보편성을 앞세우는 측이 더 큰 정통성을 확보할 수 있기 때문이다.

국가를 자본계급의 대리인으로 여기는 마르크스나 사회통합의 주체로 생각하는 뒤르켐의 시각에 비해 베버-부르디외의 접근은 보편성을 추구하는 국가의 기능적 특수성과 여러 이익이 경쟁하는 장으로서의 개방성을 모두 포괄하는 장점이 있다. 이 글은 국가가 자본의 편파적 이익을 기능적으로 대변하거나 반대로 사회통합적 역할을 한다는 선입견을 피하면서 국가-자본 관계의 역사성과 가변성을 고려하여 관찰하고 분석한다.

근대 질서에서 국가와 자본의 관계를 살펴보는 데 중요한 또 다른 이론적 쟁점은 국가와 세계라는 분석 수준의 상호 관계다. 자본주의는 국가 형성과 긴밀하게 연결되어 있기에 국가 수준의 분석이 중요하다는 시각부터 자본주의는 기본 성격이 초국적이기에 세계 차원에서 전개되어야 한다는 시각까지 다양한 입장이 경쟁한다.[1] 앞서 국가-자본의 관계에서 개방적인 시각이 필요하다고 지적한 것처럼, 적절한 분석 수준 또한 시기별로 변화할 수 있다고 보아야 할 것이다. 이런 점에서 자본가들은 자신의 이익을 추구하기 위해 국가-지역-세계를 가리지 않고 활용해 왔다는 브로델의 자본주의 명제를 항상 상기할 필요가 있다(Braudel, 2018).

이 글에서는 제2차 세계화 시기(1970년대부터 현재까지)에 지구를 거의 지배하고 있는 자본주의 질서 속에서 국가가 어떻게 변화했는지 살펴본다. 우선 자본주의가 작동하는 데 가장 기초적인 도구와 에너지를 제공하는 화폐 질서 속에서 국가를 분석한다. 1970년대 브레턴우즈 질서의 붕괴에도 불구하고 세계화폐 질서는 놀라운 생존력을 보여주고 있으며, 국가의 역할이 축소되었다고 일방적으로 선언하기는 곤란한 복합적인 모습을 나타내고 있다. 시장이 지배하는 질서로 뒤바뀌면서 오히려 미국이라는 국가의 국제정치경제적 힘은 배가 되었으며, 이에 대응하는 과정에서 유럽에서는 유로를 발행하는 초국적 기제가 만들어졌기 때문이다.

다음은 금융자산의 증폭을 통한 자본주의의 발전과 '국가의 자본주의화'를 검토한다. 이미 제1차 세계화에서 확인할 수 있었던 금융자본주의로의 전환은 제2차 세계화에서도 다시 발견할 수 있다. 특히 산업자본에 비해 금융자본이 크게 성장하는 것은 물론, 국채의 증가나 국부펀드의 발전, 연금·기금의 성장이나 시민들의 주식투자 등 국가와 시민도 금융질서에 적극적으로 동참하는 현상이 눈에 띈다.

1 비교정치경제와 국제정치경제의 입장 또는 접근법의 차이라고 할 수도 있다. 자본주의 다양성(Varieties of Capitalism: VOC) 접근이나 제도주의에서 개별 국가의 특수성에 주목한다면, 세계체계론이나 세계자본주의 질서를 강조하는 접근은 통합적 성격을 강조한다.

마지막으로 기존 자본주의 국가-자본 관계에 근본적인 의문을 제기하는 중국 모델의 부상이나 대안적 세계화, 반세계화 운동을 고찰한다. 선진국이나 그 국가의 시민이 자본주의 통화 및 금융 질서에 적응하며 변화해 가는 반면, 중국은 국가 주도 자본주의 모델을 제시하고 있다. 또 세계화에 대한 선진국 사회 내부의 반발도 포퓰리즘이나 친환경 논리 등을 통해 강하게 부상하고 있다. 정치와 국가 고유의 논리가 자본을 통제하고 조정해야 한다는 주장이 강력하게 제기되는 실정이다.

2. 통화질서의 변화와 국가의 새로운 역할

화폐는 경제활동을 가능하게 만드는 기본적인 요소다. 고대 인류 문명의 초기부터 금·은을 활용한 화폐는 사회의 경제활동을 촉진하는 역할을 담당했고, 점차 상인 간 신뢰에 기초한 추상적 화폐의 가능성을 열었다(Goetzmann, 2016). 또 국가와 화폐는 처음부터 태생적으로 긴밀한 관계를 맺어왔다. 고대 바빌로니아나 그리스 시기에 이미 국가는 화폐의 단위를 결정하고 적절한 형식과 규격을 제시함으로써 객관성과 보편성을 제공하는 역할을 담당했다. 화폐는 말하자면 정치권력과 경제활동을 연결하는 고리였던 셈이다.

마르크스는 자본주의란 상품과 화폐의 끊임없는 교환 운동이라고 설명했다. 아리기는 이런 특성에서 한 걸음 더 나아가 자본주의가 산업적 단계에서 금융적 단계로 진화한다는 체계적 역사 이론을 제시했다(Arrighi, 1994). 그리고 이런 자본주의 운동의 중심에는 국가가 있었다. 특히 19세기부터 중앙은행을 통한 독점적 화폐 공급은 국가 기능의 핵심으로 부상했다(Helleiner, 2003). 19세기 자본주의의 본격적인 발전과 함께 상인이나 은행 등으로 분산되었던 화폐 생산의 기능이 상당 부분 국가로 집중되는 변화가 일어났다는 의미다.

제1차 세계화는 자본의 이동이 자유로운 금본위제 통화질서에 기초했다. 이

질서가 무너진 뒤 1940년대 등장한 금 태환제Gold Exchange Standard 국제질서는 중심 국가 미국의 금본위제에 세계의 다른 국가들이 준準고정환율로 연결되는 체제였고, 자본의 이동을 어느 정도 통제하는 질서를 형성했다. 국내 통화질서의 차원에서 주요 자본주의 선진국은 1930년대 대공황 경험 이후 자유주의 시장의 원칙에 의존하는 패러다임에서 벗어나 케인스주의 통화 조정의 패러다임으로 전환했었다(Hall, 1989). 정부가 통제하는 중앙은행이 정치적 필요와 판단에 따라 화폐의 수급을 조절하는 시대가 제2차 세계대전 이후 자본주의 국가 대부분의 상황이었다. 따라서 1970년대 통화질서는 금 태환제와 케인스주의 패러다임이라는 두 가지 특징을 드러냈다.

제2차 세계화의 시기는 화폐 질서의 심각한 변화를 동반했다. 1970년대는 국내·국제 차원에서 모두 자유주의 시장의 원칙을 제한하고 정치적 통제력이 강화된 통화질서였다고 요약할 수 있다. 그러나 기존의 국제질서 자체가 무너지면서 시장에 의존하는 체제가 등장했고, 그 가운데 미국의 역할이 크게 강화되었다. 이에 대한 반발로 유럽은 유로를 출범시킴으로써 초국가적 통화정책이라는 놀라운 혁신에 성공했다. 정책 패러다임은 케인스주의-통화주의-케인스주의가 부침을 거듭하는 모습을 보였다. 제2차 세계화의 통화질서는 공식적이고 제도적인 질서 대신 시장 중심의 기제가 지배하는 자율적 질서로 대체되면서 역설적으로 국가의 역할이 대폭 강화되거나(미국), 새로운 국가 형태를 발전시키는(유럽의 통화 국가) 결과를 낳았다고 할 수 있다.

1) 포스트-브레턴우즈 체제와 미국의 국가 능력 강화

20세기 중반기 소위 사회적 자유주의(Ruggie, 1982: 379~415) 시기를 상징하는 제도는 브레턴우즈에서 고안해 낸 미국 중심의 금 태환제였다. 금본위제의 안정성과 국제 화폐 협력을 통한 환율의 안정성을 동시에 보장하면서 자본의 이동을 어느 정도 통제하는 타협안이었다. 자본 이동의 자유를 부분적으로 희생하면서 물가 안정과 환율 안정을 확보하는 선택이었다(Eichengreen and Esteves, 2019).

제2차 세계화는 역설적으로 1971년 미국 닉슨 행정부가 브레턴우즈 체제를 종결하면서 시작되었다. 지난 반세기 동안 세계를 지배한 국제 통화질서는 포스트-브레턴우즈 체제라고 부를 수 있다. 금본위제나 금 태환제와 같이 특별한 제도적 기반 없이 단지 브레턴우즈 이후의 체제라는 뜻이다. 실제 포스트-브레턴우즈는 시장에 의존하는 자유로운 질서 또는 무질서라고 분석할 수 있다. 자본은 자유롭게 이동할 수 있는 조건이 마련되었으나 각국 정부는 물가와 환율, 또는 통화정책과 대외정책 간을 조율해야 하는 새로운 시대가 도래한 것이다.

국가-자본의 관계에서 포스트-브레턴우즈 시기에 자본의 힘은 강화되었다고 말할 수 있는가. 브레턴우즈 시기에 비해 자본의 이동이 자유로워졌다는 점에서 자본이 제도적이고 잠재적인 큰 이득을 얻었고 자본을 통제하는 국가의 공식 능력이 줄어든 것은 사실이다. 하지만 조금만 더 세밀하게 분석하면 자본 안에서 득을 본 것은 산업자본보다는 금융자본이며, 중소자본보다는 대자본이다. 기본으로 산업자본은 이동성이 떨어지며, 중소자본은 지역적 성격이 강하기 때문이다. 자본의 득이라는 포괄적 판단보다는 자본 내부에 대한 분석이 필요한 이유다.

또 국가의 권한이나 능력도 일률적으로 약화되었다고 단언하기 어렵다. 세계경제에서 커다란 비중을 차지하는 미국은 오히려 국가 능력이 강화된 측면이 있다. 금 태환제의 제약에서 해방되어 자율적인 정책을 펴는 기회가 제공되었기 때문이다. 1970년대부터 달러는 세계 통화질서를 지탱하는 실질적인 기축통화로 작동했고, 미국은 그 덕분에 '어이없는 특권Exorbitant Privilege'(Eichengreen, 2010)을 누리게 되었다. 미국은 자국 화폐가 국내적·국제적으로 모두 보편적으로 통용되기에 환율에 신경을 쓰지 않고 정책을 펼 수 있게 되었다. 포스트-브레턴우즈 시기에 가장 커다란 자율성을 확보한 세력은 결국 미국 정부와 국제 무대에서 활동할 수 있게 된 금융 대자본이라고 말할 수 있다.

2) 유로의 출범과 초국적 국가

미국 중심의 브레턴우즈 체제가 붕괴하면서 국제 통화질서는 1970년대 커다란 혼란에 빠졌다. 브레턴우즈는 미국과 다른 선진국, 즉 유럽 국가들 사이에 통화질서를 관리하는 제도였다. 체제의 붕괴는 미국의 역할을 강화하면서 동시에 시장에서의 비대칭성으로 인한 유럽 국가의 취약성을 가속화했다. 유럽은 유로라는 새로운 화폐를 만들어냄으로써 강한 미국과 대적할 수 있는 화폐 질서를 추구했다. 통화정책 차원에서만 본다면 유럽은 기존의 국가를 해체하고 새로운 연방국가 또는 초국적 국가transnational state를 만든 모양새다.

이미 브레턴우즈 시기에 본격적인 경제통합의 운동에 돌입한 유럽공동체는 1970년대부터 혼란스러운 통화질서 극복을 위한 노력을 시작했다. 처음에는 환율 안정화 제도를 일시적으로 시도하다가 1979년 유럽화폐제도European Monetary System: EMS를 형성하여 지역 단위의 화폐 통합 제도화의 길을 열었다. 1991년 마스트리히트 조약을 통해 유럽공동체를 유럽연합으로 한 단계 심화하면서 화폐 통합을 결정했고, 실제 1999년에는 유로라는 새로운 국제 화폐를 창출해내는 놀라운 결과를 낳았다(Cohen, 2016).

유로의 출범은 국가 차원에서 다양한 변화를 의미했다. 유로존을 형성하는 회원국들은 전통적 민족국가의 권한이었던 통화정책의 자율성을 완전히 상실했다. 유로 통화정책은 유로존 차원에서 유럽중앙은행European Central Bank: ECB이 독점하기 때문이다. 하지만 유럽이라는 커다란 지역의 차원에서는 화폐의 안정성을 확보함으로써 경제활동의 예측 가능성을 높였다고 평가할 수 있다(Eichengreen, 2008: 232). 세계자본주의 질서의 차원에서도 유로는 달러를 대체할 수 있는 대안적 화폐로 부상함으로써 일부의 우려와는 달리 안정적인 질서 형성에 공헌한 것으로 볼 수 있다(Feldstein, 1997).

유럽의 단일 화폐는 2008년 미국발 경제위기의 여파로 2010년대 심각한 국채위기를 초래하면서 유로 붕괴의 위험까지 다가갔으나 결국은 정치적 의지를 통해 이를 극복함으로써 더욱 탄탄한 제도적 기반이 마련되었다. 물론 다양한 경제적 상황에 똑같은 통화정책을 적용함으로써 발생하는 불평등의 유지 또는 심화는 유럽을 분열시키는 중대한 문제로 지적되고 있다(Boyer, 2015: 270~274). 하지만 그리스의 사례에서 볼 수 있듯 한번 유로로 통합된 국가는 제도의 불가역성이라는 제약 속에 놓이는 듯하다. 통합에 동참하기 위해 장기간 노력해야 하는 것은 물론 통합 이후에 만들어지는 상호의존도가 탈퇴의 비용을 감당하기 어려울 정도로 높여놓기 때문이다.

3) 통화정책 패러다임의 국제화: 통화주의와 케인스주의

제2차 세계화를 대변하는 특정 통화정책 패러다임이 존재하는 것은 아니다. 일반적으로 케인스주의/사회적 자유주의, 그리고 통화주의/신자유주의를 친화적으로 인식하나 제2차 세계화 시기는 두 패러다임을 번갈아 활용하는 특징을 보인다. 오히려 국제적으로 통화정책의 공조화 현상이 강화되었다는 점을 특징으로 들 수 있다.

1970년대 일명 신자유주의적 변화의 핵심에는 통화정책의 패러다임 변화가 있다. 1930년대 대공황을 극복하면서 등장한 사회적 자유주의 타협에서 경제 주기를 조정하는 케인스의 적극적 통화정책 패러다임이 지배적으로 부상했다. 그러나 1970년대 스태그플레이션 현상은 통화정책의 변화를 촉구하는 긴박한 시대적 요청이었다. 정부의 판단에 따라 통화정책을 조정하는 패러다임을 포기하고 물가 안정을 최우선 목표로 삼아 독립적인 중앙은행이 정책을 펼치는 통화주의가 점차 영향력을 발휘하게 되었다(Hall, 1989; Jobert, 1994).

제2차 세계화의 초기는 통화주의의 시대다. 미국은 1970년대 말 볼커Volker 충격 정책을 통해 이자율을 급격하게 올림으로써 1980년대 인플레를 잡는 데 성공했다. 유럽도 비슷한 시기 통화주의적 정책 패러다임으로 수렴 현상이 나타났고, 이는 1990년대 화폐 통합을 추진하는 데 결정적인 배경이 되었다. 맥나마라는 독일과 프랑스의 통화정책 패러다임 수렴이 유로 출범에 결정적이었다고 분석했다(McNamara, 1998).

일반적으로 케인스주의는 성장과 노동에 더 우호적이고 통화주의는 자본에 더 이로운 것으로 분석한다. 다른 조건이 모두 같다면 안정적인 물가는 자산의 가치를 지키는 데 더 적합하기 때문이다. 하지만 물가의 안정이 낮은 성장으로 반영된다면 장기적으로 자본에 더 이로운지는 확실치 않다. 특히 자본주의를 지대를 추구하는 부르주아의 제도가 아니라 슘페터의 창조적 파괴를 추진하는 역동적 운동으로 본다면 말이다.

1980년대부터 30여 년 동안 지배적이던 통화주의 패러다임은 2008년 세계 경제위기로 다시 케인스주의 조절 정책으로 대체되었다. 위기의 원인에는 이미 미국과 유럽의 느슨한 통화정책에 부분적인 책임이 있었다. 기축통화국 미국의 공격적 화폐 공급과 유로 출범 이후 유럽의 부채 남발은 세계 경제위기의 중요한 요인 가운데 하나다. 위기를 극복하는 과정에서 미국과 유럽의 통화 당국은 신속하고 적극적인 방식으로 유동성을 공급함으로써 1930년대 이후 가장 심각하다는 글로벌 위기를 비교적 빠르고 가볍게 처리하는 데 성공했다.

4) 질서 혹은 무질서: 자본주의의 내면화

제1차 세계화를 동반한 금본위제나 사회적 자유주의 질서를 지탱한 금 태환제에 비한다면 제2차 세계화의 통화질서는 무질서에 가까워 보인다. 금이라는 물질적 기반을 완전히 포기한 구조이며, 국가 간 합의를 공식화한 아무런 제도적 기반이 없는 구조이기 때문이다(Eichengreen, 2008). 그러나 제2차 세계화는 역설적으로 금이라는 물질적 기반이나 국제적 제도의 틀 없이도 시장을 기반으로 작동할 만큼 성숙한 자본주의를 반영한다고 평가할 수 있다. 세계화라는 변화 속에서 국가가 시장에 적응함으로써 자본주의 질서의 속성을 내면화했다고 볼 수 있다.

1970년대 이후 통화질서의 근간은 세계경제를 구성하는 주요 국가에 대한 신뢰다. 미국의 달러가 세계자본주의의 핵심 통화로서의 역할을 '자연스럽게' 담당하고 있으며, 유럽의 유로가 비상시 달러를 대체할 수 있는 화폐의 자리에 올라섰다. 금과 같은 물질을 통한 페티시즘fetishism은 필요 없다. 자본주의 화폐 질서는 이제 공식적인 제도를 넘어선 비공식적인 문화의 수준으로 발전했는지도 모른다(North, 1990).

금과 같은 물질적 제약이나 금 태환제와 같은 제도적 틀이 사라졌다는 측면에서 국가의 임의적 자율성은 더 강해졌다. 동시에 국가의 통화정책이 물가 안정을 통해 자산의 가치를 보존하고 경제활동의 토대를 마련해야 한다는 문화적 요구와 사회적 기제는 더 강해진 측면도 있다. 달리 말해 국가의 자율성은 이론적으로 커졌으나 실질적인 행동의 폭은 줄어들었다는 뜻이다.[2]

3. 금융질서의 변화와 국가-자본의 융합

화폐는 사회의 모든 행위자가 수긍하고 활용하는 보편적 도구이기에 자본주의 질서의 출발점이다. 금융은 일반적으로 화폐와 실물을 연결하는 영역을 지칭한다. 생산을 위해 화폐를 동원하고 투입하거나 상품의 유통과정에서 시간의 관리를 조정하는 기술, 화폐 가치를 배분하는 제도 등은 모두 금융의 개념에 포함된다. 괴츠만은 금융을 시간을 활용하는 기술이라고 정의하면서 근대 자본주의 사회의 문명적 특징이라고 보았을 정도다(Goetzmann, 2016).

2 1981년 프랑스 좌파연정의 경제정책 실패는 이러한 양면성을 잘 보여주는 사례다. 새로 집권한 정부가 좌파 정책 계획을 실현하자 외환 및 금융시장의 반발로 프랑의 급격한 평가절하와 무역적자를 기록하면서 프랑스는 정책을 포기할 수밖에 없었다. 국가의 이론적 자율성과 실질적 제약이 동시에 드러난 것이다.

앞서 살펴본 제2차 세계화의 통화질서는 달러를 중심으로 시장의 원칙이 지배하는 방향으로 움직였다. 금융질서의 차원에서 제2차 세계화의 가장 대표적인 특징을 꼽으라면 자본 이동의 자율성이 대폭 증가했다는 점이다(Rodrik, 2011: 87~111). 포디즘이라 불렸던 사회적 자본주의의 시기에도 자본의 이동이 완전히 막혔던 것은 아니다. 제조업과 관련된 장기적 투자는 장려의 대상이었고, 포드나 GM과 같은 자동차 산업의 대기업들은 전 세계에 공장을 만들며 제조업의 국제화를 이끌었다. 하지만 1970년대부터는 실물경제를 넘어선 순수한 금융 이동이 점차 부풀면서 세계자본주의의 핵심 요소로 부상했다.

금융질서의 차원에서는 몇 가지 구조적인 변화가 국가와 자본의 관계에 획기적인 영향을 미쳤다. 우선 외채와 국채가 폭발적으로 증가했다.[3] 국가 또는 국민경제 차원에서 공적인 부채의 폭발적 증가는 국가와 자본의 관계에서 상호의존성을 탄탄하게 하여 운명 공동체를 만들어낸다. 다음은 이런 국가 채무의 증가와 함께 국가의 채권도 국부펀드라는 독특한 형식으로 늘어났다. 과거에 부르주아계급('자본의 화신')과 이들의 이익을 보호하는 국가가 각각 존재했다면, 이제는 국가가 직접 자본의 화신으로 돌변하게 된 셈이다. 이런 변화는 민간 부문에서도 확산하여 '자본주의의 금융화'라는 결과를 낳았다. 자본주의의 특징 가운데 하나가 자본의 무한 축적이라면, 제2차 세계화 과정에서 자본 축적은 투자의 국제화로 반영되었다. 이제 생산이나 소비가 주도하는 실물보다 금융이 자본주의 질서의 뼈대로 부상하는 모양새다.

1) 국채 및 외채의 폭발적 증가

자본주의 역사에서 국채란 국가와 자본의 핵심적인 연결 고리로 작동했다.

3 1970년대부터 OECD 주요 국가의 국채 수준은 꾸준히 높아졌다(Menz, 2017: 178).

중세에 전쟁을 수행하기 위해 왕은 자본을 동원했다가 빈번하게 파산을 선고하곤 했다. 이후 근세 시기 영국과 네덜란드는 자본시장을 적절하게 활용하여 전쟁 자금을 동원했고 그 결과, 프랑스나 오스트리아 등 유럽 경쟁 세력에 대해 우위를 점한 바 있다(Kroenig, 2020: 99~125).

선진국 국채의 증가는 새로운 금융질서의 중요한 측면이다. 제2차 세계화에서 국채의 증가는 1970년대 인플레이션을 잡기 위해 통화정책을 긴축적으로 운영해야 하는 상황에서 재정적자를 충당하는 가장 손쉬운 방법이었다. 선진국 정부는 1970년대부터 국채를 대폭 늘리면서 자본주의 질서와 유기적인 관계를 심화했다. 국채 증가는 국가의 재정 부담이 늘어난다는 측면도 있으나 국가와 자본, 그리고 더 나아가 시민과의 관계가 더 유기적으로 긴밀해진다는 결과도 낳는다(Schultz and Weingast, 2003: 3~42). 국채를 보유한 시민은 미래 소득을 확보하고 투자금을 돌려받기 위해 국가의 운명에 이익이 걸린 이해당사자stakeholder가 되기 때문이다. 국제 자본의 이동이 자유로운 상황에서는 외국자본도 이 같은 이해당사자로 부상할 수 있다. 예를 들어 미국 국채는 상당 부분 외국자본이 보유하고 있으며, 일본과 중국은 그 대표적인 이해당사자가 되었다.[4]

국제금융의 발전을 설명하는 요인 가운데 하나는 1970년대 오일머니의 유통이다. 산유국들이 갑자기 불어난 소득을 선진국 금융기관에 맡겼고, 이들은 다시 넘치는 자금을 다른 개발도상국에 빌려주었다. 문제는 앞서 언급한 미국의 급격한 이자율 상승 정책(볼커 충격)으로 제3세계의 외채 위기가 발생하게 되었다는 점이다. 1982년 멕시코 위기를 기점으로 세계경제는 반복되는 외채 위기를 경험했다. 국제시장의 여유 자금이 특정 지역에 채무나 투자 형식으로 몰렸다가 어느 순간 빠져나가면서 위기를 초래하는 일이 세계 금융의 일상이

4 일부에서는 동아시아 경제의 저축과 미국의 과도한 소비가 세계경제질서의 심각한 불균형을 초래한다는 시각도 존재한다(Wolf, 2008).

되었다. 외채는 대개 선진국 민간 금융이 개도국 민간 금융에게 자금을 빌려주는 형식으로 시작되나, 위기가 닥치면 선진국과 개도국 정부들이 개입하여 해결하는 형식으로 전환된다. 국가나 IMF와 같은 국제기구가 소방수의 역할을 담당하고 개도국 정부는 채무자의 역할을 담당하게 되는 셈이다. 국가 차원에서 보면 외채의 증가는 선진국의 권력을 강화하는 동시에 개도국의 국가 능력을 축소하고 제약하는 요소로 작동했다.

2) 연기금 및 국부펀드의 발전

마르크스 정치경제에서 결정적인 역사의 동력은 자본과 노동의 계급 대립이다. 국가는 제3자로서 자본의 편에 서서 자본주의의 작동을 기능적으로 돕거나, 혁명 이후 노동의 편을 도와 공산주의로의 이행을 돕는 엔진 역할을 할 수 있다. 제2차 세계화에서 눈에 띄는 변화 가운데 하나는 국가가 단순히 자본이나 노동의 이익을 대변하는 행위자가 아니라 직접 자본주의 생산관계에 나서는 역할을 담당하게 되었다는 사실이다.

국가 또는 공공기관이 자본주의 금융시장에 적극적인 행위자로 나서기 시작한 것은 금융의 기본 역할인 시간의 관리에서 시작되었다. 보험이나 연금은 전형적으로 현재의 투자를 통해 미래의 소득을 보장하는 기제다. 민간에서 발전한 이런 기제는 국가나 공공기관이 사회적 분야에 개입하기 시작하면서 복지국가에 확산하여 널리 퍼지게 되었다. 미국의 주요 공공 부문의 연기금은 민간의 연기금과 마찬가지로 자본주의 금융시장에 투자하여 미래의 소득을 보장하는 방식을 택했고, 이는 국가와 자본의 경계가 허물어지는 영역을 만들어냈다.

국가가 직접 나서 현재의 소득을 투자하여 미래의 수입을 창출하려는 적극적인 전략은 싱가포르의 사례에서 발견할 수 있다(*The Economist*, 2012.1.21). 국내 정치경제에서 이미 국가가 사회주의적 개입과 자본주의적 시장의 원칙을 결합하여 운영하는 싱가포르는 국제 금융시장에서도 국가가 운영하는 펀드를 통해 다양한 투자에 나서서 국가의 전략을 펴고 미래를 준비해 왔다. 연기금보다 훨씬 적극적으로 미래 청사진을 투자전략으로 전환하여 행동하는 행위자로 부상한 셈이다.

싱가포르가 개척한 국부펀드 전략은 이후 다양한 산유국에서 채택하여 확산되었다. 서남아시아 지역 사우디아라비아나 걸프만 국가들은 모두 대규모 국부펀드를 조성하여 세계경제의 중요한 투자 세력으로 부상했다(Clark et al., 2014). 유럽의 노르웨이도 마찬가지로 에너지 자원에서 비롯된 자본을 국민경제의 미래를 위한 재원으로 전환하여 차세대의 밑천으로 만들었다. 국가 주권을 통해 조성한 자본을 국민의 미래를 위한 소득원으로 만든다는 점은 국가적 논리의 당연한 표현이나, 이를 위해 자본주의적 시장경제의 작동과 국제적 개방성을 활용한다는 점에서 새로운 의미를 찾을 수 있다.

국가와 자본을 철저하게 구분해서 분석한다면 국부펀드의 시장개입은 국가가 자본과 경쟁에 돌입하거나 자본과 결탁하여 공공성과 같은 특수성을 포기한다고 속단할 수 있다. 그러나 현실은 훨씬 복합적이다(Rietveld and Toledano, 2017). 국부펀드는 금융시장에서 다양한 민간자본의 사업에 투자한다는 점에서 단순한 경쟁 관계가 아니라 국가-자본 논리의 융합을 만들어내는 과정이라고 볼 수 있다. 그렇다고 이 두 논리의 융합이 국가가 자본에 굴복하는 결탁으로 자동 연결되지는 않는다. 노르웨이 사례에서 잘 확인할 수 있듯 국부펀드는 수익성이나 안정성과 같은 금융의 기준뿐 아니라 도덕, 윤리, 환경 등 다양한 기준을 적용하여 투자를 진행하기에 순수한 국가의 자본주의화라고 볼 수만은 없다.

3) 자본주의의 금융화

일반적으로 금융화란 자본주의가 진화하면서 실물경제에서 금융경제로 중심이 이동하는 현상을 지칭한다. 제2차 세계화에서 국가는 점차 많은 채무를 발행하면서 금융화의 한 축으로 부상했다. 또 국가가 연기금이나 펀드를 통해 투자자로 나섬으로써 역시 금융화의 다른 축으로 일어섰다. 하지만 국가의 채무나 투자보다 훨씬 강력한 금융화는 민간 시장 자체에서 일어났다. 19세기 자본주의 분석에서 등장한 자본과 노동의 구분은 제2차 세계화 과정에서 상당 부분 흐려지는 추세다. 미국을 중심으로 노동계급에 속했던 중산층이 개인적으로, 또는 투자회사를 통해 적극적으로 금융시장의 고객으로 성장했기 때문이다(Pilhon, 2004: 30~33).

미국에서 이미 일반화된 보통시민의 주식시장 투자는 1979년 영국의 대처 정부를 통해 대중적 또는 민중적 자본주의Popular Capitalism라는 이름으로 유럽에서 확산했다(Colvile, 2019). 유럽은 제2차 대전 이후 사회적 자유주의 시기 거대한 공공 부문을 보유했으나 1980년대부터 본격적으로 이를 민영화했고, 민영화는 대중에게 저렴한 가격에 주식을 판매하여 단기간에 이익을 제공하는 수단으로 활용되었다. 유럽 중산층의 상당 부분은 제2차 세계화의 시기에 주식투자 계층으로 흡수되었고, 공교롭게도 1980년대 이후 유럽에서 '자본주의와의 단절'과 같은 담론은 사라졌다.

자본주의의 금융화를 이끈 중요한 동력은 전통적인 시각에서 자주 논의되었던 자본의 국가 포섭에서도 찾을 수 있다. 미국의 경우, 금융산업은 엄청난 자금과 로비력을 동원하여 금융 부문의 탈규제를 추진했고, 2008년 미국발 경제위기는 상당 부분 이런 금융의 탈규제가 초래한 무분별한 금융 확장의 결과라고 할 수 있다(Richie, 2014: 251~252). 1929년 대공황 이후 미국 금융을 규제하던 안전장치들이 제2차 세계화 과정에서 제거되면서 새로운 금융위기의 토대가 되었다는 분석이다.

유럽은 미국과는 다른 방식의 금융화가 진행되었다. 유럽은 제2차 세계화의 기간이 지역통합의 심화 및 확장 시기와 겹친다. 유로라는 통화가 출범되면서 과거보다 훨씬 큰 금융시장의 형성이 진행되었으며, 남유럽, 북유럽, 동유럽 등으로 유럽연합 확장이 이루어지면서 시장의 규모는 더 커졌다. 유럽의 역내 상호의존도가 그만큼 높아진 셈이고, 2008년 미국에서 시작된 금융위기가 유럽에서 2010년대 국채위기로 반영된 배경에는 이러한 금융의 국제화가 있다. 유럽의 국채위기란 민간 부문의 과도한 채무를 정부가 책임지면서 발생했고, 통화질서의 통합으로 인해 일부 국가(소위 PIGS라 불리던 포르투갈, 이탈리아, 아일랜드, 그리스, 스페인 등)의 위기가 프랑스와 독일 등 다른 유럽 국가로 확산했기 때문이다.[5]

요약하자면 지난 반세기 동안 세계자본주의 질서에서 금융은 점차 중심적인 역할을 담당해 왔다. 이런 변화에서 국가는 직접 채권을 발행하거나 민간의 대외 부채를 책임짐으로써 금융시장의 주요 상품 공급자로 성장했고, 동시에 상품 수요자(투자자)로도 참여하게 되었다. 이런 국가의 직접적인 시장 참여를 넘어 민간 금융시장의 폭발적 확장에서도 국가가 규제를 완화하고 시민의 투자를 장려하며 위기가 발생하면 '소방수/해결사'로 적극적으로 나섬으로써 자본주의 금융질서의 최종적 수호자를 자처하게 되었다. 이런 국가 역할의 변화는 자본주의 세계의 중심이라고 할 수 있는 미국-유럽-일본에서 다소 차이는 있지만 공통적으로 드러난 특징이라고 할 수 있다.

4. 국가 중심 대안적 질서의 등장?

제2차 세계화 시기 통화질서와 금융질서의 변화가 드러내는 국가-자본 관

5 국가가 운영하는 중앙은행은 '최종적 대부자(lender of last resort)'라는 별칭을 갖는다. 위기가 발생하면 결국 최종적 책임을 지면서 금융체계를 살려야 하는 역할을 중앙은행이 담당해 왔기 때문이다. 유럽에서의 국채위기는 '민간의 위기－회원국 정부의 위기－유럽의 위기－유럽 중앙은행의 최종적 대부자 역할'이라는 방식으로 확산·전개되었다. 최근 유럽통합 연구에서는 유럽연합 자체가 다방면에서 이런 최종적 역할을 담당한다는 분석이 제기되었다. 초국적 국가의 등장이 비단 통화나 금융뿐 아니라 다른 분야까지 확산하고 있다는 의미다(White, 2020).

계는 상호의존도가 커지면서 각각의 논리가 서로 상대의 영역으로 침투하는 모습이다. 국가는 통화질서나 금융질서의 보편적 원칙을 제시하고 자본주의 작동의 공공재를 점차 적극적으로 생산하는 양상이다. 동시에 자본주의적 축적이나 생산성의 논리가 국가전략에도 반영되어 세계시장에서 국가가 자본의 원리에 따라 움직이는 모양새다.

마르크스주의의 전통은 지난 반세기의 세계화 기간에 국가가 적극적으로 자본을 돕는 것은 물론, 자본주의를 구하는 전략을 편 것으로 해석한다. 자본주의란 기본적으로 모순의 체제이며 궁극적으로 붕괴할 수밖에 없다는 마르크스의 예언을 신봉하기 때문이다. 슈트렉과 같은 학자에게 제2차 세계화에서 국가의 역할은 모순의 자본주의 체제를 안간힘을 다해 되살리는 것이었다. 『시간 벌기Buying Time』라는 저서의 제목은 이런 점에서 시사적이다(Streek, 2017).

흥미로운 부분은 국가가 차례로 통화정책, 공공부채, 민간부채의 단계를 통해 자본주의 살리기에 나섰다는 설명이다.[6] 통화정책이란 국가가 유동성 공급을 통해 자본주의를 구하려 했던 단계다. 다만 1970년대 스태그플레이션이 발생하자 이번에는 국가가 나서서 부채를 늘리는 방식으로 전환했다는 주장이며, 이 방식도 여의치 않자 민간부채를 활성화하여 죽어가는 자본주의의 생명을 연장했다는 말이다. 앞에서 우리가 살펴본 통화질서와 금융질서의 변화에 상응하는 분석이다. 다만 슈트렉은 이런 국가의 변화가 구조적이고 기능적으로 역사 진화의 필연에 해당한다고 단정한다.

통화 및 금융 질서의 부분에서 살펴본 세계정치경제의 변화는 미국과 유럽 등의 선진 지역에 한정된 분석이다. 이 절에서는 세계화의 성격을 획기적으로 변화시키거나 되돌리는, 또는 부분적으로 통제하려는 다양한 힘을 소개한다. 중국의 부상은 제조업과 실물경제의 여전한 중요성을 강조하며 포괄적이고 대

6 자본주의의 본질적 모순이라는 시각을 공유하는 조절학파도 유사한 논리를 전개한 바 있다(Aglietta, 1997).

안적인 정치경제 모델의 등장을 의미한다. 미국이나 유럽이라는 자본주의의 중심에서도 지난 반세기 동안 꾸준히 세계화에 반대하는 사회 및 정치 운동이 성장해 왔다. 마지막으로 세계화를 국제협력으로 통제하고 관리하려는 초기적 움직임들을 21세기 들어 발견할 수 있다.

1) 중국 모델

제2차 세계화 시기에 세계정치경제의 가장 중요한 양적 변화를 꼽으라면 단연코 중국의 놀라운 경제성장을 들 수 있다. 중국이 기존의 세계자본주의의 틀 속에서 성장하여 새로운 산업혁명의 장을 연 것은 아니다. 하지만 중국은 1970년대 말부터 40여 년 동안 인류 역사상 가장 빠르고 광범위한 경제성장을 달성하는 데 성공했다(Appleby, 2010: 370~384). 세계에서 인구가 가장 많은 나라가 장기간 경제성장의 리듬을 유지함으로써 세계의 빈곤 문제를 단숨에 해결해 버렸으며, 구매력평가Purchasing Power Parity: PPP 기준으로 2014년 중국은 이미 '자본주의의 조국' 미국의 경제 규모를 넘어설 정도로 성장했다.

중국의 획기적인 성공으로 중국 모델이 등장했다. 근대 경제의 계보를 따질 때 서유럽에서 발생한 자본주의는 자유로운 경제활동, 분산된 행위자, 시장이라는 기제를 통해 지속적 성장을 가져왔다는 등식이 성립했다. 하지만 중국은 국가가 자본과 노동을 철저하게 통제하면서 성장의 틀과 궤도를 만들어 서구보다 더 빨리, 더 넓게 경제를 일으켜 세운 모범 사례를 제공했다. 서구식 정치적 다원주의를 거부하면서 경제성장의 성과를 거둘 수 있었던 중국은 세계 개발도상국의 관심과 희망을 집중시켰다(Bell, 2016). 서구식 민주주의 시장경제에 기초한 '워싱턴 컨센서스'보다는 중국식 국가 주도 시장통제에 뿌리를 둔 '베이징 컨센서스'라는 표현이 21세기에 급격하게 부상한 이유다. 2010년대 시진핑의 권위주의적 경향이 강화되는 가운데 나타난 공산당 정부의 대기업 통제는 세계경제로의 통합이 반드시 정치경제 모델의 수렴으로 귀결되지는 않는다는 사실을 잘 보여준다.

그러나 중국이 진정 하나의 대안적 모델이 될 수 있을지는 의문이다. 중국 경제의 성장이란 초기부터 지금까지 철저하게 세계경제로의 통합을 통해 이루어졌기 때문이다. '세계의 공장'이라는 표현이 보여주듯 미국과 유럽, 일본 등이 서비스 중심 경제로 이행하고 금융자본주의로 본격적으로 돌입할 수 있었던 기반은 중국이 저렴한 노동력을 바탕으로 엄청난 생산력을 발휘했던 덕분이다. 또 자본주의 중심에서 공공 및 민간부채가 늘어나면서 유동성이 풀려도 인플레라는 악몽이 즉각 되살아나지 않은 원인에는 중국이라는 저렴한 생산기지의 역할이 상당하게 작용했다.[7]

적어도 2008년 세계 경제위기까지 중국은 세계자본주의 통화와 금융질서 안에서 충실한 실물경제의 몫을 담당하는 주요 행위자였다.[8] 경제위기에서 벗어나 2010년대부터 독자적 목소리를 내면서 국내적으로 자본을 통제하고 국제적으로도 질서를 계획하는 세력이 되고자 하지만 어느 정도 성공을 거둘지는 미지수다. 달리 표현해 중국 모델의 효율성은 세계 정치경제 질서의 분업 속에서는 성공했으나 독자적 지속성을 가질지는 의문이라는 뜻이다.

2) 반세계화

제2차 세계화는 반反세계화의 운동을 불러일으켰다. 이념적인 차원에서 세계화를 시장 중심 신자유주의 정책 패러다임의 결과라고 본다면 반세계화는 이를 극복하고 대중의 복지와 사회적 평등을 추구하는 운동이라고 할 수 있다.

7 이 글을 작성한 2022년에는 인플레이션이 미국, 유럽 등을 중심으로 부활하면서 새로운 논의의 국면을 열었다(*The Economist*, 2022.4.23).

8 부아예와 같은 조절학파 이론가는 미국, 유럽, 중국의 서로 다른 자본주의 모델이 일종의 분업체계를 형성함으로써 세계자본주의를 안정화시키는 결과는 낳는다고까지 설명한다(Boyer, 2015: 277).

물론 반세계화 운동이 표출되는 방식은 지역에 따라 다르고 강조하는 부분이 상이하며 그 정치적 성향도 다양하다.

첫 번째 종류는 사회운동과 직접 행동을 통해 세계화에 반대하는 형식이다. 무역의 자유화가 세계화의 핵심이라고 판단한 다양한 시민단체는 시애틀이나 도하 등 세계무역기구를 중심으로 진행되는 자유화의 라운드에 적극적으로 반대했다. 금융 중심 자본주의가 사회적 불평등을 초래하는 원인이라고 규정하며 부상한 '월스트리트 점령' 운동 또한 이런 직접 행동 사회운동의 부류에 속한다. 환경운동의 일부는 자본주의적 탐욕이 환경파괴의 기본 동력이라고 평가하며 세계화에 반대하는 주요 세력으로 성장했다.

두 번째 종류는 정치적 쟁점을 중심으로 대중을 동원하거나 정치세력화를 통해 어젠다를 추구하는 반세계화다. 사회운동이 미국에서 주로 활동했다면 유럽에서는 정치세력화가 더 노골적으로 이루어졌다고 할 수 있다. 유럽에서는 극우와 극좌가 이민 문제를 정치 쟁점으로 부각하고 유럽통합을 세계화로 규정하면서 주요 정치세력으로 성장하기에 이르렀다(Caiani and Graziano, 2021). 유럽의회 선거는 이들 극단적 세력에게 활동 무대를 제공함으로써 정치화의 발판을 마련해 주었다. 급기야 2018년 이탈리아에서는 리가나 5성운동 등의 세력이 집권에 성공했고 다양한 국가에서 극단 세력이 연정에 참여하게 되었다.

세 번째 종류는 미국이나 유럽과 같은 자본주의 중심이 아니라 주변에서 나타나는 반세계화의 흐름이다. 냉전기 공산권에서 쿠바와 같은 국가가 반자본주의적 기수로 기능했다면 제2차 세계화 시기는 공산주의보다는 민족주의를 내세운 반세계화 운동이 대표적이다(Lópes-Alves and Johnson, 2018). 베네수엘라의 차베스 정권을 선두로 라틴아메리카에서 다양한 반미, 반세계화 정부가 등장했으며 중국이나 러시아 등도 이런 이념적 흐름에 종종 편승하곤 한다.

2010년대 발생한 영국의 브렉시트 결정이나 미국에서 도널드 트럼프의 대통령 당선은 역사적 자본주의의 중심 국가에서 나타난 반세계화 흐름의 가장 극단적인 표출이라고 평가할 수 있다(Stiglitz, 2017). 국가-자본의 관계가 긴밀하게 엮이면서 각자의 논리조차 상호 침투하는 세계적 자본주의 질서가 형성되고 있지만, 동시에 이에 역행할 수 있는 정치적 반발이 언제나 가능하다는 사실을 상기시켜 준 셈이다.

3) 세계 차원의 규제

반세계화 운동이 세계화 자체를 중단시키거나 되돌리려는 노력이라면 세계화의 이점을 활용하면서 동시에 문제점을 보완하기 위해 세계 차원의 규제와 관리가 필요하다는 접근도 목소리를 내왔다.[9] 예를 들어 세계화의 가장 가시적인 문제 가운데 하나는 자본의 자유로운 이동으로 인한 사회적 피해라고 할 수 있다. 이에 대해 일명 토빈세는 자본의 이동에 세금을 부과하여 사회적 이익을 추구하기 위한 사업에 활용하자는 주장이다. 토빈세는 오랜 기간 이상주의적 접근으로 치부되어 왔다. 하지만 기회의 창이 열린다면 실현 가능성이 희박한 것만은 아니라는 점이 최근 확인되었다.

디지털 혁명 이후 IT 산업의 공룡 기업들은 세계를 무대로 활동하면서 교묘하게 국가가 부과하는 세금을 피해 자본의 축적에 나섰다는 비판을 받아왔다. 주로 미국에서 성장한 기업들이지만 세금 천국이나 세금이 낮은 국가에 본사를 두고 수익에 대한 징세를 피해왔다는 뜻이다. 보다 일반적으로 세금을 탈피하려는 다양한 노력은 세계화의 맹점으로 비난받았다. 경제협력개발기구OECD는 이 같은 문제들을 논의하는 장으로 작동했고 최근 상당한 성과를 거두고 있다. 2021년 수익을 창출하는 시장이 어디건 15%의 최소 법인세를 부과한다는 합의가 대표적이다(*The Economist*, 2021.7.2).

자본의 자유로운 활동에 제약을 가하는 중요한 규제 영역으로 환경을 들 수

9 예를 들어 로드릭은 '건전한 세계화(Sane Globalization)'가 필요하고 가능하다고 설명한다(Rodrik, 2011: 251~280; Graz, 2004).

있다. 2015년 파리협약은 1970년대부터 논의되고 1990년대부터 추진되어 온 지구온난화 문제를 해결하기 위한 세계 차원의 합의를 도출해 냈다. 트럼프 행정부 시기 미국이 일시적으로 합의에서 탈퇴하는 등 우여곡절은 있었으나 운명 공동체인 지구의 미래를 위해 자율적 제약을 만들어낸 중대한 성과다. 반세계화 운동의 요구 또는 인풋input이 세계 규제라는 공공재 또는 아웃풋output으로 만들어지는 셈이다.

정치 또는 국가를 통하지 않고 시장에서 직접 운동을 벌여 자본에 영향을 미치려는 움직임도 강화되는 추세다(*The Economist*, 2015.2.7). 일명 ESGEnvironment, Social, Governance 운동은 환경과 사회, 민주주의라는 잣대로 자본의 활동을 평가하고 그 결과에 따라 시장의 민간 행위자들이 자본투자를 결정하는 '시장 민주주의'의 모델을 내세운다. 과거에 민주주의가 적용되는 정치의 장과 이윤이 지배하는 시장이 구분되었다면 21세기에는 시장에 민주적 잣대를 적용하겠다는 뜻이다. 이런 원칙의 상호 침투나 융합이 얼마나 진정성을 내포하는지, 또는 단순한 마케팅의 수단인지는 더 두고 봐야 하겠지만 이미 새로운 경향을 형성하고 있다.

끝으로 강대국 또는 세력 간의 경쟁이 역설적으로 세계적 규제를 생산하는 결과를 낳기도 한다(*The Economist*, 2021.4.24). 친환경을 내세우며 승승장구하던 폭스바겐의 디젤 자동차 산업에 대한 폭로는 독일이나 유럽이 아닌 미국 환경 당국을 통해 이루어졌다. 화웨이의 보안에 대한 경고도 중국이 아닌 미국과 같은 외부 경쟁 세력에 의해 행해졌다. 유럽연합은 비록 과학기술의 혁신에서 뒤지지만 거대한 시장으로서 미국이나 중국의 대기업을 규제하는 역할을 도맡고 있다(Bradford, 2020). 이처럼 세력 간 경쟁은 폭로, 경고, 규제를 통해 고삐 풀린 자본을 다스리는 기제로 작동하는 셈이다.

5. 2020년대 위기와 분열

제2차 세계화의 시대에 국가는 자본주의 질서의 논리를 적극적으로 수렴하거나 적어도 적응하는 경향을 뚜렷하게 드러냈다. 가장 가시적인 변화는 공산권의 붕괴로 인한 세계자본주의 질서의 등장이다. 자본주의 질서를 부정하며 정면으로 도전하던 소련은 사라지고 소련을 계승한 러시아는 세계자본주의에 에너지를 제공하는 세력으로 다시 태어났다. 중국은 자본주의 질서에 핵심적인 생산 세력으로 자리매김했다. 자본주의와 공산주의 양 진영 사이에 존재하던 제3세계는 이제 자본주의 발전에 매진하려는 야심을 드러내고 있다. 이런 점에서 세계화 시대란 결국 자본주의의 지리적 확장을 의미하는 셈이다.

이 글에서는 통화와 금융 질서 두 차원에서 국가의 변화를 검토했다. 소위 포스트-브레턴우즈 체제에서 세계는 공식적 화폐 협력 레짐을 파기하고 시장에 기반한 통화질서의 시기로 돌입했다. 시장의 메커니즘이 작동할 때 국가보다는 자본의 힘이 강화될 것으로 예상할 수 있으나 실제로는 국가(미국)의 역할이 더욱 강화되는 역설적 결과를 낳았다. 초국적 국가 기능이 대폭 강화된 유로의 출범 또한 국가의 역할을 유지하려는 노력이 어떻게 새로운 형식의 국가 기능으로 표출되는지를 보여주었다. 기제로서 국가와 시장, 행위자로서 국가와 자본을 대립하는 것으로 보는 시각이 얼마나 제한적인지 지적하는 듯하다.

자본주의 질서를 형성하는 국가와 시장, 국가와 자본의 복합체는 금융 부분에서도 확인할 수 있다. 국가는 국채나 국부펀드를 통해 금융시장의 중요한 당사자로 부상하게 되었고, 그 과정에서 국민을 세계자본주의 질서의 참여자로 동참하도록 만들었다. 금융은 현재와 미래를 연결하는 시간의 관리체계라는 점에서 국가의 능동적 개입은 국가와 자본의 융합을 상징하고 초래한다고 분석할 수 있다.

물론 중국의 부상이나 반세계화 운동, 자본주의 세력 간의 경쟁 등은 이런 자본주의 질서에 대한 도전이라고 할 수 있다. 다만 과거 공산주의와 같은 본질적 자본주의의 부정이나 단절을 주장하는 대안이라고 하기에는 한계가 뚜렷해 보인다. 오히려 자본주의의 수정을 통한 보완을 촉구하는 움직임의 성격이 더 강할지도 모른다.

2020년대를 시작하면서 세계는 세 종류의 위기에 노출되었다. 2010년대 말부터 본격적으로 부상한 미국과 중국의 정치적·경제적 갈등이 그 첫 번째다(Allison, 2018). 시진핑이 주도하는 중국의 민족주의적 성향과 도널드 트럼프의 미국 우선주의로 두 세력이 충돌했고, 이제는 미·중 갈등이 세계의 안정을 위협하는 차원으로까지 발전했다. 두 번째는 2020년 세계로 전파된 코로나19 보건위기다. 이 전염병은 중국에서 시작되었고, 중국에서 가장 강력하게 방역을 추진하면서 중국은 고립의 길로 들어섰다. 동시에 세계 공급사슬에서 중국 의존의 위험성이 문제로 떠올랐다. 첫 번째 정치경제 갈등이 보건 및 문화적 갈등으로 확산·강화되는 위기였다. 세 번째 위기는 2022년 2월 러시아의 우크라이나 침공으로 인한 군사안보적 갈등이다. 한편에 미국, 유럽, 일본 등 전통 서방 세력과 다른 편에 러시아가 대립하는 가운데 중국이나 인도는 중립적 태도를 취하는 형국이다. 달리 말해 2020년대의 3중 위기는 모두 지난 세계화의 시대에 추진되었던 세계를 하나의 자본주의 질서로 묶는 움직임을 중단시키거나 다시 분열로 이끌 수 있는 잠재력을 지녔다는 뜻이다.

Aglietta, Michel. 1997. *Régulation et crises du capitalisme*. Paris: Editions Odile Jacob.

Allison, Graham. 2018. *Destined for War: Can America and China Escape Thucydides's Trap?* Boston: Mariner Books.

Althusser, Louis. 2005. *Pour Marx*. Paris: La Découverte.

Appleby, Joyce. 2010. *The Relentless Revolution: A History of Capitalism*. New York: W.W.Norton.

Arrighi, Giovanni. 1994. *The Long Twentieth Century: Money, Power and the Origins of Our Times*. London: Verso.

Bell, Daniel A. 2016. *China Model*. Princeton: Princeton University Press.

Bourdieu, Pierre. 1989. *La noblesse d'Etat: Grandes Ecoles et esprit de corps*. Paris: Editions de Minuit.

Boyer, Robert. 2015. *Economie politique des capitalismes: Théorie de la régulation et des crises*. Paris: La Découverte.

Bradford, Anu. 2020. *The Brussels Effect: How the European Union Rule the World*. Oxford: Oxford University Press.

Braudel, Fernand. 2018. *La dynamique du capitalisme*. Paris: Flammarion.

Caiani, Manuela and Paolo Graziano(eds.). 2021. *Varieties of Populism in Europe in Times of Crises*. London: Routledge.

Clark, Gordon L., Adam D. Dixon, and Ashby H.B. Monk. 2014. *Sovereign Wealth Funds: Legitimacy, Governance, and Global Power*. Princeton: Princeton University Press.

Cohen, Benjamin J. 2016. *Currency Power: Understanding Monetary Rivalry*. Princeton: Princeton University Press.

Colvile, Robert. 2019. *Popular Capitalism*. London: Center for Policy Studies.

Durkheim, Emile. 2013. *De la division du travail social*. Paris: PUF.

Eichengreen, Barry. 2008. *Globalizing Capital: A History of the International Monetary System*. Princeton: Princeton University Press.

______. 2010. *Exorbitant Privilege: The Rise and Fall of the Dollar and the Future of the International Monetary System*. Oxford: Oxford University Press.

Eichengreen, Barry and Rui Esteves. 2019. "The Trials of the Trilemma: International Finance 1870-2017." *CEPR Discussion Paper*, No.DP13465.

Engels, Fridrich et Karl Marx. 2017. *Le manifeste du parti communiste*. Paris: Gallimard.

Feldstein, Martin. 1997. "EMU and International Conflict." *Foreign Affairs*, (November/December).

Frieden, Jeffrey A. 2006. *Global Capitalism: Its Fall and Rise in the Twentieth Century*. New York: W.W.Norton.

Goetzmann, William N. 2016. *Money Changes Everything: How Finance Made Civilization Possible*. Princeton: Princeton University Press.

Graz, Jean-Christophe. 2004. *La gouvernance de la mondialisation*. Paris: Editions La Découverte.

Hall, Peter(ed.). 1989. *The Political Power of Economic Ideas: Keynesianism across Nations*. Princeton: Princeton University Press.

Helleiner, Eric. 2003. *The Making of National Money: Territorial Currencies in Historical Perspective*. Ithaca: Cornell University Press.

Jobert, Bruno. 1994. *Le tournant néo-libéral en Europe: Idées et recettes dans les pratiques gouvernementales*. Paris: L'Harmattan.

Kroenig, Matthew. 2020. *The Return of Great Power Rivalry: Democracy versus Autocracy from the Ancient World to the U.S. and China*. Oxford: Oxford University Press.

Lópes-Alves, Fernando and Diane E. Johnson(eds.). 2018. *Populist Nationalism in Europe and the Americas*. London: Routledge.

Marx, Karl. 1963. *Das Kapital*. Edition établie et annotée par Maximilien Rubel. Paris: Gallimard.

McNamara, Kathleen R. 1998. *The Currency of Ideas: Monetary Politics in the European Union*. Ithaca: Cornell University Press.

Menz, Georg. 2017. *Comparative Political Economy: Contours of a Subfield*. Oxford: Oxford University Press.

Neal, Larry and Jeffrey G. Williamson. 2014. *The Cambidge History of Capitalism Volume II. The Spread of Capitalism: From 1848 to the Present*. Cambrdige: Cambridge University Press.

North, Douglass C. 1990. *Institutions, Institutional Changes and Economic Performance*. Cambridge: Cambridge University Press.

Pilhon, Dominique. 2004. *Le nouveau capitalisme*. Paris: Editions La Découverte.

Richie, Ranald. 2014. "Financial Capitalism." in Larry Neal and Jeffrey G. Williamson(eds.). *The Cambidge History of Capitalism Volume II. The Spread of Capitalism: From 1848 to the Present*. Cambridge: Cambridge University Press. pp.230~263.

Rietveld, Malan and Perrine Toledano(eds.). 2017. *The New Frontiers of Sovereign Investment*. New York: Columbia University Press.

Rodrik, Dani. 2011. *The Globalization Paradox: Democracy and the Future of the World Economy*. New York: W.W.Norton.

Ruggie, John Gerard. 1982. "International Regimes, Transactions, and Change: Embedded Liberalism in the Postwar Economic Order." *International Organization,* Vol.36, No.2, pp.379~415.

Schultz, Kenneth and Barry Weingast. 2003. "The Democratic Advantage: Institutional Foundations of Financial Power in International Competition." *International Organization,* Vol.57, No.1. pp.3~42.

Stiglitz, Joseph E. 2017. *Globalization and Its Discontents Revisited: Anti-Globalization in the Era of Trump*. New York: W.W. Norton.

Strange, Susan. 2006. *Casino Capitalism*. Oxford: Blackwell.

_____. 2015. *States and Markets*. London: Bloomsbury Academic.

Streek, Wolfgang. 2017. *Buying Time: The Delayed Crisis of Democratic Capitalism*. Translated by Patrick Camiller and David Fernbach. London: Verso.

The Economist. 2012.1.21. "The rise of state capitalism."

_____. 2015.2.7. "Capitalism's unlikely heroes."

_____. 2021.4.24. "The Brussels effect."

______. 2021.7.2. "A global corporate-tax deal takes shape."

______. 2022.4.23. "A spector returns."

Tilly, Charles. 1992. *Coercion, Capital, and European States, A.D. 990-1992.* Cambridge: Blackwell.

Weber, Max. 1978. *Economy and Society.* Berkeley: University of California Press.

White, Jonathan. 2020. *Politics of Last Resort: Governing by Emergency in the European Union.* Oxford: Oxford University Press.

Wolf, Martin. 2008. *Fixing Global Finance.* Baltimore: The Johns Hopkins University Press.

5 산업화, 세계화, 그리고 탈산업화 시대의 국가와 노동

송지연 | 서울대학교

1. 서론

코로나바이러스감염증-19(COVID-19, 이하 코로나19)로 대표되는 팬데믹은 전 지구적 충격을 가져왔다. 국제 공중보건 위기로 시작했지만 파급 효과는 국제 정치경제 질서 전반에 중대한 변화를 가져왔다. 상당수의 국가들이 바이러스 감염과 확산을 억제하기 위해 국가 간 사람과 물자의 이동을 강력하게 제한하는 '경제적 봉쇄조치shutdown'를 실시했고, 이는 국가와 기업을 긴밀하게 연결하던 글로벌 공급망의 취약성을 그대로 노출시켰다. 또한 코로나19 팬데믹 발생 초기 방역물품의 안정적 확보 및 이후 백신의 선제적 계약과 공급을 둘러싼 국가 간의 경쟁과 갈등은 국제사회에서 자국의 이익을 극대화하려는 현실주의의 모습이 그대로 나타내는 계기가 되었다. 코로나19 팬데믹이 가져온 국제정치경제 질서에서의 변화는 자본주의 생산시스템에도 중요한 전환을 가져왔다. 팬데믹을 거치면서 생산시스템과 경제구조의 디지털화와 자동화가 급격하게 진행되었는데, 기업의 생산성과 효율성은 빠르게 증가했지만 새로운 기술발전은 인간의 정형화된 일자리를 대체하는 결과를 가져오고 있다. 새로운 기술이 창출하는 일자리도 있지만 이들 대다수는 비전형적인 일자리로 안정적인 고용과 소득을 보장하지 않고 사회안전망의 사각지대에 위치한 경우가 많다.

제4차 산업혁명으로 대표되는 인공지능artificial intelligence: AI, 빅데이터big data, 로봇기술 등의 정보통신 기술이 융합적이고 초연결적 기반을 통한 지능적인 기술혁명을 가져오면서 자본주의 생산시스템과 노동시장에 커다란 변화를 가져왔고, 코로나19 팬데믹을 지나면서 이러한 흐름이 더욱 빨라졌다고 할 수 있다. 자본주의 생산시스템의 발전경로에서 거대한 전환의 시기가 있었는데, 생산성 혁명을 가져온 산업화, 국가의 경계를 넘어서 상호의존적 경제통합을 가속한 세계화, 서비스 산업으로 산업구조와 생산시스템을 전환한 탈산업화가 주요 사례이다. 코로나19 팬데믹이 이러한 대전환 시기와 비슷한 수준의 변화를 가져올지는 아직 단언하기 어렵지만, 위기 상황에 대응하는 국가의 역할과 능력에 대한 검토는 필요하다. 자본주의 생산시스템이 발전하면서 국가와 노동의 관계는 다양하게 규정되어 왔다. 자본의 입장을 지지하며 정책 결정에서 노동을 배제하기도 했고, 자본과 노동 간의 긴장과 갈등을 적극적으로 중재하기도 했으며, 산업화로 출현한 대규모 공장 노동자들과 노동계급에게 복지국가라는 사회적 안전망을 선제적으로 제공하기도 했다. 세계화가 가속화되면서 국가는 해외 기업과 자본을 적극적으로 유치하기 위해 국내의 법과 제도를 정비했고, 탈산업화로 대표되는 산업구조와 생산시스템의 변화에 대응하기 위해 교육과 훈련제도를 개선했다. 그렇다면 코로나19 팬데믹 상황에서 국가는 자본주의 생산시스템과 노동시장의 변화를 어떻게 인식하고 대처하고 있는가?

이 글에서는 자본주의 발전경로에서 나타나는 국가와 노동의 관계를 살펴보고자 한다. 자본주의 생산시스템에서 중대한 전환점으로 인식되는 산업화, 제2차 세계대전 이후 세계자본주의 황금기, 1970년대 이후 정보기술혁명을 통한 세계화, 제조업에서 서비스업 중심 경제로 이동하는 탈산업화, 그리고 코로나19 팬데믹 시기를 주요하게 분석하겠다. 특히 새로운 위기 상황에서 국가가 노동 또는 노동시장의 도전 과제에 어떻게 대처하는지 자본주의 발전 단계에 따른 특징을 중심으로 검토하겠다.

2. 산업화 시기의 국가와 노동

산업화는 대규모 공장 중심의 생산시스템을 구축했고 임금노동자와 노동계급의 출현을 가져왔다. 산업화 과정에서 등장한 임금노동자들은 낮은 임금과 열악한 노동환경 개선을 요구했고, 보편적 참정권 확대와 함께 강력한 정치세력으로 부상했다. 노동자들은 노동조합을 결성하여 자신들의 경제적 이익을 대변했고, 계급적으로 연대한 좌파 정당의 주요한 정치적 지지 기반이 되었다. 산업화 시기 임금노동자들의 규모는 빠르게 증가했고, 이들과 연대한 좌파 정당의 성장은 자산에 기반한 보수적 정치세력의 우려를 불러일으켰다. 새로운 정치적 도전에 직면한 보수세력은 선거제도 개혁을 통해 자신들의 정치적 우위를 지속하고자 했다(Boix, 1999). 또한 국가는 산업화 과정에서 임금노동자들이 직면한 경제적 위험에 대한 사회안전망으로 사회복지제도를 도입하여 이들의 불안에 선제적으로 대처하고자 했다.

산업화 시기 국가와 노동의 관계는 여러 측면을 살펴볼 수 있지만, 특히 국가는 다양한 위기에 대응하기 위한 수단으로 복지국가를 빠르게 확대했다. 첫째, 국가는 산업재해, 질병, 실업, 고령 등 노동자들이 직면할 수 있는 위험에 대비하기 위한 사회적 안전망으로 복지국가를 건설했다. 기업들 역시 산업화 과정에서 우수한 인적자원을 확보하고 생산성을 향상하기 위한 수단으로 복지국가를 지지했고, 또한 기업 수준의 복지 혜택을 제공했다(Baldwin, 1990; Mares, 2003; Swenson, 2002). 둘째, 산업화를 거치면서 노동계급이 정치적으로 부상했고, 보편적 선거권이 확대되면서 노동자들을 정치적으로 조직화하려는 노력들이 나타났다. 독일 비스마르크 정부의 사례에서 볼 수 있듯이 국가는 노동계급에 대한 선제적 포섭 전략으로 복지국가를 적극적으로 활용했다. 독일 비스마르크 정부가 도입한 사회복지제도는 1883년에서 1889년 사이에 통과되었는데 이러한 법안들이 노사관계, 특히 노동운동에 미치는 영향이 주요했다(Manow, 2020: 13).[1] 마지막으로 전쟁, 대공황 등 국가와 사회의 거대한 위기 상황에서 복지국가가 발전했다. 미국은 남북전쟁 이후 전쟁 유공자와 유가족을 위한 국가 지원 프로그램의 일환으로 복지국가의 제도적 기반을 마련했다(Skocpol, 1995). 국가의 노동시장에 대한 적극적 개입은 1920년대 후반 대공황 시기를 거치면서 더욱 확대되었다. 미국은 뉴딜 정책을 통해서 국가 주도의 대규모 공공사업으로 빠르게 일자리를 창출했고, 급증하는 실업자를 구제하기 위한 사회복지 프로그램을 확장했다. 유럽의 소규모 개방경제하에서 복지국가가 발전한 사례를 볼 수 있듯이 국가는 대외 경제 여건의 불안정성이 가져오는 국내 노동시장에 대한 충격을 흡수하기 위한 방안으로 사회안전망 구축에 힘을 쏟았다 (Katzenstein, 1985).

산업화 과정에서 형성된 자본주의 생산시스템은 20세기 초반 이후 대량생산체제를 특징으로 하는 포디즘Fordism으로 발전했다. 포디즘은 정형화된 작업을 바탕으로 제조업 부문의 생산성 향상을 가져왔고, 이는 노동자들의 임금 인상과 일자리 확대로 귀결되었다. 포디즘에 기반한 생산시스템은 화이트칼라 노동자와 블루칼라 노동자 모두에게 양질의 일자리를 제공했고 이들이 경제적 중산층으로 진입할 수 있는 기회로 작동했다. 흥미롭게도 산업혁명 시기와 비교해서 포디즘이 가져온 기계화·자동화에 대한 노동자들의 반대와 저항은 강하지 않았다. 오히려 이들은 기계화와 자동화가 가져오는 생산성 증가와 경제 발전에 따른 임금인상 및 생활수준 향상을 기대하며 포디즘으로 대표되는 새

1 비스마르크 모델은 노동시장에 참여하는 노동자들의 신분과 지위를 중심으로 노동자와 고용주의 비용 분담을 통해서 재원을 마련한다는 측면에서 완전한 탈상품화(de-commodification)라고 보기는 어렵다(Esping-Andersen, 1990).

로운 자본주의 생산시스템의 도입을 환영했다. 산업화 시기를 거치면서 등장한 노동조합은 노동자들에 대한 경제적 보상과 노동환경 개선에 기여했고, 19세기 후반 이후 노동자들의 사회안전망으로 등장한 복지국가는 실업에 대한 공포와 우려를 상당히 불식시켰다. 이러한 포디즘과 제조업의 발전은 중산층을 더욱 두텁게 했고 제2차 세계대전 이후 1970년대 중반까지 지속된 세계자본주의 황금기를 이끌었다(Frey, 2019).

3. 세계자본주의 황금기의 국가와 노동

제2차 세계대전 이후 미국이 주도하는 브레턴우즈 체제Bretton Woods System 중심의 새로운 국제경제질서가 수립되었고, 세계 금융, 무역, 투자는 상당한 속도와 규모로 증가했다. 서구 유럽과 일본은 전후 복구와 경제부흥에 성공했고, 상당수의 개발도상국들은 경제발전과 산업화를 적극적으로 추진했다. 1945년부터 1973년 제1차 오일쇼크 직전까지로 대표되는 세계자본주의 황금기는 국가와 노동의 관계가 발전하는 데 중요한 영향을 가져왔다. 산업화 시기 대규모 공장 노동자들에 대한 사회적 안전망과 정치적 포섭의 도구로 활용된 복지국가는 이 시기를 지나면서 더욱 확대되었다. 특히 서구 선진 산업국가의 노동자들은 포디즘으로 대표되는 생산성 혁명을 통해 현역에 종사하는 기간에는 안정적인 중산층의 삶을 영위할 수 있었고, 은퇴 이후에도 복지국가가 제공하는 충분한 사회복지 혜택을 누릴 수 있었다.

전후 경제발전의 후발 주자로 등장한 아시아와 중남미의 개발도상국들은 서구 선진 산업국가의 발전경로와는 다른 압축적 산업화와 경제성장을 경험했다. 후발 주자 중에서 산업화의 시기가 빨랐던 중남미의 개발도상국들은 1920년대 후반 대공황 시기를 지나면서 수입품을 국내에서 생산하는 재화로 대체하는 것을 목표로 수입대체 산업화 전략import substitution industrialization을 선택했다. 그러나 중남미의 경제적 상황은 전후에도 크게 나아지지 않았고 이 지역을 중심으로 자본주의 생산시스템의 구조적 문제점을 지적하는 논의들이 제기되었다. 대표적으로 세계자본주의 구조하에서는 선진 산업국가들로 구성된 중심부core가 제3세계 국가들이 속해 있는 주변부periphery를 경제적으로 착취한다는 종속이론dependency theory을 들 수 있다(Cardoso and Faletto, 1979). 반면 강력한 국가 주도의 경제성장 전략을 선택한 동아시아 발전주의 국가developmental state 모델은 수출 중심의 경제성장과 산업화 전략을 통해서 세계자본주의 황금기를 효과적으로 활용했다.[2] 중남미와 아시아의 비교는 국가가 선택한 산업화와 경제성장 전략의 차이가 가져오는 발전경로의 다양성을 보여준다.

경제발전 과정에서 아시아와 중남미의 개발도상국들은 민주적 자본주의democratic capitalism로 대표되는 서구 선진 산업국가와 구별되는 국가와 노동의 관계를 설정하게 되었다. 상당수의 아시아와 중남미의 개발도상국들은 권위주의 정부 시기에 경제성장과 산업화를 추진했다. 중남미의 권위주의 정부는 국가 조합주의state corporatism 방식으로 노동을 포섭하고 통제하고자 노력했다(Schneider, 2004). 동아시아의 발전주의 국가에서는 국가와 자본은 경제성장을 위한 전략적 동맹을 형성했지만, 노동은 저임금과 안정적인 노사관계를 유지하기 위한 억압과 통제의 대상으로 인식되었다(Woo-Cumings, 1999). 이들이 산업화 시기에 경험한 국가와 노동의 긴장과 갈등 관계는 1970년대 이후 민주화를 거치면서 새로운 노동시장의 제도와 규칙을 결정하는 과정에서 중요한 제도적 유산으로 작동했다(Caraway et al., 2015).

국가와 노동의 관계는 자본주의 발전경로와 국내외 정치·경제·사회적 상황에 따라서 차이가 있었다. 그러나 지속적인 경제성장에 기반한 실질임금 상승과 낮은 실업률은 제2차 세계대전 이후 세계자본주의의 황금기를 설명하는 주요

2 동아시아 발전주의 국가 모델은 일본의 경제성장을 설명한 존슨(Johnson, 1982)의 연구에서 시작되었고, 이후 동아시아 후발 국가들의 산업화와 경제발전을 분석하는 연구에도 적용되었다.

특징이었다(Eichengreen, 2018). 세계자본주의 황금기는 1970년대 중반 브레턴 우즈 체제의 붕괴, 제1차 오일쇼크 등의 국제정치경제적 변화와 함께 막을 내리게 되었다. 특히 제1차 오일쇼크는 서구 선진 산업국의 경제가 저성장으로 접어드는 전환점으로 작동했다. 오일쇼크로 대표되는 위기 상황에서도 국가들의 대응경로에는 차이가 있었다. 영국과 미국으로 대표되는 자유방임형 시장경제 모델의 국가들은 낮은 경제성장률과 높은 실업률을 경험했지만, 조합주의corporatism 전통을 가진 유럽의 국가들은 상대적으로 낮은 실업률을 기록했다. 상이한 경로를 분석하는 과정에서 주목해야 할 부분은 조합주의 전통을 가진 유럽의 국가들은 국가-자본-노동이 조정과 협상을 통해서 경제적 위기 상황을 극복할 수 있는 사회적 연대와 협약을 맺었다는 점이다(Schmitter, 1974; Schmitter and Lehmbruch, 1979). 특히 북유럽 국가 중심의 민주적 조합주의democratic corporatism 모델에서는 강력한 노동이 자본주의 발전에 부정적인 영향을 미치는 것이 아니라 노동 내부를 규율하고 통제하며 노동의 대표자로서 국가, 자본과 함께 국가적 위기를 극복하는 과정에서 적극적으로 참여했다는 점이다. 이는 자본주의 생산시스템이 발전하는 과정에서 자본과 노동이 반드시 적대적 관계를 맺는 것은 아니라는 사실을 보여준다.

4. 세계화와 자본주의 다양성

세계 금융, 무역, 투자를 통한 국가들의 경제적 상호의존성이 심화하는 과정을 세계화라고 한다면, 19세기 초반부터 20세기 초반 제1차 세계대전이 발발하기 직전인 팍스 브리타니카Pax Britannica 시기를 제1차 세계화로 부를 수 있다. 영국이 지배하는 해양 질서와 금본위제gold standard system는 세계 경제질서를 안정적으로 유지시켰고, 이전 시기와 비교해서 재화와 사람의 이동은 빠른 속도로 증가했다. 그러나 두 번의 세계대전을 경험하면서 국제정치경제의 주도권은 영국에서 미국으로 이동했다. 미국 주도의 브레턴우즈 체제는 전후 금융, 무역, 투자 질서를 형성하며 경제적 자유주의economic liberalism 기반을 구축하고 세계자본주의 확장에 기여했다(Frieden, 2006). 특히 1970년대 이후 정보통신 기술Information and Communication Technology: ICT이 급격하게 발전하고 세계경제가 더욱 긴밀하게 연결되면서 세계화 또는 제2차 세계화로 접어들었다. 정보통신 분야의 기술혁명은 자본이 국가의 경계를 넘어 자유롭게 이동하고 생산 활동에 참여할 수 있는 기회를 제공했다. 반면 여전히 노동은 국가의 경계 내에서 제한적으로 활동했고, 국경을 넘어 이동할 수 있는 자본과 비교해서는 높은 협상력을 가지기 어려웠다.

전후 경제적 자유주의에 기반한 안정적인 국제경제질서가 운영되면서 다국적 기업들은 해외직접투자를 빠르게 확대했다. 노동시장과 인적자본을 중심으로 살펴본다면 두 가지 유형의 해외직접투자를 살펴볼 수 있다. 첫째, 다국적 기업들이 생산비용을 절감하기 위한 목적으로 개발도상국과 저개발국으로 생산기지를 이전하는 전략이다. 다국적 기업들은 생산비용을 줄이기 위한 제도와 환경을 해외직접투자에서 주요하게 고려하는데, 상당수의 개발도상국과 저개발국은 대규모 투자를 약속받기 위해서 저임금, 노동보호 완화, 환경규제 철폐, 감세 등 '바닥으로의 경쟁race to the bottom'에 참여하게 된다. 이러한 논의는 세계화 시대에 증가하고 있는 다국적 기업들의 해외직접투자가 산업화와 경제발전을 통해서 현지 노동자들의 생활수준과 노동환경을 개선하기보다는 근로조건을 악화시키는 결과를 가져올 수도 있다는 비관적인 전망을 제시한다. 물론 다국적 기업들의 해외직접투자가 노동환경 악화, 사회복지 지출 축소, 환경오염 확산 등으로 항상 귀결되는 것은 아니다. 다국적 기업들의 투자를 받는 국가의 정부 당파성이 중요하게 작동하여 좌파 정부의 경우에는 해외직접투자 증가에도 불구하고 노동자 보호, 안전 및 복지 혜택을 중요하게 고려하고(Garret, 1998), 기업들 역시 자발적인 환경규제를 수용하여 높은 수준의 환경기준을 유지하고 있다는 논의도 있다(Prakash and Potoski, 2006).

둘째, 정보통신 기술, 반도체, 생명공학 등 첨단기술산업 분야에서 우수한 인적자원을 안정적으로 확보하기 위해서 다국적 기업들은 서구 선진 산업국가, 특히 미국으로 해외직접투자를 빠르게 확대했다. 특히 첨단기술 분야의 우수한 인재들이 많이 배출되고 이들이 모여서 활동하는 실리콘 밸리, 보스턴 등과 같은 군집지역cluster을 중심으로 다국적 기업들의 투자와 활동이 늘어나고 있다(Iversen and Soskice, 2019). 해외직접투자를 유치하기 위한 목적은 아니겠지만 투자 대상 국가는 국내의 최첨단산업을 육성하기 위해서 재원을 투자하고 사회경제적 인프라를 구축하는 데 적극적으로 개입하고 있다. 다국적 기업들은 충분한 사회경제적 기반시설을 활용하고 우수한 인력을 안정적으로 확보하기 위해서 첨단기술산업 분야의 해외직접투자를 늘리고 있는데, 선진 산업국가에서 다른 선진 산업국가로 투자하는 것이 일반적인 유형이다. 국가는 교육 및 훈련을 통한 인적자본 투자와 사회경제적 기반시설 확충을 통해서 노동시장에 영향을 미치고 있다.

앞에서 언급한 두 가지 유형의 해외직접투자에는 다음과 같은 공통점이 있다. 다국적 기업의 해외투자 자본은 이해관계에 따라서 국경의 경계를 넘어 쉽게 이동할 수 있지만, 노동 특히 제조업 분야의 생산 활동에 참여하는 노동자들은 그 경계를 넘는 것이 쉽지 않다. 그리고 '바닥으로의 경쟁' 구도에서 국가는 저임금, 노동시장 유연화, 노동보호 완화 등의 정책을 통해서 다국적 기업들의 투자를 유치하고자 노력했다면, 첨단기술산업 분야에 있어서는 고학력과 숙련 기술을 가진 우수한 인적자원을 확보하여 다국적 기업들에게 투자 요인을 제공했다. 이는 세계화 시대 다국적 기업들의 해외직접투자 결정에 있어서 노동시장과 인적자본이 중요하게 작동하고 있다는 점을 보여준다.

세계화는 자본에게는 비용 절감과 생산성 향상의 기회를 제공했지만, 대다수 노동자들은 생존의 문제에 직면했다. 미국 제조업의 전성기를 누렸던 러스트 벨트rust belt 지역에서는 기업들이 경쟁력 약화로 도산하거나 생산시설을 해외로 이전하면서 생산공장을 폐쇄하는 사례가 계속 늘어났다. 이러한 국내외 경제 여건의 변화 속에서 세계화가 노동자들의 일자리를 심각하게 위협한다는 우려와 반발을 불러일으켰고, 이는 미국을 비롯한 서구 유럽에서 우파 포퓰리즘populism과 결합하여 반세계화anti-globalization와 반이민anti-immigration이라는 정치사회적 현상으로 나타났다(Boix, 2019).

세계화로 대표되는 국제정치경제의 변화 속에서 자본주의 다양성에 대한 논의가 최근 다시 시작되었다. 독일과 일본의 전후 고도 경제성장은 독일식 자본주의 모델과 동아시아 발전주의 국가 모델이 자유방임적 시장주의에 기반한 영미식 자본주의 모델의 한계를 극복할 수 있는 새로운 자본주의 대안으로 평가받게 했다. 그러나 1990년대 초반 이후 독일 통일, 일본 거품경제 붕괴, 1997년 동아시아 금융위기 등을 지나면서 독일식 자본주의와 동아시아 발전주의 국가 모델에 대한 적실성에 의문이 제기되었다. 반면 1980년대 초반 이후 신자유주의의 전 세계적 확산과 함께 시장원칙market principles과 경제적 효율성을 강조한 영미식 자본주의 성과가 주목을 받으면서 자본주의 생산시스템은 영미식 자본주의 모델로 수렴될 것이라는 예측이 힘을 얻게 되었다.

하지만 자본주의 수렴론을 적극적으로 반박하며 세계화 시대에도 자본주의 작동 원리는 국내 자본주의의 제도적 특징을 반영하여 '자본주의 다양성varieties of capitalism'을 유지한다는 주장이 나타났다. 다양한 유형의 자본주의에 대한 분석은 독일식 자본주의와 영미식 자본주의 발전경로에 대한 비교연구를 중심으로 이미 진행되었다(Albert, 1993). 이전의 논의와 달리 '자본주의 다양성'은 기업firm을 자본주의 생산시스템에서 가장 중요한 행위자로 규정하고, 기업의 생산 활동에 핵심적인 기업지배구조, 금융시스템, 기업 관계, 산업 관계, 교육 및 훈련으로 구성된 다섯 개의 제도적 축이 상호의존적으로 연결되어 있는 제도적 상보성institutional complementarities을 가지고 있다는 점을 강조한다(Hall and Soskice, 2001). '자본주의 다양성' 논의에서는 자본주의 경제체제는 영국과 미국식 자본주의 유형인 자유시장경제liberal marekt economies: LMEs와 유럽과 일본식 자본주의 유형인 조정시장경제coordinated market economies: CMEs 두 유형으로 구분되는데, 어느 하나의 시스템이 우수한 것이 아니라 각각의 방식에 적합한 상호보완적 자본주의 제도의 운영을 통해서 경제적 효율성을 가져올 수 있다고 주장한다. 자유시장경제 시스템에서는 시장원리에 따른 경쟁과 노동자 개인의 인적자본 투자를 강조한다면, 조정시장경제 시스템에서는 자본과 노동이 항상 적대적인 관계가 아니라 장기적인 협력관계를 바탕으로 인적자본 형성에 공동으로 투자하고 그 이익을 함께 공유할 수 있는 공동의 자산을 형성한다고 평가한다.

'권력자원이론power resources theory'에 따르면 노동자의 이익을 정책 결정 과정에 충분히 반영하기 위해서는 조직화된 노동의 힘과 이를 바탕으로 하는 노동자 정당의 역할이 중요하다(Korpi, 2006). 그러나 '자본주의 다양성'에서는 자본과 노동의 이익이 항상 충돌하거나 적대적 관계를 맺는 것이 아니라, 생산방식에 따라서 상호 이익이 되는 협력 방안을 구축할 수 있다고 본다. 하지만 자본과 노동의 자율적인 조정과 조율에는 분명 한계가 존재하기 때문에 국가는 법과 제도를 통해서 자본주의 생산시스템이 안정적이고 원활하게 유지될 수 있도록 개입하는 역할이 필요하다. 최근 조정시장경제로 구분되는 유럽의 국가들과 일본 사례에서 확인할 수 있듯이 자유화liberalization와 탈규제deregulation로 대표되는 노동시장의 변화 역시 하나의 단일한 경로로 진행하는 것이 아니라 이러한 과정에서 국가가 개입할 수 있는 능력과 범위에 따라서 사회적 연대 또는 이중 구조의 공고화로 이행하는 차이가 있다(Thelen, 2014).

5. 탈산업화와 자동화 시대의 국가와 노동

20세기 초반 생산성 향상과 전후 세계자본주의 황금기를 가져왔던 포디즘 중심의 대량생산 시스템은 점차 쇠퇴했고, 반면 서비스 경제로 대표되는 탈산업화deindustrialization로의 전환은 산업구조와 생산시스템에 커다란 변화를 가

표 5-1 전체 고용에서 서비스업 비중(%)

	1991년	2019년
프랑스	66	77
독일	59	72
일본	59	72
한국	49	70
영국	67	81
미국	72	79
OECD 회원국 평균	61	73
전 세계 평균	34	51

자료: World Bank, "Employment in Services(% of Total Employment)(modeled ILO Estimate)"(검색일: 2022.6.20).

져왔다. **표 5-1**에서 볼 수 있듯이 독일, 일본, 한국 등과 같이 제조업 비중이 상대적으로 높은 국가가 일부 존재하지만, 이미 대다수의 서구 선진 산업국가는 서비스 중심 경제로 이동했다. 생산성이 높은 제조업의 성장은 양질의 일자리 창출을 가져왔기 때문에 저숙련·저학력 블루칼라 노동자들도 안정적인 중산층 생활을 누릴 수 있었다. 그러나 제조업 쇠퇴와 서비스 경제로의 전환은 성장과 일자리의 선순환 구조를 빠르게 해체했다. 탈산업화 시기 새로운 일자리 창출은 서비스업에 집중되었는데, 일부 고학력·고임금의 전문직 일자리를 제외하면 저숙련과 저임금으로 대표되는 낮은 수준의 일자리가 대부분이었다. 제조업과 달리 서비스 중심 경제에서는 중간층 일자리는 사라지거나 거의 창출되지 않으면서 일자리의 양극화가 더욱 가속화했다(Wren, 2013). 새로운 산업구조하에서는 경제의 중심은 재화에서 서비스로 이동하고 관리직과 전문직이 부상하며 농업과 제조업 고용이 쇠퇴하며 선진경제에서의 정보노동이 증가하는데, 그 결과 중산층은 점차 사라지고 상층과 하층이 증가하는 경제적 양극화의 사회구조가 공고화되었다(카스텔, 2003: 279~283).

제조업과 비교해서 생산성이 낮은 서비스 중심 산업구조로의 전환은 노동시장에서 트라일레마trilemma 상황을 가져왔다. 제조업 중심 경제는 생산성 증가, 양질의 일자리 창출, 생활수준 향상으로 연결되는 노동시장의 선순환 구조를 형성했다. 그러나 서비스 중심 경제에서 국가는 재정 안정, 고용 성장, 소득 평등 세 가지 정책목표 중에서 두 가지만 달성할 수 있는 트라일레마에 직면하게 된다. 스칸디나비아 국가들은 국가의 재정 투입을 통한 공공 부문의 사회서비스 일자리 증가와 소득 평등, 유럽 대륙에 위치한 국가들은 재정 안정과 소득 평등, 영미권의 국가들은 재정 안정과 민간 부문의 일자리 확대를 선택했다(Iversen and Wren, 1998). 탈산업화 시대의 노동시장 역시 하나의 모델로 수렴하는 것이 아니라 자본주의 생산시스템과 사회복지정책의 발전경로에 의해서 다양한 모습을 띤다는 점에서 '자본주의 다양성' 논의와 연결된다고 볼 수 있다.

서비스 경제로의 전환과 직접적으로 연결되는 부분은 아니지만, 새로운 기술혁명을 통한 자동화와 기계화가 사람의 일자리를 빠르게 대체하며 노동시장에 변화를 가져오고 있다는 점은 상당히 우려스러운 상황이다. 앞에서 언급했듯이 포디즘으로 대표되는 대량생산 시스템 아래에서는 저숙련·저학력 블루칼라 노동자들 역시 중산층으로 진입할 수 있는 양질의 제조업 일자리가 많았다. 그러나 자동화와 기계화가 이들이 종사하던 정형화된 일자리를 사라지게 만들면서 높은 실업의 위험을 가져왔다. 새로운 기술혁명으로 인한 노동시장의 일자리에 대한 위협은 산업혁명 이후 계속해서 논의되어 왔지만, 이번은 이전과 다르다는 비관론이 조금 더 지배적인 듯하다.[3]

산업화 과정에서 국가는 사회안전망으로 복지국가를 빠르게 확대했다. 국가별로 차이는 있었지만 제조업에 종사하는 전일제 정규직 남성 근로자를 기본 모델로 하여 일자리와 연동되는 사회보험의 형태로 시작했다. 그러나 산업구조와 생산시스템이 서비스 산업 중심으로 전환되고 비정형화된 다양한 방식

3 새로운 기술 변화로 인한 실업을 '기술적 실업'이라고 하는데, 케인스가 이를 잘 설명한다(Keynes, 2010).

의 고용계약과 노동환경이 나타나면서 기존의 복지국가에 제도적 균열이 생기기 시작했다. 자동화와 기계화로 영향을 받은 정형화된 일자리의 감소는 노동시장과 연동되는 사회보험 방식의 사회안전망의 문제점과 한계를 나타냈다. 또한 서비스 중심 경제로 구조적 전환이 일어나면서 여성의 노동시장 참여가 증가했고, 그동안 여성들이 가정에서 담당하던 돌봄의 역할을 대신할 사회서비스 제공의 필요성이 대두되었다.

세계화가 진행되면서 자본의 힘이 증가하고 국가의 영향력은 감소한다는 전망도 있지만, 산업구조와 생산시스템 전환의 시기에 국가의 역할은 다시 조명받고 있다. 국가는 새로운 변화를 국내 시스템에 반영하는 주요 행위자이고 자본과 노동 간의 조정과 합의를 안정적으로 유지할 수 있는 법과 제도적 기반을 제공한다. 코로나19 팬데믹 시기를 경험하면서 국가가 위기 상황에서 담당해야 하는 주요 역할과 범위에 대한 논의가 활발하게 진행되고 있다.

6. 코로나19 팬데믹 대전환 시기의 국가와 노동

2020년 초반 이후 전 세계를 강타한 코로나19 팬데믹은 대전환의 시기를 가져왔다. 1970년대 이후 정보통신 기술의 발전으로 긴밀하게 연계된 세계 금융, 무역, 투자 활동은 팬데믹 상황에서 불안정성을 그대로 노출했다. 세계의 생산공장으로 불리던 중국의 봉쇄는 글로벌 공급망의 위기를 심화시켰고, 바이러스의 확산과 감염을 억제하기 위한 방역정책은 사람과 물자의 이동을 강력하게 제한했다. 특히 코로나19 팬데믹이 가져온 노동시장에 대한 충격은 다른 어느 분야와 비교해서도 심각했다. 국제 공중보건 위기에 대응하기 위한 경제적 봉쇄는 재화와 서비스의 생산과 공급에 엄청난 지장을 초래했다. 팬데믹으로 인한 경기침체는 재화와 서비스의 수요를 감소시켰고, 지역과 국경을 넘는 사람의 이동이 제한되면서 산업현장에서는 생산인력을 안정적으로 확보할 수 없었다. 대면 서비스업 분야에서는 봉쇄의 직접적인 파급 효과로 노동자들은 노동시간 단축, 임금 감소, 실업 등의 위험에 직면했다.

기업의 업무 형태 역시 상당한 변화를 경험했는데, 재택근무, 원격근무 등 비대면 근무 방식으로 전염병 감염의 위험은 낮추면서도 업무의 효율성을 유지하고자 했다. 하지만 모든 기업과 노동자가 이러한 근무 형태를 선택할 수 있었던 것은 아니다. 비대면 근무를 수행하기 어려운 생산현장에 종사하는 노동자들과 교통, 보건, 안전 등의 사회적 필수 서비스를 제공하는 노동자들은 대면 업무의 높은 감염 위험에도 불구하고 기존의 근무 방식을 지속할 수밖에 없었다. 또한 종사상 지위, 산업, 성별에 따른 노동시장 충격의 차이는 상이했는데, 저임금의 불안정한 일자리에 종사하고 있는 단시간, 임시직, 계약직 노동자들의 경우 고용, 근로조건, 임금에 있어서 코로나19 팬데믹의 영향을 더욱 심각하게 받았다. 반면 고학력·고임금의 전문직 종사자들은 재택근무, 원격근무 등의 방식으로 팬데믹 이전의 임금과 노동환경을 유지할 수 있었다. 그리고 보육시설과 학교가 비대면 방식 또는 아주 제한적으로 운영되면서 여성 노동자들이 감당해야 하는 가정 내 돌봄 부담이 가중되었고, 이들이 일과 가정을 양립하기가 어렵게 되었다. 상당수의 여성 노동자들은 코로나19 팬데믹의 영향을 받은 대면 서비스업에 종사했는데, 이러한 상황에서 여성 노동자들이 남성 노동자들과 비교해서 노동시장을 떠나는 비율이 높았다(OECD, 2020).

코로나19 팬데믹 시기를 지나면서 종사상 지위, 기업 규모, 성별, 세대로 중첩되는 한국 노동시장의 이중 구조와 불평등은 더욱 공고화되었다. 비정규직 노동자, 중소기업 노동자, 여성, 청년, 고령 노동자들은 노동시장에서 상당한 경제적 어려움과 불안정성에 노출되었다. 전체 고용의 20.6%(2020년 기준)를 차지하고 있는 자영업자들은 '사회적 거리두기'로 대표되는 방역정책 상황에서 심각한 어려움에 직면했다(e-나라지표, "자영업자 현황"). 한국 자영업자 대다수가 소규모 영세 사업장을 운영하고 도·소매업과 음식·숙박업 등의 대면 서비스업에 종사한다는 사실은 코로나19 팬데믹 상황에서 자영업자들이 처한 어려운 상황을 짐작할 수 있게 한다(성재민, 2020). 팬데믹 시기 동안 전체 자영업자 규모는 감소했지만 고용원이 없는 자영업자 수는 오히려 증가했는데, 이는 상당수의 영세 자영업자들이 인력 감축 방식으로 비용을 절감하면서 위기의 시기에 사업장을 유지했다는 점을 보여준다(통계청, 2021).

1980년대 이후 신자유주의의 전 세계적 확산이 작고 효율적인 정부를 주목하게 했다면, 코로나19 팬데믹의 위기 상황에서는 감염 확산을 억제하기 위해 효과적인 방역정책을 실시하며 백신과 치료제를 신속하게 확보하고 공급할 수 있는 적극적 국가의 역할이 주요했다. 팬데믹 초기에 실시했던 사회적 거리두기, 경제적 봉쇄 등을 효과적으로 지속하기 위해서는 강력한 국가의 역량이 중요했고, 이후 백신접종 상황에서도 국가가 제공하는 안정적인 공중보건 인프라가 강조되었다. 특히 발전주의 국가로 대표되는 국가의 능력과 조정 기능이 강조되어 온 한국적 맥락에서는 현재의 위기 상황에 대처하기 위한 강력하고 적극적인 국가에 대한 논의가 더욱 활발하다(강원택, 2020; 장덕진, 2020).

코로나19 팬데믹을 지나면서 자본주의 생산시스템과 노동시장에 중요한 변화가 함께 나타나고 있다. 사회적 거리두기, 경제적 봉쇄 등의 조치로 비대면화와 자동화가 확대되면서 기존의 대면 업무는 감소하고 이를 대체하는 비대면 일자리가 빠르게 증가했다. 물론 이러한 변화는 코로나19 팬데믹 이전부터 이미 시작된 구조적 전환의 흐름이다. 인공지능AI, 빅데이터big data, 로봇 등의 기술혁명으로 대표되는 4차 산업혁명은 생산성을 향상하고 새로운 일자리를 창출하고 있다. 하지만 이러한 새로운 기술들은 이전과는 다른 속도와 범위로 인간이 담당했던 일상적인 업무를 기계로 대체하고 있다. 기술혁명과 일자리의 관계에 있어서 잘 알려진 논의로 프레이와 오스본은 향후 20년 동안 미국 노동시장에서 자동화 작업으로 대체될 수 있는 고위험 일자리가 전체의 약 47%에 달한다고 예측한다(Frey and Osborne, 2013: 38). 이들의 분석 모델을 한국 노동시장에 적용한 연구가 제시하는 전망은 더욱 비관적인데, 한국에서는 전체 일자리의 약 55~57%가 대체 확률 0.7% 이상의 고위험군에 속한다고 평가한다(김세움, 2015: 42~43). 이러한 이론적 예측이 실제 노동시장에서 발생하고 있는 상황을 얼마나 정확하게 반영하고 있는지 판단하기 위해서는 추가적인 연구가 필요하다. 그러나 현재 진행되고 있는 자동화와 기계화는 산업화 시기에 경험한 기술발전을 통한 생산성 향상과 양질의 일자리 창출이라는 선순환 구조의 낙관론보다는 인간의 일자리가 빠르게 사라지고 있다는 비관론에 조금 더 가까운 듯 하다(Boix, 2019: 178). 코로나19 팬데믹 상황에서 정보통신기술의 발전이 가져온 디지털화는 비대면 업무의 확대와 비전형 일자리의 증가를 가져왔지만, 상당수의 일자리는 저임금인 데다가 불안정한 업무로 노동자와 소규모 사업자의 고용과 소득 불안정성을 높이는 기제로 작동했다. 그리고 이러한 노동시장의 변화는 전형적인 고용관계에 기반한 복지국가의 문제점을 가져왔는데, 고용과 연결된 사회보험제도는 비전형적인 고용관계에 속한 노동자들을 보호하기 어려웠고, 사회안전망의 사각지대에 위치한 노동자들의 규모는 빠르게 증가했다.

첨단기술은 높은 생산성과 효율성에도 불구하고 양질의 일자리 창출로 직결되지는 않는다. 오히려 '고용 없는 성장'이 일상적인 모습이다. 그리고 경제의 디지털화는 플랫폼 경제platform economy를 빠르게 확장시키면서 전통적인 고용계약과 노동조건으로 규정할 수 없는 새로운 방식의 노동을 가져왔다.[4] 플랫폼을 통해서 새로운 방식의 노동을 제공하는 사람들을 노동자로 규정할 수 있는지 여부, 이들에 대한 사회보장제도의 적용 확대 등에 대한 논의는 여전히 현재진행형이다. 또한 플랫폼 경제가 전형적인 전일제 정규직 고용관계를 벗어나는 다양한 형태의 비전형 고용을 창출하면서, 일자리의 질이 낮아진

4 플랫폼 노동은 클라우드 형태의 고용 방식과 앱 노동 두 가지 형태로 크게 구분할 수 있다. 클라우드 형태의 고용은 아마존 미캐니컬 터크(Amazon Mechanical Turk) 사례를 통해서 잘 알려져 있듯이 고용계약과 노동이 국가의 경계를 넘어서 원자적인 관계로 형성되고 유지되는 모습이다. 주문형 앱 노동의 경우 우버 등과 같이 정보통신 기술의 발전과 함께 기존의 산업들이 새로운 방식으로 유지되고 수행되는 방식을 의미한다(김교성 외, 2018: 28~36).

다는 전망도 있다(김교성 외, 2018: 77; 장지연 외, 2017).

새로운 기술혁명이 숙련 일자리를 감소시키고 단기의 독립적인 계약노동자, 비정규직 노동을 광범위하게 활용하고 있다는 점에서 일자리의 질을 향상하고 사회적 안전망의 사각지대 해소를 위한 국가의 적극적 노력이 필요하다. 급변하고 있는 노동시장 환경에 기존의 노동제도와 규제를 그대로 적용하기에는 한계가 있다. 현재 상황에 대한 면밀한 검토와 논의를 바탕으로 대응 방안을 모색하는 과정에서 국가의 개입과 역할은 중요하다. 특히 국가는 자본주의 생산시스템과 노동시장 전환의 시기에 직업훈련과 인력 재배치를 통해 노동시장에 적극적으로 개입하고, 사회적 안전망을 확대하는 방안 등을 심각하게 고민해야 한다(장지연 외, 2017).

대다수의 국가들은 코로나19 팬데믹 위기 상황에 적극적으로 대응했다. 국가가 제공하는 재정지원금을 통해서 기업들은 고용을 유지할 수 있었고, 노동자들은 실업급여 및 실업부조 등을 통해서 경제적 위기 상황에서 사회안전망을 확보했다. 자유주의 전통이 강하고 시장과 사회에 대한 국가의 개입을 최소화해 온 미국에서도 코로나19 팬데믹 시기에는 국가의 적극적 역할이 강조되었다. 팬데믹으로 인한 경기침체 상황에서 실업급여를 인상하고 긴급재난지원금을 지급하여 국민들에게 최소한의 사회적 안전망을 제공하고자 했다(김준헌, 2020). 흥미로운 사실은 북유럽 복지국가의 경우 코로나19 팬데믹 시기에 국가가 적극적으로 개입하지 않았다는 점이다. 이들 국가는 상당히 높은 수준의 공공 부문 고용 비율을 기록하고 있고 사회안전망이 이미 잘 정비되어 있었기 때문에 위기의 시기에 국가가 시장과 사회에 개입할 필요가 높지 않았다고 할 수 있다(윤홍식, 2021: 103).

7. 결론: 위기, 대전환, 새로운 국가의 역할

20세기 후반 이후 노동시장의 불평등과 양극화가 심화하고 있는데, 코로나19 팬데믹을 거치면서 이러한 경향은 더욱 공고화되고 있다. 4차 산업혁명으로 대표되는 기술혁명은 디지털화와 자동화를 통한 산업구조와 생산시스템의 전환을 가져왔고, 코로나19 팬데믹을 지나면서 변화의 속도는 더욱 빨라지고 있다. 노동시장에도 중요한 파급 효과가 나타나고 있는데, 기존의 정형화된 일자리가 사라지고 인간의 일자리가 기계로 대체되면서 새로운 기술을 습득하여 일자리를 구하기 어려워진 노동자들은 경제적으로 더욱 어려운 상황에 내몰리게 되었다. 기술혁명으로 창출되는 다수의 일자리는 두터운 중산층을 형성했던 제조업 분야의 생산성이 높은 양질의 안정적 일자리가 아니라 비전형적인 고용을 통한 낮은 소득과 불안정한 일자리로 채워지고 있다. 국내 노동시장에서 체결되고 제공되던 고용계약과 노동조건은 국가의 경계를 넘어서 적용되고 있고, 다양한 형태의 고용계약과 노동은 노동자의 정체성을 더욱 모호하게 만들고 있다. 개인, 사회, 국가가 직면했던 위기 상황에서 사회적 안전망으로 작동했던 복지국가 역시 최근 노동시장이 변화하면서 발생하고 있는 문제에는 적절하게 대응하지 못하고 있는 것이 현실이다.

그렇다면 이러한 전환의 시기에 국가는 노동에 있어서 어떤 역할을 담당해야 할 것인가? 우선 기술혁명으로 나타나고 있는 노동시장의 변화에 노동자들이 빠르게 적응할 수 있도록 교육과 훈련 시스템 정비를 통한 인적자본 투자를 고민할 수 있을 것이다. 케인스의 '기술적 실업'이라는 용어에서 알 수 있듯이 새로운 기술의 도입과 발전은 노동시장에 실업을 가져올 가능성이 높다. 인적자본 투자를 통해서 실업의 가능성 또는 실업 기간을 최대한 줄여나가는 방식이 하나의 해결책으로 작동할 수 있을 것이다. 그리고 산업화 시기에 형성된 노동시장과 복지제도가 현재 변화하고 있는 자본주의 생산시스템과 조응하지 못하는 상황에서, 부분적 또는 전체적인 수정 및 보완을 통해서 사각지대에 위치한 노동자들을 최소화하기 위한 국가의 적극적 역할이 필요하다. 산업화 시기와 달리 세계화와 탈산업화 시대 특히 최근 가속화하고 있는 디지털화와 기계화는 자본주의 생산시스템 내에서 노동의 역할에 대한 근본적인 의문을 제기한다. 이러한 상황에서 국가는 새로운 기술발전으로 나타나고 있는 일자리의 감소 또는 일자리 질의 저하를 대처하기 위해서 새로운 정책적 대안과 역할을 고민해야 하는 시점이다.

강원택. 2020. 「포스트 코로나 시대의 정치」. 송호근 외 지음. 『코로나 ing: 우리는 어떤 뉴딜이 필요한가?』. 나남출판. 309~337쪽.

김교성·백승호·서정희·이승윤. 2018. 『기본소득이 온다: 분배에 대한 새로운 상상』. 사회평론아카데미.

김세움. 2015. 『기술진보에 따른 노동시장 변화와 대응』. 한국노동연구원.

김준헌. 2020. 「재난지원금 지급 현황과 경제적 효과 및 향후 과제」. ≪NARS 현안분석≫, 제182호, 1~17쪽.

서스킨드, 대니얼. 2020. 『노동의 시대는 끝났다: 기술 빅뱅이 뒤바꿀 일의 표준과 기회』. 김정아 옮김. 와이즈베리.

성재민. 2020. 「코로나 극복이 불평등 심화로 귀결되지 않으려면?」. ≪노동리뷰≫, 제184호, 34~47쪽.

윤홍식. 2021. 「코로나19 팬데믹과 복지국가: 북유럽 복지국가는 왜 지원에 인색했을까?」. ≪사회과학연구≫, 제28권 2호, 91~119쪽.

이승윤·백승호·김윤영. 2017. 『한국의 불안정 노동자』. 후마니타스.

장덕진. 2020. 「과학기반 복지국가로 나아가자: 포스트 코로나 시대 한국의 전략」. 송호근 외 지음. 『코로나 ing: 우리는 어떤 뉴딜이 필요한가?』. 나남출판, 273~307쪽.

장지연·김근주·박은정·이승윤·이철승·정슬기. 2017. 『디지털 기술발전에 따른 새로운 일자리 유형과 정책적 대응』. 한국노동연구원.

카스텔, 마누엘. 2003. 『네크워크 사회의 도래』. 박행웅·오은주·김묵한 옮김. 한울엠플러스.

통계청. 2021. 「2020년 12월 및 연간 고용동향」 보도자료.

e-나라지표. "자영업자 현황". https://www.index.go.kr/potal/main/EachDtlPageDetail.do?idx_cd=2779 (검색일: 2022.6.20).

Albert, Michael. 1993. *Capitalism vs. Capitalism: How America's Obsession with Individual Achievement and Short-Term Profit has Led It to the Brink of Collapse*. New York: Basic Books.

Baldwin, Peter. 1990. *The Politics of Social Solidarity: Class Bases of the European Welfare State, 1875-1975*. New York: Cambridge University Press.

Boix, Carles. 1999. "Setting the Rules of the Game. The Choice of Electoral Systems in Advanced Democracies." *American Political Science Review*, Vol.93, No.3, pp.609~624.

_____. 2019. *Democratic Capitalism at the Crossroads: Technological Change and the Future of Politics*. Princeton: Princeton University Press.

Caraway, Teri, Maria Lorena Cook, and Stephen Crowley(eds.). 2015. *Working through the Past: Labor and Authoritarian Legacies in Comparative Perspective*. Ithaca: Cornell University Press.

Cardoso, Fernando Henrique and Enzo Faletto. 1979. *Dependency and Development in Latin America*. Berkeley: University of California Press.

Eichengreen, Barry. 2018. *The Populist Temptation: Ecnomic Grievance and Political Reaction in the Modern Era*. Oxford: Oxford University Press.

Esping-Andersen, Gøsta. 1990. *The Three Worlds of Welfare Capitalism*. Princeton: Princeton University Press.

Evans, Peter, Dietrich Rueschemeyer, and Theda Skocpol. 1985. *Bringing the State Back-In*. New York: Cambridge University Press.

Frey, C. Benedikt. 2019. *The Technology Trap: Capital, Labor, and Power in the Age of Automation*. Princeton: Princeton University Press.

Frey, C. Benedikt and Michael A. Osborne. 2013. "The Future of Employment: How Susceptible are Jobs to Computerisation?" Oxford Martin School Working Paper.

Frieden, Jeffry A. 2006. *Global Capitalism: Its Fall and Rise in the Twentieth Century*. New York: W.W. Norton & Company.

Garret, Geoffrey. 1998. *Partisan Politics in the Global Economy*. New York: Cambridge University Press.

Hall, Peter A. and David Soskice. 2001. *Varieties of Capitalism*. Oxford: Oxford University Press.

Iversen, Torben and Anne Wren. 1998. "Equality, Employment, and Budgetary Restraint: The Trilemma of the Service Economy." *World Politics*, Vol.50, No.4, pp.507~546.

Iversen, Torben and David Soskice. 2019. *Democracy and Prosperity: Reinventing Capitalism Through a Turbulent Century*. Princeton: Princeton University Press.

Johnson, Charlmers. 1982. *MITI and the Japanese Miracle: The Growth of Industrial Policy, 1925-1975*. Stanford: Stanford University Press.

Katzenstein, Peter. 1985. *Small States in World Markets: Industrial Policy in Europe*. Ithaca: Cornell University Press.

Keynes, John Maynard. 2010. "Economic Possibilities for Our Grandchildren(1930)." *Essays in*

Persuasion. London: Palgrave Macmillan. https://doi.org/10.1007/978-1-349-59072-8_25 (검색일: 2022.8.1).

Korpi, Walter. 2006. "Power Resources and Employer-Centered Approaches in Explanations of Welfare States and Varieties of Capitalism: Protagonists, Consenters, and Antagonists." *World Politics,* Vol.58, No.2, pp.167~206.

Manow, Philip, Bruno Palier, and Hanna Schwander. 2018. *Welfare Democracies & Party Politics: Explaining Electoral Dynamics in Times of Changing Welfare Capitalism*. Oxford: Oxford University Press.

Manow, Philip. 2020. *Social Protection, Capitalist Production: The Bismarckian Welfare State in the German Political Economy, 1880-2015*. Oxford: Oxford University Press.

Mares, Isabela. 2003. *The Politics of Social Risk: Business and Welfare State Development*. New York: Cambridge University Press.

OECD. 2020. *OECD Employment Outlook 2020: Worker Security and the COVID-19 Crisis*. Paris: OECD Publishing.

Prakash, Aseem and Matthew Potoski. 2006. "Racing to the Bottom? Trade, Environmental Governance, and ISO 14001." *American Journal of Political Science,* Vol.50, No.2, pp.350~364.

Schmitter, Philippe C. 1974. "Still the Century of Corporatism?" *The Review of Politics,* Vol.36, No.1, pp.85~131.

Schmitter, Philippe C. and Gerhard Lehmbruch. 1979. *Trends toward Corporatist Intermediation*. London: Sage Publication.

Schneider, Ben Ross. 2004. *Business Politics and the State in 20th Century Latin America*. New York: Cambridge University Press.

Skocpol, Theda. 1995. *Protecting Soldiers and Mothers: The Political Origins of Social Policy in the United States*. Cambridge, MA: Harvard University Press.

Swenson, Peter A. 2002. *Capitalists against Markets: The Making of Labor Markets and Welfare States in the United States and Sweden*. Oxford: Oxford University Press.

Thelen, Kathleen. 2014. *Varieties of Liberalization and the New Politics of Social Solidarity*. New York: Cambridge University Press.

Woo-Cumings, Meredith(ed.). 1999. *The Developmental State*. Ithaca: Cornell University Press.

World Bank. "Employment in Services(% of Total Employment) (modeled ILO Estimate)." https://data.worldbank.org/indicator/SL.SRV.EMPL.ZS (검색일: 2022.6.20).

Wren, Anne(ed.). 2013. *The Political Economy of the Service Transition*. Oxford: Oxford University Press.

제3부

전환기 국가론의 시각에서 본 미국과 중국

제6장 포스트-트럼프 시대 미국 정체성 서사 경쟁

현대 국가론에서 문화적 전환의 맥락에서

_ 차태서

제7장 위기와 거버넌스

중국의 도구화된 이데올로기와 국가

_ 여유경

6 포스트-트럼프 시대 미국 정체성 서사 경쟁*

현대 국가론에서 문화적 전환의 맥락에서

차태서 | 성균관대학교

1. 서론: 내러티브로서의 네이션과 2020년 미국 대선의 의미

2019년 4월, 조 바이든Joe Biden은 대통령선거 출마를 선언했다. 그는 2년 전 버지니아주 샬러츠빌Charlottesville, VA에서 발생한 백인우월주의자들의 충격적인 폭력시위 사태가 자신이 고령임에도 출마를 결심하게 된 계기였다고 설명하면서 1년 후로 다가온 미국 대선이 갖는 의미를 다음과 같이 정의했다.

> 만일 도널드 트럼프(Donald Trump)가 백악관에서 8년을 지낼 수 있게 한다면, 그는 이 나라의 성격—우리가 누구인지—을 영원히, 근본적으로 변화시켜 버릴 것입니다. 나는 그런 일이 일어나는 것을 가만히 두고 볼 수 없습니다. 이 나라의 핵심 가치, 세계에서 우리의 지위, 우리의 민주주의 그 자체, 미국을 만들

* 이 글의 초고는 ≪미국학논집≫ 제54집 1호(2022)에 발표되었음을 밝힌다.

어온 모든 것들이 경각에 달해 있습니다. 그렇기 때문에 오늘 저는 대선 출마를 선언하는 것입니다(Burns, 2019).[1]

이후에도 바이든은 캠페인 기간 내내, 이 대선이 미국의 국가정체성 문제가 걸린 중차대한 역사적 분수령이라는 점을 강조했는데, 특히 2020년 10월 6일 펜실베이니아주 게티즈버그Gettysburg, PA에서 행한 연설이 이 주제를 정면으로 다루었다(Biden, 2020). 일부러 연설 장소를 게티즈버그로 선정해 남북전쟁기와 현재의 유사성을 상기시킨 그는 에이브러햄 링컨Abraham Lincoln이 상징하는 자유주의적 미국 신조American Creed와 통합의 메시지를 부각하고자 했다. 달리 말하면 선거운동의 중심 테마가 트럼프식의 반자유주의적 국가정체성 내러티브에 맞서 시민 민족주의civic nationalism 서사를 복원시키는 데 집중되어 있음을 강조한 것이다. 구체적으로 바이든은 2017년의 샬러츠빌 사태와 당시 전국적으로 확산하던 "흑인의 삶도 소중하다Black Lives Matter: BLM" 항의시위를 대조하면서 전자가 파시즘의 1930년대를 연상케 하는 증오의 행진이자 매우 위험하고 어두운 경향성을 표현한다면, 후자는 흑인 노예가 아메리카에 도달한 이래 400여 년 된 역사의 산물이라고 정의하면서 인종 부정의racial injustice가 미국 사회에 실재하는 현실이라고 주장했다. 이에 덧붙여 바이든은 현재의 역사적 국면은 남북전쟁기와 유사하게 "국가의 영혼을 둘러싼 전투battle for the soul of the nation"가 발생한 시기로서, 백인우월주의자들이 링컨, 해리엇 터브먼Harriet Tubman, 프레드릭 더글러스Frederick Douglass의 미국을 전복하게 놔둘 수는 없기 때문에 "우리의 더 나은 천사our better angels"가 "최악의 욕망our worst impulses"에 맞서 승리하도록, 그래서 더 나은 나라를 만들 수 있도록 최선을 다

1 반면 트럼프 당시 대통령은 샬러츠빌에서 물리적으로 충돌한 백인우월주의 폭동 세력과 반인종차별주의 시위대에 대한 코멘트에서 "양쪽 다 일리가 있다"는 식의 반응을 보여, 상당히 노골적으로 자신의 입장을 드러낸 바 있다(하상응, 2020: 172).

해야 한다고 강조했다.[2]

본 연구는 이와 같은 바이든의 진단을 바탕으로 오늘날 미국의 정치사적 국면을 국가의 정체성을 둘러싼 상이한 내러티브들 간의 투쟁이 본격화된 시기로 규정하면서, 이러한 서사 경쟁의 내용을 보다 긴 미국 정치사상사의 맥락에서 파악해 보고자 한다. 따라서 이 글은 미국 현대 정치의 주된 분석틀로서 '서사 분석narrative analysis'에 의지하고 있는데, 이는 인문사회과학에서 소위 '서사적 전환narrative turn'이 발생한 이후 사회적 현상을 이해하는 방법론적 양식으로서 내러티브 탐구의 필요성을 강조하는 입장을 따르는 것이다. 이러한 서사주의적 입장에 따르면 인간 세계의 존재론은 다양한 사적·공적 서사들의 편재성으로 특징지어지는데, 여기서 내러티브란 그저 단순한 이야기의 수준을 넘어 행위자들의 정체성을 구성하고 그들이 살면서 경험하는 것들에 질서를 부여하며 나아가 행위 자체를 구조화하는 효과를 지닌다(Roberts, 2006: 710). 보다 구체적으로, 서사란 시간적 순서로 나열된 사건들에 질서와 통일성을 부여해 하나의 완결된 이야기를 만들어줌으로써 일정한 의미를 구성하는 작업을

2 바이든 선거 캠페인에 이러한 '링컨적 테마'를 주입한 것은 대중역사학자이자 퓰리처상 수상자인 존 미첨(Jon Meacham)으로 알려져 있다. 특히 2018년도 출판된 베스트셀러 『미국의 영혼: 우리의 더 나은 천사들을 위한 전투』(Meacham, 2018)는 미국사의 주요 격변기마다 공포에 의해 추동된 극단주의, 인종주의, 토착주의, 고립주의의 국면들이 존재한 반면, 그 공포를 극복하고 미국적 신조의 희망에 근거해 미국을 더 나은 국가로 이끈 위대한 지도자들이 존재했다는 거대서사를 제시했는데, 바이든이 이를 읽고 매료되어 미첨을 찾았다고 한다. 이후 바이든의 주요 연설문(출마 선언문, 게티즈버그 연설, 민주당 전당대회 대선후보 지명 수락 연설, 대선 승리 연설, 취임사 등)의 논리 전개에서 미첨이 깊숙이 개입한 흔적을 발견할 수 있다(Voght, 2021). 미첨 본인도 민주당 전당대회 찬조연설을 통해 바이든을 링컨과 프랭클린 루즈벨트(Franklin Roosevelt)의 계승자로 자리매김시키면서 과거 미국이 남북전쟁과 민권운동과 같은 국가적 위기 극복을 통해 부활했듯이 오늘날 우익 포퓰리즘이 초래한 위급 상황도 극복 가능함을 강조한 바 있다(Meacham, 2020). 첨언하여, 선과 악, 빛과 어둠, 희망과 공포의 대결 속에 미국사의 흐름이 전개되었다는 내러티브 구조는 분명히 세속 자유주의적 미국 민족주의보다는 기독교적 세계관의 효과라고 여겨진다. 미첨 자신도 성공회교도일 뿐만 아니라, 그의 서사가 주로 의거하고 있는 링컨과 마틴 루터 킹 주니어(Martin Luther King Jr.) 목사 등도 모두 독실한 개신교도로서 미국사를 해석했다는 점에 주목할 필요가 있다(Voght, 2021).

뜻하며, 이 내러티브를 통해 인간은 자신이 사는 세계를 이해하는 방식을 습득하고 자신이 경험하는 개별적 사건들에 체계적인 의미를 부여할 수 있게 된다(유동원, 2018: 44~47).

특히 내러티브는 대규모의 인간 집단을 형성하고 오랫동안 지속하는 협력을 끌어내는 일에 있어 핵심적인 구성 요소이다. 왜냐하면 어떤 인간 공동체도 단순한 정치적·경제적 보상만으로는 장기 지속이 불가능하며, 집단이 공유하는 정체성과 목표에 대한 전설이나 신화를 만들어냄으로써만 소속원들의 계속적인 충성과 복무를 이끌어낼 수 있기 때문이다. 따라서 인간의 성공적인 정치활동과 공동체 구성 작업은 언제나 물리적 강압이나 물질적 보상을 넘어 설득력 있는 스토리—규범적으로 좋은 것으로 여겨지는 특성들(인종, 종교, 문화, 언어 등)을 가진 공동체로 내집단을 규정하고, 그 구성원들끼리 공유된 정체성과 삶의 의미/목적을 부여할 수 있는 이야기—를 창안하고 재생산하는 능력에 달려 있다(Smith, 2020: 20~25).

바로 이러한 서사의 생산물이자 '상상된 공동체'로서 인간 집단 중 가장 큰 단위 중 하나인 '민족/국가nation'가 존재한다는 것은 이미 민족주의 연구의 구성주의적 입장을 통해 잘 알려진 바 있다(앤더슨, 2018; Bhabha ed., 1990). 네이션은 일종의 '자전적 서사national biographic narrative'를 통해 과거의 경험된 공간과 미래의 상상된 공간에 의미를 부여함으로써 자신의 존재를 구성하는 경향을 보인다. 자전적 서사는 자아를 거대하고 영속적인 시공간 구조에 각인함으로써 세계에서 자신이 어디에 위치하고 있는지를 알려주는 것을 목표로 한다. 이를 통해 자전적 서사는 에고ego에 근본적인 존재 의미를 제공해 줌과 동시에 자신이 어디에서 와서 어디로 갈 수 있는지에 대한 역사적 감각을 제공해 준다. 보다 구체적으로 네이션의 자전적 서사는 한편으로 건국신화와 같은 공유된 기억, 선별된 역사 이야기를 통해 과거의 '경험지평'을 만들어내고, 다른 한편으로는 민족구성원 전체의 희망과 기대를 자극하는 유토피아적 '미래지평'을 상상해 냄으로써 기나긴 시간 속에 민족 공동체를 위치 짓는다. 그리고 이렇게 형성된 자전적 서사는 네이션에 존재론적 안보ontological security를 제공함과 동시에 특정한 방향으로 공동체의 성격과 행위를 유도하여 그것을 정당화하도록 이끈다. 물론 이러한 전기적 서사의 구성과 유지는 매우 정치적인 과정으로서, 네이션에 어떠한 헤게모니적 주인서사hegemonic master narrative를 주입할 것인가의 문제는 여러 경합하는 서사들 간의 치열한 갈등과 협상 과정을 통해서만 결정될 수 있다. 즉, 한 민족/국가의 지배적 세력이 되고자 하는 집단은 설득력 있는 네이션 전기서사를 제공해야만 그 정당성을 유지할 수 있으며, 반대로 이에 도전하는 세력은 기존 서사보다 더 나은 대안적 내러티브를 창출, 유포할 수 있어야만 한다(Berenskoetter, 2014).

이상의 이론적 시각에서 볼 때, 미국은 내러티브의 구성물로서의 네이션, 복수의 민족 전기서사들 간의 경쟁과 협상의 장소로서의 네이션이라는 개념적 정의가 세계 어느 나라보다도 더 잘 들어맞는, 매우 특출나게 전형적인quintessential 사례라고 할 수 있다. 네이션에 대한 원초주의적 입장primordialism이 주목하는 혈연이나 지연 등에 기반한 민족의 물질적 질료가 거의 완벽히 부재한 이민자의 나라로서 미국은, '원칙상' 독립선언서와 연방헌법에 표현된 보편주의적 교리에 동의하는 사람은 누구나 그 구성원이 될 수 있는 정치체이기에, '우리 인민We the People은 누구인가'라는 질문은 때때로 매우 불온하고 정치적인 함의를 띨 수 있다. 어떤 전기적 서사에 의해 국가의 경계를 구축하고 그 민족의 정체성을 규정할 것인지가 치열한 정쟁의 대상이 될 수 있으며, 실제 200여 년 넘게 이어진 미국사의 파노라마에서 국가의 자아상을 둘러싼 담론투쟁은 미국 정치의 핵심 주제를 이루었다. 이런 맥락에서 네이션 내러티브 경쟁 혹은 민족 정체성의 정치라는 틀로 오늘날 미국의 정치를 분석하는 것은 앞서 바이든의 설명처럼 현재 미국 내부 갈등의 본질을 파악하려는 노력이자, 미국 민주주의 위기의 근본적 원인을 설명하려는 시도이다(김은형, 2018).

이에 본문에서는 먼저 미국의 국가정체성을 놓고 경쟁해 온 두 개의 주요 서사에 대한 내용을 살펴봄으로써 트럼프 시대를 미국 정치사상사의 긴 맥락에 위치 지을 것이다(2절). 다음으로 3절은 코로나 팬데믹이 창궐한 사회적 혼란 속에서 본격적으로 미국의 영혼을 둘러싼 전투가 벌어진 2019~2021년의 기간의 몇몇 전장들을 분석한다. 그리고 마지막 결론에 해당하는 4절에서는 바이든 당선 이후에도 지속되고 있는 민주주의의 위기상을 탐구한 후, 어떻게 새로운 공동의 네이션 서사를 개발하고 정치혁신을 달성함으로써 향후 미국이 국가정체성의 혼란을 극복할 수 있을지를 모색할 것이다.

2. 미국의 정체성 내러티브 경쟁사

1) 두 개의 미국, 두 개의 신조

일찍이 알렉시 드 토크빌Alexis de Tocqueville이 관찰한 바에 따르면, 극심한 부의 양극화와 신분제 사회의 불의로 점철된 '구세계'와 달리 북아메리카에 건설된 '신세계'는 모두가 일정한 재산을 소유하는 사회경제적 평등성이 초기 조건으로 주어진 행운의 대륙이었다. 이로써 봉건적 폐습으로부터 자유로운 개인들의 연합체로 출발하여, 존 로크John Locke식의 고전적 자유주의가 거의 절대적으로 관철될 수 있었던 나라가 바로 미국이라고 알려져 왔다(Hartz, 1991). 그리고 독립선언문과 연방헌법은 이러한 자유주의적인 미국 신조American Creed를 신생국가의 본질적 정체성으로 고정시킨 확고부동한 경전의 지위를 차지해왔다. 이상의 자유주의 합의사학에서 주창하는 헤게모니적 민족서사—이른바 "토크빌-하츠 테제Tocqueville-Hartz Thesis"(Smith, 1997)—도 미국사에 내재한 노예제나 남북전쟁 같은 비자유주의적인 변칙적 현상들의 존재는 인정하지만, 그것들은 단지 우스꽝스러운 반동적 에피소드로 취급되거나 역사의 부단한 진보라는 거대서사 속에 사멸되어 버린 과거의 흔적 정도로만 간주된다(Hartz, 1991: pt.4).

그러나 탈냉전기에 접어들어 미국정치발전American Political Development: APD 분과에서는 이러한 지배적인 국가의 자전적 내러티브에 반기를 들면서 새롭게 미국의 정치사상과 민족정체성에 내재한 반평등적·반자유주의적 이단의 존재에 대해 진지하게 탐구하는 일군의 연구자들이 등장했다. 이들의 수정주의적 접근법을 통칭해 '복수複數전통론multiple traditions approach'이라고 부르는데, 인종, 종족, 젠더와 같은 귀속적 특질에 기반해 위계적인 사회를 구성하려는 반동적 흐름이 미국사에 면면히 존재해 왔으며, 이것이 주류적인 승리주의적 스토리와는 다르게 국가의 자아를 구성하는 데 있어 결정적인 분열과 갈등을 일으켜 왔음을 주목한다(Smith, 1993). 다시 말해, 복수전통론의 시각에서 미국의 정치사상사를 다시 읽을 경우, 미국 민족주의의 이중성이 두드러지게 부각되는데, 자유주의에 토대를 둔 미국적 신조의 '테제'(=보편주의적 시민 민족주의)와 반자유주의에 기반한 미국적 신조의 '안티테제'(=특수주의적 종족 민족주의) 간의 경합이 그 양가성의 중핵을 이룬다(Lieven, 2004; Gerstle, 2015).

반자유주의적 안티테제의 내용을 좀 더 구체적으로 살펴보면, 이 반주류 서사의 핵심은 미국을 종족-종교 정체성ethnoreligious identity의 차원에서 정의하여 세속화와 세계화의 흐름에 맞서 그 본질주의적 경계를 수호하려는 노력이라고 할 수 있다. 즉, 백인의 국가, 기독교 국가로서의 상상된 '원형'을 보존 혹은 회복하려는 반근대주의적 경향이 주 내용이다(정태식, 2021; 이진구, 2014). 이러한 백인기독교 민족주의 세력은 주로 남부 지역에 기반을 둔 포퓰리즘(=잭슨주의) 운동의 형태로 미국사에 주기적으로 출현하면서 국가의 '영혼'을 둘러싼 근본적인 갈등들을 야기했는데(Lieven, 2004: 88~122; Cha, 2016), 지금까지의 주요한 전장들을 나열하자면, 건국 초기부터 지속된 귀화와 이민자 시민권의 조건을 둘러싼 논쟁(김용태, 2018; 권은혜, 2021), 미국의 '원죄'인 노예제의 유산과 관련된 것으로 남북전쟁 후 재건기의 실패가 낳은 미완의 과제로 인한 민권운동 이슈(Gordon-Reed, 2018; Blight, 2021b), 그리고 보다 최근에는 이른바 다문화주의와 문화전쟁에 대한 좌우 대결 등을 대표적인 사례로 들 수 있다. 이 사안들은 결국 미국(인)이란 무엇인가에 대한 경계 획정policing boundaries 작업을 둘러싼 지속되는 경합과 협상, 갈등들—앞서 바이든이 얘기한 "우리의 더 나은 천사"와 "최악의 욕망" 사이의 다툼—이었다. 이러한 역사적 사정을 고려할 경우, 미국의 정치사는 지배적 합의사학에서 묘사하는 단선적 진보가 아닌 '구불구불한 serpentine' 사상사, 심지어는 자유의 후퇴도 종종 발견되는 복잡한 궤적으로 볼 수 있으며, 목적론적·승리주의적 서술과는 전혀 거리가 멀다(Smith, 1997).

이와 같은 정체성 서사의 전투 과정에서 자유주의적 미국 신조의 내용 또한 점점 변화를 겪게 된다. 즉, 사실상 유산계급에 속한 백인 남성만을 기준으로 이미 평등하게 태어난('born equal') 사람들의 예외적 공동체가 미국이라는 식의 토크빌-하츠 테제에 도사린 인종적·계급적·성적 편향을 벗어나, 독립선언서가 선언한 "모든 인간은 평등하게 창조"되었고 "불가양의 권리를 지닌다"는 '자명한 진리'를 일종의 정언명령으로 삼아 현실 사회에서 이 이상적 원칙이 실현되도록 끊임없이 노력하는 것이 자유주의자들의 새로운 신조가 되어갔다. 이러한 변화의 대표적인 사례가 바로 링컨이 독립선언서의 보편원칙들을 소환하는 방식인데, 선언의 평등과 기본권에 대한 설명을 "미래의 사용을 위해 세워진 격언"으로 정의하고, 그 원칙이 완전히 획득되는 일은 불가능하더라도 끊임없이 노력하여 부단히 근접하도록 노력해야 한다고 주장했다(Lincoln, 1857). 링컨의 이러한 미국적 신조에 대한 이해 방식은 합중국은 이미 특별한 나라로 예정되어 있다는 식의 자족적 예외주의 담론과 확실히 차별된다(Woodard, 2021).

이런 지속적으로 접근해야 할 이상이라는 메타포는 이후에도 진보적 미국 사회운동의 핵심적 문제틀을 구성해 왔다. 가령, 여전히 짐 크로Jim Crow 레짐이 건재하던 시대를 살았던 흑인 시인 랭스턴 휴즈Langston Hughes에게 있어 조국은 이상적 신조에 부응하는 나라였던 적이 전혀 없지만 앞으로 미국을 반드시 그렇게 만들 것—"미국이 다시 미국이 되게 하자Let America be America again"—을 노래했다(Hughes, 1935). 이는 아메리칸 드림은 늘 미달하고 계속해서 미끄러지는 이상으로만 존재하나, 그럼에도 지속적으로 추구해야 할 희망으로서 미국, 언제나 무언가 더 성취할 일이 남아 있는 신화로서 미국이라는 스토리 라인을 제시하는 수행적 발화이다(추아, 2020: 262). 같은 맥락에서 킹 목사의 "나는 꿈이 있습니다I have a dream" 연설도 헌법과 독립선언서에 쓰인 숭고한 원칙을 '약속어음promissory note'에 비유하면서, 흑인들에게 주어진 부도수표를 현금으로 바꾸기 위한 시도로서 자신들의 흑백통합운동을 정의 내렸다(King, 1963).

그리하여 1964년 민권법 제정 이후가 되면 인종적 평등성은 '원칙적 차원'에서만큼은 자유주의적 미국 정체성의 필수 구성 요소로 편입되었다고 볼 수 있다. 사실 남북전쟁 후 1868년 비준된 수정헌법 14조를 통해 모든 인종에 대한 시민권과 법에 의한 평등한 보호가 이미 명문화되었지만, 재건기 이후 특히 남부를 중심으로 그 성취가 거의 무효화된 이래 민권법 통과는 거의 한 세기만의 재진전이었다. 그리고 이런 역사적 배경 아래에서 탈냉전기 주류 리버럴이 미국적 신조의 새로운 목표로 설정한 것은 다문화주의적 관점에서 "세계 최초의 진정한 다인종 민주주의"(Clinton, 1997)를 건설하는 일이었는데, 점차 다수 인종이 사라져 가는 세기말적 조건에서 미국의 스토리, 미국의 정체성을 새롭게 구성해 가는 사명이라고 볼 수 있다. 이는 진정한 의미에서 모든 인민을 나라의 전기적 서사에 포함시킨다는 목표를 추구한다는 점에 있어 다음에서 살펴볼 것처럼 다수종족 이외의 '타자들'을 미국인의 경계에서 퇴출하려는 트럼프주의자들의 '미국 우선America First' 서사와 정면으로 배치되는 비전이었다(Smith, 2020: 107~109).

2) 트럼프 시대의 의미: 흑인 대통령 당선의 부메랑 효과와 백인 민족주의의 반격

미국 정치사상사의 맥락에서 2010년대 이후 트렌드가 갖는 특이성은 미국 민족주의의 헤게모니적 서사에 대한 반자유주의적 소수전통의 도전이 매우 노골적인 형태로 본격화되었다는 점이다. 앞서 설명했듯 미국의 정체성을 둘러싼 경쟁은 식민지 시기로부터 미국사 전체의 흐름과 보조를 같이해 온 매우 오랜 토픽이긴 하다. 그러나 20세기 중반 이래, 특히 탈냉전기 이후에는 거의 완전히 지배담론화되었다고 여겨졌던 시민 민족주의적 미국 신조 자체가 다시금 이토록 근본적인 문제 제기의 대상이 될 수 있다는 것은 전혀 예상치 못했던 상황이다.

무엇보다 2016년 트럼프 대통령의 당선은 오늘날에도 비자유주의적 종족 민족주의가 대안적 정체성 서사 혹은 사상전통으로 미국 사회에 굳건히 존재하고 있음을 증명한 사건이었다(Lepore, 2019; Smith, 2020). 그리고 이후 통치 과정이 충격적으로 예시했던 것처럼 트럼프 정권기에 백인 민족주의에 기반한 우익 정체성 정치가 급속히 재활성화되면서 자유민주주의 같은 건국의 근본이념에 대한 도전이 증가했으며, 통치세력에 의해 미국의 의미 자체가 급격히 재정의되는 모습까지 연출되었다(손병권, 2019; 안병진, 2021: 37~45; 후쿠야마, 2020: 197). 그리하여 미국 정치의 본질이 트럼프 시기를 경유하며 근본적으로 변동했다는 진단도 등장했는데, 특히 국내 정치갈등의 주제가 경제적 이익에서 가치를 둘러싼 것으로 확고히 이동했다는 점이 눈에 띈다. 정치가 미국의 영혼에 대한 해석투쟁, 즉 미국인이란 무엇을 의미하는지에 대한 상이한 시각 간의 경합으로 변모함으로써 본질적으로 해소 불가능한 종교적 갈등의 성격을 띠게 되었고, 이에 따라 미국이 만성적 통치불능 상태로 빠져간다는 주장까지 제기되었다(Gray, 2020).

이처럼 비자유주의적 민족 내러티브가 반격의 태세를 갖추는 조짐은 로널드 레이건Ronald Reagan 시대로까지 거슬러 올라가 발견할 수 있다.[3] 레이건의 집권을 계기로 1960년대 발흥한 대항문화counter-culture 운동에 대한 보수의

3 이보다 더 앞서서 배리 골드워터(Barry Goldwater)에게서 연원하여 리처드 닉슨(Richard Nixon) 시기에 나타난 남벌전략(Southern Strategy)을 현대 백인 민족주의 운동의 기원으로 볼 수도 있다. 남벌전략은 민권운동 기간 남부 백인들의 민주당에 대한 지지가 약화된 틈을 타 인종주의적 수사를 동원해 이들을 공화당 지지자로 전환시키면서 전국적인 차원의 정당 재정렬을 촉발했다. 이렇게 보면 레이건은 그러한 남벌전략을 최종적으로 완성시킨 지도자로 자리매김할 수 있다(최준영, 2007).

반발이 구심점을 갖게 되었으며, 문화전쟁 또는 다문화주의 논쟁이라는 형태로 미국 정체성의 정의를 둘러싼 진보와 보수의 대결이 20세기 말에 본격화했다(권은혜, 2020).[4] 특히 1980년대 대학의 정전canon 개편 운동(신문수, 2016)과 1990년대 역사표준서 논쟁(손세호, 2004; 정경희, 2004) 등이 담론투쟁의 차원에서 중요한 전선을 형성했다. 같은 맥락에서 21세기 초에 이르면 초국적 엘리트가 추동한 지구화와 대규모 이민의 물결 속에 미국의 '핵심 문화'가 형해화되고 있다는 비탄에 찬 주장이 보수적 지식인들에 의해 제기되었다. 대표적으로 새뮤얼 헌팅턴Samuel Huntington은 추상적인 자유주의 원칙들만으로 국가의 응집성을 유지하는 것이 불가능하다는 점을 강조하면서, 핵심 문화—사실상 백인 앵글로 색슨 개신교 문화WASP—가 곧 미국적 신조이며, '이질적'인 종교와 문화를 지닌 중남미계 이민자들Latinx이 미국의 정체성에 동화되는 것은 가능하지 않다는 주장을 내놓았다(헌팅턴, 2017). 현대화된 미국 보수파가 상당 기간 고수해 온 피부색 불문color-blind이라는 고전적 자유주의의 레토릭을 걷어내고, 노골적으로 인종과 종교에 토대를 둔 특수주의적 정체성 서사를 대안으로 제시한 셈이다. 이런 점에서 이후 트럼프의 백인-개신교 기반 민족주의 정책은 헌팅턴의 한탄과 예언이 현실 정치의 슬로건으로 구현된 것이라 볼 수 있다(Lozada, 2017; 추아, 2020: 236~237).

따라서 레이건의 신보수혁명 이래 이미 백인기독문명에 기반한 미국의 복원을 추구하는 문화적 차원의 보수파가 부상한 것은 역사적 사실이다. 그러나 공식정책상에 있어 트럼프 이전의 공화당 정권들은 '친기업적business-friendly' 입장에서 이민에 개방적 태도를 유지했을 뿐만 아니라 인종문제에 있어서도 피부색 불문 입장을 지지했다. 또한 이념적 차원에서도 신자유주의적 형태로 경도되어 있기는 하나 어쨌든 자유주의를 중핵으로 하는 미국 신조에 충실한

4 현대 미국 정치에서 문화전쟁에 대한 포괄적 개론서로는 Hartman(2015) 참조.

포지션을 벗어나지 않았기에, 노골적인 반자유주의적 안티테제는 시민사회의 잠복된 저류undercurrent로만 존재했던 것이 탈냉전 시대 미국의 이데올로기 지형이었다(Smith, 2015: 179~181).

그렇다면 도대체 오늘날 미국에는 무슨 일이 발생한 것일까? 물론 거시적 차원에서 2010년대 이후 전 세계적 현상인 포퓰리스트 민족주의 부상의 일환으로도 트럼프 현상의 원인은 파악될 수 있다. 즉, 선진 산업국가 일반에서 신자유주의적 세계화로 인한 양극화의 심화에 더해 이민 문제까지 겹치면서 물질적 측면과 아울러 문화적 차원에서도 존재적 불안을 느낀 과거의 주류계층(주로 백인 노동자 계급)의 정치적 결집이 나타났다. 그리고 이들의 지지를 받은 우파 포퓰리스트 정당들이 '진정한' 인민의 존엄성이 훼손되는 굴욕이 발생했다고 주장하며 분노의 정치학을 가동하는 현상은 현재 서구 전반에 만연해 있다. 대개 이렇게 새로 급진화된 백인 "소수자들"(Gest, 2016)은 현대의 세속주의적·다문화주의적 흐름에 반대하면서 인종이나 종교와 같은 전통적인 정체성의 강화를 통해 자신들의 존재론적 안보를 추구한다. 이 때문에 20세기 정치가 경제문제를 중심으로 좌우파 스펙트럼이 형성된 반면, 2010년대 이후 정치적 경계가 정체성 이슈를 중심으로 새롭게 재편되는 상황이 광범위하게 등장했다(후쿠야마, 2020: 26~27).

그럼에도 트럼프 현상의 출현에는 미국만의 고유한 정치문화적 맥락이 존재하는데, 여기서 중요한 것은 바로 전임 대통령인 버락 오바마Barack Obama의 집권이라는 역사적 사건의 효과이다. 즉, 미국 역사상 최초의 흑인 국가수반으로서 오바마의 당선이 백인들의 다수자적 지위에 대한 직접적 위협으로 간주되면서 그들의 집단정체성이 강화된 것이 문제였다. 오랫동안 지배집단이었기 때문에 스스로의 집단정체성을 굳이 강하게 발현할 필요가 없었는데, 본래 잠복되어 있던 백인 정체성이 흑인 대통령의 등장이라는 우발적 계기로 활성화되어 2016년 선거의 결과를 좌우한 것이다. 다시 말해 트럼프는 백인 집단의 지위 위협인식으로 구성되기 시작한 백인 정체성을 성공적으로 동원해 정치적

지지를 조직해 냈다(Jardina, 2019).[5]

물론 비백인, 비기독교인 이민자가 증가하면서 백인 기독교 신자가 소수자화되는 사회인구학적 대변동이 이 모든 사태의 거시구조적 배경에 깔려 있기도 하다(하상응, 2020: 160~163).[6] 미국이 이른바 "다수-소수 국가majority-minority nation"가 될 것이라는 공포가 미국의 주류임을 자부했던 백인들 심리의 저변에 깔리게 된 것이다(Gerstle, 2015: 49).[7] 그럼에도 오바마는 일종의 촉매제로서 기능했는데, 그의 당선 자체는 시민 민족주의가 승리한 사건으로서 피부색에 상관없이 누구나 미국의 대통령이 될 수 있다는 이상의 역사적 증거로도 여겨졌지만, 반대로 백인들의 공포[8]를 자극해 비자유주의적 민족정체성 서사가 폭발하는 계기로도 작동했다는 것이 사후의 역설적 평가이다(Gerstle, 2017: 376).

그리하여 오바마 정권기는 애초의 기대와 달리 "탈인종post-racial" 시대가 아닌 "가장 인종화된most-racial" 시기로서의 모습을 띠게 된다(Tesler, 2016). 이 과정을 보다 구체적으로 분석하기 위해서는 티파티Tea Party로 대변되는 급진적

5 여기서 한 가지 유의할 것은 이러한 준거 그룹 내부로 향하는 백인 집단정체성의 발흥은 자기 그룹 외부의 타 인종 집단으로 투사되는 분노 의식 혹은 인종 적대감과는 개념적으로 구분된다는 점이다. 굳이 노골적인 인종차별주의 성향이 없더라도 백인 정체성에 따라 자신들의 집단 지위를 보호해 줄 것으로 기대되는 후보에게 투표하는 경향이 2016년 선거의 결과를 낳았다(Jardina, 2019: ch.8).

6 2021년 발표된 인구조사국의 센서스 자료에 따르면, 2045년경에는 미국인 중 백인 인구의 비율이 50% 아래로 떨어질 전망인 반면, 2015~2060년 사이 히스패닉과 아시아계 인구는 현재의 두 배로 증가할 것이라고 한다(Bahrampour and Mellnik, 2021). 한편, 미국에서 인구조사 설문지를 통해 '백인성'의 범주가 (재)생산되어 온 역사에 대해서는 이수영(2019) 참조.

7 '다수-소수' 현상도 물론 미국만의 문제는 아니며 상당히 다양한 사례들이 전 지구적으로 존재한다. 이에 대한 비교정치학적 연구로는 Gest(2022) 참조.

8 오바마 본인도 최근 출간된 회고록에서 최초의 "흑인이 백악관에 들어갔다는 사실"에 두려움을 느낀 백인들—"마치 내가 백악관에 있다는 사실 자체가 그들의 깊숙한 공포를, 자연질서가 교란되었다는 감각을 자극하는 것 같았다"—을 트럼프가 선동했으며, 공화당 주류 역시 이러한 유색인종에 대한 반감과 제노포비아에 편승했음을 강하게 성토했다(오바마, 2021: 848~849). 이 지점에서 트럼프가 이른바 버서(birther) 운동—사실 오바마의 출생지가 미국이 아니어서 대통령 출마 자격이 없다는 음모론—을 통해 본격적인 정치 커리어를 시작했으며, 오바마의 미국인으로서 정체성 자체를 문제 삼았다는 사실은 특기할 만하다(Gerstle, 2017: 424).

포퓰리스트 운동이 인종의제를 중심에 두고 부상하면서 미국 정치의 양대 정당 중 하나인 공화당의 성격을 변모시켜 놓은 과정을 추적해 볼 필요가 있다. 2008년 금융위기에 대한 대응으로 정부가 대규모 공적자금을 투입한 데 대한 반발로 출현한 티파티 운동은 표면적 주장에 있어서는 고전적인 자유지상주의적libertarian 입장에서 경제(정부예산 적자, 고세율)와 정치(연방정부의 과대 팽창) 이슈를 핵심 어젠다로 삼았다. 또한 연방헌법에 대한 원전주의적 입장originalist을 고수하면서 얼핏 보기에 미국적 신조에 투철한 것처럼 보였다. 하지만 그 운동의 저류에는 인종적·종교적 불만이 내재되어 있었는데, 티파티 지지자들은 "진짜" 미국은 "이성애자, 기독교, 중산층, (대체로) 남성, 백인의 나라"라고 간주하면서 "자신들이 사랑했던 그 나라가 사라져 가고 있다는 점"에 집중했다(Parker and Barreto, 2013: 3). 비백인 대통령 오바마가 만드는 새로운 미국이 "진정한" (백인) 미국인들이 정당하게 향유해 온 자원과 특권을 빼앗을 것이라는 우려가 근저에 깔려 있었던 것이다(Gerstle, 2017: 402).

그리고 여기에 더해 극단적 불평등 시대를 배경으로 급진화되어 오던 공화당이 오바마 시기 티파티 운동과 같은 우익 포퓰리즘 담론의 운반체 역할을 수행하기 시작하면서 인종주의, 보수적 종교가치, 정체성 위협인식 등에 기반해 백인 노동계급을 동원하는 역할을 충실히 수행하게 된다(Hacker and Pierson, 2020). 닉슨, 레이건, 뉴트 깅그리치Newt Gingrich 등의 리더십을 거치며 서서히 그 모습을 드러낸 비자유주의적 민족주의 서사가 오바마 집권 후반기에 기성 정당인 공화당 플랫폼을 장악하기 시작하면서 본격적으로 기성 미국 신조에 도전하기 시작했고, 백인 정체성과 문화전쟁 이슈가 당파정치의 중심 의제로 부각되었다. 그리하여 오늘날 공화당을 지지하는 주요인이 이민자 문제처럼 "백인의 반격white backlash"과 결부된 이슈로 전환되면서 인종문제가 미국 정치의 핵심 분할선으로 강조되었다(Abrajano and Hajnal, 2015).[9]

결과적으로 오바마 시대를 경유하며 기존의 포스트 인종주의, 인종 불문 이데올로기 등이 가리고 있던 적나라한 실체—여전히 인종이 미국 정치의 핵심

축을 구성한다는 사실—가 폭로되었다(류재성, 2015; 신지원·류소진·이창원, 2020). 그리고 미국 역사상 처음으로 백인성을 지키거나 회복하는 것을 공약으로 내걸고 출마했다는 점에서 "최초의 백인 대통령"(Coates, 2017; 2021)으로 정의될 수 있는 트럼프의 당선은 오바마로 대변되었던 탈인종주의적 프로젝트가 최종적으로 파산했음을 선고한 셈이었다. 진실로 트럼프와 그 지지자들의 비전은 일종의 "지배종족 민족주의Herrenvolk nationalism"에 해당하는 것으로 남부에 보존되어 있던 옛 유산의 귀환이라고 볼 수 있었다(Woodard, 2021). 특히 트럼프의 대표 캠페인 구호인 "미국을 다시 위대하게 만들자Make America Great Again: MAGA"는 1960년대 이래 미국 보수의 문화적 정향을 정의하는 쇠퇴서사narrative of decline와 공명하는 것으로 민권운동과 신사회운동이 발생하기 이전의 "질서 있는 미국"을 복원하고자 하는 노스텔지어적 슬로건이다. "혼란"하고 "쇠퇴"해버린 현재의 미국을 반전시켜 1950년대(혹은 더 심하게는 19세기)의 "낭만적"인 미국으로 되돌아갈 것을 주창했다. 따라서 트럼프 현상은 과거 수십년간 미국을 서서히 양극화시킨 문화전쟁의 최신판이자 정체성 기반의 반동적 봉기라고 해석할 수 있다(Hartman, 2018).

결국 트럼프 시대를 경유하며 민권운동 시대 이후 덜 노골화된 형태로 전환되었던 인종문제가 다시 미국 정치의 전면에 부각되었으며,[10] 국가의 신조를 둘러싼 문화전쟁의 전선도 최고조로 첨예화되었다. 특히 트럼프 행정부 말기, 신형 코로나바이러스 창궐로 사회가 혼란한 가운데 군사화되고 인종화된 경찰 폭력이 또다시 적나라하게 모습을 드러내면서 미국의 정체성 서사 전쟁의 도화선 역할을 하게 된다.

9 그럼에도 불구하고 오바마는 흑인 대통령이라는 사실이 도리어 핸디캡으로 작동하여 인종문제에 직접적인 개입을 하지 못한 채 어정쩡한 태도를 취하는 상황에 자주 빠져들었고, 이로 인해 전통적 지지층의 비판에 직면하게 되었다(Gerstle, 2017: 393~409).

10 트럼프 선거공약의 핵심 중 하나가 중남미 및 무슬림 이민자 반대였으며, 집권 기간 동안 멕시코 불법 이민자들로부터 국경을 방어할 장벽 건설이 정쟁의 중심이 되었다는 점을 상기할 필요가 있다.

3. 펜데믹 시대, 미국 영혼 전쟁의 발발

1) 1619 vs. 1776

그리하여 2019~2020년 기간, 미국에서 인종갈등과 역사전쟁이 정치 공론장의 최대 이슈로 부각되기 시작했다. 초기의 문제 제기는 트럼프 집권기 급격히 비자유주의화된 담론지형에 리버럴 진영이 여러 형태로 저항운동을 개시하면서 등장했다. 특히 2019년 8월, ≪뉴욕타임스 매거진New York Times Magazine≫이 버지니아주 제임스타운Jamestown, VA.에 처음으로 흑인 노예 20여 명이 도착한 사건의 400주년을 기념해 '1619 프로젝트'를 시작하면서 본격적으로 국가의 기본 원칙과 기원, 정체성 등을 둘러싼 내러티브 경쟁이 발발하게 된다. 이후 코로나 사태와 인종차별 반대 시위가 격렬해지던 시기적 특성과 맞물려 이 연재 기사 프로젝트는 단순히 한 잡지에서의 특집호 발간 수준을 넘어 미국 정치 전반에 커다란 반향을 일으키는 촉매제가 되었다.

≪뉴욕 타임스New York Times≫ 탐사 기자이자 1619 프로젝트의 제안자인 니콜 해나-존스Nikole Hannah-Jones의 서론격 에세이가 전체 특집기사의 취지를 잘 요약하고 있는데, 그에 따르면 미국의 스토리에 있어 1619년은 1776년만큼이나 중요하며, 기실 진정한 미국의 역사는 오히려 1619년에 시작되었다고도 볼 수 있다. 왜냐하면 아메리카 합중국의 기원과 그 초석이 되는 문서에서부터 아로새겨진 위선을 폭로하는 해이기 때문이다. 가령, 독립혁명 자체가 영국이 폐지하려 한 노예제를 북아메리카 지역에서 유지하기 위한 동기에서 시작되었으며, 독립선언서를 작성하던 토머스 제퍼슨Thomas Jefferson 옆에 흑인 시종 로버트 헤밍스Robert Hemings가 존재했다는 점 등을 기억할 필요가 있다. 그런 면에서 해나-존스는 미국이 민주주의가 아닌 '노예주의slavocracy'의 나라로 건국되었음을 주장하는데, 그럼에도 독립선언서나 연방헌법에 노예제가 언급조차 되지 않았다는 점에 주목해야만 한다. 노예제의 존재가 미국 신조에 배치되는

거대한 위선임을 건국 세대가 스스로 자각했다는 사실을 잘 보여주기 때문이다.

이러한 위선을 뒷받침한 것은 바로 인종주의적 이데올로기였는데, 대표적으로 1857년 대법원의 악명 높은 드레드 스콧 판결Dred Scott v. Sandford은 흑인을 백인과 종적으로 구별되는 노예종으로 정의 내렸다. 즉, 흑인은 선천적으로 백인에 비해 열등하기에 민주주의 주체로서 동등한 시민권을 인정받을 수 없음을 최고법원이 확정했다. 연방헌법 전문에 나오는 "우리 인민We the People"이라는 말에서 자연스럽게 흑인이 배제될 수 있는 이유를 설명한 셈이다. 따라서 자유와 평등 같은 건국의 이상은 거짓으로 쓰인 것이라고 비판받아 마땅하다. 그러나 바로 흑인들이 역사적 투쟁을 통해 그 위선의 말들을 진실로 전환시킨 주체라는 점을 고려할 때, 흑인들이야말로 미국적 이상을 신봉한 사람들이자 가장 미국적인 존재들이라는 것이 1619 프로젝트의 핵심적인 메시지이다(Hannah-Jones, 2019).

이후 니콜 해나-존스는 2020년 퓰리처상Pulitzer Prize을 수상했고, 1619 프로젝트의 내용은 퓰리처 위기보도센터Pulitzer Center on Crisis Reporting를 통해 학교 수업에 이용될 수 있는 교재로 개발되어 보급되었으며, 단행본으로도 출판되었다(Hannah-Jones et al., 2021). 그리고 이러한 사건의 전개는 역사학계뿐만 아니라 정치권에도 커다란 파장을 야기했다(곽한영, 2021: 18~22).

한편, 코로나 유행의 피해가 비대칭적으로 흑인들에게 집중되며 체계적 인종주의의 사회경제적 효과가 적나라하게 노출되던 와중인 2020년 5월, 미네소타주 미니애폴리스Minneapolis, MN에서 아프리카계 미국인 조지 플로이드George Floyd가 백인 경찰에 의해 체포되던 중 질식사한 사건이 소셜 네트워크 서비스를 통해 생생히 중계된 이후, 2013년 처음 조직된 BLM이 다시 전국적으로 번져나갔다(유희석, 2021). 그 과정에서 특징적이었던 것은 노예제나 인종주의를 대변했던 상징적 인물들이나 남부연합을 기리는 공공 기념물을 철거하려는 시위대의 시도가 나타났다는 점이다. 이는 2020년의 BLM 시위가 단순히 경찰 폭력에 대한 항의 수준을 넘어 "지배적 역사관이자 미국의 인종차별적 정치 질서를 구축해 온 상상계—이른바 '잃어버린 대의Lost Cause'로 집약되는—의 중핵"(정웅기, 2020: 381)에 근본적인 문제를 제기했다는 점을 의미한다.

이러한 좌파 진영의 흐름에 맞서 트럼프 정부는 일종의 건국정신 수호전쟁으로 맞대응하기 시작했는데, 이는 코앞으로 다가온 2020년 11월 대선에 대한 선거전략의 일환이기도 했다. 국가정체성의 내용을 둘러싼 문화전쟁의 화두를 전면에 내세움으로써 자신의 지지층인 백인 유권자들의 존재론적 불안을 자극하려는 속셈이었다. 그리하여 임기 말 내내 트럼프는 여러 연설과 정책 제안 등을 통한 상징정치 혹은 내러티브 전투를 수행했다.

우선 트럼프는 냉전기 매카시즘McCarthyism의 레토릭과 유사하게 정치적 경쟁세력을 '신극좌 파시즘new far-left fascism' 집단 혹은 미국의 문화, 가치, 삶의 방식을 억압하는 '전체주의' 세력으로 묘사하면서, 그들이 '취소 문화cancel culture' 같은 폭력적 수단을 동원해 미국혁명의 전복을 시도한다고 비판했다. 그리고 이들이 그런 불순한 목적하에 "지구상에 존재했던 나라 중 가장 정의롭고 예외적인 나라"인 미국 국가유산의 기념물, 상징, 기억 등을 공격하고 있다고 주장했다(Trump, 2020a). 특히 하워드 진Howard Zinn 같은 급진주의 역사가들의 저술이나 1619 프로젝트의 사례에서 보듯 좌파 세력은 미국의 역사를 부끄럽게 여기게 만드는 자학적이고 거짓으로 점철된 역사 내러티브를 유포해 미국의 이야기를 더럽히고 왜곡하고 있으며, 미국인들이 자신의 정체성에 대한 자신감을 상실하도록 부추기고 있다고 규탄했다(Trump, 2020b).

이러한 우파적 민족서사투쟁의 대표적 사례이자 핵심 정책 구상으로서 트럼프는 2020년 11월 대통령 자문기구인 '1776 위원회President's Advisory 1776 Commission' 창설을 지시했다. 동 위원회는 미래세대가 미국 건국의 역사와 원칙을 잘 이해하도록 도와 미국 사회의 완전한 통합을 이루기 위해 설립된 것으로, 미국의 역사는 기본적으로 "건국의 이상에 헌신해 온 예외적 나라의 기록"이라고 정의했다. 그런데 문제는 최근 이러한 정통적 역사 서술에 대항해 미국과 그 건국자를 악당화하는 오도된 교육이 학생들에게 유포되어 민족의 유대감을 약화시키고 있다는 점이었다. 특히 인종 요소를 과도하게 강조해 마치 미국이 구제불능의 체계적 인종주의 국가인 것처럼 묘사함으로써 국가적 자신감과 공유된 정체성을 파괴하고 국민의 연대를 강화하는 "공통의 스토리"에 대한 믿음을 포기하도록 하는 좌파적 경향이 득세하고 있다는 사실을 고려해 볼 때, 대통령 직속 위원회의 설치를 통해 올바른 역사교육을 독려하는 일은 중차대한 의미를 지닌다고 주장되었다(Trump, 2020e).

그리하여 트럼프 퇴임 이틀 전인 2021년 1월 18일, 1776 위원회의 보고서가 출간되었다. 위원회 소속 집필진은 서론에서 건국원칙에 기반한 미국인들의 공유된 정체성을 재발견함으로써 나라의 교육을 재건하는 것이 1776 위원회의 설립 목표라고 소개하면서, 위원회의 첫째 임무[11]로서 작성된 본 보고서는 건국의 이념과 함께 미국을 "언덕 위의 도시", 즉 "모델 국가"로 만들어온 영광의 역사를 개관하고자 했다고 설명했다. 그리고 오늘날 미국이 나라의 의미, 역사, 정치에 관해 깊은 분열을 겪고 있으며, 이러한 갈등이 역사의 해석뿐 아니라 국가의 현재 목표와 미래 방향에 대해서도 큰 함의를 지니고 있기에 자신들의 작업에 큰 의미가 있는 것이라고 서술했다(The President's Advisory 1776 Commission, 2021: 1).

이 지점에서 한 가지 주목할 사실은 독립선언의 해와 건국부조라는 주제를 강조하는 것이 얼핏 들으면 보편주의적이고 자유주의적인 정통 내러티브와 동일한 것처럼 느껴지지만, 위원회의 활동이 결국은 앞서 살펴본 1619 프로젝트와 BLM 등에 대항하는 담론 형성에 집중되었다는 점이다. 즉, 표면적으로는 예의 예외주의를 강조하는 미국 신조에 충실한 듯 보이나, 앞서 헌팅턴의 '핵심문화' 테제에서 보듯 특수주의적 백인기독 민족주의가 보편주의적 미국 신

11 정권교체로 인해 결과적으로 보고서는 위원회의 첫 번째이자 마지막 성과물이 되고 말았다.

조론을 잠식하는 현상이 트럼프 행정부에서 두드러지게 나타났다는 점을 상기해야만 한다. 이는 미국의 문화적 유산을 '서구'의 것으로 전유하는 방식으로, 기존의 다문화주의적·인종주의적 리버럴 민족서사를 백인기독교 국가로서 고유한 미국의 정체성을 위협하는 것으로 지목한다. 실제 트럼프가 구사하는 언설의 내용을 들여다보면 헌팅턴주의적 입장에서 미국적 신조와 국가정체성 서사를 재정의하려는 목표가 뚜렷이 나타난다. 가령, 그는 미국혁명을 "수천 년 서구 문명의 최정점culmination of thousands of western civilization"이라고 묘사하는가 하면(Trump, 2020a), 연방헌법을 "서구 문명 1천 년의 실현fulfillment of a thousand years of Western civilization"이라고 정의 내리기도 했다(Trump, 2020b). 나아가 "우리나라가 유대-기독교 원칙Judeo-Christian principles에 기반하고 있다는 사실을 자랑스러워한다"라고 말함으로써 종교적 차원에서까지 미국의 정체성을 좁게 구획하려는 특수주의적 입장을 명백히 했다(Trump, 2020a).

2) 비판인종이론, 정체성 정치, 그리고 1·6 의회 점거 사태

이러한 맥락에서 보면 왜 그토록 트럼프 행정부가 비판인종이론critical race theory과 정체성 정치identity politics에 대해 부정적이었는지를 이해할 수 있게 된다. 우선 이전까지 평범한 미국인들에게는 지극히 생소한, 법학계 학자들 사이에서나 논의되던 학술적 개념에 불과했던 비판인종이론[12]이 보수주의자들

12 본래 비판법학에 모태를 둔 비판인종이론은 1960년대 민권운동의 유산을 더욱 급진화하여 국가정체성의 핵심을 구성하는 연방헌법의 정당성을 의문시하고, 미국 헌정사에 내재한 백인 공화국으로서의 성격에 근본적인 질문을 제기하는 1970년대 이래의 학술운동 흐름이다(정일영, 2021; 이승연, 2016). 그 이론의 중핵을 이루는 기본적 테제들로 ① 인종주의는 일탈적인 것이 아닌 일상적 현상이다, ② 인종주의는 지배집단인 백인에게 물적·정신적 이익을 제공함으로써 백인 내부의 계급적 갈등을 봉합한다, ③ 인종은 사회적 생산물이다, ④ 유색인들의 소수자적 지위는 백인이 이해할 수 없는 유색인들만의 소통을 가능케 하며, 주인서사를 평가하는 독특한 시각을 제시할 수 있게 한다 등이 있다(Delgado and Stefancic, 2017: 8~11).

의 주된 타깃으로 부상한 과정을 살펴보면 다음과 같다. 2020년 보수파 활동가이자 다큐멘터리 감독인 크리스토퍼 루포Christopher Rufo가 '반미적인' BLM 운동의 배후에 비판인종이론이 있다는 주장을 설파하기 시작했는데, 이를 보수 매체인 폭스 뉴스Fox News가 집중적으로 보도하면서 비판인종이론이 당파 정치의 핵심 화두로 부상했다. 특히 지방 단위에서 비판인종이론에 근거한 교육—사실은 그저 일반적인 반인종차별 교육이었던 사례가 대부분이다—을 학교 현장에서 금지하는 것이 공화당 정치인들의 주요 당파적 의제로 설정되기 시작하면서 논란이 커져갔다(박형주, 2021).

트럼프의 정치적 레토릭에 따르면 비판인종이론은 미국이 생래적으로 인종차별주의, 성차별주의 국가이며, 억압과 위계로 규정된다고 주장하고 미국의 위대한 가치들이 실은 백인성whiteness의 산물이라고 교육함으로써, 사회에서 인종분열과 차별을 조장하는 위험한 마르크스주의 이데올로기이다. 이러한 주장은 모든 미국인들에게서 개인적 행위성individual agency을 박탈하고, 그들을 인종적·성적 정체성에 기반해 기결정되어 있는 신념의 범주들로 몰아넣는다. 결과적으로 비판인종이론은 미국인들의 공통적 유대감을 해체하고 국력을 약화하는 '사악한' 이념이라고 할 수 있다(Trump, 2020b; 2020d).

다른 한편, 1776 위원회 보고서의 필자들에 따르면 본래 킹 목사 등이 이끌던 1960년대의 주류 민권운동은 독립선언의 원칙에 기반한 것이었으나, 현대의 정체성 정치는 미국 신조와 배치되는 프로그램으로 변질되었다. 고전 자유주의적인 '개인' 기본권(차별 반대와 동등 기회 제공)을 토대로 삼는 피부색 불문 담론이 적극적 차별철폐조치affirmative action와 특혜preferential treatment 같은 '집단' 권리의 담론으로 교체되어 버렸기 때문이다(The President's Advisory 1776 Commission, 2021: 15~16). 보수파는 기본적으로 1960년대 민권운동의 승리 이래 미국이 피부색 불문 사회 혹은 탈인종 사회가 되었다고 주장한다. 즉, 이미 미국은 인종문제에 있어 자기교정을 완료했고 능력주의적 법과 제도meritocracy가 완비되었기 때문에 누구나 열심히 노력하기만 하면 아메리칸 드림을 달성

할 수 있는 사회가 되었다고 생각한다(Sprunt, 2021).[13]

그런데 문제는 이른바 정체성 정치를 추구하는 BLM 같은 급진세력이 사회정의라는 미명 아래 인종 구분에 기반해 특별한 보호를 받는 집단을 양산하는 공식화된 불평등 레짐을 탄생시킴으로써, 킹 목사가 꿈꿨던 것처럼 독립선언과 연방헌법의 이상에 따라 달성될 수 있는 인종화해의 길을 방해할 뿐만 아니라 오히려 미국 국민 사이에 끊임없는 분열과 자학적 역사관을 증폭시키고 있다는 사실이다. 특히 수정헌법 13~15조와 1964년 민권법 등을 통해 법제적으로 인종 간의 구조적·체계적 차별이 소멸했음에도 불구하고 억압자 대 피억압자라는 '상상적' 위계와 피해자성victimhood을 과장하면서, 백인들에게 자신들이 저지르지도 않은 과거 조상들의 죄악(노예제, 짐크로우 등)의 책임을 지라며 죄의식을 부추기는 극좌세력은 자랑스러운 국가의 역사를 왜곡하고 사회의 연대를 무너뜨리는 반미국적 분파일 따름이다. 따라서 미국인을 희생자와 억압자로 양분하고 미국의 역사 자체가 인종적·성적 억압의 체제라고 설파하는 정체성 정치의 해악은 본래적인 의미의 미국 신조에 기반한 건전한 시민교육—"과거 위대한 미국인들의 스토리"를 전수하여 진정한 애국심을 고양하는—으로 반드시 타파해야만 한다는 것이 위원회의 입장이었다(The President's Advisory 1776 Commission, 2021: 29~34).

이 외에도 트럼프 대통령은 2020년 11월을 '미국사와 건국자들의 달National American History and Founders Month'로 기념할 것을 선포했는데, 이는 비판인종이론과 같이 국가를 분열시키는 위험한 이데올로기에 맞서 건국의 원칙들을 실현하고 방어하는 쉼 없는 진보로써 미국의 스토리를 보존해 갈 것을 재다짐

13 물론 여전히 불행하게도 인종차별적 사건이 종종 발생하기는 하지만, 미국의 보수파는 그 행위들이 특정 개개인의 일탈일 뿐 구조적 차별 혹은 체계적 인종주의의 결과는 아니라고 생각한다. 따라서 이미 법적·제도적으로 평등이 보장된 현대 미국과 같은 사회에서는 피부색 불문의 원칙에 따라 어떤 인종의 사람이든 공정한 경쟁만 보장되면 그 결과도 정의로울 것이라고 간주된다.

하는 계기로 삼기 위함이었다(Trump, 2020d). 또한 BLM 시위대의 기념물 철거 운동에 대한 맞대응의 격인 행정명령 13934호를 통해 '미국 영웅들의 국립정원National Garden of American Heroes' 건설을 위한 전담반 설치가 명령되었다. 퇴임 이틀 전인 2021년 1월 18일 추가로 수정된 이 행정명령을 통해 트럼프는 "우리나라의 역사, 제도, 정체성 그 자체를 해체하고자 하는 위험한 반미 극단주의에 의해 미국의 위대함과 선함에 대한 믿음이 최근 공격을 당해왔다"라고 진단하면서, 미국 예외주의의 영광을 반영해 건립될 국립정원이 이러한 잘못된 흐름에 대한 국가적 대응이 될 것이라고 주장했다(Trump, 2021a).[14]

그러나 2020년 대선 패배 이후에도 선거 결과 승복을 거부하며 미국 민주주의의 근본 원칙을 훼손하던 트럼프 정부는 결국 2021년 1월 6일, 비극적이고도 스펙타클한 종말을 맞이하고 만다. 트럼프의 선동 아래 극우단체들에 의해 사전 기획된 의사당 점거 사태 와중에 찍힌—남부의 대표 이데올로그였던 존 캘훈John Calhoun의 초상화 옆에 아메리카 연합국Confederate States of America의 깃발을 들고 행진하는—백인 남성 사진의 충격적 비주얼은 트럼프 시대 미국 영혼을 둘러싼 투쟁이 얼마나 심각한 지점에 도달했는지를 잘 보여주었다(Smith, 2021). 특히 이 사태가 미국 정치사의 괴상한 일탈이 아닌 전형적인 미국적 현상으로서, 트럼프 시대에 증폭된 백인 민족주의의 논리적 귀결임을 지적하거나 남북전쟁 혹은 실패한 재건기와 현재를 비교하는 글들이 쏟아져 나왔다.[15] 즉, 1·6 폭동은 남북전쟁 이후에도 청산되지 못한 잔재들이 핵심적 난제로 미국의 정체성 문제에 남아 있음을 만천하에 전시한 역사적 이벤트로서, 미국사의 암흑의 핵심인 인종문제가 엄존함을 보여주었다. 환언하면, 하츠식

14 그러나 의회는 이 정원 건립 계획을 위한 예산을 전혀 배정하지 않았으며, 구체적인 건설 절차가 진행된 바도 없다. 그리고 결국 2021년 5월, 바이든 대통령이 이와 관련된 행정명령들을 모두 폐기해 버렸다(Miller, 2021).

15 예를 들어, Cineas(2021); Downs and Masur(2021); Zvobgo(2021) 등 참조.

의 승리주의적 리버럴 서사가 하나의 사멸된 에피소드로 처리해 버린 남부의 특수주의적 민족주의 전통이 21세기에도 전혀 소멸된 것이 아님을, 미국 정치사상사의 복수전통론적 해석이 탈근대 시대에도 여전히 적확한 것임을 재확인한 셈이었다(Wasow, 2021). 무엇보다 1·6 폭동의 참가자와 그 지지자들의 가장 큰 공통된 표식이 '거대한 교체great replacement'라는 음모론을 신봉한 점이라는 데 주목할 필요가 있다. 이는 이제까지 미국의 주류였던 백인 집단이 소수인종에 의해 교체되는 중인데, 이러한 변화가 자연스러운 경향이 아니라 진보파가 이민정책 등을 통해 의도적으로 획책한 결과라는 이론이다. 결국 백인들의 인종주의적 공포가 우익 극단주의 폭력의 가장 큰 배경이었던 셈이다(Pape, 2022).

이런 점에서 백인 민족주의자들은 트럼프의 선거 패배를 또 하나의 '잃어버린 대의'로 간주할 가능성이 높고, 이 실패한 이상을 다시 추구하고자 하는 집단적 의지는 바이든 시대에도 트럼피즘의 지속을 가능케 하는 연료가 되었다(Blight, 2021a). 특히 현실 정치상에서 큰 문제가 되는 것은 1·6 폭동 발생 과정의 핵심에 주류 양대 정당 중 하나인 공화당이 존재한다는 점이다. 오늘날의 공화당은 거의 트럼프 개인숭배 정당으로 변질했으며, '진짜' 미국인을 위한 문화전쟁 수행을 중심 의제로 상정하여 백인과 기독교로 구성된 '심장부'를 방어하는 전투에 지지자들을 동원하는 형국이다. 미국 정치가 자신들만이 진정한 미국인이라 믿는 소수에 의한 전제정으로 타락할 위험마저 배제할 수 없는 상황에서 바이든 정부가 출범한 것이다(Müller, 2022).

3) 바이든 시대: 리버럴 서사의 재우위 확보?

2020년 11월 대선 직후 당선자로서 행한 첫 연설에서 바이든은 "미국의 영혼을 둘러싼 전투"라는 캠페인의 핵심 화두를 다시 한번 반복하며, 자신의 선거 승리가 미국 정치사의 맥락에서 지닌 의미를 다음과 같이 강조했다.

저는 오랫동안 미국의 영혼을 둘러싼 전투에 관해 얘기해 왔습니다. 우리는 미국의 영혼을 복원해야만 합니다. 우리나라는 우리의 더 나은 천사와 가장 어두운 욕망들 사이의 지속적인 전투에 의해 형성되었습니다. 이제 우리의 더 나은 천사가 승리해야 할 시간입니다(Feiner, 2020).

같은 맥락에서 2021년 1월 취임사에서 바이든은 오늘날 미국이 역사상 유례를 찾기 힘들 만큼 어려운 도전에 직면했다고 진단하면서도, 당대 미국을 분열시키는 힘들은 오래전부터 존재해 온 것들이라고 지적하고 아래와 같이 미국 정치의 궤적을 서사화했다.

우리의 역사는 우리 모두가 평등하게 창조되었다는 미국의 이상과 인종주의, 토착주의, 공포, 악마화 등이 우리를 오랫동안 분열시켜 왔다는 가혹하고 추한 현실 사이의 지속적인 투쟁사였습니다. 그 전투는 계속 반복되었고 승리는 전혀 확실치 않았습니다. (하지만) 남북전쟁, 대공황, 세계대전, 9·11 등을 거치며, 투쟁, 희생, 후퇴를 거쳐가며 우리의 '더 나은 천사'는 언제나 승리해 왔습니다(Biden, 2021a).

그러면서 바이든은 지금의 미국도 그처럼 승리할 수 있다고 국민들을 독려하며, "공포가 아닌 희망의 미국 스토리"를 함께 써나갈 것을 다짐했다(Biden, 2021a).[16] 그리고 취임 직후부터 여러 조치들을 통해 트럼프 시대를 드리웠던 백인 민족주의 색채를 지우는 작업에 돌입했다. 가령, 업무 개시 첫날 행정명령으로 즉각 1776 위원회를 폐지하고 백악관 홈페이지에서 그 보고서를 삭제하

16 취임식에는 또 하나의 인상적인 퍼포먼스로서 어맨다 고먼(Amanda Gorman)이라는 젊은 흑인 여성의 자작시 낭독이 있었는데, 여기서도 대통령의 취임사와 동일한 형식의 진보적 민족서사가 강조되었다(고먼, 2021).

는가 하면, 구조적 인종차별이 미국을 오랫동안 괴롭혀 왔다고 비판하면서 인종 평등에 관한 행정명령을 취임 1주 차에 서명했다(Biden, 2021b). 이 외에도 상징정치적 차원에서 트럼프의 유산을 제거하는 작업들이 단행되었는데, 예를 들어 대통령 집무실Oval Office을 새 단장하면서 앤드루 잭슨Andrew Jackson—노예농장주이자 인디언 이주법을 강행함으로써 인종주의의 상징으로 비판받았을 뿐만 아니라 우익 포퓰리즘의 선조 격으로 지목되어 트럼프와 유사성이 늘 지적되었던 제7대 대통령—의 초상화가 바로 철거되었다. 대신에 1960년대 민권운동과 관련된 위인들—킹 목사, 로버트 케네디Robert F. Kennedy, 로자 파크스Rosa Parks 등—의 흉상이 새로 자리를 차지했다(Linskey, 2021). 20달러 지폐의 주인공을 잭슨 대통령에서 19세기 노예 탈출 비밀조직인 '지하철도Underground Railroad'의 전설적 흑인 여성 인권운동가 해리엇 터브먼으로 교체할 계획이 발표된 것도 같은 맥락이다(최혜림, 2021).

하지만 바이든 정권이 들어선 후에도 '미국이란 무엇인가'라는 네이션의 영혼을 둘러싼 전투는 현재진행형이다. 무엇보다 트럼프주의자들이 점령해 버린 공화당은 2022년 중간선거의 핵심 화두로서 민족정체성 문제를 더욱 세차게 제기했다. 우선 미국사의 기원에 대한 해석 전쟁이 계속 전개되어 왔는데, 1619 프로젝트와 유사한 맥락에서 2021년 10월 8일, 바이든은 원주민의 날과 콜럼버스의 날을 동시에 선포했다.[17] 1992년 캘리포니아주 버클리Berkeley, CA에서 콜럼버스의 날을 원주민의 날로 바꿔 선포한 바 있지만, 미국 대통령이 이를 공식화한 것은 처음으로, 여기에는 연방 공휴일의 초점을 콜럼버스에서 아메리카 원주민으로 이동시키려는 목적이 두드러졌다. 먼저 콜럼버스의 날 포고문(Biden, 2021h)에서 바이든은 유럽의 탐험가들이 아메리카의 토착민들에게 가한 잔학의 역사, 부족민들이 겪은 가난과 강제 이주, 폭력과 질병을 엄연

17 '콜럼버스의 날' 자체는 1934년 상하원 합동 결의로 이미 오랜 기간 준수된 것이다.

한 사실로서 수용할 것을 요구하면서 과거의 부끄러운 이야기들을 있는 그대로 인정하는 것이야말로 위대한 나라의 시금석이라고 주장했다. 다음으로 원주민의 날 포고령(Biden, 2021g)에서 바이든은 미국이 비록 평등과 기회의 약속 위에 건국되었지만 그 약속에 완전히 부응한 적은 단 한 번도 없다는 사실을 지적하면서, 특히 연방정부가 수 세기에 걸쳐 토착 공동체와 부족민들에게 동화와 강제 이주, 테러 등을 자행한 사실을 잊어선 안 된다는 점을 지적했다. 나아가 이제 연방 인디언 정책의 최우선 목표는 부족 주권과 자치를 존중하는 것이라는 점을 강조했다.[18]

또한 바이든은 여러 역사 기념 행위들을 통해 흑인 관련 인종차별 문제에 대한 국가적 반성을 촉구해 왔다.[19] 특히 '체계적 인종주의'가 현재에도 존재함을 꾸준히 지적하는 모습이 인상적인데, 첫째, 털사 인종 대학살Tulsa Race Massacre 100주기를 맞아 미국 대통령으로는 처음으로 현장을 방문하고 공식 추모 성명을 발표했는데, 여기서 그는 미국에서 인종 테러의 깊은 뿌리에 대해 반성할 것과 함께 나라 전체에 걸쳐 있는 체계적 인종주의를 근절하는 일에 다시 헌신할 것을 촉구했다(Biden, 2021c). 둘째, 바이든은 노예해방기념일Juneteenth을 새로이 연방 공휴일로 지정하는 법안에도 서명했다. 1865년 6월 19일 텍사스에서 마지막으로 노예가 해방된 날을 기념하는 준틴스는 흑인 민권운동가들 사이에서는 또 하나의 독립기념일로 이전부터 추모되어 왔다. 이에 바이든은 포고문

18 정반대로 트럼프는 2020년 콜럼버스의 날 포고문에서 콜럼버스를 세계사의 새로운 장(章)으로서 탐험과 발견의 신시대를 연 "용감무쌍한 영웅", "전설적 인물"로 상찬하면서, 그의 위대한 유산을 실패와 학살의 스토리로 대체해 미국의 역사를 사악한 것으로 매도하려는 급진주의 활동가들을 맹렬히 비난한 바 있다(Trump, 2020c).

19 유사한 맥락에서 2021년 3월, 한인 4명을 포함해 아시아계 미국인 6명의 목숨을 앗아간 애틀랜타 총기 난사 사건 이후 아시안 혐오 문제가 부상했던 점도 특기할 만하다. 이는 코로나19 팬데믹이 발생했을 당시 트럼프가 중국과 아시아인에 대한 혐오 발언을 한 것이 촉발한 후과이기도 하다. 이런 상황에 대한 대응으로 바이든 정부는 정권 초기 혐오범죄 방지를 위한 일련의 행정명령과 포고문 발표, 법안 서명 등의 조처를 했다(The White House, 2022).

을 통해 노예제를 "미국의 원죄"로 지칭하면서 체계적 인종주의라는 오랜 유산을 지적하고 위대한 나라들은 과거의 가장 고통스러운 순간들을 외면하지 않고 직시한다고 강조했다. 그리고 노예해방기념일은 단순히 과거를 기념하는 일이 아니라 오늘 우리에게 몸소 행동할 것을 요구한다고 주장했다(Biden, 2021d). 셋째, 바이든은 샬러츠빌 폭동 4주년 성명서를 통해 그 사건은 미국의 영혼을 둘러싼 전투가 만천하에 드러난 일이라고 지적하면서 1·6 폭동과 함께 미국 역사의 부끄러운 국면들을 구성한다고 말했다. 그리고 오늘날 본토에서 발생하는 가장 치명적인 테러 위협은 백인우월주의에 기반한 국내 테러리즘이며, 증오 폭력의 확산에 정면 대응해야 한다고 촉구했다(Biden, 2021f).[20]

보다 추상적인 교육원칙의 차원에서도 바이든 정부는 비판인종이론에 대해 호의적 평가를 내리고 체계적 인종주의가 지금도 만연해 있다는 점을 명확히 했다. 가령, 2021년 7월 젠 사키Jen Psaki 백악관 대변인은 비판인종이론과 반인종주의에 기초한 커리큘럼에 따른 학교교육에 대한 대통령의 의견을 묻는 기자의 질문에 다음과 같이 답변했다.

> 대통령은 우리의 역사에 많은 어두운 순간들이 존재했다고 믿습니다. 우리 역사에는 단지 노예제뿐 아니라, 오늘날 사회에도 여전히 영향을 미치는 체계적 인종주의가 존재합니다. 그리고 그는 …… 아이들이 우리 역사의 좋은 면뿐만 아니라 도전적인 부분들까지도 배워야만 한다고 믿고 있습니다(Psaki, 2021).

20 추가하여 케탄지 브라운 잭슨(Ketanji Brown Jackson)을 지명함으로써, 미국 대법원 역사 233년 만에 최초의 흑인 여성 대법관을 탄생시킨 것도 바이든 정권의 인상적인 선택이었다. 잭슨은 백악관 기자회견에서 시인 마이아 앤절로(Maya Angelou)의 시구 "나는 노예의 꿈이자 희망이다"를 인용하면서, 자신의 성취가 킹 목사와 같은 과거 선구자들의 유산에 힘입은 것이자 미국의 꿈을 대변하는 것이라는 점을 강조했다(Jackson, 2022). 또한 2022년 5월 백악관 대변인에 아이티 이민자 출신 흑인 여성이자 성소수자인 카린 장-피에르를 임명한 것도 같은 맥락에서의 파격적 제스처였다. 과거에 장-피에르는 "나는 (트럼프가) 증오하는 모든 것을 갖고 있다. 흑인 여성이고, 동성애자이며, 엄마이고, 부모님 두 분 모두 아이티에서 태어났다"라고 발언한바 있다(이민석, 2022).

이런 바이든 정부의 행보에 맞서 트럼프는 한 언론 기고문을 통해 바이든 정권의 최우선 목표가 나라를 인종과 젠더에 따라 분열시키는 것이라고 주장하면서, 좌파들이 국가의 기억과 정체성을 해체시킴으로써 완전한 정치적 통제를 얻으려 한다고 주장했다. 특히 트럼프는 현 정부가 교육정책을 통해 미국의 학생들에게 좌파세력의 반미적인 이론—아이들에게 그들의 역사가 사악하다고 말하고, 미국인들에게 그들이 사악하다고 말하는 것—을 주입시키고 있다고 비판했는데, 여기서 지목된 '주적'이 또한 비판인종이론이었다(Trump, 2021b). 결과적으로 비판인종이론에 대한 공격은 바이든 시대에도 트럼프주의자들의 주요한 문화전쟁 수단으로 사용되고 있다. 특히 2021년 11월, 글렌 영킨Glenn Youngkin 공화당 후보의 버지니아 주지사 선거 역전 승리 과정이 주목되는데, 2000년대 말 이후 민주당이 늘 강세였고, 당해 선거에서도 민주당 테리 매콜리프Terry McAuliffe 후보에게 여론조사에서 줄곧 밀리던 영킨 후보가 최종 결과를 뒤집은 계기가 바로 비판인종이론과 관련된 교육 이슈였다. 이른바 '영킨 공식'으로 불리게 된 공화당의 선거 전술이 새롭게 탄생한 것이다. 각 주 지방 단위에서 비판인종이론에 기반해 있다고 가정되는 반인종차별 교육을 금지하거나, 소위 백인 학생들의 마음을 "불편하게 만드는" 혹은 나라의 "분열을 야기하는" 책들을 나열한 금서 목록을 정하는 입법 활동 등을 통해 2022년 11월 중간선거의 주공전선으로 비판인종이론을 부각시키며, 백인 부모들의 불안감을 자극하는 방식으로 보수적 지지층을 동원했다(전홍기혜, 2021).

이와 같은 미국 정치갈등의 흐름은 2024년 대선에까지 지속될 것으로 보인다. 바이든의 경우, 미국의 영혼을 둘러싼 전투가 계속되고 있다는 레토릭을 반복해 사용하며 극단적 'MAGA' 세력에 맞서 미국의 자유주의적 정체성과 민주주의를 수호하겠다는 의지를 표명해 왔는데, 재선 도전을 선언하는 트위터 영상에서도 동일한 메시지로 출마의 변을 대신했다.

반면, 우파 진영에서도 트럼피즘의 위세는 여전하다. 연이은 검찰의 기소와 재판에 따라 지속적으로 위기를 맞았음에도 불구하고 공화당에서 대선후보로서 트럼프의 인기는 견고하며, 도리어 바이든 정권에 의한 정치적 보복 이미지 때문에 보수층 지지자들이 더욱 결집하는 현상까지 관찰되었다. 더구나 설령 사법 리스크 때문에 트럼프의 미래가 불확실하다 하더라도, 당내 대선후보 지지율 2위가 "부담 없는 트럼프, 광기 없는 트럼프, 기소 위기에 처하지 않은 트럼프"라고 불리는 론 디샌티스Ron DeSantis라는 사실은 의미심장하다. 무엇보다 디샌티스가 플로리다 주지사로 재임하면서 "안티 워크anti-woke"라 불리는 반PC 운동을 통해 전국적 명성을 쌓아온 인물이라는 점을 고려할 때, 어떤 식으로든 공화당 역시 2024 대선의 화두로 문화전쟁, 즉 미국의 정체성 서사에 대한 헤게모니 투쟁을 내세울 것이라는 점은 분명해 보인다.

4. 결론을 대신하여

1) 미국 민주주의의 지속되는 위기

1·6 폭동 1주년을 맞아 바이든과 트럼프는 서로 성명서를 발표하며 또다시 미국의 의미와 국가정체성에 대한 설전을 벌였다. 먼저 바이든은 의회 점거 사태 당시 폭도들이 의사당 내부에서—국가적 신조를 파괴했던 '대의'를 상징하는—남부연합의 깃발을 흔든 것은 정작 남북전쟁 당시에도 발생하지 않은 비극이라고 지적하면서, 건국 부조 이래의 시민적 민족주의 정체성에 대한 거대 내러티브를 재삼 설명했다. 즉, 미국은 계속해서 관리가 필요한 하나의 관념 위에 건설된 나라이자 모든 인민은 평등하다는 신조 위에 건국된 공동체라는 점을 강조했다. 또한 그는 트럼프와 그 추종자들은 미국의 핵심 가치에서 가장 멀리 떨어진 자들이며 미국이 옹호해 온 유산을 파괴하고자 시도하고 있다고 맹렬히 규탄했다. 평소 온건하고 세련된 주류 정치인의 이미지를 지닌 바이든답지 않게 격렬한 어조와 비유로 "미국의 민주주의에 단도를 들이댄 무장 폭

동" 세력과 이를 방조한 트럼프, 그리고 그 성격이 반민주 세력으로 변질되어 버렸다고 규정된 공화당을 비난한 것은 그만큼 현재에도 권위주의적 포퓰리즘 세력의 힘이 건재한 반면, 자신에 대한 지지율은 기대만큼 공고하지 못한 현실에 대한 초조함을 반영한 것인지도 모른다(Biden, 2022).[21] 반면 트럼프는 여전히 지난 대선이 조작되었다는 음모론을 제기하면서, 1·6 폭동을 바이든이 정치적으로 이용하고 있다고 비난했다.[22] 또한 전형적인 포퓰리즘의 레토릭을 동원해 수십 년간 "미국의 역사와 가치를 공격"하고 "미국을 우리 인민들이 거의 알아볼 수 없는 나라로 변형시키려 시도"해 온 "좌익 정치-미디어 기득권층"에 맞서 인민의 상식과 힘을 바탕으로 나라를 되찾겠다고 주장했다(Trump, 2022a; 2022b).

이런 맥락에서 현재까지도 지난 의회점거사태의 의미를 어떻게 정의할지에 대해 정치지도자들뿐만 아니라 일반 미국인들 사이에서도 사회적 합의가 부재하다는 점은 특기할 만하다. 친공화당 유권자 중 트럼프 대통령의 1·6 폭동 책임론을 긍정하는 비율은 27%에 불과하며(정상원, 2022), 지지자들의 절반은 1·6 폭동을 애국심과 자유 수호의 발로라고 응답하는 실정이다(황준범, 2022). 그리고 여전히 미국인 3명 중 1명은 바이든 대통령이 합법적으로 당선되지 않았다고 생각하고, "시민들이 정부에 폭력으로 대항하는 것이 정당화될 수 있

21 2023년 5월 실시된 한 여론조사 결과에 따르면 바이든 대통령 업무 수행 지지율은 36%에 그쳐 취임 후 최저치를 기록했다. 이는 2022년 2월 조사에서 기록한 37%보다도 낮은 결과다. 2024년 대선 가상 대결에서도 바이든 대통령의 하락세가 뚜렷했다. '차기 대선에서 누구에게 투표할 것인가'라는 질문에 트럼프에 대한 지지는 36%, 바이든에 지지는 32%를 기록, 1 대 1 가상 대결에서도 오차범위를 넘는 차이로 현직 대통령이 뒤진다는 충격적 결과가 나온바 있다(정상원, 2023).

22 트럼프는 퇴임 후에도 줄곧 의회 점거 폭동에 대해 지지의사를 표명해 왔다. 가령 2022년의 한 인터뷰에서 그는 폭동 발발 시 자신도 백악관에서 의사당까지 지지자들과 함께 행진을 하고 싶었지만 비밀경호국이 이를 저지했다면서, 만일 경호국의 반대가 없었다면 "나는 1분 안에 그곳에 갔을 것"이라고 진술했다(Dawsey, 2022). 이러한 입장은 2023년에도 계속되어 폭동 참가자들의 시위 동기를 옹호하면서 대통령이 되면 그들의 많은 수를 사면할 의향이 있다고 발언했다.

다"고 대답한 사람이 무려 34%에 달하는 상황이다. 미국의 민주주의가 후퇴하고 있다는 지표들도 계속 발표되고 있는데, 가령 민주주의와 선거 지원 국제기구International Institute for Democracy and Electoral Assistance는 「2021 글로벌 민주주의 상태」 보고서에서 미국을 '민주주의 후퇴국'으로 분류했다(김재중, 2022). 또한 미국이 민주주의와 권위주의 사이에 존재하는 '부분적 민주주의 국가'로 퇴보했고, 2021년 의사당 점거를 계기로 내전 발발 가능성이 증가하고 있다는 진단도 존재한다(Walter, 2022).

정리하면, 바이든 행정부가 들어선 지 한참의 시간이 지났지만, 여전히 미국 여론의 분열과 레짐의 일상적 불안정 상태endemic regime instability가 관찰되고 있다. 향후에도 얼마든지 헌정위기가 반복되고 극단적 양극화와 정당 간 경쟁으로 인해 정치폭력이 증가할 위험성이 상존하고 있는 셈이다.[23] 특히 공화당에 대해서는 트럼프 퇴임에도 불구하고 여전히 미국의 헌정질서를 불안케 하는 반민주적 세력으로 급진화되어 버렸다는 평가까지 나오고 있다. 당의 핵심 지지층으로서 상대적 지위 상실로 불안에 빠진 농촌지역 백인 기독교도들이 공화당의 극단화를 아래로부터 추동하고 있기 때문이다(Levitsky and Way, 2022).

무엇보다 현재 미국 정치갈등의 핵심에 네이션의 전기national biography에 대한 서사 경쟁이 놓여 있다는 점은 앞으로도 정치적 부족주의와 양극화가 강화될 수밖에 없다는 암울한 전망을 가능케 한다. 마이클 린치(린치, 2020)에 따르면, 전통적인 정치경쟁의 변수들로서 물질적 이익이나 이념적 원칙이 아닌 문화적 거대서사에 바탕을 둔 집단정체성이 정치의 근본 토대로 작동할 때,—특히 그러한 맹목적 확신이 디지털 플랫폼에 의해 더욱 증폭되는 인터넷 세상에서—이른바 진영논리로 모든 것이 수렴하고 정치의 공간은 일종의 패싸움 혹

23 한 가지 예로 두 거대정당 지지자의 40%는 상대방을 "완전한 악(downright evil)"으로 간주하고 있다. 서로를 정당한 정치적 협상과 타협의 주체로 전혀 인정하지 않는 것이다(Murphy and Kosminsky, 2021).

은 종교적 선악전쟁의 영역으로 퇴화해 버린다. 이런 역사적 국면에서는 고전적인 정치학 교과서에서 묘사하는 이익 배분과 타협 혹은 좌우 이념갈등과 같은 정치의 '정상적' 작동은 멈춰버리게 된다. 정체성 혹은 서사 경쟁의 시대에는 정치라는 것 자체의 기본 전제가 변화하는 셈이다. 오늘날 정치적 양극화가 바로 경합하는 정체성들에 기반한 독단과 파벌적 오만함의 충돌 현상으로 특징지어지고 있기 때문에, 미국의 정치가 대화나 타협의 기예가 되기에는 지극히 어려워진 상황이다. 즉, 정당정치가 물질적 이익이 아닌 존엄성 차원의 갈등 혹은 윤리의 문제로 비화했기에 협상은 불가능하며, 전심전력을 다해 상대의 의제를 거부하여 정치적 교착 상태를 야기하는 것—후쿠야마(후쿠야마, 2020)의 용어로 "비토크라시vetocracy"—이 두 거대정당의 일상적 모습이 되어 버렸다.

2) 미국 정치의 혁신과 '네 번째 건국'

그렇다면 과연 바이든 정부, 더 넓게는 현재 백인 민족주의 흐름과 대치 중인 미국의 리버럴 세력에 의해 이러한 난국은 타개될 수 있을까? 문제의 해결을 위해서는 먼저 기성 진보그룹의 담론정치가 가진 난점에 대한 성찰부터 시작할 필요가 있다. 첫째로, 2010년대 이후 급부상한 우파의 비자유주의적 정체성 정치는 사실 그 이전에 강성해진 좌파 정체성 정치에 대한 '백래시back-lash'의 성격을 띤다는 점이 지적되어야만 한다. 비록 앞서 살펴본 1776 위원회의 보고서(The President's Advisory 1776 Commission, 2021)가 비판인종이론과 정체성 정치를 비난하는 방식은 상당 부분 악의적이긴 하나, 일말의 진실을 담고 있는 것도 사실이다. 무엇보다 1980년대 이래 강화되어 온 리버럴 진영의 정체성 정치는 점점 더 협소해지는 특수주의적 자기 정의와 급진적 개인주의, 즉 인종, 성적 지향 등에 기반을 둔 '차이'의 문제에 몰두하기 시작함으로써 미국인들 전체가 공유하는 민족정체성이나 시민으로서의 연대감의 문제를 경시했다는 비판을 받기에 충분하다(릴라, 2018).

특히 현대 미국 좌파가 '정치적 올바름political correctness: PC'과 '각성주의 wokism' 등에 집중하면서 민주당의 전통적 지지층인 백인 노동계급의 정치경제적 의제가 점차 주변화되었고,[24] 이로 인해 이들이 배신감을 느끼게 되었다는 것, 그리하여 좌파적 정체성 정치학에 우파적 정체성 정치학으로 맞대응[25]하기 시작했다는 것 등은 엄연한 사실이다. 따라서 진보진영의 특수주의적 서사를 넘어 미국 시민 전체(="we the people")의 공통 미래 비전에 대한 스토리를 재발명할 필요가 있다(추아, 2020; 후쿠야마, 2020). 지금까지와 마찬가지로 리버럴들이 계속해서 민족에 대한 내러티브를 포기할 경우, 민족주의가 사라지는 것이 아니라 트럼프주의 같은 배타주의적 서사에 의해 미국의 의미가 포획되어 자유주의만 약화되는 결과를 초래할 것이기 때문이다(Lepore, 2019).

둘째로 트럼프식 우익 포퓰리즘에 맞서 바이든이 들고나온 '영혼을 둘러싼 전투' 담론에 내재한 문제점들에 대해서도 들여다볼 필요가 있다. 우선 바이든의 서사를 이론적으로 뒷받침한 미첨의 작업이 사실은 로저스 스미스Rogers Smith 등이 주창해 온 복수전통론(Smith, 1993; 1997; Gerstle, 2015; 2017)의 질 낮은 속

24 마크 릴라(Mark Lilla)의 냉소적 표현을 빌리자면 정체성 정치는 신자유주의와 정면 대결하는 대신 청년들이 자아에만 집착하게 만드는 "좌파를 위한 레이건주의"에 불과했다(릴라, 2018: 99). 환언하면, 1980년대부터 미국의 대학 캠퍼스에 등장한 정체성 정치와 다문화주의는 지난 30여 년간 신자유주의적 컨센서스에 의해 사회경제적 불평등이 심화하고 특히 백인 노동자들의 삶이 악화해 가는 상황에서 진보세력에게 거대한 "추세를 반전시킬 방법에 대한 진지한 고민을 대신하는 편리한 대용물"이 되었다(후쿠야마, 2020: 190).

25 이런 점에서 보면 현대 미국의 내러티브 정치의 맥락에서 좌파의 소수자 정치와 우파의 백인 민족주의는 사실상 거울상(mirror image)에 가깝다. 양쪽 모두 보편주의와 시민적 연대, 통합적 민족정체성을 거부하고 특수주의적이고 배타주의적인 집단 정체성을 지향한다. 또한 흥미롭게도 오늘날 우파의 정체성 정치는 그 수사와 프레임까지도 과거 좌파의 정체성 정치를 상당 부분 모방하고 있다. 즉, 트럼프주의자들도 "내가 속한 집단이 피해자다. 우리 집단이 처한 상황과 우리가 겪는 고통은 사회로부터 외면당하고 있다. 이런 상황에 책임이 있는 사회 및 정치 구조를(즉 미디어와 정치 엘리트층을) 깨부숴야 한다"라는 급진 좌파운동의 논리를 그대로 공유한다(후쿠야마, 2020: 199).

류화에 불과하다는 지적에 주목할 필요가 있다. 즉, 미첨의 스토리가 미국사 내에서 줄곧 충돌해 왔던 두 세력의 존재—'어두운 욕망'과 '더 나은 천사'—는 잘 묘사했지만, 결국 선의의 편이 늘 승리해 왔으며, 최선의 전통이 곧 미국의 진정한 전통이라는 등식을 내세운 것에는 비판의 여지가 많다. 사실 이러한 휘그주의적 거대서사는 복잡다단한 미국사를 납작하게 만드는 것으로, 어느 면에서는 과거 냉전 자유주의와도 공명하는 점이 많다. 결국, 바이든을 위시한 기성 주류 세력이 승리주의 담론의 자장 내에 위치한 것을 표현한다고 볼 수 있다. 반면, 스미스 등이 애초에 주창한 복수전통론은 이러한 목적론적 서사와 의도적으로 거리를 둘 뿐만 아니라, 자유주의적 신조가 비자유주의적 신조를 늘 꺾을 수 있다거나, 영원히 제거할 수 있다는 생각에는 전혀 동의하지 않는다(Voght, 2021).

여기서 우리는 기독교적인 '영혼' 메타포에서 '속죄redemption from sin'와 '복원restored to glory' 사이의 근본적 차이에 주목하게 된다. 실상 바이든의 미국 영혼 구원론은 거칠게 말하자면 'MAGA' 담론의 거울상에 불과하다. 이전에 보다 덕성스러웠던 옛날, 우리의 '천사'가 승리했던 과거와 국가적 영웅들을 떠올리며 그 영광을 '복원'하자는 것에 다름없기 때문이다. 이는 곧 오늘날 트럼프 현상을 낳은 진보 기득권층liberal establishment이 자신들의 '죄sin'에 대한 고백과 회개가 결여되어 있음을 의미하는 것이기도 하다. 민권운동 시대 이전까지—사실 이후에도 종종—리버럴들조차도 상당수 인종주의 레짐에 공모했다는 변하지 않는 사실과 함께, 탈냉전기를 통틀어 그들이 역사의 종언론과 같은 승리주의에 도취되어 있었고, 특히 신자유주의적 합의에만 매몰되었기에 트럼프가 등장할 수 있는 사회경제적 여건을 성숙시켰다는 혐의에 대한 숙고가 필요하다. 이는 곧 바이든의 레토릭으로 낭만화된 미국의 소위 '진짜' 영혼(정체성)에 대한 근본적 반성 혹은 미국 예외주의 감성에서의 탈피의 필요성을 촉구하는 문제이다(Leary, 2021).[26]

결론적으로 오늘날 미국은 일종의 "네 번째 재건국"이 요구되는 역사적 계기에 도달했다고 여겨진다(Restad, 2021). 즉, 1789년 연방헌법 제정을 통해 세계 역사상 처음으로 근대공화국을 수립한 이래, 남북전쟁과 재건기를 거쳐 노예제를 폐지하는 두 번째 건국을, 민권운동과 1964년 민권법 통과 등을 통해 짐 크로 체제를 혁파하는 3차 건국을 수행하며 국가의 정체성을 진화시켜 온 미국은 현재 반자유주의적, 백인 민족주의적 경향에 맞서 다시 한번 진정한 의미에서 "다인종 민주주의" 공화국(다카키·스테포프, 2022: 291~294)을 수립하는 4차 건국의 제헌적 국면을 구성해야만 한다. 특히 충분한 다수를 포함하는, 미국이 어떤 나라인가에 대한 컨센서스가 광범위하게 형성되어야만, 공고하면서도 충분히 성찰적인 민족주의 서사의 주조가 가능해질 것이다. 또한 이는 신자유주의적 합의를 벗어나 어떻게 1930년대 루즈벨트의 뉴딜비전을 21세기 상황에 맞게 업데이트할 것인가의 문제와도 직결된다(Deudney and Ikenberry, 2021). 상부와 하부구조 차원 모두에서 미국이라는 국가의 총체적 개혁 성패 여부가 초미의 관심사로 부상한 역사적 순간을 현재 우리 모두가 목도하고 있는 셈이다.

고먼, 어맨다. 2021.『우리가 오르는 언덕』. 정은귀 옮김. 은행나무.

곽한영. 2021.「계기수업을 통한 민주시민교육의 사례 연구: 미국 국회의사당 습격사건에 대한 대응을 중심으로」. ≪법교육연구≫, 제16권 2호, 1~30쪽.

권은혜. 2020.「다문화주의와 미국적 정체성: 1990년대 미국 역사가들의 다문화주의 논쟁을 중심으

26 물론 바이든 행정부 핵심에서 맹목적인 예외주의에 대한 반성의 뜻을 보인 사례도 존재한다. 가령 토니 블링컨(Tony Blinken) 국무장관은 2021년 유엔특별보고관을 초청해 미국 내 인종차별과 소수자 인권 문제를 조사해 달라고 요청했으며, 각국에 주재하고 있는 대사관들에 보낸 전문에서 미국의 민주주의와 인권에도 결함이 있음을 대외적으로 솔직히 인정해도 좋다고 지시했다(황준범, 2021).

로」. ≪미국사연구≫, 제51권, 103~142쪽.
______. 2021. 「20세기 전반기 미국의 시민권 박탈 정책과 "조건적 시민권"의 형성」. ≪서양사론≫, 제149권, 52~88쪽.
김용태. 2018. 「건국 초 미국의 시민권 정책과 국가 정체성: 이민과 귀화 정책을 둘러싼 정치적 논의를 중심으로」. ≪동국사학≫, 제65권, 5~46쪽.
김은형. 2018. 「트럼프, 에머슨, 그리고 정체성 정치: 민주주의의 위기와 그 대안의 모색」. ≪안과 밖≫, 제45권, 126~150쪽.
김재중. 2022. "여전히 갈라진 미국…3명중 1명 "바이든 당선 인정 안 해"". ≪경향신문≫, 2022.1.6. https://www.khan.co.kr/world/america/article/202201062148005.
다카키, 로널드·레베카 스테포프. 2022. 『역사에 없는 사람들의 미국사: 밀려오고 적응하고 내쫓기며…이민자들이 만든 나라, 미국』. 오필선 옮김. 갈라파고스.
류재성. 2015. 「오바마 행정부 시기 인종 간 불평등 및 인종주의 담론」. ≪다문화사회연구≫, 제8권 1호, 145~170쪽.
류지복. 2022a. "'오늘 미국 대선 열린다면' 승자는…"트럼프가 바이든에 승리"". ≪연합뉴스≫, 2022.3.30. https://www.yna.co.kr/view/AKR20220330012800071.
______. 2022b. "바이든 지지율 '인플레·우크라'에 직격탄…역대 최저치 속출". ≪연합뉴스≫, 2022.4.14. https://www.yna.co.kr/view/AKR20220414188000071.
린치, 마이클. 2020. 『우리는 맞고 너희는 틀렸다: 똑똑한 사람들은 왜 민주주의에 해로운가』. 성원 옮김. 메디치미디어.
릴라, 마크. 2018. 『더 나은 진보를 상상하라: 정체성 정치를 넘어』. 전대호 옮김. 필로소픽.
박형주. 2021. "비판인종이론은 어떻게 미국 보수주의자의 적이 됐나". ≪참세상≫, 2021.8.5. http://www.newscham.net/news/view.php?board=news&category1=38&nid=106144.
손병권. 2019. 「백인 민족주의 정체성 정치의 등장과 미국의 미래」. EAI 워킹페이퍼. http://www.eai.or.kr/new/ko/etc/search_view.asp?intSeq=15299&board=kor_workingpaper.
손세호. 2004. 「『미국 역사 표준서』와 개정판을 둘러싼 논쟁」. ≪미국학논집≫, 제36권 3호, 102~130쪽.
신문수. 2016. 「미국 다문화주의 운동의 양상: 성과와 전망」. ≪미국학≫, 제3권 1호, 1~35쪽.
신지원·류소진·이창원. 2020. 「구조적 인종주의와 인종불평등: 미국 내 최근 인종문제를 중심으로」. ≪민주주의와 인권≫, 제20권 4호, 41~80쪽.
안병진. 2021. 『미국은 그 미국이 아니다: 미국을 놓고 싸우는 세 정치 세력들』. 메디치미디어.
앤더슨, 베네딕트. 2018. 『상상된 공동체: 민족주의의 기원과 보급에 대한 고찰』. 서지원 옮김. 길.
오바마, 버락 H. 2021. 『약속의 땅: 버락 오바마 대통령 회고록 1』. 노승영 옮김. 웅진지식하우스.
유동원. 2018. 「중국의 외교 내러티브(Narrative) 연구」. ≪중소연구≫, 제42권 3호, 41~81쪽.
유희석. 2021. 「미국의 반체제 운동에 관하여: 팬데믹 시대의 기록과 단상」. ≪동향과 전망≫, 제111권, 38~65쪽.
이민석. 2022. "바이든, 신임 백악관 대변인에 사상 첫 흑인 여성 임명". ≪조선일보≫. 2022.5.6. https://www.chosun.com/international/us/2022/05/06/OEDAFF77W5BY3PQCC77FOJ2YJI/.

이수영. 2019.「미국의 인구 및 문화적 변동과 미국의 미래」. EAI 워킹페이퍼. http://www.eai.or.kr/new/ko/etc/search_view.asp?intSeq=15300&board=kor_workingpaper.
이승연. 2016.「비판인종이론의 사회과 교육 적용 가능성에 관한 탐색」. ≪시민교육연구≫, 제48권 2호, 129~166쪽.
이진구. 2014.「미국의 문화전쟁과 '기독교미국'의 신화」. ≪종교문화비평≫, 통권26호, 79~115쪽.
전홍기혜. 2021. "인종주의의 '新부기맨'은 어떻게 美 정치를 뒤흔들고 있나". ≪프레시안≫, 2021.11.29. https://www.pressian.com/pages/articles/2021112419305628362.
정경희. 2004.「미국 역사표준서 논쟁 연구」. ≪역사교육≫, 제89권, 35~64쪽.
정상원. 2022. "美 의회 난입 사태 1년…단죄는 더디고, 나라는 쪼개졌다". ≪한국일보≫, 2022.1.7. https://www.hankookilbo.com/News/Read/A2022010610540001309.
_____. 2023. "바이든 지지율 최저, 트럼프 맞대결도 뒤져...재선 가도 경고등". ≪한국일보≫, 2023.5.8. https://www.hankookilbo.com/News/Read/A2023050812420003903
정웅기. 2020.「'새로운' 미래의 시추: 미국의 BLM운동과 공공 기념물 철거 논쟁」. ≪역사비평≫, 제133권, 380~411쪽.
정일영. 2021.「미연방헌법과 비판인종이론(Critical Race Theory) 논쟁」. ≪법사학연구≫, 제64권, 359~385쪽.
정태식. 2021.「트럼프의 정치적 등장 이후 급속하게 재등장한 '백인우월주의'에 대한 종교사회학적 일고찰」. ≪신학과 사회≫, 제35권 2호, 203~234쪽.
차태서. 2019.「예외주의의 종언? 트럼프 시대 미국패권의 타락한 영혼」. ≪국제·지역연구≫, 제28권 3호, 1~30쪽.
최준영. 2007.「공화당의 남벌(南伐)전략과 남부의 정치적 변화」. ≪신아세아≫, 제14권 3호, 154~177쪽.
최혜림. 2021. "미국 잭슨 전 대통령, 20달러 지폐서 사라진다…새 주인공은 흑인 인권운동가". ≪이투데이≫, 2021.1.26. https://www.etoday.co.kr/news/view/1988468.
추아, 에이미. 2020.『정치적 부족주의: 집단 본능은 어떻게 국가의 운명을 좌우하는가』. 김승진 옮김. 부키.
하상응. 2020.「미국 민주주의의 위기: 트럼프의 등장과 반동의 정치」. ≪안과 밖≫, 제49권, 156~177쪽.
헌팅턴, 새뮤얼. 2017.『새뮤얼 헌팅턴의 미국, 우리는 누구인가』. 형선호 옮김. 김영사.
황준범. 2021. "블링컨, 미 외교관들에 "미국 민주주의·인권 결함도 인정하라"". ≪한겨레≫, 2021.7.18. https://www.hani.co.kr/arti/international/international_general/1003971.html.
_____. 2022. "민주주의 짓밟힌 미국, 균열의 골 더욱 깊게 패였다". ≪한겨레≫, 2022.1.4. https://www.hani.co.kr/arti/international/international_general/1025856.html.
후쿠야마, 프랜시스. 2020.『존중받지 못하는 자들을 위한 정치학: 존엄에 대한 요구와 분노의 정치에 대하여』. 이수경 옮김. 한국경제신문.

Abrajano, Marisa and Zoltan Hajnal. 2015. *White Backlash: Immigration, Race, and American*

Politics. Princeton: Princeton University Press.

Bahrampour, Tara and Ted Mellnik. 2021. "All Population Growth in U.S. Driven by Minorities, Upcoming Census Data Is Likely to Reveal." *The Washington Post*. August 10. https://www.washingtonpost.com/dc-md-va/2021/08/10/census-race-population-changes-redistricting/.

Berenskoetter, Felix. 2014. "Parameters of a National Biography." *European Journal of International Relations*, Vol.20, No.1, pp.262~288.

Bhabha, Homi K.(ed.). 1990. *Nation and Narration*. New York: Routledge.

Biden, Joe. 2020. "Remarks by Vice President Joe Biden in Gettysburg, Pennsylvania." October 6. https://joebiden.com/2020/10/06/remarks-by-vice-president-joe-biden-in-gettysburg-pennsylvania/.

_____. 2021a. "Inaugural Address by President Joseph R. Biden, Jr." The White House. January 20. https://www.whitehouse.gov/briefing-room/speeches-remarks/2021/01/20/inaugural-address-by-president-joseph-r-biden-jr/.

_____. 2021b. "Remarks by President Biden at Signing of an Executive Order on Racial Equity." The White House. January 26. https://www.whitehouse.gov/briefing-room/speeches-remarks/2021/01/26/remarks-by-president-biden-at-signing-of-an-executive-order-on-racial-equity/.

_____. 2021c. "A Proclamation on Day Of Remembrance: 100 Years After The 1921 Tulsa Race Massacre." The White House. May 31. https://www.whitehouse.gov/briefing-room/presidential-actions/2021/05/31/a-proclamation-on-day-of-remembrance-100-years-after-the-1921-tulsa-race-massacre/.

_____. 2021d. "A Proclamation on Juneteenth Day of Observance, 2021." The White House. June 18. https://www.whitehouse.gov/briefing-room/presidential-actions/2021/06/18/a-proclamation-on-juneteenth-day-of-observance-2021/.

_____. 2021e. "Remarks by President Biden on Protecting the Sacred, Constitutional Right to Vote." The White House. July 13. https://www.whitehouse.gov/briefing-room/speeches-remarks/2021/07/13/remarks-by-president-biden-on-protecting-the-sacred-constitutional-right-to-vote/.

_____. 2021f. "Statement of President Joe Biden on the Fourth Anniversary of the Events at Charlottesville, Virginia." The White House. August 12. https://www.whitehouse.gov/briefing-room/statements-releases/2021/08/12/statement-of-president-joe-biden-on-the-fourth-anniversary-of-the-events-at-charlottesville-virginia/.

_____. 2021g. "A Proclamation on Indigenous Peoples' Day, 2021." The White House. October 8. https://www.whitehouse.gov/briefing-room/presidential-actions/2021/10/08/a-proclamation-on-indigenous-peoples-day-2021/.

_____. 2021h. "A Proclamation on Columbus Day, 2021." The White House. October 8. https://www.whitehouse.gov/briefing-room/presidential-actions/2021/10/08/a-proclamation-on-columbus-day-2021/.

_____. 2022. "Remarks by President Biden to Mark One Year Since the January 6th Deadly

Assault on the US Capitol." The White House. January 6. https://www.whitehouse.gov/briefing-room/speeches-remarks/2022/01/06/remarks-by-president-biden-to-mark-one-year-since-the-january-6th-deadly-assault-on-the-u-s-capitol/.

Blight, David W. 2021a. "How Trumpism May Endure." *The New York Times*, January 9. https://www.nytimes.com/2021/01/09/opinion/trump-capitol-lost-cause.html.

_____. 2021b. "The Reconstruction of America: Justice, Power, and Civil War's Unfinished Business." *Foreign Affairs,* Vol.100, No.1, pp.44~51.

Burns, Alexander. 2019. "Joe Biden's Campaign Announcement Video, Annotated." *The New York Times*, April 25. https://www.nytimes.com/2019/04/25/us/politics/biden-campaign-video-announcement.html.

Cha, Taesuh. 2016. "The Return of Jacksonianism: The International Implications of the Trump Phenomenon." *The Washington Quarterly,* Vol.39, No.4, pp.83~97.

Cineas, Fabiola. 2021. "Whiteness is at the Core of the Insurrection." Vox. January 8. https://www.vox.com/2021/1/8/22221078/us-capitol-trump-riot-insurrection.

Clinton, William J. 1997. "Commencement Address at the University of California San Diego in La Jolla, California." *The American Presidency Project*, June 14. https://www.presidency.ucsb.edu/documents/commencement-address-the-university-california-san-diego-la-jolla-california.

Coates, Ta-Nehisi. 2017. "The First White President." The Atlantic. October. https://www.theatlantic.com/magazine/archive/2017/10/the-first-white-president-ta-nehisi-coates/537909/.

_____. 2021. "Donald Trump Is Out. Are We Ready to Talk About How He Got In?: 'The First White President,' revisited." The Atlantic. January 19. https://www.theatlantic.com/politics/archive/2021/01/ta-nehisi-coates-revisits-trump-first-white-president/617731/.

Dawsey, Josh. 2022. "Trump Deflects Blame for Jan. 6 Silence, Says He Wanted to March to Capitol." *The Washington Post.* April 7. https://www.washingtonpost.com/politics/2022/04/07/trump-interview-jan6/.

Delgado, Richard and Jean Stefancic. 2017. *Critical Race Theory: An Introduction.* 3rd Ed. New York: New York University Press.

Deudney, Daniel and G. John Ikenberry. 2021. "The Intellectual Foundations of the Biden Revolution." *Foreign Policy.* July 2. https://foreignpolicy.com/2021/07/02/biden-revolution-roosevelt-tradition-us-foreign-policy-school-international-relations-interdependence/.

Downs, Gregory P. and Kate Masur. 2021. "Yes, Wednesday's Attempted Insurrection Is Who We Are: While the Day's Images Shocked Us, They Fit into Our History." *The Washington Post.* January 8. https://www.washingtonpost.com/outlook/2021/01/08/yes-wednesdays-attempted-insurrection-is-who-we-are/.

Feiner, Lauren. 2020. "Joe Biden's First Speech as President-elect." CNBC. November 7. https://www.cnbc.com/2020/11/07/read-joe-biden-acceptance-speech-full-text.html.

Gerstle, Gary. 2015. "The Contradictory Character of American Nationality: A Historical

Perspective." in Nancy Foner and Patrick Simon(eds.). *Fear, Anxiety, and National Identity: Immigration and Belonging in North America and Western Europe*. New York: Russell Sage Foundation. pp.33~58.

______. 2017. *American Crucible: Race and Nation in the Twentieth Century*. Princeton: Princeton University Press.

Gest, Justin. 2016. *The New Minority: White Working Class Politics in an Age of Immigration and Inequality*. New York: Oxford University Press.

______. 2022. *Majority Minority*. New York: Oxford University Press.

Gordon-Reed, Annette. 2018. "America's Original Sin: Slavery and the Legacy of White Supremacy." *Foreign Affairs,* Vol.97, No.1, pp.2~7.

Gray, John. 2020. "The Struggle for America's Soul." New Statesman. November 11. https://www.newstatesman.com/uncategorized/2020/11/struggle-america-s-soul.

Hacker, Jacob S. and Paul Pierson. 2020. *Let them Eat Tweets: How the Right Rules in an Age of Extreme Inequality*. New York: W.W.Norton.

Hannah-Jones, Nikole. 2019. "America Wasn't a Democracy, Until Black People Made It One." *The New York Times Magazine*. August 14. https://www.nytimes.com/interactive/2019/08/14/magazine/black-history-american-democracy.html.

Hannah-Jones, Nikole, Caitlin Roper, Ilena Silverman, and Jake Silverstein(eds.). 2021. *The 1619 Project: A New Origin Story*. New York: One World.

Hartman, Andrew. 2015. *A War for the Soul of America: A History of the Culture Wars*. Chicago: The University of Chicago Press.

______. 2018. "The Culture Wars Are Dead: Long Live the Culture Wars!" The Baffler. May. https://thebaffler.com/outbursts/culture-wars-are-dead-hartman.

Hartz, Louis. 1991. *The Liberal Tradition in America: An Interpretation of American Political Thought since the Revolution*. 2nd Ed. New York: A Harvest Book.

Hughes, Langston. 1935. "Let America Be America Again." Poets. https://poets.org/poem/let-america-be-america-again.

Jackson, Ketanji Brown. 2022. "Remarks by President Biden, Vice President Harris, and Judge Ketanji Brown Jackson on the Senate's Historic, Bipartisan Confirmation of Judge Jackson to be an Associate Justice of the Supreme Court." The White House. April 8. https://www.whitehouse.gov/briefing-room/speeches-remarks/2022/04/08/remarks-by-president-biden-vice-president-harris-and-judge-ketanji-brown-jackson-on-the-senates-historic-bipartisan-confirmation-of-judge-jackson-to-be-an-associate-justice-of-the-supreme-court/.

Jardina, Ashley. 2019. *White Identity Politics*. Cambridge: Cambridge University Press.

King Jr., Martin L. 1963. "Read Martin Luther King Jr.'s 'I Have a Dream' speech in its entirety." NPR. August 28. https://www.npr.org/2010/01/18/122701268/i-have-a-dream-speech-in-its-entirety.

Leary, John P. 2021. "Joe Biden's American Fairy Tale: The Ambivalent Essence of 'the Soul of the Nation'." Mother Jones. January. https://www.motherjones.com/politics/2021/01/joe-biden-soul-of-a-nation/.

Lepore, Jill. 2019. *This America: The Case for the Nation*. New York: Liveright.

Levitsky, Steven and Lucan Way. 2022. "America's Coming Age of Instability: Why Constitutional Crises and Political Violence Could Soon Be the Norm." *Foreign Affairs*. January 20. https://www.foreignaffairs.com/articles/united-states/2022-01-20/americas-coming-age-instability.

Lieven, Anatol. 2004. *America Right or Wrong: An Anatomy of American Nationalism*. Oxford: Oxford University Press.

Lincoln, Abraham. 1857. "Speech at Springfield." June 26. http://www.mrlincolnandfreedom.org/pre-civil-war/dred-scott/speech-at-springfield-june-26-1857/.

Linskey, Annie. 2021. "A Look inside Biden's Oval Office." *The Washington Post*. January 21. https://www.washingtonpost.com/politics/2021/01/20/biden-oval-office/.

Lozada, Carlos. 2017. "Samuel Huntington, A Prophet for the Trump Era." *The Washington Post*. July 18. https://www.washingtonpost.com/news/book-party/wp/2017/07/18/samuel-huntington-a-prophet-for-the-trump-era/.

Meacham, Jon. 2018. *The Soul of America: The Battle for Our Better Angels*. New York: Random House.

______. 2020. "2020 Democratic National Convention(DNC) Night 4 Transcript." Rev. August 21. https://www.rev.com/blog/transcripts/2020-democratic-national-convention-dnc-night-4-transcript.

Miller, Zeke. 2021. "Biden Cancels Trump's Planned 'Garden of American Heroes'." *AP News*. May 15. https://apnews.com/article/donald-trump-business-technology-arts-and-entertainment-government-and-politics-a8f09bb2d4b53db08b1203e380678851.

Müller, Jan-Werner. 2022. "The Party Is the Problem: Trump, the GOP, and the Long Road to January 6." *Foreign Affairs*. January 6. https://www.foreignaffairs.com/articles/united-states/2022-01-06/party-problem.

Murphy, Michael and Jay Kosminsky. 2021. "The Most Dangerous Divide in America Isn't What You Think." *The Hill*. December 20. https://thehill.com/opinion/national-security/586554-the-most-dangerous-divide-in-america-isnt-what-you-think/.

Pape, Robert A. 2022. "The Jan. 6 Insurrectionists Aren't Who You Think They Are." *Foreign Policy*. January 6. https://foreignpolicy.com/2022/01/06/trump-capitol-insurrection-january-6-insurrectionists-great-replacement-white-nationalism/.

Parker, Christopher S. and Matt A. Barreto. 2013. *Change They Can't Believe in: The Tea Party and Reactionary Politics in America*. Princeton: Princeton University Press.

Psaki, Jen. 2021. "Press Briefing by Press Secretary Jen Psaki." The White House. July 9. https://www.whitehouse.gov/briefing-room/press-briefings/2021/07/09/press-briefing-by-press-secretary-jen-psaki-july-9-2021/.

Restad, Hilde Eliassen. 2021. "The Burning City upon a Hill." War on the Rocks. February 23. https://warontherocks.com/2021/02/the-burning-city-upon-a-hill/.

Roberts, Geoffrey. 2006. "History, Theory and the Narrative Turn in IR." *Review of International Studies,* Vol.32, No.4, pp.703~714.

Smith, Clint. 2021. "The Whole Story in a Single Photo." *The Atlantic.* January 8. https://www.theatlantic.com/ideas/archive/2021/01/confederates-in-the-capitol/617594/.

Smith, Rogers M. 1993. "Beyond Tocqueville, Myrdal, and Hartz: The Multiple Traditions in America." *American Political Science Review,* Vol.87, No.3, pp.549~566.

_____. 1997. *Civic Ideals: Conflicting Visions of Citizenship in U.S. History.* New Haven: Yale University Press.

_____. 2015. *Political Peoplehood: The Roles of Values, Interests, and Identities.* Chicago: University of Chicago Press.

_____. 2020. *That Is Not Who We Are!: Populism and Peoplehood.* New Haven: Yale University Press.

Sprunt, Barbara. 2021. "The Brewing Political Battle over Critical Race Theory." NPR. June 29. https://www.npr.org/2021/06/02/1001055828/the-brewing-political-battle-over-critical-race-theory.

Tesler, Michael. 2016. *Post-Racial or Most-Racial?: Race and Politics in the Obama Era.* Chicago: University of Chicago Press.

The President's Advisory 1776 Commission. 2021. "The 1776 Report." Trump White House. January 18. https://trumpwhitehouse.archives.gov/wp-content/uploads/2021/01/The-Presidents-Advisory-1776-Commission-Final-Report.pdf.

The White House. 2022. "Fact Sheet: Biden-Harris Administration Advances Equity and Opportunity for Asian American, Native Hawaiian, and Pacific Islander Communities Across the Country." January 20. https://www.whitehouse.gov/briefing-room/statements-releases/2022/01/20/fact-sheet-biden-harris-administration-advances-equity-and-opportunity-for-asian-american-native-hawaiian-and-pacific-islander-communities-across-the-country/.

Trump, Donald J. 2020a. "Remarks by President Trump at South Dakota's 2020 Mount Rushmore Fireworks Celebration." Trump White House. July 4. https://trumpwhitehouse.archives.gov/briefings-statements/remarks-president-trump-south-dakotas-2020-mount-rushmore-fireworks-celebration-keystone-south-dakota/.

_____. 2020b. "Remarks by President Trump at the White House Conference on American History." Trump White House. September 17. https://trumpwhitehouse.archives.gov/briefings-statements/remarks-president-trump-white-house-conference-american-history/.

_____. 2020c. "Proclamation on Columbus Day, 2020." Trump White House. October 9. https://trumpwhitehouse.archives.gov/presidential-actions/proclamation-columbus-day-2020/.

_____. 2020d. "Proclamation on National American History and Founders Month, 2020." Trump

White House. October 30. https://trumpwhitehouse.archives.gov/presidential-actions/proclamation-national-american-history-founders-month-2020/.

_____. 2020e. "Executive Order on Establishing the President's Advisory 1776 Commission." Trump White House. November 2. https://trumpwhitehouse.archives.gov/presidential-actions/executive-order-establishing-presidents-advisory-1776-commission/.

_____.. 2021a. "Executive Order on Building the National Garden of American Heroes." Trump White House. January 18. https://trumpwhitehouse.archives.gov/presidential-actions/executive-order-building-national-garden-american-heroes/.

_____. 2021b. "A Plan to Get Divisive & Radical Theories Out of Our Schools." Real Clear Politics. June 18. https://www.realclearpolitics.com/articles/2021/06/18/a_plan_to_get_divisive__radical_theories_out_of_our_schools_145946.html.

_____. 2022a. "Statement by Donald J. Trump, 45th President of the United States of America." January 6. https://www.donaldjtrump.com/news/news-27urvknfyp1373.

_____. 2022b. "Statement by Donald J. Trump, 45th President of the United States of America." January 7. https://www.donaldjtrump.com/news/news-wyehrxkcnt1383

Voght, Kara. 2021. "Can America's Problems Be Fixed By a President Who Loves Jon Meacham? How a Pop Historian Shaped the Soul of Biden's Presidency." Mother Jones. April 2. https://www.motherjones.com/politics/2021/04/jon-meacham-joe-biden/.

Walter, Barbara F. 2022. *How Civil Wars Start: and How to Stop Them*. New York: Crown.

Wasow, Omar. 2021. "'This Is Not Who We Are': Actually, the Capitol Riot Was Quintessentially American." *The Washington Post*. January 7. https://www.washingtonpost.com/outlook/2021/01/07/capitol-riot-political-tradition-unamerican-history/.

Woodard, Colin. 2021. "How Joe Biden Can Help Forge a New National Narrative." *Washington Monthly*. January 10. https://washingtonmonthly.com/2021/01/10/how-joe-biden-can-help-forge-a-new-national-narrative/.

Zvobgo, Kelebogile. 2021. "'This Is Not Who We Are' Is a Great American Myth." *Foreign Policy*. January 8. https://foreignpolicy.com/2021/01/08/great-american-myth-live

7 위기와 거버넌스

중국의 도구화된 이데올로기와 국가

여유경 | 경희대학교

1. 문제 제기

1949년 마오쩌둥毛泽东 이후 중국은 다양한 위기와 도전 속에서 어떻게 변화되어 왔는가? 진보하고 있는가 아니면 과거로 회귀하는 순환하는cyclical 패턴을 보여주고 있는가? 본 연구는 현대 중국의 리더십이 당면했던 주요 위기를 크게 정치적, 사회·경제적, 그리고 지구적 위기로 분류하여 위기를 전후한 지배적 이데올로기 변화와 그에 따른 거버넌스 변동, 특히 국가의 역할을 분석하는 것을 목적으로 한다. 모든 시기를 한 가지 위기로 단순화해서 설명하는 것은 어렵겠지만, 중국의 정권에 도전이 될 정도로 가장 중대한 위기라고 할 수 있는 사안에 초점을 맞추어 위기의 성격을 분류했다. 따라서, 문화대혁명과 천안문 사태가 있었던 마오쩌둥과 덩샤오핑邓小平의 시대를 '정치적 위기'의 시대로 규정했으며, 급속한 경제개혁과 자유주의 시장경제 도입으로 발생한 빈부격차, 지역격차, 부정부패 등 다양한 경제·사회적 문제가 중요한 도전이었던 장쩌민江泽民과 후진타오胡锦涛 시대를 '사회·경제적 위기'로 보았다. 시진핑习

近平 시대의 위기는 미-중 간의 무역분쟁, 기술분쟁, 팬데믹으로 인한 경제성장의 둔화와 이로 인한 실업 폭증으로 사회적 불만 증가, 그리고 우크라이나 전쟁으로 인한 경제적 타격 등 중국 내부의 최고지도자가 통제할 수 없는 범위의 성격이라는 점에서 '지구적 위기'로 규정했다. 이처럼, 중국에서 소위 '위기 모드의 거버넌스'는 마오쩌둥 시대부터 시진핑 시대까지 지속되고 있는데, 이는 위기의식危机意识 혹은 근심의식忧患意识을 선동하여 감시와 통제를 강화함으로써 국가기관 내부의 권력관계를 재조정하는 기회로 이용되어 왔다. 문화대혁명 시기의 당중앙위원회와 여러 정부 기관을 무력화한 것과, 시진핑 정권 초기부터 부패와의 전쟁을 위해 당 조직을 전면에 배치하고 다양한 영도소조를 설치하여 주요 정책을 직접 관리하고 결정하는 정책 결정 기관으로 격상시킴으로써 정부 기관을 자연스럽게 무력화시켜 당-정 간의 권력 재조정이 이루어진 것도 같은 맥락으로 볼 수 있다. 이처럼, 위기는 제도화된 정책 결정 과정과 검증 절차 생략을 가능하게 한다는 점에서, 최고지도자가 광범위한 제도적 변화를 꾀할 수 있다는 점에서 중요하다.

이 글은 이러한 위기의 두 가지 점을 설명하고자 한다. 우선, 중국에서 이데올로기는 마오쩌둥의 '마오쩌둥사상毛泽东思想' 이후 목적이 아닌 점차 정권의 정당성과 사회주의 정체성을 합리화하기 위한 수단이 되어가고 있다는 점이다. 마르크스-레닌주의를 그대로 도입하기보다는 중국의 상황에 맞게 변용·발전시켜 중국적 사회주의를 이론화하려는 목적을 지닌 것이 마오쩌둥사상이라고 한다면, 이후 중국 특색의 사회주의인 덩샤오핑 이론이라던지 장쩌민의 3개대표론, 후진타오의 과학발전관, 그리고 새로운 시대의 중국적 사회주의라는 시진핑 사상도 중국적 특색을 강조한 마르크스-레닌주의에서 크게 벗어나지 못한 채, 정권의 정당성을 합리화하는 수단에 머무르고 있다. 개혁주의 이후 이념적 논쟁을 이어오고 있는 급진 개혁주의, 온건 개혁주의(신보수주의), 신권위주의, 신좌파 모두 마오쩌둥사상 이후 개혁의 방향과 속도, 그 안에서 사회적 안정과 질서를 유지하기 위해 바람직한 국가의 역할 등에 관한 치열한 논쟁을 벌였지만, 중국 사회를 이념적으로 통합하고 지도하는 이데올로기로 보기에는 여전히 무리가 있다. 두 번째로 중국이 앞으로 나아가지 못하고 마오쩌둥 시대의 일인 지배, 장기 집권의 부활, 집단지도체제의 사실상 붕괴, 사상통제, 강력한 국가주의, 민족주의 등 마오쩌둥 시대를 연상시키는 선동적 거버넌스로 후퇴하고 있다는 점이다(Zhao, 2016). 중국의 국가 거버넌스가 진보하지 못하고 다시 과거로 회귀하는 원인으로 시진핑 개인의 문제에서부터 정치체제의 문제까지 여러 가지가 복합적으로 작용했겠지만, 이 글은 중국의 특수성을 강조하는 마오쩌둥사상과 사회적 안정과 질서를 위해 국가의 사회통제는 불가피하다는 깊은 트라우마를 남긴 천안문 사태의 지속적 영향력을 강조한다. 중국의 리더십이 당면한 각각의 위기와 이로 인한 지배이념의 변화, 그 속에서의 국가의 역할과 거버넌스의 변화를 설명하기에 앞서, 다음 절에서 사회주의 이데올로기의 바탕을 이루는 레닌주의가 중국에서 어떻게 실천되었는지 설명한다.

2. 중국식 레닌주의 변이

중국 공산당의 거버넌스는 기본적으로 중국적 레닌주의Chinese Leninism를 바탕으로 하는데, 이는 당 조직에 의한 강력한 리더십을 강조하고, 공산당은 그들의 '과학적' 이데올로기가 사회에서 가장 진보적 세력을 '민주적'으로 대표하여 국가가 나아갈 방향을 보여준다는 점을 강조한다. 중국적 레닌주의는 크게 세 가지로 분류할 수 있는데, **그림 7-1**의 가장 왼쪽에 위치한 마오쩌둥사상은 중국적 특색을 강조하며 중국적 마르크스-레닌주의Marxism-Leninism를 추구하는 것을 궁극적 목적으로 한다. 마르크스-레닌주의에 따르면, 자본주의를 대체하기 위해서는 두 단계의 공산주의 혁명이 필요한데, 그 첫 단계로 민주집중제를 통해 조직된 선봉 정당vanguard party이 프롤레타리아 계급을 대표해서 권력을 획득하고, 그다음 단계로 프롤레타리아 독재의 일당 사회주의 국가 건설을

그림 7-1 중국식 레닌주의 변이

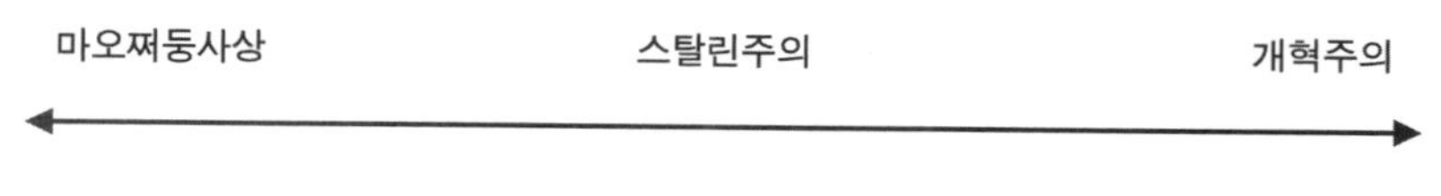

주: 중국식 레닌주의에 관한 논의는 Greenhalgh and Winckler(2005: 7~16) 참조.

목표로 한다. 마르크스-레닌주의의 혁명적 활동이 농민보다는 도시 노동자를 중심에 두었다면, 마오쩌둥사상은 중국 사회 현실에 기반하여 산업화 이전의 농민을 혁명의 주체 세력으로 보았다는 점에서 구별된다(Meisner, 1971: 9). 또한, 마오쩌둥사상은 위로부터의 혁명보다는 아래로부터의 자발적 대중운동mass action, 강력한 평등주의, 그리고 반反관료주의를 강조한다는 점에서 구분된다(Meisner, 1971: 30). 1949년 중화인민공화국 건립 이전에 게릴라전을 위해 사용된 선동적이고 필사적인, 혁명적인 레닌주의라고 할 수 있다. 국민당과의 내전 속에 이념적 공유와 최소한의 관료주의를 통해 당시 흩어진 세력들을 조직화하는 데 마오쩌둥사상은 많은 역할을 했다. 무엇보다도, 중화인민공화국 설립 이후 중공당의 권위와 정권의 정당성legitimacy을 지키기 위해 서구 가치의 보편화에 반대하는 등 민족주의적이고 국가주의적 성향을 보여주었으며, 2000년대부터 소위 '신좌파'라고 불리는 지식인들을 통해 다시 부상하기 시작했다. 특히 시진핑의 이론적 책사인 정치국 상무위원인 왕후닝의 이념적 성향과 맥을 같이한다는 점에서 마오쩌둥사상과 시진핑이 추구하는 이데올로기에서 상당한 유사점이 발견되는 것은 우연이라고 보기 어렵다. 1991년 구소련의 붕괴와 동유럽 사회주의 국가의 해체로 이념적 지배력을 잃어가는 공산주의와 공산당에 힘을 불어넣고 사상적 공백을 메우기 위해 중국은 민족주의를 동원하여 당과 민족을 동일시하도록 만들었다. 그 결과, 중공당을 비난하는 것은 '비애국적인' 행동이 되게 된다(Fewsmith, 2021: 127). 한편, 스탈린주의Stalinism는

1949년 중화인민공화국 건립 이후부터 중국에 본격적으로 도입되기 시작했으며, 구소련의 정치-경제 제도 학습을 통해 위계적이고 수직적인 관료조직과 중앙계획경제 수립 등 건국 초기 국가 제도 수립과 운영에 많은 영향을 준 이데올로기라고 할 수 있다. 사실, 중공당은 미국을 포함한 서구 선진 유럽 국가들이 아닌 구소련과의 교류가 먼저 이루어졌고, 1960년대 이념분쟁 전까지는 우호적인 관계가 유지되었으므로 구소련의 사상적·제도적 영향력은 중국에 깊숙히 자리 잡을 수 있었다. 다른 한쪽인 오른쪽 끝에 위치한 개혁주의Reformism는 일종의 '조정의adaptive' 레닌주의로 경제적·군사적으로 국제사회에서 경쟁력을 갖추기 위해 진보된 서구의 경험을 참고하여 마오쩌둥사상과 스탈린주의에서 드러난 문제점 혹은 약점을 수정하고 보완하려는 노력과 시도라고 할 수 있다. 이는 중국식 레닌주의를 철회하는 것이 아니며, 자유주의 사상을 필요에 따라 수용·응용하여 개혁하고, 제한된 시장화이긴 하지만 제도화와 법치주의를 강조한다는 점에서 마오쩌둥사상과는 상당한 차이점을 보여준다.

중국식 레닌주의 실천을 위해 방법론적으로 선택하고 사용되는 수단으로 세 가지 형태가 있는데, 선동적 혁명주의, 관료적 전문가주의bureaucratic professionalism, 그리고 사회주의적 시장화socialist marketization로 구분할 수 있다. 우선, 마오쩌둥사상을 실천하는 주된 방법으로 사용된 선동적 혁명주의는 게릴라전과 같은 혼돈 상황을 위해 만들어졌다는 점을 특징으로 들 수 있다. 따라서, 의견 조정과 결정은 지배적 이념을 통한 영감과 고무에 의해 이루어지는 성향이 있고, 주된 동원 메커니즘이 신념ideals이기 때문에, 혁명적 선동 수단은 이데올로기와 특히 연관이 많았다. 따라서 이데올로기의 중요성이 강조되었는데, 이는 정권과 지도자의 정당성에 핵심적이라고 여겼기 때문이며, 따라서 당 내부에는 언제나 사상과 이념을 담당하는 전문가를 두었다. 예를 들면, 마오 시대에는 급진주의 그룹이 이에 해당되고, 시진핑의 이론 책사인 정치국 상무위원인 왕후닝의 경우 장쩌민 시대부터 후진타오를 거쳐 시진핑까지 3세대부터 5세대를 아우르고 있다.

관료적 전문가주의는 안정된 환경에서 대규모 관료집단이 세세한 계획을 수립하고 모든 것을 집행하는 시스템으로, 조직과 전문성을 결합한다는 점에서 상당히 효과적일 수 있다. 하지만, 단점으로는 관료적 전문가주의가 중국처럼 대륙 규모의 사회 전체로 확장될 때, 부패의 만연과 대중적 저항과 같은 '거래비용'이 발생한다는 점이다. 또한, 모든 영역에서 구체적 계획을 수립하기 위해 필요한 정보를 수집하는 데 현실적인 어려움과 한계가 있다는 것도 단점이다. 그리고 정책을 집행하는 관료들의 경우(특히 지방) 정치-경제적 보상이 있는 양적 정보 수집에 집중하여 다른 사안들(예를 들면, 현지의 불만이나 청원들)은 무시되거나 누락되기 쉽다는 점도 결점으로 여겨진다. 담론적으로는 사회주의 건설을 위해 이데올로기보다는 공학과 수학 등 과학적 접근을 강조하고, 과학적 계획을 사회적 요구를 반영하는 가장 효과적인 방법으로 인식하여 덩샤오핑에 의해 시작되어 장쩌민에 의해 더욱 정교해지고, 후진타오 시대에 많이 활용되었다. 마지막으로, 사회주의적 시장화는 선택적이고 간접적인 규제로 점진적 시장경제 전환을 꾀하는 전략으로 경제-사회적 '계획'은 여전히 존재하지만(예를 들면, 5개년 계획) 의무적이 아닌 간접적으로 내비치는indicative 수준으로 변화를 추진한다는 점에서 의무적 계획과는 구별된다. 따라서 정부가 사회에 어떤 서비스와 공공재를 제공해야 하는지 설명하지만, 사회에 무엇을 해야 하는지 요구하지 않는다는 특징이 있다. 사회주의적 시장화는 시장 자유화를 적극적으로 추진한 장쩌민 시기에 도입되어 실제로 경제정책 측면에서 자유주의 시장경제에서 강조하는 국가의 규제와 감독 기능을 적극적으로 도입했으며, 이후 사회, 문화정책 영역으로도 확대되었다. 소비자의 요구와 민간 전문가의 조언을 통한 사회적 자기 규제self-regulation도 장려했으며, 담론적으로 과학적 접근을 강조하고 세계적 수준의 기술과 물리학 양성을 강조하고, 사회과학을 국가와 사회 통치에 응용하려고 노력했다. 이는 후진타오 시대에 기술관료의 부상과 깊은 연관이 있다고 할 수 있다. 요컨대, 중국식 사회주의적 시장경제를 효과적으로 달성하기 위한 전략적 차원에서 경계를 넘지 않는 선에서 자유주의 시장과 정책을 허용했다.

3. 정치적 위기와 국가

1) 마오쩌둥 시대의 위기: 문화대혁명(1966~1976)

마오쩌둥 시대의 위기는 문화대혁명(1966~1976)으로 절정에 이르렀지만, 사실 대약진 운동(1958~1960)의 참담한 실패가 가져온 심각한 기근과 경제적 피폐에서 시작되었다고 볼 수 있다. 정권 초기 마오쩌둥은 사실 실용적이고 집단적인 리더십을 추구하는 지도자로 평가되었다(Teiwes, 2000: 111). 하지만 대약진 운동의 실패에 대한 정치적 책임을 회피하기 위해 실책의 원인으로 점진적 산업화 정책과 같은 기존 정책의 오류와 구소련 모델의 부적절성을 강조하면서 집단지도체제를 무너뜨리고, 독단적으로 급진적 사회변동을 추진하며 일인지배로 나아가게 된다. 주지하듯이, 문화대혁명은 기존의 전통과 제도정치를 부정하고 새로운 사회를 건설하려는 정풍운동으로 급진적이고, 반관료주의와 반전통주의를 강조하는 혁명적 선동주의에 기반한다.[1] 중국적 특색을 강조하는 마오쩌둥사상毛泽东思想을 이념적 기반으로 하여 혁명노선에 반대하는 세력을 '우파주의 반동세력'으로 간주하고 군부와 급진적 혁명당위원회, 그리고 농촌의 젊은 당원들로 구성된 홍위병을 주축으로 전통과 제도를 파괴하면서 마오쩌둥사상에 반대하는 모든 세력을 숙청, 감시하고 교조주의로 처벌하는 것이 일상화된 국가적 위기 상황에 치닫게 되었다. 급진적 혁명을 통한 변화와

1 이 글은 문화대혁명에 대한 상세한 논의를 목적으로 하지 않기 때문에 관련한 자세한 논의는 이 글에서 다루지 않는다. 중국에서는 여전히 조심스러운 사안이라 중국에 기반을 둔 중국 학자들의 연구는 미미한 수준이다.

발전을 추구하는 마오쩌둥사상은 마오쩌둥이 마르크스-레닌주의를 중국적 특색을 반영하여 발전시킨 이념으로, 1949년 중화인민공화국 수립 이전부터 사상적 근거로 삼은 혁명적 레닌주의다. 중국적 마르크스-레닌주의 이념인 마오쩌둥사상은 서구 가치의 보편화에 반대하며, 혁명적 선동주의를 수단으로 삼아 제국주의 세력에 저항하여 중화인민공화국의 부흥을 실현하고자 하며, 민족주의적이고 국가주의적인 성향을 특징으로 한다. 그러나 정치-경제 제도의 무력화와 극심한 권력투쟁으로 혼돈스러워진 문화대혁명의 위기는 마오쩌둥을 포함한 저우언라이 등 당 지도부의 타계로 종결되고, 일인 지배 체제에 대한 반성과 함께 탈이념적이고 실용적인 정책을 추진하는 개혁주의 이념이 덩샤오핑의 집권과 함께 등장하게 된다.

2) 덩샤오핑의 두 가지 위기: 천안문 사태(1989)와 구소련의 붕괴(1991)

중국적 마르크스-레닌주의인 마오쩌둥사상과 양 극단을 이루는 개혁주의는 문화대혁명으로 인한 정치적 위기를 극복하기 위한 지배적 이데올로기로 등장하여 이념투쟁의 종식과 근대화를 강조하는 덩샤오핑의 실용주의 노선에 따라 사회통합과 경제발전을 추진하는 근간이 된다. 개혁주의는 일종의 '조정의 adaptive' 레닌주의로 경제적·군사적으로 국제사회에서 경쟁력을 갖추기 위해 진보된 서구의 경험을 참고하여 마오쩌둥사상과 스탈린주의에서 드러난 문제점과 약점을 수정하고 보완하려는 노력과 시도로 볼 수 있다. 따라서 중국식 레닌주의의 철회가 아니며, 자유주의 사상을 필요에 따라 수용·응용하여 개혁하고, 제한된 시장화이긴 하지만 제도화와 법치주의 또한 강조한다. 덩샤오핑은 특히 마오쩌둥 시대의 경제적 낙후를 극복하는 데 힘쓰는데, 계획경제와 시장 세력의 공존이 가능하다고 주장하는 '사회주의적 시장경제'를 추진하여 사회주의적 정치이념은 유지하면서 경제적 생산성과 효율성을 높이고자 했다. 그러나 경험과 지식이 부족한 당 지도부와 관료들의 정책 실패로 인한 최악의 경제 인플레와, 고위관료의 부정부패 만연으로 인해 일어난 당 지도부의 책무성과 투명성을 강조하는 정치개혁을 요구하는 대규모의 장기 시위는 결국 1989년 6월 천안문 사태로 이어졌고, 덩샤오핑의 중국은 다시 정치적 위기를 맞게 된다. 대외적으로 정치적·경제적 개혁·개방을 동시에 추진한 구소련과 동유럽 사회주의 체제의 붕괴는 중국 지도부에 심각한 체제 위기감을 불러일으킴으로써 정치적 자유화 요구에 대한 국가의 사회통제와 탄압은 더욱 강화되었다.

물론, 덩샤오핑 시대의 이러한 대내외적 정치적 위기가 경제 현대화를 위해 시장화와 대외 개방을 강조하는 개혁주의 이데올로기의 후퇴를 가져오지는 않았지만, 속도와 범위를 조절하는 국가의 적극적인 역할이 보다 요구되는 계기가 되었다. 따라서, 덩샤오핑의 개혁주의는 유지되었지만 과거 개혁 초기와 비교하여 자유주의 노선과 민주주의 세력은 다소 후퇴했고, 정치적 자유화 요구도 침체되기 시작했다. 반면에, 개혁주의에 회의적 입장을 지닌 첸윈陈云, 리펑李鹏과 같은 소위 '신보수주의' 세력의 영향력이 증대했는데, 무엇보다도 1990년대 신보수주의 노선의 등장은 중국을 통치하는 거버넌스로 자유민주주의에 대한 당시 지식인 사회의 깊은 회의와 의구심을 반영했다는 점에서 주목할 만하다. 이러한 회의적 태도는 대내적으로는 개혁·개방 이후 증가한 부정부패(매관매직), 범죄, 실업, 빈부격차 등 여러 사회·경제적 문제들과 무관하지 않다. 또한, 신보수주의 노선은 구소련의 붕괴를 목도하며 덩샤오핑 시대의 분권화에 매우 비판적이었으며, 중앙집권과 정치적 안정과 질서를 무엇보다 강조한다. 이를 위해 마오쩌둥 시대로의 회귀는 아니지만, 국가의 사회통제와 국민 통합을 위한 이데올로기와 민족주의의 역할을 강조한다. 특히, 신보수주의 노선은 문화대혁명 이후 응집력이 강한 이데올로기의 부재로 인한 사회적 무질서와 불안을 방지하기 위해 중국의 전통문화와 사상의 부활까지 주장한다.

무엇보다 천안문 사태는 개혁과 개방을 추진하는 개혁주의 이데올로기를 무너뜨리지는 못했지만 이후 거버넌스와 이념적 노선 투쟁에 지속적인 영향력을 미쳤다는 점에 주목할 필요가 있다. 우선, 경제·사회적 불안정을 야기한 심각한 경제 인플레와 부정부패 발생이 정책집행의 비효율성과 비생산적인 중복투자에 있다고 판단하면서, 덩샤오핑의 개혁·개방 추진 과정에서 수반된 공산당의 권한 이양과 분권화에 대한 많은 내부 비판과 반성이 있었다. 그 결과, 당의 헌법개정을 통해 정부 부처와 기관에 당 조직을 다시 설치했는데, 이는 추후 시진핑 정권에서 공산당이 국무원(정부 최고 기관)으로부터 정책 결정 권한을 가져오는 바탕을 마련한 것이라 할 수 있다. 둘째, 천안문 사태 이전 중국에서 국가주석国家主席은 타이틀에 불과하여 덩샤오핑은 집권 시기 동안 공산당 총비서共产党中央委员会总书记의 직함도 없이 중앙군사위원회中央军事委员会 주석 직위만 가지고 있었다. 천안문 사태 이후, 덩샤오핑은 본인이 선택한 당시 상하이 당 총비서인 장쩌민에 힘을 실어주는 과정에서 국가주석, 당 총비서, 중앙군사위원회 주석의 세 가지 최고 지위를 부여하고, 심지어 '핵심核心' 지도자라는 타이틀을 수여했는데, 이는 이후—특히, 시진핑 시대—권력의 집중화를 야기하는 결과를 가져왔다(Shirk, 2018: 30). 그러나, 천안문 사태로 인한 정치적 혼란에도 불구하고 포스트문화대혁명과 같은 극심한 권력투쟁이 없었다는 점, 그리고 구소련과 동유럽 사회주의 체제의 붕괴에도 불구하고 개혁주의 기조가 유지되었다는 점에서 마오쩌둥 시대의 정치적 위기와는 차이가 있다.

4. 경제-사회적 위기와 국가

1) 장쩌민 시대의 위기: 파룬공(法轮功) 사태와 빈부격차

포스트-천안문 시대의 덩샤오핑은 천안문 사태의 대내적 위기와 구소련의 붕괴에도 불구하고 1992년 남순강화를 통해 지속적인 개혁·개방을 선언했고, 따라서 개혁주의는 지배이념으로 유지되었다. 대외무역과 시장경제의 중요성을 중시하는 상하이 출신의 장쩌민을 후계자로 지명한 것도 덩샤오핑의 이러한 흔들림 없는 시장 경제화 의지를 반영한 것으로 볼 수 있다. 그러나 천안문 사태로 인한 큰 정치·사회적 혼란을 겪으며, 그리고 당의 권위에 대한 도전을 경험한 점진적 개혁을 선호하는 보수적 성향의 당 지도부는 구소련과 동유럽의 사회주의 붕괴를 반면교사 삼아 정치적 안정과 사회질서 유지를 위해 국가의 적극적 역할을 강조한다. 이들은 1990년대 신보수주의 정치사상을 바탕으로 1980년대 급속한 경제개혁과 성장으로 증가한 실업, 부정부패, 사회·경제적 양극화, 가치위기, 중앙정부 권위의 약화 등의 내부 문제를 지적하며 '질서 있는 개혁'과 '사회 안정'을 위해 중앙정부 권한 강화, 국가의 사회통제와 국민 통합을 이끌 이념적 규범과 가치의 필요성을 강조한다(Chen, 1997: 593). 신보수주의는 시장 경제화와 개혁을 반대하지 않으나 사회 불안정을 최소화하기 위해 국가의 거시경제 규제 역할을 강조하며, 시장경제 메커니즘 도입을 조절하여 계획경제를 보완하는 수준으로 제한해야 한다고 보았다. 그 결과, 권위주의 정권 아래에서 성공적인 경제성장을 이룬 국가 주도의 동아시아 발전국가 모델에 대한 관심과 학습이 증가했고, 실제로 많은 영향을 미친 것으로 평가된다(萧功秦, 1994; 孙代尧, 2008; 陈妮艳, 2012; 张连城·贾金思, 2003). 이처럼 신보수주의 정치이념은 포스트-천안문 시대인 중국의 1990년대에 정치적 안정과 경제개혁 이후 발생하는 다양한 사회·경제적 문제 대처에 질서 있는 체제 전환을 위한 도구적 이데올로기였다(Fewsmith, 1995; Chen, 1997; Misra, 2001). 따라서 신보수주의 지식인들과 당 지도부는 사회통합을 이루고 방향을 제시할 수 있는 이념적 규범과 가치를 제공할 수 있는 이념으로 민족주의와 중국의 전통문화를 강조하기에 이른다. 요컨대, 신보수주의는 개혁·개방 이전의 마오쩌둥 사상이나 덩샤오핑 이후의 개혁주의처럼 정권의 정당성을 제공하고 사회를 통치하는governing 이데올로기는 아니었다.

장쩌민 시대의 중국은 여러 사회·경제적 문제들에도 불구하고 개혁에 강한 드라이브를 걸며 성장에 기여할 수 있는 혁신적 민간 자본가를 당 안으로 끌어

그림 7-2 중국의 경제성장과 불평등(1980~2021)

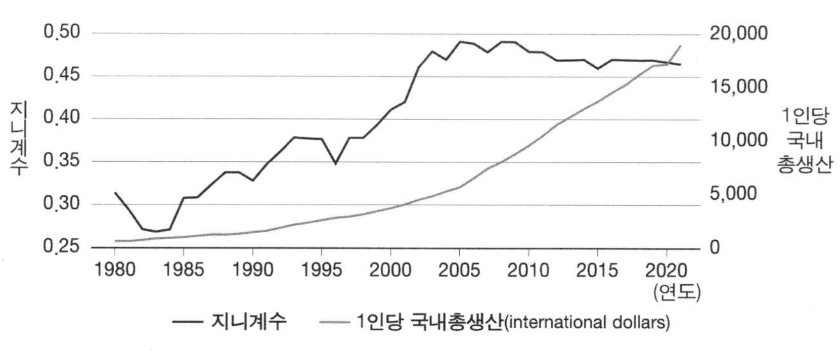

자료: 1980년부터 2002년까지 지니계수(Gini Coefficient) 데이터는 Wu and Perloff(2005). 2003년부터 2021년까지의 지니계수는 "National Bureau of Statistics of China." 1인당 국내총생산(internationa dollars)은 World Bank(2021)의 "World Development Indicator Database, https://data.worldbank.org/indicator/NY.GDP.PCAP.PP.CD

안으며 시장 경제화를 가속화했다. 1994년 분세제 개혁으로 재원을 마련한 중앙정부는 정책 추진력에 탄력을 받으면서 분배보다는 성장에 방점을 두고 사회주의 경제의 철밥통이었던 비생산적이고 비효율적인 국유기업을 대대적으로 개혁하고 단위单位작업을 점진적으로 해체했다. 따라서, 대규모 실업은 불가피했으며 계획경제 체제의 작업장을 통해 삶의 터전을 마련해 준 단위작업의 해체는 주택, 의료, 교육과 같은 복지를 개개인의 부담과 책임으로 전환시켰다. 또한, 개혁·개방이 동남부 해안 지역을 중심으로 추진되면서 지역 간 발전 격차와 빈부격차가 심각한 사회적 문제로 부상했다(萧功秦, 1994). **그림 7-2**에서 보여주는 것처럼, 장쩌민 집권 기간(1997~2002) 동안 빈부격차를 나타내는 지니계수가 0.35에서 0.45를 넘으며 급격히 상승했다는 점도 이를 뒷받침한다. 특히 농촌과 도시 간의 자유로운 이동을 제한하는 호구户口제도는 농촌과 도시 인구의 교육 격차로 이어져 지속적인 빈부격차와 불평등, 농촌의 빈곤 문제로 이어지고 있다(Rozelle, 2020). 따라서, 장쩌민 시대는 성장 위주의 시장화와 개혁정책 심화로 불평등이 가파르게 증가하면서 경제·사회적 위기를 맞이한다.

장쩌민 시대의 또 다른 사회적 위기로 파룬공 사태를 들 수 있다. 1999년 4월 수련기공 단체인 파룬공에 대한 탄압은 대규모 천안문 시위 사태와 이후 가장 적극적인 중국 정부의 억압정책으로, 무엇보다 파룬공의 조직과 규모, 구성원이 위협으로 인식되었다(정재호, 2001; Schechter, 2000; Vermander, 1999). 특히, 국제적 연대로 중앙정부의 권위에 도전한다는 점에서 천안문 사태의 기억이 재현되면서 중국 정부는 질서와 안정을 강조하며 대대적인 억압정책을 실시했다. 파룬공의 놀라운 대규모 확산은 한편으로 중국이 개혁·개방 이후 '사상해방'으로 이데올로기가 부재한 상황에서 소외되고 불만을 가진 집단들이 정치세력화될 수 있다는 점을 보여주며, 이에 대한 중국 지도부의 불안도 잘 보여준다.

2) 후진타오 시대의 위기: 사스 위기(2003)와 부정부패

후진타오 정권은 사스 위기와 함께 시작되었다. 사실, 사스의 발발은 장쩌민 정권 말기인 2002년 11월 중순으로 추정되지만(Thornton, 2009: 29), 공식적인 발표와 대대적 관리 정책은 후진타오 정권이 출범한 2003년 초부터 시작되었다. 마오쩌둥 시대부터 이어진 위기를 거버넌스 전략으로 삼아 정권을 공고화하는 기반으로 마련하는 '위기모드 거버넌스'는 후진타오 시대에도 지속되었다. 사스 전염병 확산을 '국가 위기'로 선언하고 국가의 강력한 사회통제를 실시하고 이를 위한 대중 동원을 정당화했으며, 이러한 과정을 통해 중앙으로 정책 결정 권한과 관리 감독을 집중시키는 등 권력을 집중화했다(史月英, 2003). 또한, 초기 발생을 은폐하고 규모를 축소해서 중앙에 보고한 지방 관리와 당간부를 대규모로 숙청하는데, 이는 1989년 천안문 사태 이후 최대 규모였다(Thornton, 2009: 38). 사스 전염병에 대한 불만족스러운 대응을 문제 삼아 120명

그림 7-3 중국의 부패(1979~2007)

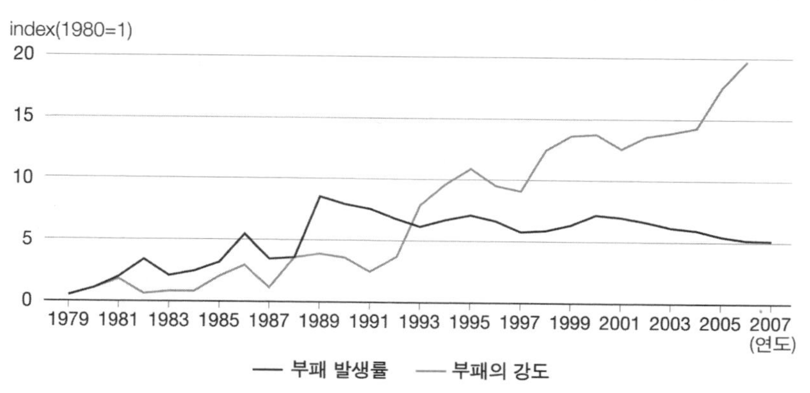

자료: Wedeman(2012: 107)를 참고함.

이상의 관리들이 징계받았고, 2003년 5월까지 사스 위기에 무능한 대처와 은폐, 축소에 대한 책임으로 허난성에서만 900명에 가까운 고위 지도부가 중앙에서 파견된 감찰단의 조사 결과 처벌되었다(Thornton, 2009: 39). 이처럼 위기 모드 거버넌스 전략은 잠재적으로 정치적 반대 세력을 숙청하고, 지방의 당 간부와 관료들의 기강해이도 단속함으로써 후진타오가 집권 초기 권력을 공고화하는 데 기여했다.

하지만, '국가적 위기'로 선언된 사스 전염병은 제도적 변화와 국가역량의 향상으로까지 이어지지는 못했다. 시장 경제화와 개혁 이후, 부패 문제는 여전히 중대한 사안이 되었으나, 후진타오 정권에서 부정부패 문제가 가장 심각한 수준이었다는 점이 이를 뒷받침한다. **그림 7-3**에서 보여주는 것처럼, 후진타오 집권기(2003~2012)에 부패의 발생률은 감소 추세였지만 부패의 강도는 급격히 증가한 것을 볼 수 있다(熊光清, 2011). 이는 무엇보다도 후진타오가 중요시했던 집단지도체제의 실패와 관련이 있다. 중앙정부의 권한을 강화했던 장쩌민-주룽지 체제와는 달리, 후진타오-원자바오 체제는 각 부처 고유 업무 영역에 대한 권한과 자율권을 존중하는 거버넌스를 추구했는데, 각 부처의 이해관계가 첨예하게 다른 경우가 많고, 중앙정부와 31개 성의 지방정부의 입장을 효율적으로 조정하고 통합하는 일이 쉽지 않았다(Teiwes, 2000: 80). 더욱이, 지방 관료와 당 간부들이 중앙에 후견인patrons을 두고 정책 결정에 영향을 주도록 하여 이익을 추구하고자 하는 현상이 만연했는데, 이는 결국 심각한 부정부패로 이어졌고, 이에 대한 리더십의 무능력은 당의 규범적 권위 약화와 정치적 정당성에 위협이 될 수 있었다. 더욱이, 후진타오 시대의 집단지도체제 실패는 정책 조정 실패뿐만이 아닌, 지도부 내부의 태자당, 상하이방, 공청단 등의 파벌 싸움 격화로 이어지며 정치적 안정과 사회적 질서 유지가 중대한 문제로 부상했다.

또한, 덩샤오핑-장쩌민 시대의 성장 위주의 발전전략과 이에 따른 자본주의 시장화가 빈부격차를 심화시켜 사회주의 체제 정체성이 위기를 맞았다는 인식도 증가했다. 이러한 사회주의 정체성 위기를 극복하고 중국식 사회주의를 더욱 발전시키는 것을 목적으로 후진타오 시대 지도부는 질적 성장과 분배, 조화로운 사회 건설을 강조하는 새로운 발전모델을 추구하며, 인본주의에 기초한 전면적·협조적, 지속가능한 발전전략을 추구하는 과학발전관을 새로운 중국모델의 방향을 견인할 이데올로기로 진척시키고자 노력했다(이희옥, 2007/2008: 75, 79~80). 제17차 대회에서 당 강령에 과학발전관을 반영한 것도 지배 이데올로기적 정당성을 부여하기 위한 노력의 일환이었다(中国共产党第十七次全国代表大会文件汇编, 2007). 성장과 발전을 지속적으로 추진하되, 중국적 사회주의를 더욱 발전시키기 위해 '사회는 보다 조화로워야 한다'는 전면적 발전을 강조하는 과학발전론에서 전면적 발전이란 "경제발전과 사회발전, 그리고 사람의 발전을 통일적으로 추구하는 발전관으로 경제성장이 사회발전을 촉진하고, 경제-사회 발전이 다시 개인의 삶의 질을 제고시키는 총체적인 발전전략"(이희옥, 2007/2008: 71)으로, 덩샤오핑-장쩌민 시대의 '선성장, 후분배'를 강조하던 인식과는 분명한 차이를 나타낸다. 사회주의 체제 정체성 위기에 직면한 중국이 소강사회 건설을 2002년 제16차 대회부터 강조했다는 점에서, 후진타오 시대 국가의 역할은 지역 간, 계층 간, 도농 간의 균형 발전과 더 많은 사람들이 성장의 결과를 공유할 수 있는 조화로운 분배를 위한 정책에 집중되었다.

더불어 주목할 만한 변화로는 2000년대 초부터 중국의 G2 부상과 함께 2008년 미국발 세계 금융위기를 계기로 중국 내부에서 서구 근대성을 극복하는 중국적 경험을 바탕으로 한 대안적 근대화 발전모델을 추구해야 한다는 신좌파(신보수주의의 연장) 집단이 대두하기 시작했다. 왕후이王晖를 선두로 한 이들 신좌파 집단은 급속한 자본주의 시장화 개혁으로 인한 빈부격차, 실업, 물질주의 만연, 부정부패 문제에 단호히 대처하고 사회통합을 이루기 위해서는 국가의 적극적 역할이 중요하다고 강조했다. 서구 중심의 근대주의를 극복하고 탈근대성을 실현하기 위해 중국 전통문화와 가치, 중국적 경험을 기반으로 한 대안적 발전모델로서 중국 모델을 정치적 권위주의 체제인 저개발국을 중심으로 확산시켜 나갔다. 사실, 중국 모델에 대한 개념적 논의는 다양하지만, "중국이 1970년대 말 이후 경제성장과 근대화라는 새로운 국가목표를 달성하기 위해 추진해 온 각종 국가정책의 근저를 이루는 전략적 구상과, 그로 인해 나타난 결과에서 발견되는 일정한 패턴을 지칭하는 것"(전성흥, 2007/2008: 19)[2]으로 정리할 수 있다. 따라서, 중국 모델이라는 것 자체가 가변적일 수밖에 없으며, 중국특색 사회주의를 추구한 덩샤오핑 이론에서부터 장쩌민의 3개 대표론, 후진타오의 과학발전관 모두 각 세대별 '중국 모델'을 합리화하는 이데올로기적 틀로 볼 수 있다. 이처럼, 중국에서 이데올로기는 그 자체가 목적이 아니라 시장화 개혁으로 나타난 여러 사회·경제적 문제들로 인한 사회주의 체제 정체성 위기를 극복하고, 궁극적으로 중국 특색의 사회주의를 이룩하기 위해 '도구화'되고 있다는 점이 특징이다.

2 중국 모델을 경험으로서, 관념으로서, 그리고 전략으로서 분석한 담론 연구는 장윤미(2011)를 참조할 것.

5. 지구적 위기와 국가

시진핑 집권 1기(2012~2017) 동안 중국은 사실 위기라기보다는 세계적 강국으로 자리매김할 '기회'로 인식하고 있었다. 물론 정권 초기 누적된 공직사회 부패 문제의 심각성과 이와 밀접히 관련된 당 간부들의 기강해이 문제가 있었지만, 시진핑은 오히려 반부패운동의 강력한 캠페인을 집권 초기에 권력을 공고히 하는 기회로 이용함으로써 국민들의 지지를 얻고 중공당 리더십의 정당성을 강화하는 기반을 마련했다. 사회주의 정체성과 공산당 권력의 정당성을 회복하기 위해 부패 문제 해결은 핵심이라고 생각한 시진핑은 이전 세대의 장쩌민, 후진타오와는 다르게 상시적인 기구를 설치하여 부정부패 문제를 조사하고 당의 기강을 잡고자 노력한다는 점에서 구별된다. 이러한 노력의 결과로, 2013년부터 2021년 중반까지 처벌된 당 간부의 숫자는 350만 명에 이르는데, 이러한 과정을 통해 시진핑은 자신에 대한 충성이 하층 당 조직부터 상층부 조직까지 완전한 복종을 요구하는 레닌주의적 원칙인 '민주적 집중제民主集中制'의 기반을 강화한다고 생각한다(Tsang and Cheung, 2022: 228). 하버드 애시센터Ash Center에서 2003년에서 2016까지 진행한 대면조사 서베이에 의하면, 2009년부터 2011년까지 부패 문제에 대한 시민들의 높은 불만이 시진핑 정권 이후 사라지고 반부패운동을 전반적으로 지지하며 평가도 상당히 긍정적인 것을 확인할 수 있다(Cumingham et al., 2020: 14). 예를 들면, 2011년에 중앙정부에 만족한다고 응답한 중국 시민의 비율은 91.8%에서 2016년에 93.1%로 상승했다. World Values Survey의 조사도 비슷한 결과를 보여주는데, 중앙정부에 '아주 많이a great deal or quite a lot' 확신을 가진다고 응답한 비율이 2013년 84.6%에서 2018년에 94.6%로 정권 지지도가 높아졌다는 점도 이를 뒷받침한다(World Value Survey, 2010~2014: 48~49; World Value Survey, 2017~2020). 이는 팬데믹과 제로-코비드zero-Covid 정책 이전의 조사라는 점을 고려하더라도 시진핑의 강한 사회적 통제 정책에도 불구하고 대외적인 우려와 비난과는 상반되게 중국 국민들의 내부적 평가는 상당히 긍정적이라는 점도 주목할 만하다.

요컨대, 시진핑에게 집권 1기 위기는 과거부터 누적된 부정부패 문제로 인한 중공당과 국가의 권위, 신뢰 상실로 간주하며, 권력의 정당성에 도전할 기회를 줄 수 있다는 점에서 중대한 문제로 인식한다. 동시에, 시진핑은 대외적으로 경제적 영향력을 바탕으로 한 중국의 부상은 중화민족 문명의 우월성을 기반으로 강대국으로 자리매김하여 '중국몽中国梦'을 이룰 수 있는 절호의 기회라고 여긴다.[3] 따라서, 시진핑에게 이는 과거 마오쩌둥이 제국주의 국가들로부터 독립을 이루고, 덩샤오핑 시대처럼 경제 근대화를 이루어야 하는 시대를 지나 '강한强'국가로 발전해야 하는 새로운 시대인 것이다. 이러한 인식을 바탕으로 2017년 제19차 당 대회에서 제시된 것이 바로 '새로운 시대의 중국식 사회주의에 관한 시진핑 사상习近平新时代中国特色社会主义'(이후 시진핑 사상)이다(习近平, 2020). 이는 마오쩌둥의 '마오쩌둥사상', 덩샤오핑의 '덩샤오핑 이론' 이후 국가 이데올로기의 부활로 강대국으로 나아갈 역사적 기회를 맞이하여 중국 국민들로 하여금 명확한 방향성을 가지고 중화인민공화국을 이끌고 지배할 합법적이고 정당한 제도는 중공당이라는 점을 확신하도록 하고 자부심을 갖게 하는 것을 목적으로 한다. 중공당의 우월성에 대한 이데올로기 합리화를 위해 마르크스-레닌주의를 다시 도입했으며, 중화민족 문명의 우월함을 강조하며 당 중심적 민족주의를 선동하여 중공당의 리더십하에 더욱 자부심을 가질 수 있다는 점을 강조하며 당-국가 정당성을 강화하고자 한다(习近平, 2020). 특히, 시진핑 사상의 핵심은 중공당 중심의 거버넌스라고 할 수 있는데, 중공당 중심의 리더십을 유지하기 위해서 강한 리더는 불가피하며, 따라서 시진핑 자신을 국가 '영수领袖'로 만드는 것이 궁극적으로 레닌주의 체제와 제도를 더욱 효과

3 习近平总书记在会见全国精神文明建设工作先进代表时的重要讲话精神, 新华社, 2015.3.3, http://www.gov.cn/xinwen/2015-03/03/content_2825041.htm; 锲而不舍 一以贯之抓好精神文明建设, 党建网, 2015.4.1, http://theory.people.com.cn/n/2015/0401/c83848-26784810.html

적이고 탄력적resilient으로 만든다고 주장한다. 따라서 시진핑 사상은 중국의 부흥과 강대국화는 강한 지도자의 리더십하에 중공당 중심의 거버넌스 없이는 달성이 어렵다는 점을 국민들에게 그리고 당원들에게 설득하고 설명하는 도구인 셈이다.

시진핑 시대의 또 한 가지 중요한 변화는 지난 40여 년간 경제성장과 혁신의 추동력이었던 민간 자본과 기업에 대한 국가 규제의 본격화를 들 수 있다(McMorrow and Yu, 2021). 급속한 자본주와 시장화로 핀테크 기업과 같은 민간 기업의 자본 규모가 중국 경제에서 자치하는 비중이 확대되고(Hancock, 2022),[4] 마윈의 경제 혁신에 대한 기여를 고려하더라도 그의 직설적인 당과 국가 기관에 대한 비난은 막대한 사회적 파장과 영향력을 생각할 때 시진핑의 인내심 역시 한계에 이른 것으로 보인다. 무엇보다 시진핑 정권은 민간 자본과 기업, 기업가들이 국가의 통제 범위를 벗어나고 국가자본이 시장경쟁에서 민간 핀테크 기업들과 경쟁 상대조차 되지 못하는 현실이 사회주의 시장경제 정체성에 위협이 될 수 있다고 인식하기 시작하면서 대대적인 국가 규제를 통해 민간자본의 시장 확대를 조절하고 통제하고자 한다. 예를 들면, 2020년 11월부터 강화된 알리바바 그룹阿里巴巴集團, 텐센트腾讯, 앤트그룹蚂蚁集团 등의 핀테크 기업들과 디디滴滴出行와 같은 플랫폼 민간기업들에 대한 규제가 이에 해당된다.

반부패 전쟁으로 시작해 권력을 일찌감치 공고히 하는 데 성공하고, 대외적으로 야심 차게 추진한 아시아인프라투자은행AIIB이 2022년 6월까지 105개국의 회원국을 확보하고, 일대일로BRI 사업으로 2022년 3월까지 146개국의 회원국을 확보함으로써 강대국의 입지를 강화한 시진핑의 집권 1기는 상대적으로 성공적이라고 평가할 수도 있다. 하지만, 경제성장과 안정이 정권의 정당성 확보에 핵심인 중국에 2018년 집권 2기 중반부터 시작된 미국과의 무역분쟁을

4 2020년 중국의 상장된 기업 중 시장가치가 가장 큰 100개의 기업 중에서 민간기업이 54%를 차지하며, 이는 2010년 7.8%에서 10% 정도 증가한 수치다(Hancock, 2022).

시작으로 본격화된 패권경쟁과 갈등은 경제에 적신호를 주기 시작했다. 보복관세로 미국 시장 의존도가 큰 곡물 산업의 타격은 불가피했고, 무엇보다 선진기술과 자본투자 유입의 핵심이었던 미국과의 갈등은 중국 경제에 치명적이다. 중국이 1978년 개혁·개방으로 성공적인 경제 성장을 이루어낸 원동력 중의 핵심이 개방 초기부터 우호적인 대외무역 환경에서 선진 해외자본과 기술의 투자를 적극적으로 유치하여 해외 합작 등을 통해 빠른 성장과 경제 근대화를 이룰 수 있었다는 점을 고려할 때, 장기적 여파는 상당할 것이다(Tsang and Cheung, 2022: 236). 더욱이 미국과의 5G, 반도체 산업 기술경쟁 심화와 정보보안 문제가 유럽 선진국과의 관계에도 부정적으로 영향을 미치면서, 미래 산업 발전 등을 고려할 때 기술혁신을 이루어 장기적으로 서구 패권국들로부터의 자립self-reliance을 계획했던 시진핑 정권의 위기임이 분명하다. 무엇보다도 이번 (경제)위기가 과거와 다른 점은 중국 지도부의 의지와 통제 영역 밖에 있다는 점이다. 최근 2022년 5월 앤서니 블링컨Anthony Blinken 미 국무부 장관이 연설문에서, 중국을 국제사회 질서와 규범을 위협하는 위험한 권위주의 정권으로 규정하고, 이에 단호히 대처하겠다고 공언한 만큼(Blinken, 2022) 중국과 미국의 갈등과 경쟁은 장기전이 될 것으로 보인다. 이는 어떤 의미에서 민주주의 vs. 권위주의의 체제 경쟁으로 진행된다는 점에서 타협의 가능성이 매우 낮다는 점에서 경제성장과 발전에 우호적 환경을 만들어 온 중국에겐 개혁·개방 이후 한 번도 겪어보지 못한 새로운 위기다. **그림 7-4**에서처럼, 중국 관영신문인 신화뉴스 데이터에 따르면 '위기'라는 타이틀의 표지 기사 수는 2020년 이후부터 급격히 증가했으며 2021년은 최고를 기록했다.

중국 경제에 위기감을 가중시키는 다른 지구적 요인으로 2020년에 팬데믹으로 선언된 코로나19Covid-19로 인한 봉쇄정책과 공급망의 혼란을 들 수 있다. 2020년 우한 봉쇄로 시작된 제로-코비드zero-Covid 정책은 감염자가 발생한 지역과 도시, 성을 확진자가 현저히 감소하는 수준이 될 때까지 봉쇄하는 정책으로, 여러 불만과 문제 제기에도 불구하고 2020년과 2021년까지는 성공

그림 7-4 '위기'를 언급한 신문기사 수(신화뉴스 기관, 1996~2021)

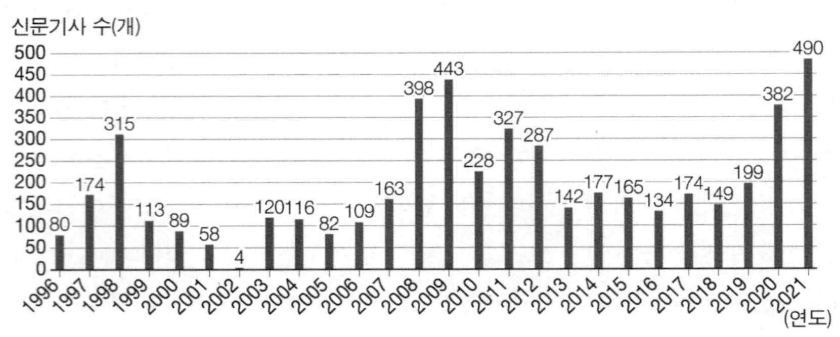

자료: Xinhua News Agency Multimedia Database, https://as.xinhua-news.com/v2/login

적이라는 내부적 평가가 우세했다(Mei, 2020). 그러나 오미크론Omicron 변이의 등장은 중국의 제로-코비드 정책의 한계를 드러냈다. 특히, 2022년 3~4월에 있었던 경제 중심인 상하이 봉쇄는 중국의 2022년 1분기 경제성장을 이미 큰 폭으로 하락시켰으며, 산업생산량은 4월 전년 대비 2.9% 하락했고, 소비자 매출은 11.1% 축소되어 예상인 6.6%를 크게 웃돌았으며, 실업은 6.1%로 치솟았다(*Bloomberg News*, 2022a). 특히, 젊은층(16~24세) 실업률이 심각한 수준이어서 이는 사회주의 정권에 큰 부담으로 작용할 것임이 틀림없다. **그림 7-5**의 비관적 경제성장 전망처럼, 소비와 무역 중심인 상하이를 포함한 45개 도시의 코로나 봉쇄조치가 소비를 축소시키고, 공장을 폐쇄하고 공급망을 차단시킴으로써 중국의 5.5% 경제성장률 달성은 요원해 보인다(Wallace, 2022). 이처럼 세계 공장인 중국의 봉쇄조치는 세계 경제성장 전망을 어둡게 하고, 인플레 전망을 복잡하게 한다는 점에서 지구적이고 복합적인 위기라고 할 수 있다. 이와 더불어, 2022년 2월 24일에 러시아의 침공으로 시작된 러시아-우크라이나 전쟁으로 폭등한 에너지와 원자재 가격은 제조업과 수출 중심인 중국 경제에 또 다른 부담으로 작용하고 있다(Xi, 2022).

그림 7-5 비관적 경제성장 전망

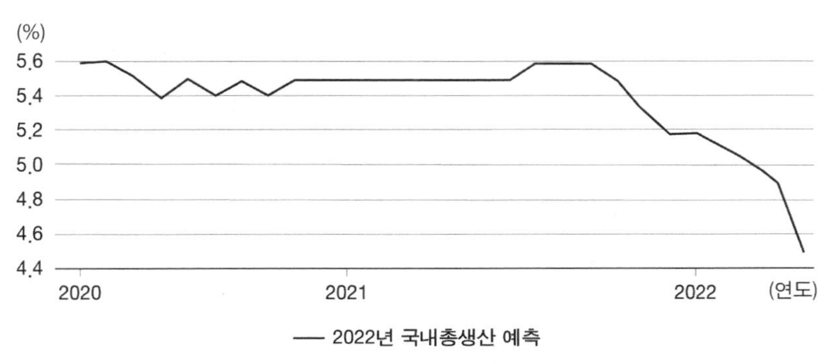

자료: Bloomberg Investment Survey 참조.

그림 7-6 중국의 실업률

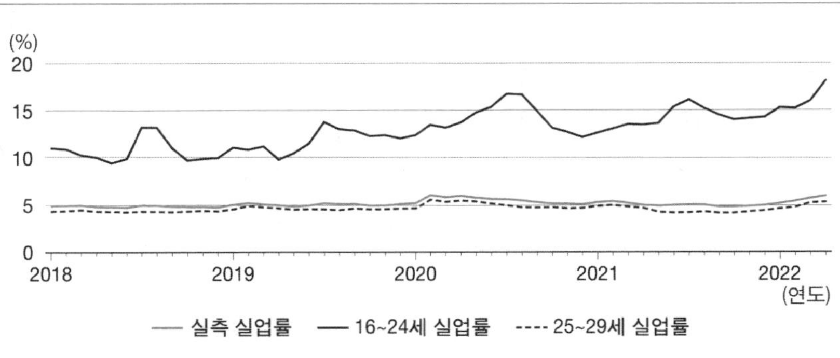

자료: National Bureau of Statistics of China, http://www.stats.gov.cn/english/

이러한 지구적 위기로 인한 경제적 어려움으로 중국 내의 사회적 불만은 점차 증가할 것으로 보이는데, 앞서 언급한 것처럼 팬데믹 이후 장기화된 제로-코비드 정책으로 젊은층의 실업률은 최악을 기록하고 있고(그림 7-6 참조), 공장 폐쇄로 인한 이주노동자의 빈곤도 증가하고 있는 상황이다. 중국은 최근 경제를 활성화시키기 위해 지난 1년 여 년간 규제를 강화한 핀테크 민간기업에 대해 완화조치를 할 것을 시사했지만, 중국 노동 전문가들은 경제가 회복되면 노동자들의 사회적 불만이 폭발할 가능성이 있다고 전망한다(Yu and Emma, 2022). 천안문 사태 이후 사회적 안정과 질서가 정권 유지에 핵심이라고 인식하는 중국 지도부에게 경제위기와 이로 인한 사회적 불안정은 가장 큰 위협일 수밖에 없다. 이러한 대내외적 위기를 극복하기 위해 시진핑 사상의 핵심을 이루는 당 중심 민족주의를 선동하여 미국, 유럽과의 갈등을 제국주의에 맞서는 정책으로 미화하면서 이데올로기는 국민들을 설득하는 수단이 되고 있다.

이처럼, 시진핑 정권의 서구로부터 기술 자립을 강조하는 정책이나, 제로-코비드 정책을 추진하는 선동적 혁명주의 방식은 이데올로기와 거버넌스 측면에서 여러모로 마오쩌둥 시대의 국가와 사회를 연상시킨다. 우선 정치적 권력 집중화와 사상 통제를 강조하는 마오쩌둥사상의 부활과, 민족주의와 국가주의를 강조하고 관료주의를 비판하는 점을 들 수 있다. 둘째, 시진핑의 절대 권력에 대한 가시적인 반대 세력은 아직 등장하지 않았고 실제로도 등장하기 어려워 보이지만, 제로-코비드 정책을 추진하면서 경제적·사회적 불안정이 확산됨에 따라 당 지도부가 분열되는 양상을 보인다는 점이다. 시진핑 정권에서 역할을 찾아보기 힘들었던 리커창 총리의 경제성장과 안정을 강조하는 공식 활동은 간접적으로 시 주석의 제로-코비드 정책으로 인한 경제적 타격을 비판하는 것으로 볼 수 있다. 또한 지난 10년간 시진핑의 반부패 캠페인을 통한 정치적 숙청과 권력 공고화 과정에서 드러난 정권의 평화적 승계 무력화와 장기 집권 시도는 당 지도부의 불만과 내부 분열을 피할 수 없다(Nakazawa, 2022; Wei and Spegele, 2022). 셋째, 마오쩌둥이 문화대혁명을 추진하면서 비난했던 수정주의 논쟁도 다시 등장하고 있다. 시진핑 정권은 중국 사회에 만연한 부정부패와 물질주의, 자본의 해외 유출, 지나친 사교육의 폐해를 자본주의가 가져온 경제·사회적 위기로 인식하고 '공동 부유共同富裕'를 강조하는 정책과 중국식 사회주의 건설을 강조한다. 이는 포스트-마오 시대의 덩샤오핑과 이후 장쩌민, 후진타오 정권이 진보된 서구의 경험과 지식을 바탕으로 국제적으로 경쟁력을 갖추기 위해 마오쩌둥사상과 스탈린주의에서 드러난 문제점을 수정하려 했던 개혁주의적 이데올로기가 지배적이었던 시대와는 구별된다. 다시 말해, 개혁·개방 시대의 '조정의' 마르크스-레닌주의는 막을 내리고, 중국적 마르크스-레닌주의를 추구한 마오쩌둥사상으로 회귀하는 모습이다. 마지막으로 첨단기술을 이용한 감시와 처벌이 만연하고 있다는 점이다. 이는 마오쩌둥 시대의 뉴라이트 운동과 문화대혁명을 거치면서 서로를 감시하고 신고하는 시대와 유사하며, 시진핑 정권의 국가는 혁신적인 첨단기술을 이용하여 더욱 깊숙하게 사회에 침투하여 통제와 감시, 처벌을 강화하고 있다.

6. 맺음말

이 글은 현대 중국이 대내외적으로 마주한 정치적, 사회·경제적, 그리고 지구적 위기를 극복하는 과정에서 지배 이데올로기가 어떻게 변화하고 거버넌스에 어떤 영향을 미쳤는지 국가의 역할을 중심으로 살펴보았다. 이러한 과정을 통해, 중국에서 이데올로기가 국가의 정당성, 구체적으로 중공당의 권위와 집권 명분을 정당화하는 수단이 되어왔다는 점을 발견할 수 있었다. 특히, 과거와 달리 지도자의 통제 역량을 벗어난 소위 '지구적 도전'에 직면한 시진핑의 중국은 사회주의 체제 안정과 중공당의 통치 정당성 확보를 위해 사상과 이념의 수단화에 더욱 박차를 가하고 있다는 점에서 주목할 만하다. 예컨대, 전통문화와 문명을 강조하며 민족주의와 국가주의를 기반으로 하는 '신시대 사회주의 시진핑 사상'의 의무적 학습과 마르크스주의 부활과 장려는 시진핑 시대의 국가가 어떻게 이데올로기를 정권 합리화의 수단으로 동원하고 있는지 잘 드러낸다. 과거 마오쩌둥 시대의 문화대혁명으로 인한 혼란과 빈곤에서 벗어나 부국강병을 이룩하기 위해 선택한 개혁주의 이념에 기반한 개혁과 개방은 권력의 분권화와 시장 메커니즘 도입을 가져왔다. 그 결과, 국가의 역할과 경제-사회적 지배력은 마오쩌둥 시대의 계획경제와 권력의 집중화, 사상 통제가 만연했던 시대와 비교할 때 '대변환'의 시대라고 할 만큼 '제한된 국가'에 머물렀다. 하지만 천안문 사태에서 극도의 혼란을 경험한 중국 지도부는 사회 안정과 질서 유지를 위해 국가의 적극적 사회 개입은 체제 안정을 위해 불가피하다는 학습을 했고, 이는 이후 중국에서 국가의 엄격한 사회통제를 합리화하는 기반이 되었다는 점에서 중대한 기점으로 볼 수 있다. 다시 말해, 중국은 천안문 사태의 후유증으로 덩샤오핑 시대에 도입했던 권력의 분권화, 전문가주의, 시장 메커니즘을 강조하는 개혁주의 이념에 기반한 거버넌스에서 더 나아가지 못하고, 오히려 국가의 사회통제를 점진적으로 확대하는 후퇴하는 모습이다. 1990년대 온건적 개혁을 선호했던 신보수주의 전진과 권위주의 정권에서 경제개혁과 성장을 강조한 신권위주의 사상의 세력화도 이러한 정치-사회적 배경을 바탕으로 한다. 이후, 2000년대 등장한 중국 모델이나 마오쩌둥의 서구식 근대화에 반대한 독자적 마오쩌둥사상을 재평가하며 서구 중심의 근대화에 맞서는 중국 특색을 강조하는 탈근대주의와 국가주의를 주장하는 신좌파의 이념적 논리도(왕후이, 2014; 이욱연, 2013) 결국 중국의 사회주의 정체성과 중공당의 지배를 합리화하는 수단이라는 점에서 일관성을 찾을 수 있다.

그렇다면 시진핑 일인 지배 강화와 집단지도체제의 사실상 폐지, 사상 통제와 시민사회 퇴보 등이 보여주는 것처럼 중국이 책무성, 투명성, 정당성이 향상된 거버넌스로 발전하지 못하고 후퇴하는 양상을 보이는 이유는 무엇일까? 시진핑 개인의 요소를 강조하는 연구자도 있고(Anderlini, 2017; So, 2019; Shuman, 2021),[5] 다른 한편으로는 사회주의적 시장경제, 국가 자본주에서 기술혁신, 지구화 시대의 사상 통제 등 중국이 추구하는 모순적 제도와 질서가 충돌하는 체제의 문제를 강조하는 학자들도 있다(Takeuchi and Desai, 2021; Pei, 2021; Ringen,

5 저자 인터뷰, 워싱턴 D.C.(2022.6.9).

2016).[6] 각각의 논의에 대한 평가는 이 글의 범위를 벗어나기 때문에 여기서 생략하지만, 중국의 특수성을 강조하는 마오쩌둥사상과 천안문 사태 후유증의 지속적이고 깊숙한 영향력을 지적하고 논의를 마무리하고자 한다. 앞서 지적한 바와 같이, 천안문 사태의 커다란 사회적 혼란과 경험은 중국의 지도부와 지식인들에게 시민의 정치참여와 시민사회의 역할을 강조하는 서구식 정치적 자유주의는 중국 현실에 이상적인 정치적 모델이 아니라는 학습효과를 주었는데(蔡元明, 2009; 张永红, 2012; 董树彬·付金辉, 2022), 무엇보다도 이 기억이 현재 진행형이라는 점이다. 따라서 천안문 사태의 기억은 지속적으로 중국의 지도부로 하여금 사회 안정과 질서 유지를 위해 국가의 사회통제와 감시를 합리화하도록 한다. 이와 연관되어, 서구식 민주주의는 보편적 정치 레짐이 아니며, 따라서 중국의 문화와 정치적 역사, 경제·사회적 환경에 적합한 정치체제를 추구해야 한다는 점을 강조하는데(李林, 2009; Mitter and Johnson, 2021), 이는 중국적 특수성을 강조하는 마오쩌둥사상과 같은 맥락이다. 이처럼 중국식 민주주의와 중국식 시장경제를 통해 중국식 사회주의를 추구하는 중국의 '미래국가'는 지금처럼 중공당의 정권 정당성 확보와 강화에 최우선 순위를 둔다면 위기 속에 있다고 할 것이다.

왕후이. 2014. 『탈정치시대의 정치』. 성근제·김진공·이현정 옮김. 돌베개.

이욱연. 2013. 「중국 비판적 지식인 사회의 새로운 분화: 첸리췬과 왕후이의 경우」. ≪동아연구≫, 제32권 1호, 73~103쪽.

이희옥. 2007/2008. 「새로운 중국모델의 대두와 지배 이데올로기의 재구성: 과학발전관을 중심으로」. ≪중소연구≫, 116호.

6 저자 인터뷰, 캠브리지, 매사추세츠(2022.6.13).

장윤미. 2011. 「'중국모델'에 관한 담론 연구」. ≪현대중국연구≫, 제13권 1호, 75~116쪽.
전성흥. 2007/2008. 「중국모델의 부상: 배경, 특징 및 의미」. ≪중소연구≫, 116호.
정재호. 2001. 「파룬공, 인터넷과 중국 내부통제의 정치」. ≪한국정치학회보≫, 제35집 3호, 297~315쪽.

董树彬(동슈빈)·付金辉(퓨진휘이). 2022. 「论全过程人民民主的比较优势」. ≪理论探索≫, 第3期, 43~48.
李林(리이림). 2009. 「坚持和发挥中国特色社会主义 民主政治的优越性」. ≪政治学研究≫, 第2期, 15~23.
门洪华(먼홍화). 2021. 「关于中美战略竞争时代的若干思考」. ≪同济大学学报≫, 第32卷 第2期, 20~30.
史月英(시위예잉). 2003. 「SARS对经济的影响综述」. ≪国是论衡≫, 第8期, 24~26.
萧功秦(시아오공칭). 1994. 「东亚权威政治与现代化」. ≪战略与管理≫, 第2期, 28~34.
孙代尧(순다이야오). 2008. 「威权政治与经济成长的关系: 以威权体制时期的台湾为例」. ≪北京行政学院学报≫, 第3期, 21~26.
习近平(시진핑). 2020. 『习近平谈治国理政』. 第三卷 北京: 外文出版社.
熊光清(시옹광칭). 2011. 「当前中国的腐败问题与反腐败策略」. ≪社会科学研究≫, 第5期, 53~58.
张连城(장리옌청)·贾金思(지아진스). 2003. 「市场失灵与政府作为- 非典疫情对中国经济冲击的性质和原因分析」. ≪经济与管理研究≫, 第5期, 67~71.
张永红(장용홍). 2012. 「论西方民主的困境与中国民主发展道路的选择」. ≪理论月刊≫, 第5期, 104~106.
中国共产党第十七次全国代表大会文件汇编. 2007. 北京: 人民出版社.
陈妮艳(첸니옌). 2012. 「威权政治对东亚发展中国家经济现代化的作用」. ≪中国外资≫, 第257期, 136~138.
蔡元明(차이위엔밍). 2009. 「为什么西方的多党制不适合中国」. ≪更新时间≫, 4~10.
黄光国(황광구어). 2011. 「理论与实践:中国式民主的两个面向-纪念辛亥革命 100周年」. ≪探索≫, 第4期, 58~63.

Anderlini, Jamil. 2017. "Under Xi Jinping, China is Turning Back to Dictatorship." *Financial Times* (October 10). https://www.ft.com/content/cb2c8578-adb4-11e7-aab9-abaa44b1e130
Blinken, Anthony J. 2022. "The Administration's Approach to the People's Republic of China." (May 26). https://www.state.gov/the-administrations-approach-to-the-peoples-republic-of-china/
Bloomberg News. 2022a. "Xi-Li Discord Paralyzes Officials Responsible for China Economy." *Bloomberg* (May 26, 2022). https://www.bloomberg.com/news/articles/2022-05-26/xi-li-discord-paralyzes-officials-responsible-for-china-economy
_____. 2022b. "China's Economic Activity Collapses under Xi's Covid Zero Policy." (May 16),

https://www.bloomberg.com/news/articles/2022-05-16/china-s-economy-contracts-sharply-as-covid-zero-curbs-output?sref=LXBP7gc1

Chen, Feng. 1997. "Order and Stability in Social Transition: Neoconservative Political Thought in Post-1989 China." *China Quarterly,* Vol.151, pp.593~613.

Cumingham, Edward, Tony Saich, and Jesse Turiel. 2020. "Understanding CCP Resilience: Surveying Chinese Public Opinion Through Time." Harvard Kennedy School, Ash Center for Democratic Governance and Innovation (July): 1~18.

Fewsmith, Joseph. 1995. "Neo-Conservatism and the End of the Dengist Era." *Asian Survey*, Vol.35, No.7, pp.635~651.

______. 2021. *Rethinking Chinese Politics*. Cambridge: Cambridge University Press.

Greenhalgh, Susan, and Edwin A. Winckler. 2005. *Governing China's Population: From Leninism to Neo-liberal Biopolitics*. Stanford: Stanford University Press.

Hancock, Tom. 2022. "China's Crackdowns Shrink Private Sector's Slice of Big Business." *Bloomberg* (March 29), https://www.bloomberg.com/news/articles/2022-03-29/china-crackdowns-shrink-private-sector-s-slice-of-big-business

McMorrow, Ryan, and Sun Yu. 2021. "China to Tighten Rules for Tech Companies Seeking Foreign Funding." *Financial Times* (December 8).

Mei, Ciqi. 2020. "Policy Style, Consistency and Effectiveness of the Policy Mix in China's Fight against Covid-19." *Policy and Society*, Vol.39, No.3, pp.309~325.

Meisner, Maurice. 1971. "Leninism and Maoism: Some Populist Perspectives on Marxism-Leninism in China." *The China Quarterly*, Vol.45, pp.2~36.

Misra, Kalpana. 2001. "Curing the Sickness and Saving the Party: Neo-Maoism and Neo-Conservatism in the 1990s." in Shiping Hua(ed.). *Chinese Political Culture, 1989-2000*. pp.149~176. New York: Routledge.

Mitter, Rana, and Elsbeth Johnson. 2021. "What the West Gets Wrong about China." *Harvard Business Reviw*, Vol.99, No.3, pp.42~48.

Nakazawa, Katsuji. 2022. "Analysis: Premier Li is Back, and So is Liconomics." *Nikkei Asia* (May 19), https://asia.nikkei.com/Editor-s-Picks/China-up-close/Analysis-Premier-Li-is-back-and-so-is-Likonomics;

Pei, Minxin. 2021. "China: Totalitarianism's Long Shadow." *Journal of Democracy*, Vol.32, No.2, pp.5~21.

People's Republic of China. "National Bureau of Statistics of China." http://www.stats.gov.cn/english/

Ringen, Stein. 2016. *The Perfect Dictatorship: China in the 21st Century*. Hong Kong: Hong Kong University Press.

Roselle, Scott. 2020. *Invisible China: How the Rural-Urban Divide Threats China's Rise*. Chicago: University of Chicago Press.

_____. 2020. *Invisible China: How the Rural-Urban Divide Threats China's Rise.* Chicago: University of Chicago Press.

Schechter, Danny. 2000. *Falungong's Challenge to China: Spiritual Practice or 'Evil Cult'?* New York: Akashic Books.

Shirk, Susan. 2018. "China in Xi's 'New Era': the Return to Personalistic Rule." *Journal of Democracy*, Vol.29, No.2, pp.22~36.

Shuman, Michael. 2021. "Xi Jinping's Terrifying New China." The Atlantic (November 15), https://www.theatlantic.com/international/archive/2021/11/china-xi-jinping/620645/

So, Alvin Y. 2019. "The Rise of Authoritarianism in China in the early 21st Century." *International Review of Modern Sociology*, Vol.45, No.1, pp.49~70.

Takeuchi, Hiroki, and Saavni Desai. 2021. "Chinese Politics and Comparative Authoritarianism: Institutionalization and Adaptation for Regime Resilience." *Japanese Journal of Political Science*, Vol.22, pp.381~391.

Teiwes, Frederick C. 2000. "The Chinese State during Maoist Era." in David Shambaugh(ed.). *The Modern Chinese State.* New York: Cambridge University Press. pp.105~160.

Thornton, Patrica M. 2009. "Crisis and Governance: SARS and the resilience of the Chinese body politics." *The China Journal*, Vol.61(January), pp.23~48.

Tsang, Steve, and Olivia Cheung. 2022. "Has Xi Jinping Made China's Political System More Resilient and Enduring?" *Third World Quarterly*, Vol.43, No.1, pp.225~243.

Vermander, Benoit. 1999. "The Law and the Wheel: the Sudden Emergence of Falungong." *China Perspectives*, No.24, pp.14~21.

Wallace, Jeremy L. 2022. "The Catastrophic Success of China's Zero-Covid Policy." *Los Angeles Times* (May 21), https://www.latimes.com/opinion/story/2022-05-21/china-zero-covid-policy-shanghai-lockdowns

Wedeman, Andrew. 2012. *Double Paradox: Rapid Growth and Rising Corruption in China.* Ithaca: Cornell University Press.

Wei, Lingling, and Brian Spegele. 2022. "China's Top Two Leaders Diverge in Messaging on Covid Impact." *Wall Street Journal* (May 25), https://www.wsj.com/articles/chinas-top-two-leaders-diverge-in-messaging-on-covid-impact-11653486508

Wu, Ximing and Jeffrey M. Perloff. 2005. "China's Income Distribution, 1985-2001." *Review of Economics and Statistics*, Vol.87, No.4, pp.763~775.

World Bank. 2021. "World Development Indicator Database." https://data.worldbank.org/indicator/NY.GDP.PCAP.PP.CD

World Values Survey. 2014. "World Values Survey Wave 6 (2010-2014)." https://www.worldvaluessurvey.org/WVSDocumentationWV6.jsp

_____. 2020. "World Values Survey Wave 7 (2017-2020)." https://www.worldvaluessurvey.org/WVSDocumentationWV7.jsp

Xi, Jie. 2022. "How Russia's Ukraine Invasion Weighs China's Economy." *VOA* (March 9), https://www.voanews.com/a/how-russia-s-ukraine-invasion-weighs-on-china-s-economy-/6476439.html

Yu, Sun, and Emma Zhou. 2022. "China Turns a Blind Eye to Labor Violations to Spur Economy." *Financial Times* (May 26).

Zhao, Suisheng. 2016. "The Ideological Campaign in Xi's China: Rebuilding Regime Legitimacy." *Asian Survey*, Vol. 56, No. 6.

제4부

대전환 시대의 미래 국가론: 팬데믹, 정보화 맥락

제8장 국가의 위기, 위기의 국가?
코로나19 위기와 국가의 미래
_ 고민희

제9장 네트워크 국가의 등장과 국가론의 미래
_ 민병원

8 국가의 위기, 위기의 국가?

코로나19 위기와 국가의 미래

고민희 | 이화여자대학교

1. 서론: 위기를 다시 불러들이기

위기의 시대에 국가는 지속 가능한가? 전 세계를 휩쓴 코로나19와 더불어 각 지역에서 벌어지는 민주주의의 퇴보현상democratic backsliding과 포퓰리즘의 부상, 기후변화에 따라 급증하는 자연재해 등으로 인해 국가는 현재 다중적이고 새로운 도전에 직면해 있다. 계속되는 국내외적 불확실성으로 인해 '외부로부터의 자극에 대처하는 주체로서의 국가'[1]라는 기존 정치학의 오래된 전제가 시험대에 올랐을 뿐 아니라, 충돌하는 국익과 위기 해결을 위해 전 지구적 국제체제가 대안으로 기능할 수 있는지에 대한 논의도 활발하게 전개되고 있다 (김상배, 2020; 조동준, 2020; Drezner, 2020; Fukuyama, 2020; Johnson, 2020; Pevehouse,

1 국가(state)의 정의는 도시국가(city-state), 제국(empire), 민족국가(nation-state) 등으로 국가의 구성원과 관할 범위 등에 따라 다양하겠으나, 이 글에서는 근대적 의미의 국가, 즉 주권(sovereignty)을 가지고 지정된 영토의 국민을 관할하는 집단(organization)을 대상으로 한다.

2020 참조).

그러나 근대국가의 지속가능성 여부가 학계에서 활발하게 논의되고 있는 데 비해, 국가의 존속을 위협하는 '위기'의 실체와 본질에 대한 탐구는 미진하며, 국가와 위기의 관계에 대한 이론화theorization는 정체되어 있다. 위기라는 용어가 인문학, 사회과학 할 것 없이 널리 쓰이고 있으면서도 위기의 하위 개념들 사이의 의미론적 혼용semantic slippage은 계속되고 있을뿐더러, 현실 정치에서도 정치가들은 다양한 상황에서 위기를 소환하며 소비하고 있다. 이 글이 주목하는 국가와의 관계에 한정해서 보면, 혁명, 전쟁과 같은 정치적 갈등에서부터 공황, 불황 등의 경제적 침체기, 코로나19와 같은 공중보건 위험의 확산 등 기존의 질서를 위협하는 불안정한 상황이 '위기'라는 범주하에 광범위하게 사용되고 있다. 국가의 존립에 있어 위기 상황은 변수variable가 아닌 상수constant로 존재하는 듯 보인다. 평화의 순간에도 국제사회를 둘러싼 여러 갈등과 전쟁의 위기는 국가 간 관계를 규정짓는 핵심적인 전제로 기능하고 있으며, 주기적으로 발생하는 경제위기와 재난·재해는 정부의 역할에 대한 회의와 각성을 촉구하기 때문이다.

이렇게 위기가 돌발 상황이 아닌 일상화될 때, 사회질서의 유지와 해체, 붕괴와 전환의 순간을 구분할 수 있는 기준은 모호해지며 위기의 분석적 유용성은 사라진다. 그렇다면 위기란 무엇이며, 위기와 국가는 어떠한 관계를 가지는가? 이러한 문제의식을 바탕으로 이 글에서는 위기와 그 연관 개념들이 어떻게 국가를 해체 혹은 재구성해 왔는지를 살펴본다. 위기와 국가의 관계에 대한 하나의 탐색적인 시도로서, 이 글에서는 위기는 현상적으로는 국가에 대한 해체의 담론을 구성하지만 본질적으로는 국가의 역할을 강화한다는 것을 주요 논지로 한다. 거시적 구조의 불가피한 충돌을 위기로 규정하는 경우 기존의 국가체제는 정당성의 위기에 봉착하는 반면, 그러한 정당성의 위기가 곧 국가의 해체를 의미하는 것은 아니며, 오히려 구성원들로 하여금 새로운 형태의 국가 공동체를 요구하는 행동을 촉구한다. 다른 한편으로 개인과 사회의 위험 가능성을 위기로 볼 때, 국가는 전보다 증대된 역할을 부여받고 그 기능을 강화하게 되며, 구성원들은 국가의 역할에 대한 믿음과 기대를 가지게 된다. 정당성에 도전하는 전자의 위기가 선언적이며 일견 비이성적인 정치적 행동을 촉발했다면, 후자의 위기는 역사적으로 국가의 합리성을 구성하고 통제를 정당화하는 역할을 하면서 국가의 존재를 부각시켰다. 이런 점에서 위기와 국가는 상호파괴적이라기보다는 상호구성적이라고 할 수 있다.

이 글에서는 위기의 의미와 기원을 추적하는 것을 시작으로 고대 그리스에서 현대까지 존재해 온 위기에 대한 다양한 해석과 적용을 살펴보고, 위기의 개념화가 현대 국가를 이해하는 데 어떠한 함의를 가지는지에 대해 논한다. 위기라는 개념에 대해 보다 엄밀한 분류를 시도하는 기존의 연구에 더해(Holton, 1987; Barrios, 2017 참조), 위기의 유형과 의미에 대한 분류 및 추상화 작업은 위기를 사회과학적 연구로 불러들이는 시발점이 될 것이다(Sartori, 1970; Habermas, 1975). 개념화와 분류화를 통해 위기라는 용어는 정치사회 변동의 다양한 축을 설명할 수 있으며, 위기 개념의 역사적 탐색은 분류화 작업의 이론적 기초를 제공한다. 많은 정치사회적 담론에서 위기의 언어를 차용하고 있으나, 위기의 변이나 특성을 분석하기보다는 동일한 종류의 위기하에서 나타나는 정치적 반응의 차이에 주목하는 경향이 지배적이다. 가령, 기후위기를 외부적 충격으로 간주하고, 이에 다른 방식으로 대응하는 국가 간의 비교 분석을 들 수 있다(Arikan and Günay, 2021 참조). 그러나 위기 상황을 단일한 외부적 충격exogenous shock으로만 전제하는 것은, 위기와 국가의 상호작용 내에서 국가의 의미와 역할이 총체적으로 어떻게 변화하고 있는지에 대한 좌표를 제시하지 못한다. 민주화, 전쟁 등의 용어들이 정의와 분류체계를 통해서 구체화하고 조작화하는 것처럼, 팬데믹을 위시해 위기의 개념이 본격적으로 사회과학의 장場에 들어온 현재에는 그 용어가 담지하는 의미를 개념화하고 분류하는 작업이 어느 때보다 절실하다 하겠다.

이 글의 구성은 다음과 같다. 본론에서는 먼저 위기의 어원과 쓰임새를 고찰한 후, 위기의 속성을 구성하는 두 가지 관점—모순contradiction과 위험risk—을 두 축으로 하여 위기와 국가의 관계를 분석하고자 한다. 모순으로의 위기를 논하는 데 있어서는, 왕정 지배체제와 민주주의의 충돌 순간을 포착하고 혁명으로 표현된 정치적 변혁의 중요성에 주목한 토머스 페인Thomas Paine과, 냉전과 자본주의의 발달이 절정에 치달았던 1970년대에 사회통합과 국가 기능 사이의 구조적 충돌을 지적한 위르겐 하버마스Jurgen Habermas를 중심으로 논지를 엮어낼 것이다. 개인과 사회, 그리고 국가의 관계에서 형성되는 모순과 조응하여, 다음 절에서는 위험으로서의 위기가 어떻게 현대 국가의 형성과 확대, 그리고 기능적 분화를 가져왔는지에 대해 미국의 경제위기와 자연재해를 중심으로 논한다. 유럽과 아시아에 비해 상대적으로 약한 국가weak state로 인식되고 있는 미국의 역사적인 발전 양상이 위기를 관리하는 역할과 밀접하게 관련이 있음을 보임으로써, 위기관리가 국가 기능의 강화, 분화, 그리고 전문화에 핵심적인 위치를 점하고 있음이 보다 선명하게 드러날 것이다. 모순과 위험을 통해 드러난 국가와 위기의 양가적인 관계를 생각할 때, 팬데믹을 어떠한 위기로 정의할 것인지는 앞으로의 국가를 상상하는 데 중요한 물음이 될 것이다. 이에 이 연구는 그동안의 위기의 내러티브에 비추어 팬데믹 이후의 국가를 조망하는 것으로 끝맺음한다.

2. 본론: 위기와 국가에 대한 이론적 논의

1) 위기의 정의와 분류

위기의 영단어인 'crisis'는 그리스의 'κρίγω(krino)'라는 동사에서 유래한 것으로, '분리하다separate', '결정하다decide', '논쟁하다quarrel' 등의 의미를 내포하고 있으며, 옳고 그름, 삶과 죽음, 구원과 파멸을 구분 짓는다는 뜻으로 사용되었다. 위험하거나 돌발적인 사건 등 특수한 상황을 상정하는 현대의 쓰임새보다 훨씬 광범위한 의미를 지녔던 셈이다. 특히 고대 그리스에서 위기는 정치 전반의 현상을 묘사하는 데 사용되었는데, 전쟁과 같이 중요하고 신속한 결단을 요하는 상황부터, 국민을 추방하거나 사형을 집행하는 등 옳고 그름을 가려야 하는 법적인 상황도 위기라는 단어로 설명했다. 달리 말하면, 위기는 객관적인 상황을 직시하고 명령을 내리는 것과 주관적인 판단으로 결정을 내리는 의미를 동시에 담고 있었으며, 결단judgment과 비판critique을 모두 포함하는 포괄적인 개념이었다. 고대 그리스에서 시민의 자격은 정치적 판단을 내리는 자에게만 주어졌다는 것을 생각할 때, 위기는 정의와 정치질서를 구현하는 핵심적인 개념으로 인식되었음을 유추할 수 있다(Koselleck and Richter, 2006).

위기와 관련한 다른 흐름은 의학에 기반하는데, 『히포크라테스 전집Corpus Hippocraticum』에서 유래한, 질병illness과 관련하여 관찰 가능한 현상을 묘사하는 데 사용된 경우를 예로 들 수 있다(Koselleck and Richter, 2006). 즉 객관적으로 관찰한 환자의 상태를 바탕으로 환자의 생사가 결정되는 순간을 위기로 인식한 것인데, 이러한 상황에 도달하기 위해서는 질병의 시작과 재발 위기를 가늠할 수 있어야 한다. 객관적인 상황이라 할지라도 종국에는 생사를 결정하는 판단을 내려야 한다는 점에서, 앞서 언급한 주관적인 영역이 완전히 배제되어 있다고 생각하기는 힘들 것이다. 이런 의미에서 신과 법의 영역이 아닌 과학의 영역에서 위기를 극복하려는 시도는 인간 이성에 대한 의지와 유한성을 동시에 보여준다. 이때 위기의 양태는 구체적이고, 즉각적이며 반복적인 특성을 가진다. 위기의 발생을 피할 수는 없지만 어느 정도의 예측성을 가지기 때문에, 인간은 병의 재발relapse을 막듯 위기의 재발생을 방지하려는 노력을 경주할 수 있다. 후에 상술하겠지만, 이러한 위기의 계량적인 특성은 자본주의의 발달과 맞물려 국가의 역할에 대한 기대를 상승시켰다.

이렇게 고대 그리스에서 위기는 한편으로는 신학적으로, 다른 한편으로 의학적인 의미로 해석되다가, 라틴어로의 변용을 거쳐 14~16세기에 걸쳐 프랑스, 영국, 독일 등 유럽의 국가 언어로 편입되었고, 17세기부터 점차 정치, 경제, 심리학 등 사회 전반에서 폭넓게 사용되기 시작했다. 특히 위기의 언어가 국가 간의 정치적 상황을 묘사하는 데 사용된 것은 18세기 후반부터인데. 유럽 국가들의 힘의 균형이 흔들렸던 1740년대 오스트리아 계승 전쟁을 위기로 표현한 것을 시작으로, 학자 및 행정가들은 유럽 국가들의 국내외적 상황을 묘사하는 데 위기라는 단어를 사용했다. 이는 특히 미국 독립혁명과 프랑스대혁명에 이르러 더욱 보편성을 띠게 되었는데, 기존의 봉건적 질서를 뒤흔드는 정치적 혼란의 정점은 한 시대의 위기이자 새 시대의 도래에 다름 아니었기 때문이다(Koselleck and Richter, 2006).

고대에서 근대까지 이어지는 위기의 계보 이외에, 현대에서 쓰이는 위기의 가계도를 살펴보자. 위기의 하위 개념처럼 쓰이는 용어로는 위험risk, 재해catastrophe 혹은 재난disasters 등을 들 수 있다. 먼저, 위험risk은 원래 미국 19세기 원거리 해양 보험marine insurance 계약에서 거래되었던 상품을 일컬었다. 역사학자인 조나단 레비Jonathan Levy는 그의 저서 『부의 괴물Freaks of Fortune』(2012)에서 통제하기 힘든 해상무역을 중심으로 발달했던 위험 관리의 개념이 어떻게 미국 자본주의의 근간을 형성하게 되었는지를 추적한다. 20세기 초 미국의 자본시장이 급속도로 팽창하면서, 자본시장의 불확실성에 대비하는 보험상품의 개발과 함께 본격적으로 리스크의 개념이 일반 시장 거래에도 통용되기 시작했다. 초기에 은행가, 거대 투자자를 중심으로 발달했던 금융자본주의는 점차 미국 일반 시민의 삶에 침투하게 되었으며, 투자자로서의 시민들은 위험 감수risk-taking를 금전적 이익을 얻기 위한 필수적 요건으로 인지하게 된다(Levy, 2012). 시장과 평행선상에서, 학문적인 개념으로서의 위험은 20세기 초 경제학자인 나이트Frank Knight와 케인스John Maynard Keynes에 의해 정립되었다. 제1차 세계대전과 대공황 등의 거시적 위기를 거치는 과정에서, 두 경제학자는 비슷한 시기에 자본주의의 불확실성과 위험성에 대한 학문적 개념화를 시도했다. 엄밀히 말하면, 경제학에서 불확실성uncertainty과 위험risk은 개념상의 차이가 존재한다. 여기서 불확실성은 그 발생의 확률적 분포를 알 수 없는 경우가 많고, 따라서 과거에 일어난 사건을 바탕으로 미래를 예측하는 확률론적probabilistic 추론은 많은 경우 성립할 수 없다. 소위 혁신에 기반한 자본주의의 발전은 이런 불확실성의 원칙에 기반한 것이다. 반면, 위험risk은 무슨 일이 일어날지 정확히는 알 수 없지만 확률적인 분포를 알 수 있는 경우를 일컫는데, 예컨대 100년 빈도 홍수 위험a 100-year flood risk은 발생 빈도가 100년에 한 번 정도 일어날 가능성이 있는 규모의 홍수를 말한다. 위험과 불확실성에 대처하고자 발달한 보험 산업의 기본 원리도 위험을 어떻게 분산·관리할 수 있는가에 기반하고 있다. 이렇게 20세기 서구 사회 자본주의의 발달 과정에 있어 위기를 계량화하고 대응을 구상하려는 시도는 은행업 및 주식, 보험 등을 상품화한 금융 시장의 확대를 가져왔으나, 시장의 불완전성을 보완하려는 국가의 기능 또한 점차적으로 확대되었다. 국가가 불확실성을 통제할 수는 없지만 위험은 관리할 수 있다는 의식 아래, 국가의 규제와 보호의 필요성이 점차적으로 확산하게 된 것이다.

마지막으로, 재난의 어원은 16세기 중반의 이태리 구어 'disastro'와 관련이 있는데, 별과 행성의 위치가 인간에게 파괴적인 결과를 가져올 수 있다는 미신적 생각이 반영된 단어이다. 앞에서 언급한 사회적 위기와 달리 재난은 인간의 통제 밖에 있는 자연과의 관계가 중요한 역할을 하는데, 인간과 자연의 평형이 깨질 때 일어나는 변형과 파괴의 과정을 재난의 발현으로 볼 수 있을 것이다. 20세기까지도 재난은 불가항력의 힘이라는 인식이 지배적이었다. 즉, 홍수, 가뭄, 지진과 같은 자연재해는 사전적ex-ante 예방이 아닌 사후적ex-post 관리가 가능할 뿐이라고 생각하는 사람들이 대부분이었으며, 자연재해가 미신적이고 초자연적인 힘이 아닌 사람에 의해서 초래되는, 즉 인재人災라는 의식이 싹튼 것은 불과 1970~1980년대에 이르러서이다(Barrios, 2017). 이후 학자들은 점차 재난을 자연 세계에 대한 인간의 부적응적 행위의 결과로 인식하기 시작했으며, 많은 연구들이 인간 활동의 파괴적 결과에 주목했다. 더 나아가 재난이 인류의 행위에 기반한 통시적diachronic 행위의 총체라고 한다면, 재해catastrophe는 그야말로 통제 불가능하고 비정형적인 재앙을 의미하는 것으로 분류하기도 한다(Barrios, 2017). 그런 의미에서 과학기술의 발달은 재난을 재해와 더 확실하게 구분할 수 있는 근거를 제공해 주는데, 앞서 말한 것처럼 재난의 빈도나 강도가 측정 가능해질수록 재난은 위험 관리의 영역에 편입될 수 있기 때문이다.[2]

종합해 보면, 위기라는 용어의 분화 과정은 인간 사회의 변동과 밀접한 관계가 있음을 알 수 있다. 위기는 오랫동안 정의와 부정의, 구원과 단죄, 생과 사를 결정하는 지점에서 추상적이고 관념적인 용어로 존재하다가, 국가와 사회의 발전과 더불어 그 쓰임새도 점차 구체적이고 기능적으로 변화했고, 오늘날에는 위험과 재난 등의 용어와도 연관되는 등 한 사회의 극적인 도전 상태를 포괄하는 개념으로 이해되고 있다. 마찬가지로 국가의 개념 또한 도시국가, 제국, 부족국가 등의 유동적인 정체polity로 존재하다가, 정치적으로는 왕정의 쇠퇴와 민주주의의 탄생, 경제적으로는 자본주의의 발달을 거치며 근대국가로 탈바꿈하게 된다. 이 과정에서 국가는 위기를 배태한 채 영토적 경계와 시민권을 점차 획정하고, 국가를 유지하기 위해 세분화·전문화된 조직을 발전시켰다. 이런 상황에서 위기는 점차 국가가 개인과 사회를 위해 타개해야 할 다양한 종류의 불확실성을 의미하게 되었으며, 국가는 지속적으로 위기의 언어를 차용하며 지배와 관리의 영역을 넓히게 된다.

2 이 글에서는 재난과 재해(catastrophe), 재앙(calamity)을 따로 구분하지 않고 교환 가능한 개념으로 사용한다. 재난과 재해를 특정 지어 구분하는 연구가 많지 않은데다, 현대사회에서는 재해라고 부를 만한 성격의 사건들은 드물게 일어나기 때문이다. 예전에는 원인과 해결책을 알 수 없었던 사건들도, 많은 경우 예측 혹은 관리가 가능해졌으며, 국가의 역할 또한 이러한 위험관리의 방향에서 논의하는 것이 적절하다고 하겠다.

2) 국가의 발전과 위기의 배태성(embeddedness)

(1) 왕권에서 주권으로: 토머스 페인과 미국 독립혁명

위기는 새로운 판단을 요구한다. 국가가 정치·경제체제의 구조적 모순을 드러낼수록, 행위자는 위기를 인식하고 변화를 촉구한다. 루소는 1762년 그의 저작 『에밀』에서, 유럽의 군주제는 이제 그 수명을 다했고, 이에 "우리는 위기의 상태에 도달했으며 혁명의 시대를 목도하고 있다"라고 서술하며 18세기 말의 격변기를 예고했다. 위기에의 선언과 새 시대의 도래는 후일 미국 독립혁명을 묘사한 페인에 의해서도 반복된다. 페인은 독립전쟁 중 16차례 연재한 『미국의 위기The American Crisis』(이하 『위기』)라는 저작에서 매우 격정적인 어조로 독립의 필요성을 역설한다. 『위기』는 아래와 같은 문장으로 시작한다(Paine, 2008).

> 지금이야말로 인간의 영혼이 시험대에 오르는 시대입니다. 오직 유리할 때만 싸우는 군사와 애국자연(然)하는 사람들은, 이 위기 속에서는, 국가를 위한 헌신에서 빛을 볼 수 없을 것입니다; 그러나 지금 이 순간 분연히 일어나는 사람들은 남녀 모두의 존경과 감사를 받을 자격이 있습니다. 독재는, 지옥과 같아, 쉽게 정복되지 않습니다; 그러나 우리는, 갈등이 깊을수록 승리 또한 값지다는 것을 위안으로 삼아야 합니다.[3]

그의 전 저작 『상식Common Sense』이 미국 독립혁명의 사상적 근거를 제공

3 "These are the times that try men's souls: The summer soldier and the sunshine patriot will, in this crisis, shrink from the service of his country; but he that stands by it now, deserves the love and thanks of man and woman. Tyranny, like hell, is not easily conquered; yet we have this consolation with us, that the harder the conflict, the more glorious the triumph."

했다면, 『위기』는 실제적인 혁명의 한가운데 있는 사람들의 열정을 일으키며 위기 극복의 기폭제로 사용되었다. 여기서 페인이 말하는 위기는 영국 군주제, 혹은 유럽의 왕정체제의 위기가 아니라, 건국이라는 새로운 창조의 순간을 앞둔 자들이 처한 심판의 순간이다. 『위기』가 출판되었던 당시의 상황을 살펴보면, 페인이 왜 독립혁명의 한가운데에서 위기를 소환했는지 이해할 수 있다. 조지 워싱턴이 이끄는 미국군은 뉴저지의 트렌튼Trenton과 프린스턴Princeton을 점령한 윌리엄 하우General William Howe 장군의 영국군에 힘겹게 저항하고 있었고, 영국군은 트렌튼 전투를 거쳐 1777년 필라델피아를 탈환하며 기세를 더하고 있었다. 밸리 포지Valley Forge에서 미군은 더 이상 물러날 수 없는 처지에 이르렀다. 이에 미군을 진두지휘하고 있던 조지 워싱턴 장군이 페인의 『위기』를 군사들에게 나누어주며 끝까지 싸워야 할 의지를 불어넣으려 했던 것이다.

『상식』과 『위기』에서 특히 주목할 점은, 페인이 미국이 영국에서 독립해야 할 근거를 신의 계시에서 찾았다는 점이다. 많은 문헌들이 미국의 독립혁명을 계몽주의의 발달과 인간 합리성의 승리로 묘사했으나, 그 당시 군주제에서 민주주의로의 전환이 반드시 신학에 반한 인간 이성의 승리를 의미하는 것은 아니었음을 생각해 볼 필요가 있다. 특히 미국에서 혁명은 미국 건국의 중요한 축이었던 기독교적 사명을 구현하는 목적 또한 가지고 있었으며, 따라서 위기의 신학적·계시적 언명은 아래와 같이 혁명의 정당성에 힘을 싣는 구실을 했다.

> 전능하신 하느님은 지혜로 창조 가능한 모든 방법을 쓰셔서라도 전쟁의 재앙을 피하고자 진심으로, 계속해서 노력하는 민족이 군사적으로 전멸하게 두지 않을 것이며, 아무런 지원이 없이 절멸하도록 놔두지도 않을 것입니다.[4]

4 "God Almighty will not give up a people to military destruction, or leave them unsupportedly to perish, who have so earnestly and so repeatedly sought to avoid the calamities of war, by every

이후 페인이 프랑스혁명을 직접 목격하며 기독교적인 관점을 버리고 인간 이성에 천착하기 전까지, 그에게 위기란 신이 인간에게 부여한 절체절명의 기회이고, 인간은 이를 싸워서 이겨내야 하는 숙명을 가진 존재였다. 이러한 점에서 위기에 대한 페인의 연설은 묵시록의 최후의 심판과도 같은 신학적 의미의 위기를 속세로 끌어내리는 역할을 수행하게 되며, 치열한 전투에 계시적인 선언의 의미를 부여하며 참전 군인의 사기를 북돋았다.

페인은 군주제의 폭정 가능성과 권력 배분의 모순을 문제 삼았으되, 국가 자체의 의미를 부정하지는 않았다. 오히려 미국이라는 새로운 나라가 기존 군주제의 기형적 통치 형태를 극복하고 민주적 공화제로서 기능할 수 있음을, 그리고 그렇게 기능해야 함을 설파했다. 또한 페인은 미국을 위해서는 영국뿐 아니라 유럽으로부터의 정치적·경제적 독립이 필요하다는 점을 강조하고 있다는 점에서, 중앙집권적이고 배타적인 권력으로서의 국가를 배척했다기보다는 권력이 통치되는 방식, 즉 왕권에서 시민권으로의 전환에 초점을 맞추고 있다고 보는 것이 타당할 것이다. 국가, 혹은 정부에 대한 그의 믿음은 『상식』에서도 나타나는데, 페인은 정부가 사회의 불평등을 보완할 최소의 필요불가결한 장치라는 홉스적인 논리와 함께 왕정은 기독교적인 교리와 어긋나는 이교도의 heathen's 체제라고 주장했다.

> 왕에 의한 정부는 이교도들에 의해 처음으로 세상에 소개되었으며, 이로부터 유대인들이 이러한 관습을 모방하였다. 이[왕정]는 우상숭배를 퍼뜨리려는 악마들의 가장 성공적인 발명품이다. 이교도들은 이미 사망한 그들의 왕에게 신성한 영예를 부여하고, 기독교의 세계는 살아 있는 왕에게도 같은 행동으로 그 계획을 실현하였다. 먼지가 되어 사라질 벌레들에게 신성한 제왕의 칭호를 사한 것은 얼

decent method which wisdom could invent."

마나 불경한 행동인가![5]

페인이 부르짖었던 왕정으로부터의 독립과 그 이후 미합중국이라는 기회의 나라의 탄생으로, 미국은 봉건제의 위기에서 개인들을 구출한 듯 보였다. 그러나 왕정이 고착화한 계급사회는 하루아침에 사라지지 않았으며, 공동체를 향한 염원은 미국 보수주의의 한 축을 구성하며 자유주의와 대립하는 양상으로 민주주의의 위기를 재생산한다. 이는 후일 탤컷 파슨스Talcott Parsons가 말하는 사회의 변동에서 구체화되는데, 파슨스는 직접적으로 위기의 생성과 소멸을 논하지는 않았으나, 사회의 질서와 안정을 위협하는 요소로 기회의 균등equality of opportunity과 공동체주의 사이의 긴장관계를 꼽았다(Parsons, 1971). 평등의 철학은 개인이 좀 더 나은 삶을 위해 교육과 경제활동을 추구하도록 유도하지만, 이는 하나의 유기적인 공동체를 이루는 국가의 질서와 유대감solidarity을 저해하는 역설적인 결과를 낳는다는 것이다. 바꾸어 말하면, 외부의 영역에 속해 있던 집단들로부터 포용과 통합의 요구가 거세질수록 사회의 불안정성은 커지고, 이는 기존의 도덕률에 근본적인 질문을 던지면서 위기를 구성하는 것이다(Holton, 1987: 512). 민주주의는 왕정과 사회주의의 도전을 극복하며 가장 이상적인 정치제도로 뿌리내렸지만, 그 자체로 위기에서 자유로운 것은 아니다. 오히려 민주주의에 배태embedded되어 있는 배제·경쟁과 포용 사이의 긴장관계는 국내뿐 아니라 국제관계에서도 끊임없이 갈등을 생산하며 위기의 담론을 구성하고 있다.

5 "Government by kings was first introduced into the world by the Heathens, from whom the children of Israel copied the custom. It was the most prosperous invention the Devil ever set on foot for the promotion of idolatry. The Heathens paid divine honours to their deceased kings, and the Christian World hath improved on the plan by doing the same to their living ones. How impious is the title of sacred Majesty applied to a worm, who in the midst of his splendor is crumbling into dust!"

'어떻게 지배할 것인가'의 문제를 둘러싼 위기의 출현은 국가를 왕과 소수의 지배로부터 분리하여 다수가 지배하는 형식으로 탈바꿈시켰고, 페인은 왕정의 실패에 대한 해답을 무정부라는 유토피아가 아닌 합리적인 제도를 갖춘 정부에서 찾았다. 그러나 페인의 글에서 드러나듯, 이러한 체제의 전환을 완전한 이성의 승리였다고만은 할 수 없다. 오히려 18세기의 위기는 신과 인간의 관계에서 어긋나게 드러난 인간의 통치체제를 바로잡고자 하는 소명에 기반했으며, 국가란 신 앞에 평등한 인간이 세운 공동체라는 인식을 심어준 것이라고 보는 것이 타당할 것이다. 이런 의미에서 국가는 혁명 이후에도 소멸하는 것이 아니라 변화하며, 백성subjects에서 시민citizens으로의 변환을 정당화하는 주체로 기능한다. 그뿐만 아니라 이러한 변환은 완결된 것이 아니라 끊임없는 도전에 직면하는데, 민주주의의 제도 안에서 나타나는 개인주의와 공동체주의 사이의 긴장이 진보와 보수 간 대결의 모습으로 나타나고 있다고 할 수 있을 것이다.

(2) 자본주의 국가의 위기: 하버마스의 '정당성의 문제'

페인이 18세기 후반 군주제와 평등권 사이의 모순을 위기로 규정했다면, 민주주의가 안착한 20세기 최대의 화두는 자본주의의 출현과 발달에서 오는 위기였다.[6] 이에 1970년대 하버마스는 그의 저서 『후기 자본주의의 정당성의 문제』(이하 『정당성의 문제』)에서 사회체제의 위기에 대해 본격적으로 논했다. 이 책은 미국에서 '정당성의 위기Legitimation Crisis'로 번역되었는데,[7] 하버마스는

6 물론 사회과학에서 위기를 가장 중점적으로 연구한 학자로는 마르크스를 꼽을 수 있을 것이다. 그러나 국가의 정당성에 초점을 맞추고 있는 이 글은 하버마스를 중심으로 자본주의와 국가의 관계를 논하고자 한다.

7 'Legitimation'은 주로 정당성(性)으로 번역되고 있으나, 필자는 정당성(legitimacy)을 획득하는 과정으로서의 정당화(化)로 번역하는 것이 더 타당하다는 의견이다. 그러나 이 글에서는 통상적으로 사용되는 '정당성의 위기'라는 번역을 따라 사용했다.

경제, 정치-행정, 사회문화 체계에서 위기의 성격을 사회 구성원의 해체와 정체성의 국가의 위기를 중심으로 논했다.

> 어떤 과정을 하나의 위기로 보는 것은 어떤 규범적인 의미…를 은연중에 부여하고 있다. …… 아리스토텔레스에서 헤겔에 이르는 고전미학에서 위기라는 말은, 아무리 객관적이라 해도 단순하게 외부에서 틈입하는 것이 아니고 또 거기에 갇힌 인물의 자기 확인에 대하여 결코 외면적인 것도 아닌 **어떤 운명적인 과정의 전환점**을 가리킨다. …… 당사자들이 새로운 자기 동일성을 형성하여 **운명이라는 신화적 위력**을 때려 부숨으로써, 그 자신의 자유를 되찾을 힘을 스스로 발휘하지 않는다면, 그들의 자기 동일성은 서로 충돌하는 규범의 노출에서 최고 상태에 도달하는 것이다(Habermas, 1973: 10~11, 강조는 필자).

하버마스의 인식에서 고대 그리스의 신학적 배경을 찾는 것은 어렵지 않다. 즉, 위기는 외부적인 것이 아니라 내생적인 것이며 집단적인 성격을 가지고 있다. 위기의 상황을 타개하기 위해서는 공동체의 구성원이 공통적으로 느끼는 감정, 즉 동일성을 바탕으로 그들을 에워싸고 있는 고정관념의 틀을 부수어야 한다. 페인이 설파한 것과 마찬가지로 위기는 부조리, 불합리에 공동으로 맞서는 저항과 파괴의 순간을 의미한다.

이러한 고전적이고 신화적 의미에서의 위기에 더해, 하버마스는 사회과학적으로 유의미한 위기의 개념을 발전시키고자 했다. 『정당성의 문제』에서 하버마스는 위기를 "체제통합의 지속적인 장애"로 규정하고, 사회시스템의 구조가 그 시스템의 존립을 위해 필요한 문제 해결 능력을 더 이상 제공할 수 없을 때 위기가 발생한다고 보았다. 사회체제에서 동일한 경험을 가지는 주체들의 통합력이 붕괴되고, 그러한 사회체제를 구성하고 수행하는 주체들이 더 이상 기존의 체제에 복속될 수 없으며, 이렇게 사회통합과 체계통합 사이에 균열이 생길 때 정당성의 위기가 초래되는 것이다(김수정, 1995).

또한, 위기는 선험적이지 않으며 경험에 근거하고 있다. 영국 왕정체제의 불합리성이 미국인들 가운데 공유되어 마침내 독립전쟁으로 표출된 것처럼, 후기 자본주의 사회의 구조적 모순 또한 그 자체로 위기를 형성하기보다는, 구체적인 경험을 통해 인식되고 물화된다고 할 수 있다. 이런 점에서 위기는 "문화적"으로 구성된다고 할 수 있으며, 객관적인 경제나 사회지표로만은 위기의 출현을 예측할 수 없다(Holton, 1987).

> 사회성원이 구조 변화를 위기로서 경험하고 그럼으로써 그들의 사회적 자기확인이 위협당했다고 느낄 때만, 우리는 위기라는 표현을 사용할 수 있다. 체제통합의 장애는 사회통합을 위협하는 한에서만 그 존립을 위협하는 위기로 된다. 즉, 규범적 구조들에 대한 합의의 기초가 심하게 손상되어서 사회가 아노미 상태에 빠질 때만 그 장애가 존립을 위협하는 위기로 된다. 위기 상태는 사회적 제도들의 분해라는 형태를 취하는 것이다(Holton, 1987: 13, 강조는 필자).

『정당성의 문제』에서 하버마스는 경제 위기, 합리성 위기, 정통화 위기, 그리고 동기부여 위기라는 네 가지 위기를 상정한다. 마르크스와 마찬가지로 하버마스는 정치·사회적 위기의 근본적인 원인에는 경제적 구조, 즉 자본주의의 모순이 존재한다고 보았다. 자본주의의 구조적 모순 심화로 출현하는 경제의 위기는 국가 정치시스템의 위기를 초래하는데, 이는 합리성과 정통성의 위기라는 두 가지 방향성—출력output과 입력input—으로 나타난다. 합리성의 위기는 정치행정의 조직이 필연적으로 맞게 되는 위기 상황으로, 출력output으로의 정치적 결과물이 충돌하는 이해관계를 모두 담아내지 못함으로써 생성되는 위기이며, 정통성의 해체라는 정치적 결과를 초래한다.

그러나 하버마스가 마르크스와 다른 점은, 위기를 단지 계급구조의 충돌에서 오는 반동적 결과로만 보지 않고, 규범체계의 균열과 사회적 해체 상태에 관심을 기울였다는 것이다. 특히, 하버마스는 후기 자본주의 사회의 문제 중세 가지를 중점적으로 논했는데, ① 생태학적 균형의 교란, ② 인격체계의 일관성 요구의 침해(소외), ③ 국제관계의 폭발적인 부하이다(Habermas, 1975: 70~75). 기실 현대사회가 신음하고 있는 기후위기, 소외와 혐오, 군사적 대립 등을 하버마스는 이미 50여 년 전에 예견한 셈이다. 그러나 이러한 위기 상황에 국가가 어떤 역할을 담당하게 될 것인가에 대해 하버마스는 회의적인 견해를 피력한다. 인류 공통의 난제를 해결하기 위해 국가에 의한 합리성이 요구되지만, 구조적 모순을 통해 사회의 통합이 점차 파괴되는 과정에서 체제는 한계에 직면하게 되고, 이러한 충돌이 정치화하는 과정에서 정통성을 위한 구조가 행정적으로 뒷받침되지 못할 때, 사회는 정통성의 위기에 직면한다. 또한, 탈정치의 영역에 주변적으로 머물러 있었던 문화적·전통적 가치들이 점차 중심적으로 논의되는 과정에서 공공성의 영역이 확장되고, 기존의 정치구조를 지탱했던 정통성을 뒤흔드는 과정을 낳는다. 결국, 정체성과 정당성의 위기는 기존의 정치, 사회, 경제 시스템이 새로운 국면에 도달해 있음을 알려주는 신호이며, 국가의 존립 및 통치 방식에 대한 시민의 동의가 흔들릴 때 직면하는 근본적인 위기 상황이라고 할 수 있다.

하버마스는 당시 자본주의가 무르익은 서구 사회에서 나타나는 균열을 기민하게 포착하고, 그 틈새에서 국가가 어떤 한계를 보이는지에 대해 날카롭게 지적했다. 그가 종국에 주장하는 것은 통치체계로서의 합리적 국가에 대한 대안적인 체제인데, 그것은 시민들 간의 열린 공론의 장, 혹은 국가 너머의 국제적 공동체 등의 모습이다. 그러나 그가 주장한 정당성 위기의 존재 여부가 주권국가의 존재 가치를 *근본적으로* 약화시키는지는 다시금 생각해 볼 필요가 있다. 하버마스의 이론의 중요한 전제는 위기란 사회의 구성원이 공통적으로 느끼는 어떤 불합리, 혹은 부정의 감정이라는 것이다. 구조적 모순으로 인해 국가의 정당성이 위기에 놓이게 되면, 사상적인 논쟁, 혹은 물리적인 분쟁이 활발해지고 기존의 국가를 재구성할 새로운 형태와 제도, 문화적 조건이 조성되는 것이다. 여기서 공통의 구성원은 노동계급이 될 수도 있고, 엘리트일 수도 있으며, 하나의 민족 혹은 종교집단처럼 단일한 정체성을 공유하는 그룹이 될 수 있다. 이는 어떤 면에서 페인이 상기하는 (아직 형성되지도 않은) 미국인들의 공동체적 위기 의식과도 일맥상통한다. '공통적 운명 공동체'로서의 집단적 위기는 신화적인 성격을 띠며, 위기의 극복 혹은 타개는 공동체의 사명으로 기능할 수 있다.[8]

그러나 위기는 이러한 존재론적 의미 외에 실체적으로도 인간의 삶을 구성하고, 국가를 소환한다. 하버마스도 위기는 "경험되는 것"이라고 주장했지만, 위기가 개인화 혹은 개별화되는 과정을 묘사한 것은 아니었다. 오히려 그가 발견한 위기는 집단적이고 문화적인 경험에 가깝다고 할 수 있으며, 후기 자본주의의 구조적 모순은 궁극적으로 국가의 정당성을 훼손하는 결과를 낳는다. 그러나 자본주의 사회에서 위기는 점차 분산되고 일상화한다. 즉, 위기를 공동으로 인식하는 것 이외에, 분자화된 개인으로서 느끼는 위기가 국가의 필요성을 증대시켰던 것이다. 실제로 20세기 이후 적어도 일반 시민에게 위기란 개별화된 위험risk의 확장이었으며, 문화적 영역이 아닌 과학과 기술의 영역, 즉 극복 가능한 이성의 영역이었다. 국가가 위기 해결의 역할을 제대로 수행하는가 하지 못하는가 하는 합리성의 문제는, 국가 이외에 누가 위기를 관리할 것인가의 문제로 치환되었고, '위기' 관리에 대한 국가의 역할은 점차 '위험' 관리로 옮겨 간다. 이러한 역할의 전환은, 놀랍지 않게도, 자본주의와 기술의 발전에 기반하고 있다. 자본주의가 모순으로서의 위기를 낳는다는 마르크스적 주장과 달리, 이 글이 말하고자 하는 것은 자본주의가 위기의 성격과 언어를 점차적으로 바꾸어 놓았고, 이는 자본과 경제의 영역에 생태계와 자연, 의학과 같은 비경

8 물론, 위기의 신화적 요소가 인간 이성을 부정한다는 의미는 아니다. 오히려 페인이나 하버마스는 계몽주의적 관점에서 인간 세계가 맞닥뜨릴 수 있는 위기에 대해 논하고 있다. 단지 그러한 이성적·구조적 모순의 결과로서의 위기가 구성원들에게는 신화적으로 '느껴질' 수 있음을 이 글에서는 강조하는 것이다.

제적인 영역 또한 포함된다는 것이다. 사회의 기술적technical 계량화와 예측 가능성에 대한 자신감의 확대로, 국가는 위기를 신의 영역이 아닌 인간의 영역으로 끌어내려 포섭하고, 관리한다. 이에 다음 항에서는 어떻게 위기의 언어가 위험의 언어로 구성되고, 이에 따라 국가의 역할이 본격적으로 확대되었는지에 대해 살펴본다.

3) 위기에서 위험으로: 위험 관리자로서의 국가

(1) 위험(risk)의 탄생

위기 관리자로서의 국가를 논하기 전에, 앞서 살펴보았던 위험risk의 정의를 상기해 보자. 위험은 일어날 수 있는 시기를 정확히 예측할 수 없다는 점에서는 불확실하지만, 발생의 확률적 분포를 예측할 수 있다는 점에서 관리 가능하다. 레비는 위험의 역사를 추적하는 과정에서 위험이 처음부터 합리성rationality에 근거를 둔 것은 아니었음을 밝히고 있다. 해양 보험에서 처음 위험을 사고팔 때는, 확률적 기반에 근거해서 거래가 이루어진 것이 아니라 원거리 항해에서 '바다의 위험' 또는 '신의 장난'으로 인해 재산이 파괴될 가능성에 대비하기 위한 것이었다. 19세기의 미국은 정치적으로는 민주주의라는 선진적인 제도를 이루었으되, 아직 대부분의 지역이 농업에 종사하는 전통사회의 모습을 띠고 있었고, 땅이 아닌 바다나 하늘 같은 자연의 현상은 인위적인 통제가 불가능한 신의 영역이었던 것이다. 따라서 위험을 관리해야 한다는 인식은 운명에 순응하는 삶의 방식에는 맞지 않는 것이었다(Levy, 2014).

이렇게 위기를 신과의 관계로 보고 있었던 미국에서, 자본주의의 발전은 위험의 상품화에 결정적인 역할을 한다. 하지만 이에 더해 레비는 위험 관리의 발달은 비단 경제적인 불확실성을 최소화하기 위해서가 아니라, 도덕적인 정당성을 획득하기 위해서이기도 하다고 주장한다. 즉, 미국 건국의 가장 핵심적인 이념이었던 '자유'를 진정으로 향유하는 것은, 자유가 주는 풍요와 번영뿐 아니라 거기에 수반된 위험까지도 개인화하는 과정을 의미하는 것이기 때문이다(Levy, 2014). 그러나 완전한 독립을 얻기 위해 개인은 금융산업에 의존해야 하는 역설을 경험하게 되고, 여기서 국가는 개인과 시장의 위험을 최소화하고 관리하는 역할을 맡게 되는데, 이때 국가는 위험을 축소하거나 변형하기보다는 확대되고 분화하며, 더욱 전문화한다. 위험 담론의 확대는 국가 역할의 확대와 밀접한 관계가 있으며, 시민은 그들의 삶에서 위험을 내재화할수록 국가에게 더욱 적극적인 역할을 요구하게 되는 것이다.

(2) 위험 관리 국가

위기 관리자로서의 국가의 역할은 자본주의의 계급적 모순과 폐해를 최소화할 기제로서의 복지국가welfare state, 사적 영역의 무분별한 팽창과 방만한 행위를 감독할 규제국가regulatory state, 시민사회와 개인의 활동을 감시하며 조종하는 국가police state 등과 같은 국가의 다양한 변이를 낳았다. 기실 20세기 국가의 형성 및 발전은 전쟁, 재난, 공황과 같은 위기 상황에서 국가가 위기 관리자의 역할을 담지하면서 급속도로 진행되었다. 이를 두고 노박William Novak과 같은 역사학자는 미국이 약한 국가weak state라는 주장에 반박한다. 연방제의 느슨한 지배는 마치 미국을 특수하고, 불완전하고, 뒤떨어진 국가[9]로 인식하게 하는 오해를 낳았지만, 공화제의 시작부터 지금까지의 역사적 행적은 미국이 약한 국가라는 신화myth와 정면으로 배치된다는 것이다. 이러한 관점에서 1980년대의 신자유주의체제 안에서 국가의 역할은 축소된 것이 아니라 분산되었을 뿐이며, 자유주의 국가가 약한 국가라는 등식은 베버식의 국가화를 중심으로 하는 유럽의 국가론 전통일 뿐이며, 미국을 영원히 예외로 두는 오류를 범하는 것이라고 그는 지적했다(Novak, 2008).

9 이러한 단어 이외에도 '분열된(divided)', '모성애적인(maternalistic)', '마지못한(reluctant)'과 같은 수식어들이 미국을 묘사하는 데 사용된다(Novak, 2008: 756).

이러한 강한 국가의 형성에 위기 관리가 있다. 위기가 아니었던 시대가 과연 있었던가 싶을 정도로 인간 사회는 지속적으로 위기에 노출되어 있었고, 위기를 극복하는 것이 인류의 숙명처럼 느껴질 정도로 위기 해결의 사이클은 반복되어 왔다. 그 과정에서 성립된 주권국가는 위기를 극복할 때마다 새로운 역할을 부여받으며 자가 발전하는데, 그렇다면 국가는 어떠한 영역에서 어떻게 위기 타개의 행위자로 기능할 수 있는가? 이러한 질문이 새로운 국가를 건국하고 민주주의와 자본주의라는 거대한 실험에 도전한 미국에서 발전했다는 사실은 어쩌면 그리 놀랍지 않다.

예를 들면, 데이비드 모스David A. Moss는 경제위기에서 시장을 관리하는 위기 관리자로서의 국가에 대해 논하며 다음과 같은 질문을 던진다. 먼저, 누가—국가, 시장, 혹은 피해 당사자—리스크를 인지하고 예방할 것인가? 사후 관리 및 보상에는 어떠한 요소가 반영되어야 하는가? 모스는 왜 개인의 리스크를 시장에 맡기지 않고 국가가 관리해야 하는가에 대해 네 가지로 대답했다. 먼저, 비대칭적 정보와 선택적 편향으로 인한 역선택의 가능성 때문에, 사적 보험이 아닌 공적 보험을 강제할 것을 명시해야 한다고 했다. 예를 들어 건강보험에서 고위험군의 정보가 더욱 많아질수록 민간 보험은 더 높은 보험율을 적용하려고 할 것이기 때문에, 이러한 비대칭성을 극복하기 위한 국가보험의 역할이 중요하다는 것이다. 둘째, 인식의 문제perception problem로, 인간이 가능한 모든 리스크를 파악하기에 한계가 존재하기 때문에 국가는 종합적인 관점에서 개인의 리스크를 관리할 필요가 있다. 셋째, 신뢰할 수 있는 약속의 문제commitment problem로, 사람들은 미래의 일을 다 알 수 없기 때문에 지킬 수 있는 약속만 할 수는 없다. 마지막으로, 외부성extermality과 환류feedback의 문제를 들 수 있다. 하나의 회사가 일으키는 위험은 다른 회사로 옮겨가거나(외부성) 전체적인 시장을 교란할 수 있는바(환류), 국가가 나서서 구조적인 악순환을 끊어야 한다는 것이다(Baker and Moss, 2009).[10]

리스크 관리자로서 국가의 역할은 금융자본주의뿐 아니라 국가의 재난 관리에서도 분명하게 드러난다. 전통적으로 국가의 존재 이유에는 재난과 같은 자연재해에 대한 대비와 보상이 중요한 역할을 차지했다. 민주주의 시대 이전에도 각 국가는 적절한 재난관리체계를 수립하여 자연의 위기 현상에 대비했는데, 홍수, 가뭄과 같은 재해는 한 해의 작황을 결정할 만큼 중요한 재해였으며, 통치자의 능력은 이러한 자연재해를 얼마만큼 통제할 수 있는가에 의해 크게 영향을 받았던 것이다(권설아 외, 2019). 미국의 경우, 다우버Michelle Dauber는 그의 저서에서 미국 복지국가의 역사가 재난 구제에 대한 논쟁으로부터 출발한다고 주장한다(2013). 미국 사회정책은 1860년대 남북전쟁 이후 퇴역 군인과 그 가족의 연금 지원을 시작점으로 보고, 1920~1930년대 대공황에 이은 루즈벨트 대통령의 뉴딜New Deal정책으로 심화되었다는 접근이 지배적이다(Skocpol, 1995 참조). 그러나 재난 중심의 주장에서는 이에 더 거슬러 올라가 1790년대부터 '재난'의 담론이 구성되었고, 연방정부가 직접 피해자들을 구제하는 기초적 차원의 사회구제정책의 근간이 이 시기에 마련되었다고 보고 있다. 물론 이러한 담론에 반대가 없었던 것은 아니다. 국지적인 재난 구제에 연방정부의 재정이 사용될 수 있는가에 대해 치열한 논쟁이 계속되었으며, 마침내 연방정부의 긍휼함generosity에 호소하는 논리가 승리하면서 재난 구제는 연방정부의 몫이 되었다. 그뿐 아니라 거스를 수 없는 자연의 힘 앞에 무기력할 수밖에 없는 피해자를 구제해 주는 선례precedent가 마련됨으로써, 후일 전쟁과 경제공황 같은 광의의 재난에도 연방정부의 정책적 개입이 필요하다는 논리의 바탕이 형성되었다.

재난과 복지국가 간의 긴밀한 관계로부터 국가는 개인을 보호하는 위험 관

10 리스크 관리의 예로는 뉴욕에서 시작된 유한책임법(limited liability law)을 들 수 있는데, 국가가 나서서 주주의 책임 범위를 투자금 이내로 제한함으로써 개인이 지는 법적인 책임의 한도를 규정하고, 다양한 투자의 주체와 형태를 허락했다는 점에서 규제국가로 봄이 타당하다. 물론 유한책임으로 인해 벌어질 수 있는 무분별한 투자와 같은 도덕적 해이(moral hazard)의 문제가 없는 것은 아니다.

리자로서의 역할을 수행한다. 단편적인 예로는 미국의 국가홍수보험National Flood Insurance Program: NFIP을 들 수 있다. 1968년 국가홍수보험법National Flood Insurance Act of 1968에 의해 시작된 국가홍수보험은, 연방정부가 홍수로 인한 지역사회와 개인의 피해를 최소화하기 위해 전국적으로 시행한 보험 프로그램이다. 홍수는 갑자기 일어나는 것이 아니라 일정한 지역적 특징이 있는 곳에서 지속적으로 일어나는데, 해수면 아래의 지역이나 침하하는 지대, 삼각지 등을 들 수 있다. 이런 홍수 위험 지대에 정착한 주민들은 계속해서 피해를 입게 되고, 이러한 고위험군의 주택 소유주들은 자신의 집에 대한 보험상품을 구매하기 힘들다. 이때 연방정부는 국가보험을 통해 돌발 상황 발생 시 복구 비용을 지원하는 형식을 취하게 된다. 문제는 이런 위험 지대의 주민들의 재산권이 안전에 우선하기 때문에, 연방정부는 홍수 위험에 노출된 주민의 지속적인 위험을 관리하면서 복구와 재건에 힘을 쏟아야 하는 딜레마에 빠지게 된다는 것이다(Go, 2021). 금융시장의 위험도가 개인 투자자의 투자 행위를 완전히 제어하지 못하는 것처럼, 자연재해의 불확실성 또한 주거 선택의 범위를 완전히 제한할 수는 없으며, 위험에 기반한 개인의 선택은 필연적으로 국가의 보호를 요한다.

종합해 보면, 국가의 위험관리는 결국 이성의 한계 안에서 최대한의 자유를 누리고자 하는 개인들의 권리를 보장하려는 정치적인 프로젝트이다. 앞서 지적한 것처럼 인간은 인지적 한계로 인해 모든 불확실성을 알 수 없지만, 그렇다고 해도 자유에의 의지를 타협하는 것을 의미하지는 않는다. 대신, 개인은 국가를 소환함으로써 자유를 확장하고 이성의 최대치를 실험할 수 있다. 미국은 그런 인간의 한계를 개척정신Frontier Spirit으로 규정하고, 불확실성은 최소화해야 할 오류가 아니라 즐기고 장려해야 할 미덕으로 간주했다. 19세기 이후 조성된 수많은 금융, 보험상품은 위기에 대한 정치적 정당성을 등에 업고 탄생했고, 연방정부는 시장의 자유지향적 경제활동에 따르는 위험도를 최소화하는 사후관리자로서 기능한다. 이런 관점에서 보면 이런 면에서 2008년의 경제위기를 제도화된 리스크systemic risk로 보는 시각은 놀랍지 않다. 연방정부가 대마불사too big to fail의 금융기관들을 구제한 것은, 기득권층을 옹호하려는 의도 이외에도 너무나 많은 연쇄 작용을 우려한 리스크 관리 전략 중 하나였기 때문이다. 마찬가지로, 연방정부의 재난 구제가 사후적 복구와 보상의 성격을 띠는 이유는 정부의 리스크 관리 역할은 어디까지나 개인의 자유를 보장하는 데 있다는 정치적 언명에 근거하고 있다. 불확실성, 비대칭성, 외부성 등 위험의 구조적인 특성으로 인해 시민들은 적극적인 국가의 조정intervention을 통한 정부의 팽창은 꺼리고 있으나, 위험 감수를 위해 필수적인 정보와 거래의 투명성을 보장하고 소수에 의한 시장의 교란을 금하는 정부 차원의 규제regulation에 대한 요구는 점차적으로 높아지고 있는 것이다.

그렇다면 오페Claus Offe의 지적대로 '위기 관리자'로서의 국가는 수명을 다했는가? 자유자본주의체제에서 국가는 시장의 약점을 보완하는 기능을 수행하려 하나, 탈규제 혹은 시장의 보호라는 미명 아래 더 많은 역할을 떠맡게 되면서 통제가 힘들어지는 상황에 직면하는 모순을 맞게 된다는 것이 오페의 지적이다(Offe, 1976). 위험 관리자로서의 국가가 강조될수록, 국가가 관장하는 자원과 정보의 양은 역설적으로 증가하고, 이에 따라 국가에 대한 국민들의 기대 또한 커진다. 물론 기대가 모두 충족되는 것은 아니며, 오히려 금융위기나 자연재해는 '국가의 실패' 담론을 가장 신랄하게 공격할 수 있는 사건이기도 하다. 다만 모스나 다우버가 논했듯, 국가는 이러한 위험을 종합적으로 관리하고 조력을 제공할 수 있는 정당성을 획득한 유일한 사회단위로 기능하기에, 소위 국가정책의 성공 여부와는 별개로 계속해서 소환되고, 비판받으며, 변용transform하는 것이다.

4) 코로나19 이후의 국가: 다중적 위기 관리자

팬데믹의 시작 이후 인류는 혼란에 빠진 듯 보인다. 코로나19가 선언된 지 4년

째에 접어들고 있는 2023년, 어떤 국가가 방역에 성공하고 실패했는지를 비교하는 것은 어려움이 있다. 어느 한 국가도 감염병의 위협에서 안전하지 않으며, 모든 국가가 따라야 하는 효과적인 대응 매뉴얼이 존재하는 것도 아니다. **그림 8-1**에서 보듯, 발병 초기 낮은 확진자 수를 유지했던 한국이 후반부로 접어들어 가파른 상승세를 기록했으며, 방역의 모범 사례로 꼽혔던 대만과 뉴질랜드 또한 2022년 들어 폭발적으로 확진자 수가 증가하는 양상을 보였다. 확진자 수 이외에도 감염지수, 백신 보급률, 사망자 수 등 다른 위기의 지표를 비교해 보면, 초기 대응에 성공했던 국가라도 여러 단계에서 실패와 성공을 반복했으며, 이에 더해 방역의 비용과 봉쇄정책의 경제적 효과까지 고려한다면 대응의 성공 순위를 매기는 것은 더욱 복잡하다. 파슨스와 하버마스가 논하는 사

그림 8-1 인구 100만 명 당 확진자 수

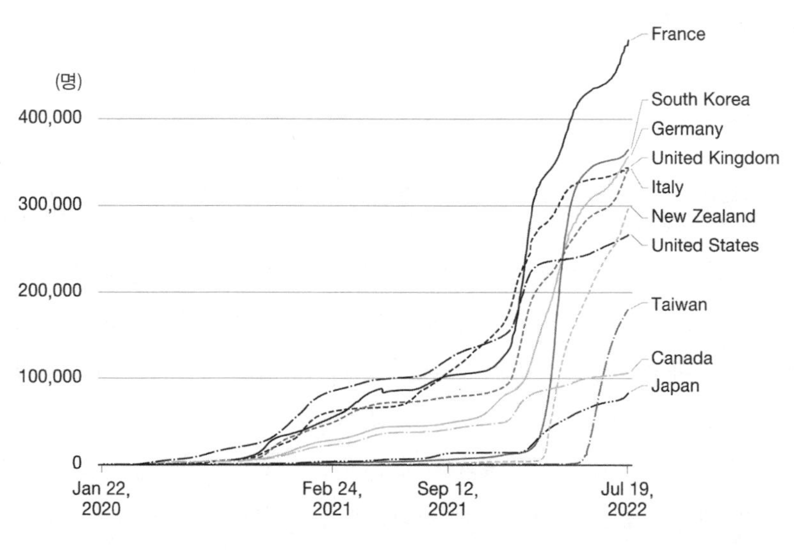

자료: Our World in Data(2022), https://ourworldindata.org/grapher/total-confirmed-cases-of-covid-19-per- million-people-vs-gdp-per-capita

회적 질서는 오랜 시간 축적된 사회의 규범과 구조를 반영하며, 이러한 질서와 균형이 붕괴되는 상황을 위기로 정의했다.

이러한 관점에서 코로나19는 기존 사회질서에 어떠한 균열을 가져왔는가? 홀튼이 지적한 대로, 지금까지 논의되었던 구조적 모순의 범위가 다분히 서구(특히 유럽) 중심적 질서의 교란이라는 것을 생각할 때, 코로나19는 어느 한 국가가 아닌 동서양을 포괄하는 인류 보편적인 충격이며, '중국식 모델', '민주적 발전국가'(김석동, 2022) 등 그동안 최적의 정치제도로 여겨졌던 자유민주주의에 대한 제도적 대안을 상상하게 만든 21세기 최초의 위기 상황이라고 보아도 과언이 아닐 것이다. 코로나19는 냉전 이후 당연시되었던 민주주의 정치체제의 구조적 모순을 드러내며 민주주의의 후퇴 및 권위주의의 부상 가능성을 고조시켰다. 민주주의의 후퇴 현상은 단지 코로나19 위기 때문이라고 할 수는 없지만, 코로나19가 기존 자유민주주의 체제의 정당성에 회의와 균열을 심화시킨 것은 부인할 수 없는 사실이다. 특히 선진국에서 그 혼란은 더 강렬했다. 위기가 일상화되지 않은, 평화로운 상태가 지속되던 유럽과 북미 선진국의 국민들에게 팬데믹은 삶과 죽음의 경계선을 직접 마주하게 만들며 국가의 의미와 역량에 대한 위기 의식을 가중시켰다. 국가가 개인의 삶에 깊숙이 침투하며 많은 저항과 반발이 이어졌고, 이에 국가권력의 정당성에 대한 물음이 때로는 폭력적으로, 때로는 제도적으로 표출되었다. 한편으로는 신속하지 못한 민주주의적 결정 과정에 대한 회의, 그리고 전문성에 기반한 강력한 국가에 대한 갈망이 있었다면, 다른 한편으로는 강압적인 정책 결정에 대한 저항, 보편성과 신뢰 구축 과정의 중요성이 부각되었다. 시민혁명으로 민주주의를 쟁취했던 미국과 프랑스에서 국가의 일방적인 봉쇄정책에 대한 거센 반발이 있었던 것이 우연은 아닐 것이다. 군주제와 파시즘, 공산주의 등의 대안을 물리치며 생존한 자유민주주의에 대한 공동체적 믿음에의 균열과, 국가적 합리성에 대한 신뢰의 균열이 동시에 일어나면서, 코로나19 이후 국가의 정당성은 심각한 도전에 직면하게 된다.

'개인적 위험 관리'의 차원에서는, 금융자본주의의 발달이 개인 위험도의 확장을 가져온 것처럼, 팬데믹 시대에서는 위험의 범위가 점차 개인화되어 가는 양상을 포착할 수 있다. 국내가 아닌 국제사회에서 공중보건의 위험성이 공유되고 감염병 통제를 위한 국제적 레짐의 수립에 대한 논의가 활발해지고 있는 것은 맞지만, 국제적 수준의 제도가 개인의 일상과 행위를 모두 통제 및 관리할 수 있는 것은 아니다. 금융시장의 국제적 레짐이 개인의 자본 관리 행위를 모두 규제할 수 없는 것과 비슷한 상황이다. 앞서 지적한 구조적 정당성의 위기, 즉 개인에 대한 국가의 정치적 역할에 대한 회의에도 불구하고, 위험의 영역에서 국가는 점차 더욱 적극적으로 개인의 행위를 관리하게 된다. 각 국가들은 코로나19가 관리 가능한 과학적인 공중보건 리스크라는 인식을 지속적으로 강조하면서, 격리, 동선 추적, QR 코드 탑재와 같은 규제 및 감시 장치를 내재화시켰다. 국경의 의미는 모호해졌을지언정 개인에 대한 국가의 침투 범위는 대폭 늘어났으며, 공중보건에 대한 국가의 역할은 그 어느 때보다 중요해진 것이다. 감염병 예방에 대한 국제적인 노력 또한 국가를 최우선 단위로 하여 이루어지고 있다. 예를 들어, 국제보건기구World Health Organization: WHO에서는 위험성 평가 지표risk assessment tool를 고안하여 집단 모임mass gathering의 위험성 정도에 대한 계량화를 시도했는데, 이 지표에서 각 국가의 방역정책은 가장 먼저 고려해야 하는 항목이다. WHO는 국가가 집단 모임에 대해 전체적으로 어떤 정책을 펼치고 있는지를 판단한 후, 국가적 정책이 부재할 때 따를 수 있는 위험성 측정 지표를 제공하고 있다.[11]

물론, 팬데믹이 가져온 위험은 자본시장의 그것과는 성격을 달리한다. 자본시장에서의 리스크는 이익의 가능성을 동반하지만, 팬데믹은 오직 음의 외부성negative externality만을 초래하는 위험이기 때문이다. 이런 점에서 코로나19

11 "WHO mass gathering COVID-19 risk assessment tool: generic events, version 3." https://www.who.int/publications/i/item/WHO-2019-nCoV-Mass-gathering-RAtool-2022.1 (접속일: 2022.7.21).

는 자연재해의 발생 위기에 더욱 가깝다고 할 수 있다. 자연재해나 전염병 등은 피하고 최소화해야 할 위험이며, 따라서 18세기 미국이 그러했던 것처럼 국가의 긍휼이 정당화될 수 있는 외부적인 충격으로 간주되기 쉽다. 여기서 우리가 주목할 것은 개인이 감당해야 할 위험에 대한 국가의 반응인데, 현대의 국가가 위기를 다루는 방식은 예전 왕정 시대처럼 사후적 대책 혹은 미신적 염원에 있지 않다. 체계적이고 과학적인 예측과 관리, 징벌적punitive이지 않은 유인책incentive에 기반한 예방 정책 등 다양하고 무해한 방식으로 위기를 관리하고자 한다. 경제적 이익 추구와 안전한 주거, 그리고 건강한 삶에 대한 영위 여부가 위험 감수의 영역에 놓이게 될 때 국가는 관리와 보호의 범위를 확대하고 있는 것이다.

국가가 감염병과 같은 질병과 의학을 국영화nationalization하기 시작한 것은 비교적 최근의 일이다. 국가가 보건을 공공화하는 프로젝트는 18세기부터 시작했지만, 공중보건의 개념은 20세기 중반 「베버리지 보고서The Beverage Plan」에 들어서 본격화한다. 민주주의가 안착하고 자본주의가 무르익은 20세기야말로 공중보건에 대한 관리과 규제는 국가 지배의 존속을 위한 건강한 개인의 필요가 아니라, 개인의 존엄한 삶을 위한 국가의 기본적인 의무라는 담론이 형성되는 시기였던 것이다. 이후 20세기 동안 '국가를 위한 건강한 개인'에서 '건강한 개인을 위한 국가'라는 공중보건 담론의 전도는, 국가의 존재 이유와 관료제의 확대를 정당화하면서 필연적으로 국가의 역할을 증대시키는 방향으로 진행되어 왔다(Foucault, 1974). 건강은 이제 개인의 영역에 머무르지 않고 빠르게 공공의 영역으로 편입되었으며, 공중보건 관리와 국민건강보험은 국가의 역량을 판단하는 하나의 중요한 지표로 기능하고 있다. 마찬가지로, 팬데믹 초기 방역의 성공 사례로 일컬어지는 국가들은 엄격한 출입국 관리와 일원화된 환자 관리 체계, 그리고 보건 인력의 동원 등을 통해 코로나19의 전파를 최소화할 수 있었다. 이러한 의미에서 코로나19는 건강한 개인을 위한 국가의 역량이 전 세계적으로 시험대에 오른 현대 최초의 사건으로 볼 수도 있을 것이다.

전술했듯, GDP처럼 코로나19 위기의 극복 정도를 국가 간 선형적으로 비교하는 것은 불가능할 뿐 아니라 불필요하다. 외려 우리가 물어야 할 질문은 코로나19가 가져온 위기의 성격은 무엇이며, 그 속에서 국가는 어떤 의미를 가지는가에 대한 것이다. 기존의 논의에 부쳐 엔데믹으로 전환한 포스트-코로나 시대에 내릴 수 있는 하나의 소결론이라면, 코로나 19는 앞서 제기한 모순과 위험으로서의 위기의 양식이 중첩된 복합적이고 다중적인 위기 상황이었으며, 근대국가는 코로나 이후에도 위험을 관리하는 중요한 행위자로 기능할 것이라는 사실이다. 개인의 삶에 대한 국가의 깊숙한 침투라는 점에서 코로나19는 그동안 잊혔던 민주주의 국가와 시민 간의 긴장 관계를 재조명했지만, 역설적으로 공공성의 회복에 대한 필요성을 다시 확인하게 해준 사건이기도 하다. 또한 코로나19로 인해 사회의 구조적 모순과 시장의 위험성은 어느 때보다 개인의 삶과 몸, 그리고 인식체계에 가까워졌다. 국경의 봉쇄와 방역조치가 가져온 경제적 파급 효과는 대면 산업과 소상공인의 몰락으로 가시화되었고, 시민들은 바로 곁에서 닫힌 상점과 빈 거리를 보면서 위기의 가시화를 몸소 체험했다.[12] 사회적 거리두기와 격리, 백신 접종, 확진자의 보호시설 송치 등은 감염병이 인간이 누릴 수 있는 신체적 자유에 미치는 영향을 적나라하게 보여준다. 감염자 관리를 위한 감시체제의 강화로 인해 시민들은 지금껏 당연시했던 국가의 존재와 지속 가능성에 대한 오래된 물음, 즉 '국가란 무엇이며 어떤 역할을 해야 하는가?'를 되묻기 시작했고, 감시와 검역으로 촉발된 정당성의 위기는 정치체제 전반과 위정자에 대한 불신으로 이어지며 현재 진행중이다. 그럼에도 불구하고 코로나19로 인해 깊숙이 전파된 보건에 대한 위험으로 인해, 보건위기의 관리자로 국가의 역할은 앞으로도 점차 강화할 것이다. 구조적 모순과 개인화된 리스크, 두 가지의 위기 상황 모두에서 국가의 현상적 수행 능력

12 "6시 되자 순식간에 '유령거리'…일주일 만에 매출 3분의 1 토막", ≪서울경제≫, 2021.7.18, https://www.sedaily.com/NewsView/22OYM99H1S/GK0101 (접속일: 2022.7.21).

은 비판받을지언정 국가의 본질적 필요성은 사라지지 않으며, 위기 상황에서 개인의 삶이 중요해질수록, 푸코가 언급했던 "건강한 개인을 위한 국가"는 축소와 팽창을 반복하며 국민의 삶을 지탱할 것이기 때문이다.

3. 결론

위기에 대해 종합적이고 포괄적인 개념을 정립하는 작업은 팬데믹 전후의 국가가 직면한 도전의 탈경계적·비정형적 특징과 맞물려 있다. 현실에서 이루어지는 위기 담론은 다양한 층위로 이루어지기에, 이러한 논의들을 체계적으로 이끌어나갈 수 있는 개념적 지표가 요구된다. 국가를 비롯한 다양한 계층의 행위자들이 위기를 인식하는 방식은 상이할 수 있으며, 그들이 보이는 상반되고 때로는 어긋난 반응은 종종 혼란을 야기한다. 예를 들어, 정치지도자가 국정의 위기를 선언하는 것과 환경운동가가 기후변화의 위기를 경고하는 것은, 위기라는 실체의 존재 여부와 선언의 목적, 그리고 해법에 있어서 상당한 차이를 가져올 것이다.

거시적이고 역사적인 발전의 과정에서 나타나는 구조적 충돌과 해체의 위기는 한 체제의 종말과 다른 체제의 탄생을 예고하는 신학적인 의미를 내포하고 있다. 구조적 모순의 위기는 눈에 드러나지 않는 경제사회적 변동에 의한 여러 가지 정치적인 부조리와 갈등, 사회의 부식decay을 노정하고, 이에 따라 국가는 존재의 이유에 대한 도전, 즉 정당성의 위기를 겪는다. 이러한 모순의 결과로 혁명 혹은 전쟁과 같은 대변혁이 일어날 뿐 아니라, 국가와 개인, 혹은 국가와 국가 간의 관계 등 사회를 구성하는 주체들 간의 관계가 재편성된다. 그뿐만 아니라 국가의 근본적인 존재 이유에 대한 학문적·실천적 물음이 제기되고 파괴, 소멸과 재탄생 등의 대안이 제시되는 것도 이러한 모순적 상황에 대한 해결책을 찾고자 하는 노력 때문이다. 이에 반해 리스크로서의 위기는 국가의 본질적 존재 이유에 대해 도전하기보다는 '위험관리자'로서의 국가의 역할을 부각시키며, 위기의 성격에 따라 어떤 국가가 필요한지의 문제에 주목한다. 리스크의 증가와 이에 따른 불확실과 예측 불가능성unpredictability에의 노출로 인해, 위기 담론은 주로 국가 역할의 확대를 가져온다. 그중에서도 경제위기와 자연재해 등의 주기적으로 반복되는 위기에 대처하기 위한 국가의 역할에 대해 많은 논의가 있었는데, 사적 영역, 즉 시장과 시민에서 발생하는 위기 상황에 공적 자원이 투입되어야 하는 상황은 필연적으로 국가의 역할을 소환한다.

마지막으로, 이 글의 한계와 앞으로의 연구 가능성에 대해 논하며 끝맺고자 한다. 본고는 서구에서 진행된 기존의 논의를 바탕으로 위기 개념의 기원과 발현, 그리고 현대적 적용을 살펴보았다. 위기를 구성하는 핵심축이었던 자본주의와 민주주의 체제가 서구에서 유래했다는 점에서 그동안 위기 의식과 개념의 정제화, 그리고 국가와의 관계는 서구 학계의 관심이었음을 부인할 수 없다. 그러나 한편으로는 노박이 주장한 대로 국가를 보는 시각은 서구적이라기보다는 유럽 중심이며, 미국 또한 유럽 중심의 국가관에서 벗어난 예외적인 현상일지도 모른다. 이런 점에서 위기와 국가 간 관계에 대한 논의의 지리적 경계는 점차 넓어지고 있다. 팬데믹 이후 나타난 일련의 정치경제적 위기는 위험관리자로서의 국가, 특히 국가합리성의 제도적 근간인 관료제의 역할을 부각시켰고, 이에 국가주의의 전통이 강한 아시아의 국가 관리 능력이 재조명되었다. 그렇다면 아시아에서 위기는 무엇이며, 위험은 어떻게 인식되는가? 아시아적 국가관에 비추어 볼 때 왜 시민들은 국가정당성에 대해 의문을 가지면서도 합리적인 국가를 원하는가? 위기에 대한 서구의 전통을 살펴보는 것은 신학과 과학에 기반한 위기의 발현을 이해하는 데 상당한 도움이 된다. 그러나 다른 한편으로는 서구에서 나타나는 위기의 담론이 동양에서도 비슷한 양태로 나타나는지는 이 글에서 다루지 못했기에, 앞으로의 연구에서는 위기에 대한 인식론적 국가의 역할에 더해 동양에서 위기와 통치를 바라보는 관점에 대하여 보충, 발전시킬 필요가 있겠다.

권설아·라정일·변성수. 2019.「조선시대와 현대의 재난관리계층 비교분석:『조선의 하천』을축년 대홍수와 괴산댐 월류를 중심으로」. ≪한국콘텐츠학회논문지≫, 제19권 1호, 472~483쪽.

김상배. 2020.「코로나 19 와 신흥안보의 복합지정학: 팬데믹의 창발과 세계정치의 변환」. ≪한국정치학회보≫, 제54권 4호, 53~81쪽.

김석동. 2022.「한국의 코로나19 위기대응에서 '민주적' 발전국가의 역할: 국가역량의 제도적 진화와 거버넌스 평가」. ≪국제정치논총≫, 제62권 1호, 45~91쪽.

김수정. 1995.「베버와 하버마스의 정당성 논의에 관한 연구」. 이화여자대학교 사회학과 석사논문.

조동준. 2020.「코로나-19와 지구화의 변화」. ≪국제정치논총≫, 제60권 3호, 125~167쪽.

하버마스, 위르겐. 1973.『후기 자본주의 정당성 연구』. 문학과 사회연구소 옮김. 청하.

Arikan, Gizem and Defne Günay. 2021. "Public Attitudes towards Climate Change: A Cross-country Analysis." T*he British Journal of Politics and International Relations*, Vol.23, No.1, pp.158~174.

Baker, Tom and David Moss. 2009. "Chapter 4. Government as Risk Manager." *New Perspectives on Regulation*, pp.87~109. The Tobin Project. https://tobinproject.org/sites/tobinproject.org/files/assets/New_Perspectives_Ch4_Baker_Moss.pdf (접속일: 2022.6.21).

Barrios, Roberto E. 2017. "What does catastrophe reveal for whom? The anthropology of crises and disasters at the onset of the Anthropocene." *Annual Review of Anthropology*, Vol.46, No.1, pp.151~166.

Dauber, Michele. 2013. *The Sympathetic State: Disaster Relief and the Origins of the American Welfare State*. Chicago: University of Chicago.

Drezner, Daniel W. 2020. "The song remains the same: International relations after COVID-19." *International Organization*, Vol.74, No.S1, pp.E18~E35.

Foucault, Michel. 1974. "The Crisis of Medicine or the Crisis of Antimedicine?" *The Foucault Studies*. https://doi.org/10.22439/fs.v0i1.562 (접속일: 2022.6.22).

Francis, Fukuyama. 2020. "The Pandemic and Political Order." *Foreign Affairs*, 2020.6.9. https://www.foreignaffairs.com/articles/world/2020-06-09/pandemic-and-political-order. (접속일: 2023.7.10).

Go, Min Hee. 2021. *Rethinking Community Resilience: The Politics of Disaster Recovery in New*

Orleans. NYU Press.

Habermas, Juergen. 1975. *Legitimation crisis*. Vol.519. Beacon Press.

Holton, R. J. 1987. "The idea of crisis in modern society." *The British Journal of Sociology*, Vol.38, No.4, pp.502~520.

Johnson, Tana. 2020. "Ordinary Patterns in an Extraordinary Crisis: How International Relations Makes Sense of the COVID-19 Pandemic." *International Organization*, Vol.74, No.S1, pp.E148~E168.

Koselleck, Reinhart and Michaela W. Richter. 2006. "Crisis." *Journal of the History of Ideas*, Vol.67, No.2, pp.357~400.

Levy, Jonathan. 2012. *Freaks of Fortune: The Emerging World of Capitalism and Risk in America*. Harvard University Press.

Moss, David A. 2004. *When All Else Fails: Government as the Ultimate Risk Manager*. Harvard University Press.

Novak, William J. 2008. "The Myth of the "Weak" American State." *The American Historical Review*, Vol.113, No.3, pp.752~772.

Offe, Claus. 1976. "Crisis of Crisis Management: Elements of a Political Crisis Theory." *International Journal of Politics*, Vol.6, No.3, pp.29~67.

Paine, Thomas. 2008. *Rights of Man, Common Sense, and Other Political Writings*. Oxford University Press.

Parsons, Talcott. 1971. *The system of modern soueries*. Englewood Cliffs, NY: Prentice-Hall.

Pevehouse, Jon C.W. 2020. "The COVID-19 Pandemic, International Cooperation, and Populism." *International Organization*, Vol.74, No.S1, pp.E191~E212.

Sartori, Giovanni. 1970. "Concept Misformation in Comparative Politics."*American Political Science Review*, Vol.64, No.4, pp.1033~1053.

Skocpol, Theda. 1995. *Protecting soldiers and mothers: The political origins of social policy in the United States*. Harvard University Press.

"WHO mass gathering COVID-19 risk assessment tool: generic events, version 3." https://www.who.int/publications/i/item/WHO-2019-nCoV-Mass-gathering-RAtool-2022.1 (접속일: 2022.7.21).

9 네트워크 국가의 등장과 국가론의 미래*

민병원 | 이화여자대학교

1. 들어가는 말

인류의 오랜 역사 속에서 '국가'는 가장 대표적인 정치적 단위체로 자리 잡아왔다. 그 형태와 기능에서 다양한 변화가 있어 왔지만, 인간의 사회생활은 궁극적으로 국가의 테두리 안에 국한되어 왔고, 그 영역이 국가 밖으로 확장되기 시작한 것은 지극히 짧은 기간에 불과하다. 17세기 유럽의 역사 속에서 표준적인 형태로 인정받기 시작한 근대국가의 모습은 지금도 변함없이 지속되고 있다. 동시에 이러한 근대국가의 성격에 서서히 변화가 나타나기 시작했는데, 여기에는 전 지구적 차원의 경제질서와 기술의 진보가 자리 잡고 있다. 특히 지난 수백 년간에 걸쳐 자본주의 생산양식이 고도로 발전하면서 국가는 불가피하게 경제 제도의 영향을 받아왔고, 최근에는 세계화의 추세와 첨단 정보기

* 이 장은 『국제정치논총』 제62집 3호(2022)에 게재된 논문을 수정 및 보완한 것이다.

술의 발전을 통해 국가의 위상이 흔들리는 지경에 이르게 되었다. 오늘날 많은 학자들은 새로운 도전 속에서 국가가 소멸해 갈 것인지, 아니면 스스로를 바꾸어가면서 새로운 정치체로 거듭날 것인지에 대하여 갑론을박 중이다.

이 글은 이와 같은 세계화 및 정보화의 추세 속에서 미래의 국가가 어떤 모습으로 바뀔 것인지를 논의한다. 특히 정보기술이 발전하면서 전통적인 국가의 특징, 그중에서도 절대 주권의 개념과 영토성이 약화되는 모습에 주안점을 두면서 이것이 과거와 대비하여 국가에 어떤 영향을 초래하는지를 살펴보고자 한다. 이 글은 아울러 전통적인 근대국가의 핵심을 이루는 영토성의 기준이 대폭 약화되는 지금의 모습이 어떤 의미를 갖는지를 집중적으로 논의한다. 근대 국제정치질서의 근간을 형성하는 베스트팔렌Westfalen 체제의 핵심인 주권 개념은 '영토성territoriality'이라는 원칙을 바탕으로 하는데, 오늘날 정보화 및 네트워크 사회의 등장으로 인해 이러한 전통적인 기준에 제약이 가해지고 있기 때문이다. 아울러 이 글에서는 국가가 이와 같은 도전에 직면하여 어떻게 대응하고 있는지를 짚어보면서 궁극적으로 미래의 정치체로서 국가가 어떤 방향으로 진화해 나갈 것인지를 논의한다.

이를 위해 제2절에서는 정보기술의 발전과 그로 인한 네트워크 사회의 등장이 가져온 정치적 변화를 먼저 논의한다. 이러한 기술적 변화는 정치적 공간을 확장시키면서 글로벌 공유재의 문제를 초래하고 있는데, 이는 과거의 '미지의 땅'에 대한 논의와도 밀접하게 연관된다. 또한 새로운 기술과 공간의 확장이 상호의존적이면서도 분리 불가능한 방식으로 국가들을 연결함으로써 권력의 성격을 바꾸어놓고 있는 모습도 살펴본다. 제3절에서는 영토성의 문제를 본격적으로 탐구한다. 특히 이러한 논의는 전통적인 국가론에서 중시하는 국가의 '자율성' 논쟁의 연장선상에서 중요한 의미를 갖는데, 이 점이 오늘날 국가의 '변환'과 어떻게 연결되는지도 살펴본다. 이어 제4절에서는 역사 속의 대영제국 사례에서 시작하여 오늘날 '네트워크 국가network state'가 등장한 배경을 소개하고, 그 대내외적 속성이 어떻게 규정되는가를 심층적으로 논의한다. 마지막으로 제5절에서는 이러한 네트워크 국가에 관한 탐구가 전통적인 국가론 논쟁 속에서 어떤 의미를 갖는지, 그리고 미래의 국가 변환을 진단하는 데 어떤 도움을 줄 것인지를 논의할 예정이다.

2. 정보기술과 네트워크 사회의 권력

그동안 정보통신 기술의 발전은 세계화의 추세와 더불어 국제정치의 여러 측면에서 지대한 영향을 미쳐왔다. 정보통신 분야에서 비약적으로 발전해 온 기술은 이제 인간을 위한 도구의 차원을 넘어 인간과 사회의 생활양식과 제도의 변화를 초래하는 주요한 요인으로 꼽히고 있다. 인터넷과 같은 정보기술은 디지털화, 시공간의 압축, 소통 양식의 변화, 가상공간의 창출, 탈규제와 자유화 등 자본주의 체제 및 금융제도의 개혁, 개인의 정체성 변화 등을 초래하는 주된 원인으로 꼽히고 있다. 과거 산업혁명을 기반으로 한 자본주의 사회의 등장만큼이나 정보기술의 혁명은 사회구조의 새로운 변화를 만들어내고 있는데, 전 세계에 걸쳐 공통적으로 나타나고 있는 이 현상을 일컬어 '디지털 사회digital society' 또는 '네트워크 사회network society'로 부른다.[1] 이와 같은 네트워크 사회로의 변화는 과거의 정치 및 사회질서를 규정지어 온 개념과 프레임워크가 더 이상 효과적이지 않을 것이라는 신호를 증폭시켰다.

이런 맥락에서 정보기술의 발전이 전통적인 산업화 시대의 패러다임을 대체하고 있다는 주장에 힘이 실리고 있다. 정보화 시대의 사회구조는 다양한 문화적·제도적 연결망을 그 특징으로 하는데, 이는 과거 산업화 시대의 자본주의와

1 카스텔(Manuel Castells)에 의하면 과거 산업혁명 이후의 패러다임으로서 정보혁명은 1970년대부터 시작되었다. 이러한 변화는 정보처리와 커뮤니케이션의 비약적인 성장이라는 점에서 또 하나의 '혁명'에 해당한다는 것이 그의 진단이다(Castells, 2003: 6~7, 54~56).

국가 개념에 대한 재성찰을 요구하고 있다. 특히 경제적 차원에서 전개되고 있는 기술혁명과 세계화의 추세는 전통적인 생산과 분배, 권력 등의 사회구조뿐만 아니라 갈등의 양상에도 변화를 야기하고 있다. 이와 같은 변화를 포괄하는 네트워크 개념은 오늘날 정보화 시대의 사회구조를 대표하는 키워드로 떠오르고 있다. 네트워크 또는 연결망의 구조에 대한 인식은 오래전부터 존재했지만, 이것이 정보통신 기술의 비약적인 발전으로 인해 정치적 권위와 정책결정 과정에도 영향을 미치기 시작한 것은 비교적 최근에 들어와서였다. 이런 점에서 '네트워크 사회'의 개념은 정보화 시대의 새로운 '사회형태론social morphology'이라고도 할 수 있다(Castells, 2000: 15~17).[2]

정보화 시대의 거버넌스 이슈 중에서 관심을 끌어온 이슈는 어떤 행위자가 영향력을 더 행사하거나 정당성을 확보할 것인지의 문제이다. 이는 곧 국가 행위자를 중심으로 하는 전통적인 근대 국제정치질서에서 '주권'의 문제를 다시 고찰할 필요가 있다는 주장으로 이어진다. 특히 인터넷과 같은 정보기술의 발전과 그로 인한 사회적 변화가 기존의 국가 행위자의 권위를 행사하는 데 도움을 줄 것인지가 중요한데, 예를 들어 국가는 하드웨어와 소프트웨어의 기술적 표준이나 재산권 획정을 통해 디지털 사회의 변화를 선도하는 역할을 수행할 수 있다. 또한 이러한 기술적 변화와 관련하여 국가 간의 불균형 발전 문제를 새롭게 인식할 필요가 있는데, 다른 분야의 기술과 마찬가지로 정보화 시대의 기술 격차는 미국과 같은 주도국과 여타 국가들 사이에 점점 벌어지고 있는 실정이다. 이러한 상황에서 정보화와 그로 인한 네트워크 사회의 등장은 행위자의 다변화 추세 속에서 정치적 주체의 '정당성legitimacy' 문제를 제기하고 있으며, 이와 더불어 '책임성accountability'의 문제도 새롭게 조망하도록 요구하고 있

2 가타리와 들뢰즈 등 탈구조주의 관점에서 제시한 '리좀(rhizome)' 또는 '세망(reticulum)' 개념 역시 탈집중형 네트워크의 구조적 특징을 강조하고 있다는 점에서 네트워크 형태론의 일종으로 분류할 수 있다(민병원, 2009: 391~405).

다(Sassen, 2000: 28~29). 과연 네트워크 시대의 다양한 정치적 행위자는 디지털 공간에서 어느 정도의 정당성을 보유하고 있으며 자신들의 행동에 얼마나 책임을 지고 있는가?

여러 가지 기술적 변화 중에서 특히 정보기술에 기반을 둔 요소들이 새로운 유형의 '공간'을 만들어내고 있다는 점을 우선 살펴볼 필요가 있다. 전통적인 공간 개념의 기능은 베스트팔렌 체제를 통해 최고조에 달했는데, 이것은 국가에 부여된 배타적 성격의 관할권을 규정짓는 기준이기도 했다. 하지만 오늘날의 정보기술은 이러한 배타성을 유지하기 어렵게 만들고 있다. 과거의 영토 공간과 달리 '비非가시적' 속성을 지닌 디지털 또는 사이버 공간은 1990년대 이후 인터넷의 폭발적 성장과 더불어 엄청난 잠재력을 지닌 재화이자 무한한 가능성을 지닌 '정치적 공간political space'으로 자리매김하고 있기 때문이다. 국가 행위자들은 이와 같은 기술적 변화를 적극적으로 활용하기 위한 경쟁에 뛰어들고 있으며, 동시에 영토적 관할권과 주권적 권위를 상실할 수도 있는 위기에 내몰려 있기도 하다.

더 넓은 범위에서 보자면, 정보기술이 만들어낸 새로운 재화는 기존에 배타적으로 소유 및 통제할 수 있는 형태의 재화들과는 그 성격을 달리한다. 공기, 물, 해양, 우주 등 지구촌 전체가 나눌 수 없는 특수한 형태의 재화와 마찬가지로, 디지털 재화 또는 사이버 공간은 전통적인 소유권 개념으로는 더 이상의 분할이 불가능해졌다. 경제적으로 해석하면 이러한 공간은 하나의 '글로벌 공유재global commons'라고 할 수 있는데, 이는 곧 재화의 활용이 공동의 거버넌스를 기반으로 할 수밖에 없음을 뜻한다. 불행하게도 인류는 아직까지 글로벌 공유재 문제를 해결할 수 있는 효율적인 메커니즘을 구축하지 못했고, 여전히 국민국가들 간의 경쟁과 전략적 대결을 통해서만 이 문제를 다루고자 한다. 이런 상황에서 정보기술로 인한 재화와 정치적 공간의 변화는 국가 행위자를 전제로 하는 국제정치의 근본 조건을 재검토하도록 요구하고 있다.

17세기 그로티우스Hugo Grotius는 당시의 기술로 국가들 간의 공해 접근권이 확장되면서 분쟁 가능성이 커지자 '소유권 없는 재화res nullis' 또는 '공공재 respublica'의 개념을 제시하면서 국제법의 근간을 마련했다. 이와 유사한 맥락에서, 오늘날의 정보기술 역시 '사이버 공간' 또는 '디지털 재화'라는 새로운 영토 또는 재화를 창출함으로써 새로운 거버넌스 의 창출을 요구하고 있다. 이는 곧 기존의 국경선을 가로질러 중첩적으로 나타나는 복잡한 관할권 문제를 해결하는 데 있어 전통적인 영토 기반의 주권 개념은 더 이상 효과적이지 않다는 인식으로 이어졌다. 글로벌 공유재가 제대로 관리되지 않을 경우 하딘Garrett Hardin이 우려했던 '공유재의 비극Tragedy of the Commons'이 재현될 가능성이 큰 상황에서 우리는 전통적인 영토 기반의 국가를 어떻게 재해석해야 할 것인가? 하딘의 제안대로 비극을 해결하고 질서를 부과하기 위한 새로운 '리바이어던 Leviathan', 즉 강압적 헤게모니가 등장해야만 하는 것인가?[3]

역사적으로 인류는 새로운 재화와 공간을 발견 또는 창출할 때마다 그것을 관리하기 위한 거버넌스 구조를 제대로 구축하지 못해왔다. 글로벌 공유재를 국가의 눈으로만 보면 과거에 통용되던 '미지의 땅terra incognita' 개념과 유사하다고 할 수 있다. 서기 2세기 프톨레미Ptolemy가 '존재하지 않은 곳'이라는 의미로 사용했던 이 개념은 근대 이전에는 거의 사용되지 않았다. 하지만 18세기 계몽주의를 거치면서 기술적 진보가 축적되고 학자들의 전문 지식이 증가했고, 이를 통해 '미지의 땅'에 대한 무지를 반성하면서 이를 과학적으로 다루기 위한 노력들이 이어졌다. 오늘날 지구 차원을 넘어 우주, 미시적 세계, 기술적 창조물 등으로 확장되고 있는 이러한 발전 속에서 '미지의 땅'은 곧 새로운 가능성을 대표하는 것으로 간주되고 있다(Corbin, 2021). 특히 20세기 후반 이

3 하딘(Garrett Hardin)은 인간의 이기적인 본성으로 말미암아 글로벌 공유재가 남용될 것이며, 이는 궁극적으로 모든 인간에게 비극을 초래할 것이라고 보았다. 이에 대한 해결책으로서 하딘은 양심이 아닌 강제를 기반으로 한 상호 합의적 제도가 불가피하다는 점을 강조했다. 이러한 사회적 합의는 사실상 리바이어던의 등장을 뜻한다(Hardin, 1968: 1243~1248).

래로 위성, 사진, 레이더, 원격 감응장치 등이 활용되면서 새로운 글로벌 공유재의 확장은 그 규모를 가늠하기조차 어려워졌다. 그럼에도 불구하고 기술과 가능성의 증가로 인한 새로운 기회와 '미지의 땅'을 어떻게 관리할 것인가에 대한 논의와 지식은 여전히 미흡한 상황이다(Murray, 2005: 103~112).

이와 같은 상황에서 네트워크 사회의 등장이 기존의 국가 행위자에 어떤 영향을 주고 있는가에 대한 면밀한 검토가 필요하다. 사회의 정보화와 네트워크화라는 형태적·구조적 변화는 전통적인 국가 주권과 관할권에 어떤 변화를 초래하고 있는가? 영토, 국민, 주권이라는 근대국가의 세 요소는 이러한 구조적 변화 속에서 여전히 존재감을 과시하고 있는가? 우선 영토적 관할권과 관련하여 정보기술은 기존의 국경선을 넘나들면서 국가의 전통적인 권력과 권한을 잠식하고 있는 것으로 간주된다. 디지털 기술을 바탕으로 하는 무역, 금융, 정보 교류 등 개별 국가 차원에서 더 이상 통제하기 어려운 관할권의 중첩이 오늘날 국제기구와 국제법의 가장 중요한 어젠다가 되고 있음을 고려할 때, 이러한 진단을 큰 무리로 보기는 어려울 것이다. 또한 국민들도 정보기술을 통해 보다 많은 경제적 기회를 확보하고 초국가적 정체성을 주장하면서 전통적인 국민의 차원을 넘어서고 있다. 동시에 국가 역시 정보기술을 동원해 국민들의 행동을 규제하고 감시하는 기능을 강화하는 빅브라더의 모습을 보이고 있다. 이런 점에서 베스트팔렌 체제에서 승인된 국가의 대내외적 '주권'은 분명 그 속성과 범위에 있어 새로운 개념 규정과 해석을 요구한다고 할 수 있다.

또한 네트워크 시대의 국가를 재조명하는 데 있어 정치의 근간이 되는 '권력'의 양태가 어떻게 변화하고 있는가를 논의할 필요성도 제기되고 있다. 세계화와 정보화 시대의 권력은 점차 '사회적 조정social coordination' 능력을 요구하고 있는데, 이는 권력의 작용 범위가 더욱 확장되고 복잡해지면서 과거와 같은 하향식, 중앙집권적 통제만으로는 더 이상 관리하기 어려워졌기 때문이다. 예를 들어 네트워크 사회에서는 글로벌 표준을 선점함으로써 권력의 원천이 전통적인 '주권'에서 연결망을 얼마나 장악하는가의 '사회성sociality'으로 이전하는 양상을 보이고 있다.[4] 연결망이 촘촘해지면서 권력의 본질이 '실체'에서 점차 '관계'의 측면으로 이전되고 있는 것이다. 데탕트 시기에는 정책적 민감성sensibility과 취약성vulnerability을 바탕으로 제기된 '복잡한 상호의존complex interdependence'의 권력 개념이 제시된 바 있었다(Keohane and Nye 1977: 11~12). 하지만 세계화 시대에는 다양한 행위 주체들이 서로 연결되어 있다는 사실 자체가 권력의 중요한 요소로 간주되고 있다. 이러한 상황에서는 권력의 규모보다도 상호 연결성 자체가 권력의 원천으로 작용할 수 있는데, 예를 들어 갚아야 할 부채가 많은 채무국이 채권국에 대해 영향력을 행사하는 일종의 '점성 권력sticky power' 개념이 이러한 연결망 권력에 해당한다(Mead, 2004: 46~53).

이처럼 네트워크 시대의 권력은 과거 중앙집권적 국가의 '독재적despotic 권력'과 달리, 사회 속으로 깊숙하게 침투하여 상대방의 결정을 강제할 수 있는 '기반적infrastructural 권력'으로 변모해 가고 있는 것이다(Mann, 1984). 이를 좀 더 미시적 차원에서 개념화한 것이 푸코의 새로운 권력 개념인데, 그에 따르면 권력은 소유하는 것이 아니라 사회제도 속에 내재된 일상적 관계이며, 모든 개인은 사회관계 속에서 권력의 능동적 주체일 수 있다. 이렇게 권력을 새로운 관점에서 규정함으로써 푸코는 전통적인 리바이어던과 같은 하향식 권력 행사가 아니라 사회관계 속에 존재하는 순환고리chains로서 이해하고 있다. 그리하여 권력은 사회조직의 그물망을 통해 행사되는 것으로서, 개인 행위자는 권력 행사의 단순한 대상이 아니라 '지배domination' 관계를 유지하기 위한 권력의 '매개체vehicle'라고 이해된다(Foucault, 1980). 이와 같은 푸코의 새로운 권력 관념은 네트워크 시대의 분산형 권력구조를 설명하는 데에도 적절하게 활용될 수 있다. 네트워크 시대의 권력은 개인 행위자들이 분점한 권력이 상향식으로 작동하도록 만들어주는 '미시적 메커니즘'에 의존하고 있기 때문이다. 이러한

4 예를 들어 국가들 간의 협력을 촉진하기 위한 규범이나 실천이 공유되면서 하나의 표준으로 작용할 경우 이러한 표준을 수립하고 통제하는 권력이야말로 대표적인 네트워크 권력이다(Grewal, 2008).

점은 네트워크 시대의 권력이 전통적인 '억압적' 속성보다도 사람들의 행동 양식을 가능하게 하는 '생산적' 속성을 동시에 보유하고 있음을 뜻하며, 이를 통해 자발적 복종 메커니즘을 형성한다는 점에서 권력에 대한 새로운 이해를 촉구하고 있다(Mills, 2008: 77~78).

3. 영토성의 종말과 근대국가의 변환

1990년대에 들어와 본격적으로 전개된 세계화의 추세는 국제정치의 차원에서 국민국가라는 주요 행위자의 권위와 역할에 대한 재검토로 이어졌다. 세계화의 추세는 생산, 무역, 금융 등 다양한 경제활동의 영역에서 전통적인 국민국가의 통제 권력이 한계에 부딪히고 있음을 여실히 보여주었고, 그로부터 '국가의 종말end of the state'이라는 주제가 세계화 시대의 핵심적인 연구 주제로 떠올랐다(Ohmae, 1995). 이러한 경향은 1980년대에 시작된 국가론의 발전과도 밀접한 연관성을 띠고 있는데, 특히 국가-사회 관계를 '국가중심적' 차원에서 재해석 하려는 신新베버적 연구 경향에 대비되는 것으로서 주목을 끌기 시작했다(Evans et al., 1985).[5] 1980년대에 이르기까지 케인스주의와 더불어 발전국가developmental state 담론을 통해 국가의 역할을 새롭게 부각시키는 담론이 주류를 형성했다면, 1990년대 이후의 세계화 추세는 국가의 역할이 위축되는 모습을 드러냄으로써 '국가의 종말'이라는 테제가 그럴듯한 가설로 자리 잡도록 했던 것이다.

이와 같이 세계화 시대의 변화에 대한 담론을 주도한 것은 자유주의 국제정

5 신베버주의는 전통적으로 자본주의의 구조 속에서 종속적인 지위에 놓여 있던 국가의 자율적인 위상을 강조한다. 특히 베버가 강조했던 국가의 합법적인 폭력 독점을 중시하면서 경제나 시민사회로부터 독립적인 국가의 속성에 주목한다(Jones, 2013: 70~91).

치 이론이었다. 오마에Ohmae Kenichi와 같은 자유주의자들의 관점에서 볼 때 경제적 자유화와 상호의존의 증대는 국가의 권력과 정당성이 한계에 다다르도록 만든 주요한 원인이었고, 국가의 역할은 이제 과거로 돌아갈 수 없는 지경에 이르렀다. 이러한 자유주의 논객들은 국가들 사이에 이루어지는 무역과 평화적 관계의 중요성을 과대 포장함으로써 국가는 과거와 같은 통제력을 행사할 수 없다는 결론에 도달했다. 한편 이와는 반대로 세계화 시대에 들어와 국가의 역할이 오히려 증대했다는 반론도 만만찮게 제기되었는데, 크래스너Stephen Krasner와 케네디Paul Kennedy와 같은 학자들은 세계화와 더불어 국가의 통제력이 증가했고 경제위기에 대응한 보호무역주의와 조세 증가, 부족주의 등으로 추세를 고려할 때 국가의 위상은 오히려 커졌다고 보았다(Hammarlund, 2005: 2~3).

세계화 시대에 대외적 차원에서 국가 간의 불균형 구조가 심화되는 현상에 관한 현실주의자들의 논의도 이와 관련하여 주목을 끌고 있다. 스트레인지Susan Strange와 같은 학자들은 세계화, 상호의존, 글로벌 거버넌스, 레짐 등과 같은 자유주의자들이 애용하는 표현들은 '완곡어법semantic euphemism'에 불과한 것으로서, 국제정치에 잠재되어 있는 구조적 불균형을 감추는 용어일 따름이라고 비판했다. 국제정치는 국내정치와 달리 기술이나 금융의 발달로 인한 변화에도 민감한데, 이로 인해서 국가 이외의 행위자들이 점점 중요한 역할을 수행하면서 결과적으로 발생한 국가 권한의 약화와 더불어 생겨난 진공 상태는 일종의 '비非거버넌스ungovernance'를 초래할 것이라는 것이다(Strange, 2001: 41~43). 이러한 관점은 세계화 시대에 대한 자유주의자들의 논의가 국내정치적 차원을 넘어서지 못하는 점을 비판하고 국가 간 관계의 구조적 측면을 부각시키고 있다는 점에서 새로운 국가론의 어젠다를 제기한 것이라고 볼 수 있다.

세계화 시대의 국가 위상이 어떠한지에 대한 논란이 지속되고 있는 와중에 가장 주목을 받는 특징으로서 국가의 영토적 기원을 꼽을 수 있다. 이는 17세기 이래로 국제정치의 단위체로서 표준적인 형태로 간주되어 온 근대국가의 영토성에 대한 적극적인 재검토를 의미한다. 다시 말해 세계화 시대의 국가 변화를 이해하기 위해서는 근대-탈근대 간의 불연속성에 초점을 맞추어야 한다. 이러한 계기는 무엇보다도 탈냉전기의 정치적 상황과 이를 기반으로 가속화되어 온 유럽의 통합 움직임에서 찾을 수 있다. 우선 1648년 이래로 국제사회는 베스트팔렌 체제를 통해 국가라는 정치 단위체의 영토적 기반에 대한 합의를 유지해 왔는데, 이러한 '근대 국제정치'의 질서가 세계화 시대에 들어와 한계에 도달했다는 점을 꼽을 수 있다(Ruggie, 1993: 143~144).

국가의 근대적 기원에 관한 러기John Ruggie의 논의에 따르면, 근대성의 기획은 과학, 도덕, 예술 분야에 걸쳐 나타난 유럽 계몽주의, 탈주술, 탈신비주의, 합리적 통제, 복지, 도덕, 진보, 행복 추구 경향에 기반을 두고 있었다. 중세의 정치질서가 이질적heteronomous, 파편적parcelized, 인정적personalized 속성을 지니고 있었다면, 근대국가는 대내적으로 동질적homonomous이면서 대외적으로 분화된differentiated 영토 공간 내에서 합법적이고 배타적인 지배체제를 구축한 것이었다. 근대국가는 이와 같은 영토의 경계 내에서 규정되고 있었다. 근대국가는 또한 다른 국가의 존재를 전제로 했는데, 이는 곧 근대 국제정치질서가 하나의 '국제사회international society'를 전제로 하고 있었음을 뜻한다. 중세의 세계가 '만민법jus gentium'을 지향했다면, 근대국가들 사이의 세계는 '만민들 간의 법jus inter gentes'을 지향하기 시작했던 것이다. 이처럼 근대국가는 물질적 차원의 변화에 더해 동류의 정치적 단위체들 간에 '사회적 인식social episteme'을 공유하고 있었다(Ruggie, 1993: 160).[6] 이처럼 근대국가의 영토성은 국가 간의 배타적 경계 설정을 기반으로 한 국제질서를 근간으로 하고 있었다.

6 베스트팔렌 체제가 '합의'에 기반을 둔 것이기는 해도 그 작동 방식은 비대칭적인 모습을 유지해 왔다는 점에서 일종의 '조직화된 위선(organized hypocrisy)'이었다는 주장도 제기된 바 있다(Krasner, 1999). 이러한 역사적 관행에 대한 비판적 관점은 오늘날 글로벌 헤게모니의 불평등성을 고발하는 제국론과도 밀접하게 연관된다(Negri and Hardt, 2001).

근대국가의 영토적 기원을 논의하는 데 있어 놓치지 말아야 할 점 중 하나는 영토적 주권 관념 안에 내재된 모순에 관한 것이다. 이것은 근대국가의 대내적 주권 개념을 떠받치는 '최고의 권리'라는 전제와 대외적 차원에서 개별 국가가 지닌 '독립성'이라는 전제가 동시에 충족되기 어렵다는 사실에서 출발한다. 즉 대내적 주권의 '절대성'과 대외적 주권의 '상대성' 사이에 충돌의 여지가 다분히 존재한다는 것이다. 한 국가는 대내적으로 절대적인 관할권을 행사하지만, 다른 나라 영토 내에 위치한 자국의 공관이나 국민에 대해서는 그렇지 못할 수 있다. 이러한 제약은 상대 국가에 대해서도 마찬가지라고 할 수 있다. 결국 근대국가는 영토적 경계 내에서 국가의 절대적 주권을 서로 보장하면서도 그렇지 못한 경우에 발생할 수 있는 '영토성의 딜레마'에 봉착하게 되었다. 대내적으로 완전하면서도 최고의 권한을 내세우면서도 대외적으로는 그러한 정치적 주체가 다수 존재하는 상황에서 완전한 영토적 주권을 주장하기 어려운 처지에 놓이게 된 것이다. 이처럼 '절대적 개체화의 역설paradox of absolute individuation'이라고도 불리는 딜레마를 근대국가는 어떻게 해결했을까?[7]

러기에 의하면, 근대국가는 예외적으로 '영토성 분할unbundling territoriality'을 제도화함으로써 이러한 딜레마로부터 벗어나고자 했다. 우선 근대국가는 이를 해결하기 위해 대내적 차원에서 영토적 지배를 강화하고 정당성을 부여할 수 있도록 하는 '사회적 권한 부여social empowerment'의 제도를 구축했다. 아울러 근대국가는 대외적 차원에서 복수의 주권국가들 간에 관할권이 중복되는 모순을 해결하기 위해 서로 간에 '상호 승인' 제도를 고안해 냈는데, 여기에는 치외법권, 위요지圍繞地, enclave, 월경지越境地, exclave 등 영토성 분할을 전제로 한 여러 제도와 관념들이 포함되었다(Ruggie, 1993: 160~165). 이는 곧 근대국가의

7 이 역설은 근대국가의 영토적 주권 개념이 안고 있는 근본적인 모순의 핵심을 형성한다. 근대국가의 주권이 대내적으로 최고의 권리로서 절대적 경향을 갖는 데 비해 대외적으로는 그러한 국가들이 복수로 존재하면서 부득불 서로 간의 주권 행사가 상대적으로 이루어질 수밖에 없기 때문이다.

근본 원리로서 합의된 영토성이 불완전하면서도 예외적인 방식으로 유지되어 왔음을 뜻한다.[8] 또한 이러한 한계로 말미암아 근대 국제정치질서가 주권체들 사이의 갈등과 충돌로 인한 임계점에 도달할 수도 있다는 것을 의미한다.

이와 같은 러기의 분석에서 우리는 근대국가의 영토성이 그 자체로 근본적인 모순을 안고 있음을 알 수 있다. 이는 근대국가 제도가 역사 속에서 지속될수록 점점 모순에 빠져들면서 장기적으로는 붕괴될 수도 있다는 암울한 전망으로 이어진다. 사실 이러한 비관적 인식은 기존의 정치학 연구가 국가에 대한 물신주의fetishism에서 벗어나지 못하고 있다는 한계와 밀접하게 연관된다. 즉 국가와 주권의 영토성 전제를 당연하게 주어진 것으로 간주함으로써 주권적 공간을 무無역사적ahistorical 존재로 만들어버렸고, 국가의 안과 밖을 구분하는 이분법적 사고를 벗어나지 못한 채 국가 내부에 사회가 내재되어 있다고 인식해 왔다는 점을 지적하지 않을 수 없다. 그리하여 기존 정치학의 국가론은 '영토의 함정territorial trap'에 매몰될 수밖에 없었다(Agnew, 1994: 54). 그럼에도 근대국가를 '영토화된territorialized' 공간으로 이해할 수밖에 없었던 것은, 베스트팔렌체제 이후 지속되어 온 유럽의 역사, 특히 계몽주의 이후 확산된 중상주의, 산업자본주의, 민족주의, 민주주의 등 여러 요소가 복합적으로 작용했기 때문이었다(Agnew, 2005: 441). 근대 유럽의 역사적 발전을 거치면서 근대국가의 영토성은 불완전하게나마 '공간적 물신주의spatial fetishism'에 의해 지탱되고 있었던 것이다(Brenner, 2004: 70).

이런 맥락에서 보면, 근대국가의 '영토성 분할'이라는 실천적 관행은 탈근대적 국제정치의 조건을 가능하게 만든 방법이었다는 것이 러기의 견해이다(Ruggie,

8 영토주권의 개념에 비판적인 수정주의자들에 따르면, 기존에 민족을 중심으로 규정된 영토성의 관념은 서서히 약화되면서 한층 엄격한 조건이 요구되는 추세이다. 예를 들어 정당한 점령, 기본적 정의, 자기 결정권 등이 보장되어야만 한 국가가 해당 영토를 지배할 수 있다고 보며, 이러한 조건이 충족되지 않을 경우 국가는 '일시적으로(pro tempore)' 영토주권을 가진다고 주장한다(Stilz, 2019: 21).

1993: 171~174). 그에 따르면, 근대 국제정치질서의 불완전한 물신주의에 대한 도전은 다원적 제도multiperspectival institutions 구축을 통해 영토성 해체를 가속화하고 있는 유럽연합, 무역 등 비非 영토적 공간의 확장, 글로벌 생태계의 문제 등에서 나타나고 있으며, 이들 모두는 근대의 국제정치질서를 넘어서는 새로운 '사회적 인식'의 필요성을 요구한다. 그렇다면 우리는 근대국가의 속성으로서 '영토성'의 조건이 얼마나 이완되고 있는가를 오늘날 세계화의 시대에 다시금 성찰해야 한다. 영토성 자체도 불완전한 메커니즘으로 존속해 왔지만, 오늘날 이에 대한 도전은 크게 경제적 차원과 기술적 차원에서 본격적으로 제기되고 있기 때문이다.

우선 경제적 차원에서는 자본주의의 확산과 심화에 따른 국가 주권의 위축을 언급할 필요가 있는데, 이것이야말로 세계화론자들이 지속적으로 강조하고 있는 점이다. 이들에 따르면, 근대국가의 영토성은 국가-자본의 관계에 따라 변화한다. 과거에는 자본이 국가의 영토 안에서 주권의 통제를 받는 것이었다면, 자본주의가 고도로 발달한 신자유주의적 세계화의 시대에는 오히려 국가가 자본의 공간에 스스로를 맞추어야 하는 상황으로 바뀌고 말았다. 신자유주의는 상품과 서비스, 노동, 자본의 이동을 확대함으로써 영토 기반의 국가조직들이 국가 하위 차원과 초국가 차원에서 새롭게 적응하도록 촉구함으로써 국가-자본의 관계에 변화를 가하고 있다. 그리하여 국가의 '영토' 공간은 더 이상 지리적인 경계에만 국한되기보다 '자본'의 흐름에 따라 재규정되는 복합적 공간 속에 놓여 있다(Brenner, 2004: 14). 이와 더불어 국가의 영토성은 기술에 의해서도 거센 도전을 받고 있다. 앞서 논의한 것처럼, 정보기술의 확산은 국가가 독점해 오던 통제의 권한을 분산시킴으로써 다양한 정치적 행위자들이 적극적으로 정치활동에 관여하도록 부추기고 있으며, 대외적으로도 국가들 간의 정보 재화의 교류와 흐름이 무제한적으로 이루어지도록 함으로써 국가의 통제력을 위축시키고 있는 것이다.

이런 점들을 고려할 때 오늘날 근대국가의 영토성이 과거와 같은 필수적 조건으로 유지될 것이라고 기대하기는 쉽지 않다. 나아가 근대국가의 제 조건들이 완화되면서 근대국가의 존재 자체가 위협받거나 소멸하고 있다는 주장도 제기되고 있다. 그런데 이와 같은 예측과는 반대되는 경향도 나타나고 있는데, 예를 들어 국가가 자본의 흐름을 규제하기 위한 여러 가지 제도적·정책적 노력을 기울이기도 하며, 정보화의 추세 속에서 다양한 기술을 통해 국민들을 감시하고 통제하려는 모습도 자주 관찰되고 있다. 따라서 세계화와 정보기술의 발전이 곧 '영토성'을 기반으로 하는 근대국가의 위상을 약화 또는 강화시킬 것이라고 단순하게 예단하기는 쉽지 않다. 그러한 영향은 경우에 따라 국가의 역할에 긍정적인 방향으로, 때로는 부정적인 방향으로 작용할 수 있는데, 이런 점을 고려할 때 세계화와 정보기술의 영향은 복합적인 방식으로 나타날 것이라고 볼 필요가 있다.

예를 들어 정보화가 고도로 발달된 미국이나 중국의 사례를 보면, 정보기술은 시민사회의 역량 강화empowerment로 이어져 정치적 권력 분포에 변화를 가져올 수 있다. 하지만 미국과 같은 민주주의 국가에서는 이러한 변화가 상향식 투입요소를 증가시킴으로써 시민들의 정치 참여를 고무시키기도 하지만, 중국과 같은 권위주의 국가에서는 오히려 국가의 정보통제가 강화됨으로써 하향식 거버넌스로서 '빅 브라더Big Brother'의 권한을 더욱 심화시키고 있기도 하다. 따라서 우리는 오늘날 정보기술의 발전이 국가의 억압적 메커니즘을 해체해 가는 자유지상주의libertarianism의 전망이 우세할지, 아니면 국민들에게 초법적 권위를 휘두르는 '오웰적Orwellian' 국가의 전망이 우세할지 현재로서는 단언하기 힘들다(Henderson, 2000: 517~523). 이런 점을 고려하여 우리는 근대국가의 '영토성'이라는 물신화의 덫에 빠지지 않으면서 동시에 국가의 지속적인 생존을 설명하기 위한 대안의 프레임워크로서 국가의 '소멸'이 아닌 '변환transformation' 과정에 초점을 맞출 필요가 있다(Brenner, 1999: 43).[9]

4. 역사 속의 제국과 오늘날의 네트워크 국가

근대국가의 영토성이 세계화 시대에 들어와 여러 가지 방식으로 약화되었다는 가설이 타당한 것이라면, 그와 같은 성격이 오늘날 어떻게 변화하고 있으며 또 국가의 권위와 역할에 어떤 변화를 주고 있는가를 묻지 않을 수 없다. 국가의 공간적 구조가 국경선이라는 영토적 경계 내에 존재하는 요소들을 단단하게 붙들어 매는 형태로 발전해 온 것이라면, 이것이 완화됨으로써 국가 내부의 응집력에 어떤 변화가 일어나고 있는 것일까? 여기에서 우리는 '네트워크 국가'라는 새로운 형태의 국가 유형에 대한 논의를 시작할 수 있을 것이다. 이러한 개념이 전통적인 국가의 개념과 크게 차별화된 것이라고 보기는 어려울 수 있지만, 오늘날 진행되고 있는 국가의 형태 변화를 설명하는 데 매우 유용한 도구가 될 수 있다. 이러한 네트워크 국가의 등장에 관해 본격적인 논의를 시작하기 전에 먼저 역사적 배경을 살펴보기로 한다.

네트워크 국가의 원조는 19세기 빅토리아 시대의 대영제국에서 찾을 수 있다. 당시의 대영제국 경영은 오늘날의 기준으로 보아도 방대한 프로젝트임에 틀림이 없지만, 교통과 통신 등 기술적 수준이 이를 떠받치는 데에는 일정한 제약이 따를 수밖에 없었다. 대영제국은 이러한 한계를 극복하기 위해 다양한 거버넌스 형태와 연결망을 통해 전 세계에 걸친 제국의 공간을 안정적으로 유지했다. 사실 대영제국이 역사적으로 발전되어 온 경로를 보자면 그것은 처음부터 본격적으로 체계를 갖춘 하나의 통합적 '기획'이 아니라, 상황에 따라 임시변통으로 만들어진 역사적 결정의 산물이었다. 다시 말해 대영제국은 중앙집권적 통제가 완전하게 이루어지는 거버넌스 체계라기보다는 다양한 주변부의 상황을 고려한 유연한 관리 양식이었다(이영석, 2019: 66~69). 예를 들어 대

9 이런 까닭에 국가는 소멸한 것이 아니라 기술혁신으로 말미암아 국가-사회의 경계가 희미해졌을 따름이라는 주장에는 타당한 면이 있다(Mitchell, 1991: 77~96).

영제국이 관리하던 영토적 공간은 백인 정착지, 자치령, 왕실령, 속령, 보호령, 공동통치령, 신탁통치령 등을 포함하고 있었고, 이를 관장하는 역할도 식민지 주정부, 인도정청, 군 등 정부의 여러 기관으로 분산되어 있었다.

이렇게 볼 때 19세기 대영제국은 '공식 제국formal empire'과 '비공식 제국informal empire'이 중첩되어 있는 통치체였다고 할 수 있다. 대영제국은 경제적 이익과 우월한 지위를 유지하기 위해서라면 언제든지 직접 통치를 포기할 준비가 되어 있었다. 물론 이러한 유연성은 제국을 포기하는 것이 아니라 간접적 방식을 동원하여 제국의 지배를 영속화하기 위한 것이었다(Gallagher and Robinson, 1953: 3~4). 이처럼 빅토리아 시대의 영국이 '공식 제국'과 '비공식 제국'의 혼합형 정치체로서 가변적인 지배 구조를 택했던 것은 주어진 한계 안에서 가장 효과적인 통치를 겨냥한 것이었다. 전 세계를 효율적으로 통치할 역량이 부족하다고 인식한 대영제국이 나름대로 생존하기 위해 경제, 군사, 이데올로기 등 다양한 영역의 자원을 총동원하여 유연한 방식으로 제국을 네트워크 형태로 통합관리한 것이다(Fletcher et al., 2019: 802~804). 그런 만큼 대영제국은 급변하는 대외 정세에 적절하게 대응하면서 스스로의 영향력을 유지하기 위해 제국 내의 다양한 권력관계를 맞춤형으로 개편했다.

이렇게 본다면 대영제국의 네트워크 구조는 글로벌 차원의 헤게모니도 아니고 공식적인 영토제국을 의미하는 것도 아닌 일종의 영국식 '세계체제world-system'였다. 이것은 법적·외교적·정치적·상업적·문화적 차원의 관계를 총칭하는 것으로서, 영국 본토와 식민지, 거류지, 보호령, 점령지, 조차지, 세력권 등 다양한 구성원들을 네트워크 구조 속에 포함한 것이었다. 이와 같은 영국식 네트워크 정치제도를 하나의 '체제' 또는 '시스템'이라고 부르는 이유는 공간적으로 전 세계에 걸쳐 있는 다양한 구성원들을 통합하려는 의지를 담고 있었고, 이로 인해 다양하고도 포괄적인 연결망이 구축되었기 때문이다. 중요한 점은 대영제국이 글로벌 차원의 지배와 경제를 지향하고 있었음에도 그것을 관리하는 정치적 역량에 제약이 있다는 사실을 명확하게 인식하고 있었다는 사실이다. 이렇게 본다면 대영제국은 통합된 계획에 따라 움직이는 단일 정치체가 아니라, 영국 정부와 다양한 제국 구성원들 간에 상호작용과 연결망을 통해 형성된 다양성의 혼합체라고 할 수 있다.

결국 대영제국은 하나의 통합적 정치체political entity라기보다는 네트워크 구조를 띤 복합적 '시스템'이었다. 시스템은 경계 내의 구성원들이 지속적으로 상호작용을 하면서 서로 간에 유기적으로 생존에 기여하는 전체를 가리킨다. 이를 위해 시스템 내에서 각자의 구성원들 사이에 적절한 기능과 역할 분담이 이루어지며, 그럼으로써 공동체가 외부의 환경과 도전에 대응하여 살아남을 수 있도록 기여한다. 대영제국도 산업혁명 이후의 기술 진보와 사회적 변화를 배경으로 영국식 '세계체제'라는 정체성을 유지하면서 제국을 관리하는 데 가장 적합한 네트워크 구조를 발전시켜 나간 것이다(Darwin, 2009: 25~26). 이와 같은 제국의 네트워크 거버넌스는 인류의 정치적 삶이 근대국가라는 표준적인 형태가 아닌 방식으로도 영위될 수 있음을 보여주는 사례라고 할 수 있다.

19세기의 대영제국 네트워크가 과잉 팽창된 영역을 관리하기 위한 목적을 띠는 것과 마찬가지로, 20세기 후반 세계화와 정보혁명의 시기에 등장한 '네트워크 국가' 역시 전통적인 국가가 직면한 역할과 정당성의 위기에 적극적으로 대응하기 위한 자발적인 변환의 산물이었다. 이는 곧 국가라는 정치 단위체가 외부로부터의 위협을 인지하고, 그러한 위기를 기회로 바꾸기 위해 다양한 전략적 대응을 취할 것이라는 전제로부터 출발한다. 이러한 전제는 국가가 경제적 세력이나 외부 요인에 수동적으로 반응하는 행위자가 아니라 사회적 관계 속에서 '자율성autonomy'을 지닌 주체subject라는 신新그람시주의적 인식을 바탕으로 한다. 물론 세계화로 인해 국경선이 희미해지고 정보기술로 말미암아 영토적 관할권이 대폭 축소된 점에 대해서는 이견이 없지만, 이러한 추세와 더불어 국가는 적극적으로 자신의 구조와 양태를 스스로 바꾸어가면서 새로운 도전에 대응하려는 모습도 나타나고 있다는 점에서 이러한 '네트워크 국가'의 현상은 주목할 만하다.

새롭게 등장한 국가 유형으로서 '네트워크 국가'는 대내외적으로 다양한 구성원들을 잇는 연결망의 모습을 띤다는 점에서 구조적으로 중앙집중적인 근대국가와 대비된다. 우선 대외적 차원에서 국가는 새로운 외부 환경의 도전에 맞서 다른 국가 행위자들과 연결망을 구축한다. 물론 이러한 국제협력이 비단 오늘날에만 국한된 현상은 아니지만, 빈곤이나 무역, 환경, 질병, 자원 등 다양한 글로벌 차원의 문제들을 해결하기 위한 협력체의 필요성은 과거 어느 때보다도 커지고 있다. 세계화 시대에 들어와 이러한 요구가 거세게 일면서 많은 나라들은 자유주의적 국가 모델의 한계를 극복하기 위한 대안적 거버넌스 모델로서 '정부 간 네트워크intergovernmental network'를 구축해 왔다.

정부 간 네트워크는 국제 문제가 다양한 기능과 층위에 따라 분화됨으로써 행정부, 사법부, 입법부 등 국가의 각 기관들이 다른 국가의 기관들과 연계하여 국제협력을 추진하는 방식으로 구축되어 왔는데, 이러한 모습은 전통적인 국제기구가 외교관과 같은 공식 대표들로만 구성된 것과 큰 차이를 보이고 있다(Castells, 2008, 414~420; Slaughter, 2004). 유럽의 경우만 하더라도 각 회원국의 국내 사회에 '내재된embedded' 정부 기관들이 다양한 층위의 사회적 결사체들 간에 구축된 네트워크를 통해 수평적 연대를 형성하고 있다(Ansell, 2000).[10] 보다 일반적 차원의 정부 간 네트워크는 동맹, 무역, 국제기구 등 다양한 하위 네트워크들 간의 연결로 이어지면서 이른바 네트워크와 네트워크 간의 '망제網際'의 구조로 발전해 가고 있기도 하다(Maoz, 2011, 106~108; 김상배, 2017).

이처럼 다양한 도전에 직면한 국가들이 대외적으로 연결망을 형성하면서 글로벌 차원의 협력을 도모하고 있는 것과 동시에, 대내적 차원에서도 국가의 네트워크화가 전개되어 왔다. 무엇보다도 국가는 시민사회나 지방자치단체 등 여러 층위의 국내 정치체에 권한과 자원을 이양함으로써 정당성 문제를 해결

10 한편 응집력이 강한 유럽연합에 비해 동아시아 국가들 간에는 느슨하면서도 개방적인 형태의 네트워크 지역주의가 유지되고 있다고 볼 수 있다(Katzenstein and Shiraishi, 1997: 12).

하고자 노력해 왔다. 이러한 변화는 기술의 발전과 교류의 증가에 기인하는 정치적 요구의 다양화에 대응한 것으로 해석할 수 있다. 사실 세계화가 가속화되기 시작한 1990년대에는 선진 자본주의 사회에서 국가 실패, 시장 실패, 거버넌스 실패 등 사회적 응집력이 약화된 상황에서 국가가 유지해 온 정당성의 위기가 고조되었고 통제의 효과가 줄어들었는데, 이러한 배경하에 국가는 변화에 적응하기 위한 방편으로서 구조적 개편을 추진했고, 그 결과로서 '네트워크 국가'라는 새로운 유형의 거버넌스 체제가 등장하게 된 것이다(Carnoy and Castells, 2001: 13~14).

이렇게 본다면 20세기 후반에 등장하기 시작한 네트워크 국가는 일종의 '네트워크화된 정치체networked polity'로서 수직적·수평적 다대다多對多 연결 구조를 지닌 복합적 다층질서heterarchy로 이해할 수 있다. 전통적인 조직원리가 중앙집중형 위계질서hierarchy 구조와 분산형 시장market 구조로 구분되고 양자 간의 스펙트럼상에 위치한 다양한 유형의 복합적 구조를 네트워크라고 보았던데 비해, 이와 같은 '다층질서'의 관념은 거버넌스가 다양한 층위에서 동시다발적으로 일어난다는 점을 강조함으로써 정치적 단위체를 더욱 복잡하게 바라본다는 차이가 있다.[11] 그럼으로써 다층질서 네트워크의 개념은 수평적 다원주의와 수직적 조합주의를 아우르는 포괄적 용어로서, 기계적 장치를 넘어서는 유지적 장치로서, 서로 중첩되는 관할권을 가진 조직의 결합체로서 인식되기도 한다(Ansell, 2000: 305~308).

네트워크 구조를 지향하는 정치체의 경우 운용 방식에서도 하향식·중앙집중형 과정에 비해 상향식·분산형 과정이 자주 나타나는 것으로 알려져 있다. 이러한 인식은 정부와 시장 모델의 운영 방식을 뛰어넘는 유연한 형태의 '거버

11 예를 들어 서유럽 국가들 사이에 이루어진 지역경제 발전 프로젝트의 경우 전통적인 위계질서 구조 대신 분산적이면서 네트워크 형태의 구조를 띠면서 다양한 제도 간의 정치적 교류와 협상을 통해 문제를 해결해 나가는 '다층질서'의 모습을 띤 것이었다(Ansell, 2000: 311).

넌스governance' 관리양식이 필요하다는 인식으로 이어졌다. 하지만 오늘날의 네트워크 구조는 이와 같은 '국가-시장-거버넌스'의 일원적 연계성에서 한 걸음 더 나아가 이들을 모두 포괄하면서도 상황에 따라 선택적으로 관리모드를 바꾸어가는 '메타거버넌스meta-governance'에 대한 논의를 가능하게 만들고 있다. 기존의 '거버넌스 실패' 관념에 대응하기 위해 새롭게 제안된 '메타거버넌스'는 '거버넌스의 거버넌스governance of governance'를 뜻하는 것으로, 네트워크 국가에서 관찰되는 복합적 관리양식을 가리킨다. 즉 네트워크 국가는 사안에 따라 위계질서형, 분산형, 거버넌스형 등 다양한 관리모델을 모두 고려하면서 필요에 따라 이들을 취사선택하면서 복잡한 문제를 해결해 가는 다층 거버넌스 구조로 이해될 수 있다(Jessop, 1998: 38~41; Jessop, 2011: 106~108).

5. 국가론의 재조명과 미래의 국가

이상의 논의처럼 오늘날의 국가가 세계화와 정보화 시대를 거치면서 그 형태와 기능에 변환을 거듭해 왔다는 점은 정치학적 고찰을 요하는 중요한 이슈임에 틀림없다. 1980년대 이후 국가의 역할에 대한 재조명이 지속적으로 이루어져 왔는데, 특히 신新베버주의의 관점은 오랫동안 국가를 자본주의 지배 세력의 도구라고 인식해 온 좌파적 패러다임을 극복하는 데 큰 기여를 했다. 전통적인 좌파 국가론이 경제적 생산관계에 초점을 맞추었다면, 스코치폴Theda Skocpol과 만Michael Mann을 중심으로 하는 신베버주의 국가론은 사회에 비해 국가를 더 지배적인 행위자로 간주하면서 권력의 하향식top-down 흐름에 더 주목했다(Evans et al., 1985; Mann, 1984; Hall and Schroeder, 2006). 이러한 입장은 기능주의functionalism 사조와 유사한 경향을 보였는데, 국가와 시민사회의 관계를 비대칭적으로 본다는 점에서 특히 그러했다. 이들이 보기에 높은 자율성을 지닌 국가 내에서 시민사회는 단지 국가의 역량을 높이는 데 필요한 도구로 간주되었다. 따라서 신베버주의와 기능주의는 국가의 변환을 설명하는 데 있어 전통적인 경제적 시각을 넘어서기도 했지만 동시에 국가의 실제 역사적 궤적을 충분하게 다루지 못했는데, 예를 들어 베버가 원래 강조했던 국가의 '정당성' 문제는 오히려 뒷전으로 밀려나 있었다(Hobson and Seabrooke, 2001: 257~260).

이런 점에서 신新그람시주의적 국가론의 부활에도 주목할 필요가 있다. 신그람시주의는 국가를 경제적 성과로만 평가하지 않으며, 사회의 '동의consent'와 그에 기반을 둔 정당성의 측면에서 국가를 규정하고 그와 관련된 사회적 규범의 중요성을 강조한다. 따라서 신베버주의의 '국가 되살리기' 대신에 '사회 되살리기bringing society back in'를 더 내세운다. 그람시에 따르면, 국가는 지배계급이 자신들의 지배체제를 정당화하면서 피지배자들의 동의를 획득하기 위한 도구이다(Gramsci, 1971: 244). 이와 같은 그람시의 국가관은 전통적인 좌파의 '국가 대 경제'의 구도를 극복하고 이것을 '국가 대 시민사회'로 확장시킨 전기를 마련했다는 점에서 주목을 받아왔다. 그러면서도 신베버주의의 비역사성이라는 한계를 넘어 세계화의 시대에 나타나고 있는 국가의 위상 하락과 글로벌 헤게모니의 변화를 설명해 낼 수 있다는 장점을 지닌다. 이러한 시각에 따르면 세계화의 추세는 초국가적 사회세력의 성장과 국가 행위자의 상대적 위축을 통해 '역사적 블록historical bloc'을 재편성하고, 국가의 전통적인 헤게모니가 글로벌 자본주의 속에서 바뀌어가는 동인을 제공해 왔다(Cox, 1981; Robinson, 2005: 562~563).

국가론의 전개 과정에서 관심을 끌고 있는 또 다른 이슈는 네트워크화로 인해 전통적인 강대국 헤게모니의 지배가 새로운 형태의 '제국'을 만들어낸다는 신좌파의 논리이다. 세계화 시대에 들어와 상대적으로 위축되어 있던 좌파 국가론은 네그리Antonio Negri와 하트Michael Hardt의 '제국Empire'에 관한 담론으로 발전해 왔다. 19세기의 대영제국은 다양한 요소들이 서로 연결되어 끊임없이 진화해 나가도록 만드는 일종의 네트워크로서, 중심에서 관리하는 '권력의 투사projection'가 아니라 다양한 지역적local 요소들이 생산, 착취, 통제 등을 위해 연결된 구조이자 유기적인 통합체였다. 대영제국의 네트워크는 앞서 논의한 것처럼 다양한 정치적 주체들의 이해관계가 합종연횡을 거듭하면서 만들어내는 다원주의의 산물이었던 것이다(Fletcher et al., 2019: 805). 이 글에서 네그리와 하트의 제국론을 본격적으로 다룰 수는 없지만, 신좌파 국가론의 무게중심이 세계화 이후에 미국과 같은 '제국'이 정보기술과 네트워크 형태의 관리양식을 통해 체제의 모순에 대응하면서 국가의 역량을 강화해 나간다는 논리는 미래의 국가가 어떤 모습으로 진화할지에 대한 흥미로운 주장이라 할 수 있다(Negri and Hardt, 2001).

전통적인 국가론과 새로운 '국가의 변환' 논리가 어떻게 전개되건 간에, 다가올 미래에 국가가 어떻게 바뀔 것인가에 대한 논의에서 빠뜨릴 수 없는 이슈가 바로 국가의 위기 대응 역량일 것이다. 오늘날 국가는 핵전쟁의 가능성, 지구온난화, 대량 이주, 감염병 등 수많은 과제에 직면했다. 기존의 국가와 초국가기구는 그동안 영토와 인구에 대한 통제를 강화하면서 국제적인 협력망을 통해 이러한 위기에 어느 정도 효과적으로 대응해 왔다. 이 과정에서 정보기술과 사회구조의 네트워크화가 국가의 역량을 강화하고 글로벌 차원의 공동인식을 함양하는 데 도움을 주기도 했다. 그럼에도 우리가 인식하는 표준 정치체 모형으로서 근대국가가 오늘날의 급박한 위기에 제대로 대응하고 있는가에 대해 긍정적 평가를 내리기 어려운 것도 사실이다. 예를 들어 민주주의 체제와 분산형 거버넌스는 많은 경우에 자원의 배분과 갈등 해소에 효과적이지 못한 것처럼 보인다. 또한 많은 나라에서는 정부의 리더십 자체가 무능하거나 포퓰리즘적 대응으로 말미암아 국민들의 피해를 증가시키기도 한다. 이처럼 국가의 역량이 한계에 직면한 상황에서 더욱 강력한 초국가적 리더십이 필요하다는 목소리가 점점 커지고 있다(Russell, 2021: 142~143). 인류는 영토적 국경선과 절대적 주권 관념만으로는 적절하게 관리할 수 없는 '공동의 운명common fate'을 지니고 있기 때문이다.

결국 정보화 시대의 새로운 국가론은 영토성의 약화와 국경선의 쇠퇴에 따른 네트워크 국가의 등장과 거버넌스 및 네트워크 거버넌스 관리 방식의 확산을 고려하면서 전통적인 국가 행위자의 변환 및 위기 대응이 어떤 방향으로 전개될 것인가에 주안점을 두어야 할 것이다. 그동안 신그람시주의와 신베버주의 간의 논쟁에서 불거진 것처럼 '국가 대 시민사회'의 관계 및 국가의 자율성에 대한 논의를 뛰어넘어 새로운 종류의 위기에 처한 국가가 기술적·제도적 차원에서 어떻게 바뀔 것인지를 면밀하게 살펴야 할 때이다(Offe, 1984; Borchert and Lessenich, 2016). 이런 맥락에서 앞으로의 국가 변환에 관한 담론은 국가의 '상대적 자율성relative autonomy'을 중심으로 전개되었던 풀란차스Nicos Poulantzas와 밀리밴드Ralph Miliband 간의 논쟁을 되짚어 보는 노력도 필요할 것이다(Poulantzas, 1969). 특히 풀란차스는 국가가 자본의 축적과 노동력의 재생산을 수행하는 동시에 사회적 이해관계의 지배와 국가 제도의 정당화라는 역할을 담당하고 있다는 점을 부각시킴으로써 국가의 역할에 상당한 정도의 자율성이 있음을 피력한 바 있다(Carnoy and Castells, 2001: 14).[12]

이와 같은 풀란차스의 국가관은 오늘날 정보화 시대의 권력관계 변화를 설명하는 데에도 유용하게 적용될 수 있다. 오늘날의 국가와 여타 정치 단위체들이 단지 세계화와 정보화의 수동적 대상에 불과한 것이 아니라 스스로의 존속을 위한 메커니즘을 구현하려는 능동적 주체라는 점을 부각시킬 수 있기 때문이다. 이런 점에서 풀란차스-밀리밴드 논쟁의 연장선상에서 우리는 오늘날 정보기술의 확산과 네트워크 추세 속에서 국가에 대해 일관적이지 않은 방식으로 작동하는 영향, 즉 국가의 역량 강화와 위축이라는 이중적인 현상을 설명할 수 있다. 물론 오늘날의 국가의 형태와 기능에 영향을 미치는 것이 자본주의적 세계화와 첨단기술에만 국한될 필요는 없을 것이다. 국가는 수백 년간에 걸쳐

12 오늘날 신좌파 계열의 학자들은 세계화 시대의 국가를 변환하도록 만드는 매개변수로서 노동의 재조직화, 노동자-생산품의 분리, 국가의 재통합 기능, 문화적 정체성의 부상, 그리고 지식과 권력 관계의 재구조화 등을 꼽는다.

진화해 왔고, 또 앞으로도 그럴 것이라고 예상된다. 국가는 인류 역사상 존재해 온 다양한 정치체들 중에서도 가장 효과적이었고, 여타 시스템에 비해 아직도 비교 우위를 지니고 있는 정치제도이기 때문이다. 이러한 우위는 사이버 공간과 같은 새로운 글로벌 차원의 공공재에서도 지속될 가능성이 크다.[13] 유럽연합과 같이 다양한 형태의 구조적 변화가 시도되고 있기는 하지만, 아직까지 국가 시스템을 대체할 만한 대안 모델은 등장하지 않고 있는 것이 현실이다. 이런 점에서 근대국가는 앞으로도 다양한 형태의 도전에 적응하면서 스스로 변환해 갈 것으로 전망된다.

국제정치학자인 길핀Robert Gilpin에 따르면, 국제정치의 기본은 오랜 세월에 걸쳐 크게 바뀌지 않았다. 여기에서 '기본'이라 함은 '무정부상태anarchy'에서 독립적 단위체들 사이에 반복적으로 이루어지는 부와 권력 투쟁의 패턴을 가리킨다(Gilpin, 1981: 7). 하지만 우리가 국제정치의 '변화'라는 동적 차원에 주목한다면, 적어도 국제정치의 외생적 차원에서 나타나기 시작한 변화가 국제정치 본래의 모습을 바꾸어가는 모습도 관찰할 수 있다. 이와 관련하여 홀스티K. J. Holsti는 국제정치의 '변화'를 '기반적 제도foundational institutions'의 변화와 '절차적 제도procedural institutions'의 변화로 구분했는데, 전자에는 국가체제, 영토성, 주권, 국제법 등이 포함되고 후자에는 외교, 무역, 식민주의, 전쟁 등 반복적으로 일어나는 관행, 이념, 규범 등이 포함된다는 점을 고려할 때 오늘날 국가의 변환 과정 역시 절차적 제도의 변화에서 시작하여 기반적 제도가 변화

13 근대 초기의 주권 관념이 왕조국가에서 발전하게 된 배경에는 '불문권(prescription)'이 자리 잡고 있다. 이 개념은 별도의 합의가 없더라도 오랜 기간 사용해 온 관행에 기초하여 주장할 수 있는 청구권을 의미한다. 그리하여 일정 기간 영토를 점유해 왔다면 그에 대한 권리를 확정할 수 있다는 것이다. 이러한 불문권 개념을 통해 근대 초기의 세습왕조들은 영토 내에서 자신들의 주권을 보장받았다(Jackson, 2016: 249). 이처럼 근대 초의 경제사회적 변화 속에서 세습왕조들이 주권적 권위를 인정받았던 것만큼이나 사이버 공간에서도 국가의 주권적 지위가 자연스럽게 지속될 가능성은 크다.

하는 과정을 이해할 수 있다(Holsti, 2004: 21).[14] 다시 말해 사이버 공간이 만들어지고 세계의 네트워크화가 가속화되는 절차적 변화로부터 국가와 영토성, 주권이라는 기반적 변화가 도출되는 모습이 새삼스러울 것은 없다.

이와 같은 논의는 장차 등장하게 될 새로운 형태의 정치체로서 미래의 국가에 대한 전망으로 이어질 것이다. 정치학 내에서의 국가론의 역사나 성격을 고려할 때 영토성이나 주권의 개념을 뛰어넘는 형태로 국가 중심의 패러다임이 개편될 것인지, 아니면 국가의 권한과 기능이 강화되는 형태로 환경적 요인들이 수용될 것인지를 예측하는 일은 아직 이를 것이다. 그럼에도 불구하고 세계화 이후 빠르게 진행되고 있는 국가의 역할 변화는 주권 또는 '자율성'의 정도에 대한 정치적 판단을 동반할 수밖에 없을 것이다. 특히 자본주의 체제가 여전히 존속하면서 대안의 경제체제가 뚜렷하게 나타나지 않는 상황에서 국가와 자본주의 간의 경제적 연관성은 여전히 좌파적 관점을 무시할 수 없다는 교훈으로 이어진다. 하지만 이러한 추세는 대체로 서구 지역에 편중된 경향으로서, 러시아와 중국, 수많은 제3세계의 권위주의 국가들에서도 그대로 구현된다고 보기 어렵다. 왜냐하면 이들 지역에서는 여전히 '자율성'을 전면에 내세우면서 국가의 권한과 기능이 강화되는 추세가 지속되고 있기 때문이다. 그만큼 미래의 국가는 이처럼 대조적으로 나타나는 양상들 사이에 어느 쪽으로 무게추가 기울 것인지에 따라 변환의 방향이 정해질 것이다.

14 길핀은 국제정치의 다이내믹스를 분석하기 위해 세 가지의 범주를 설정했다. 이것은 제국, 국민국가, 다국적기업 등 시스템을 구성하는 행위자의 성격 변화를 가리키는 '시스템 속성 변화(systems change)', 거버넌스 및 권력 배분의 변화, 위계질서, 규칙, 권력관계에 초점을 맞추는 '시스템 조직 구성의 변화(systemic change)', 그리고 국가 등 행위자의 빈번한 상호작용을 중시하는 행위자 간 '상호작용의 변화(interaction change)'로 구분된다(Gilpin, 1981: 39~44).

6. 맺는 말

이 글은 오늘날의 세계화 및 정보화 추세 속에서 전통적인 정치적 단위체의 표준으로 자리매김해 온 근대국가가 어떻게 변화할 것인지를 살펴보았다. 정보기술의 발전과 그로 인한 전 세계의 네트워크화는 정치적인 면에서도 큰 변화를 초래했는데, 사이버 공간이라는 새로운 글로벌 공유재의 등장은 국가들 사이에 새로운 갈등과 경쟁의 동기를 유발하고 있으며, 사이버 공간이라는 새로운 유형의 정치 공간을 생성함으로써 전통적인 영토 기반의 주권에 일대 변화를 촉발하고 있다. 또한 기술의 발전은 권력 개념조차도 새롭게 해석하도록 부추기고 있는데, 상호성과 복잡성이 증가한 오늘날 권력은 과거와 달리 분리가 불가능한 방식으로 작용하면서 전통적인 구분을 무색하게 만들고 있다.

이러한 상황에서 전통적인 근대국가의 핵심 원리인 '영토' 기반의 주권 관념에도 일대 변화가 예상되고 있다. 더 이상 영토의 획정에 영향을 받지 않는 인적·물적 교류가 확대되면서 국가가 통제 가능한 관할권이 대폭 축소 또는 약화되고 있는 것이 현실이기 때문이다. 이런 점에서 근대국가의 영토성 개념은 매우 불안정하면서도 때론 모순적인 속성을 벗어나지 못하고 있다. 우리가 당연한 것으로 간주해 온 영토적 '물신주의'는 이제 네트워크 사회 또는 사이버 공간에서 더 이상 통용될 수 없다. 이와 동시에 다양한 기술적·공간적 기회가 국가에 의해 전유됨으로써 역으로 국가의 역할과 권한을 강화시켜 주는 현상도 나타나고 있다. 이런 점에서 우리는 영토성이 항상 약화되는 방향으로만 진행될 것인지 아직 판단하기 이르다.

그럼에도 불구하고 근대국가가 과거의 영토성에 얽매이지 않으면서 새로운 형태의 국가, 즉 '네트워크 국가'로 탈바꿈하는 모습에 주목할 필요가 있다. 19세기의 대영제국도 관리상의 효과성을 위해 네트워크 구조를 적극 채택했지만, 오늘날에는 더욱 복잡하면서도 정교한 방식의 네트워크 국가가 등장하고 있기 때문이다. 대외적으로 국가들은 네트워크 형태의 협력망을 통해 글로벌 차원의 도전에 공동으로 대응하고 있다. 또한 대내적으로 국가는 복잡성과 정당성의 문제를 해소하기 위해 적극적으로 거버넌스 및 메타거버넌스의 관리 양식을 도입하고 있다. 이러한 변화는 자유주의적 관점 및 비판이론의 관점에서 공히 인식되고 있는데, 앞으로 국가가 어떻게 유연한 방식으로 외부의 도전에 대응하면서 스스로의 모습을 변환시켜 나갈 것인지에 대한 어젠다를 촉구하고 있기도 하다.

이상의 논의에서 우리는 전통적인 국가론 논쟁의 연장선상에서 오늘날 나타나고 있는 근대국가의 변환 및 네트워크 국가의 등장을 설명할 수 있음을 알 수 있다. 과거 자본주의 경제환경 속에서 계급적 관점으로만 이해하던 좌파적 국가론은 오늘날 기능주의적 시각을 포함하는 신베버주의, 그리고 시민사회의 부상과 정당성 문제를 고려하는 신그람시주의로 확장되어 왔다. 이들 각각에서 중시되는 관점의 차이에도 불구하고 국가의 자율성이라는 문제가 미래의 국가가 어떤 방향으로 나아갈 것인지를 가늠하는 데 핵심적인 주제로 떠오를 것으로 보인다. 아울러 다양한 형태의 위기가 동시다발적으로 확산되는 시대에 미래의 국가가 얼마나 효과적으로 대응할 수 있는지가 무엇보다 중시되고 있다. 이 논문은 이러한 점들을 감안하여 미래 네트워크 국가의 등장이 국가론의 맥락에서 어떤 의미를 갖는지를 살펴보았다.

김상배. 2017. 「사이버 안보의 주변4망(網)과 한국: 세력망의 구조와 중견국의 전략」. ≪국제정치논총≫, 제57권 1호, 111~154쪽.

민병원. 2009. 「네트워크의 국제관계: 이론과 방법론, 그리고 한계」. ≪국제정치논총≫, 제49권 5호, 391~405쪽.

이영석. 2019. 『제국의 기억, 제국의 유산』. 아카넷.

Agnew, John. 1994. "The Territorial Trap: The Geographical Assumptions of International Relations Theory." *Review of International Political Economy,* Vol.1, No.1, pp.53~80.

_____. 2005. "Sovereignty Regimes: Territoriality and State Authority in Contemporary World Politics." *Annals of the Association of American Geographers,* Vol.95, No.2, pp.437~462.

Ansell, Christopher. 2000. "The Networked Polity: Regional Development in Western Europe." *Governance,* Vol.13, No.3, pp.303~333.

Borchert, Jens and Stephan Lessenich. 2016. *Claus Offe and the Critical Theory of the Capitalist State.* London: Routledge.

Brenner, Neil. 1999. "Beyond State-Centrism? Space, Territoriality, and Geographical Scale in Globalization Studies." *Theory and Society,* Vol.28, pp.39~78.

_____. 2004. *New State Spaces: Urban Governance and the Rescaling of Statehood.* Oxford: Oxford University Press.

Carnoy, Martin and Manuel Castells. 2001. "Globalization, the Knowledge Society, and the Network State: Poulantzas at the Millennium." *Global Networks,* Vol.1, No.1, pp.1~18.

Castells, Manuel. 2000. "Materials for an Exploratory Theory of the Network Society." *British Journal of Sociology,* Vol.51, No.1, pp.5~24.

_____. 2003. *The Rise of the Network Society.* 김묵한 외 옮김. 『네트워크 사회의 도래』. 서울: 한울아카데미.

_____. 2008. *The Power of Identity.* 정병순 옮김. 『정체성 권력』. 파주: 한울아카데미.

Corbin, Alain. 2021. *Terra Incognita: A History of Ignorance in the Eighteenth and Nineteenth Centuries.* Cambridge: Polity.

Cox, Robert. 1981. "Social Forces, States and World Orders: Beyond International Relations Theory." *Millennium,* Vol.10, No.2, pp.126~155.

Darwin, John. 2009. *The Empire Project: The Rise and Fall of the British World-System, 1830-1970.* Cambridge: Cambridge University Press.

Evans, Peter, Dietrich Rueschemeyer, and Theda Skocpol(eds.). 1985. *Bringing the State Back In.* Cambridge: Cambridge University Press.

Fletcher, Robert, Benjamin Mountford, and Simon Potter. 2019. "Making Connections: John Darwin and His Histories of Empire." *Journal of Imperial and Commonwealth History,* Vol.47, No.5, pp.801~814.

Foucault, Michel. 1980. *Power/Knowledge: Selected Interviews and Other Writings, 1971-1977.* in Colin Gordon(ed.). New York: Pantheon Books.

Gallagher, John and Ronald Robinson. 1953. "The Imperialism of Free Trade." *Economic History Review,* Vol.6, No.1, pp.1~15.

Gilpin, Robert. 1981. *War and Change in World Politics.* Cambridge: Cambridge University Press.

Gramsci, Antonio. 1971. *Selections from the Prison Notebooks.* in Q. Hoare and D. Boothman(eds.). London: Lawrence and Wishart.

Grewal, David Singh. 2008. *Network Power: The Social Dynamics of Globalization*. New Haven: Yale University Press.

Hall, John and Ralph Schroeder(eds.). 2006. *An Anatomy of Power: The Social Theory of Michael Mann*. Cambridge: Cambridge University Press.

Hammarlund, Per. 2005. *Liberal Internationalism and the Decline of the State: The Thought of Richard Cobden, David Mitrany and Kenichi Ohmae*. New York: Palgrave Macmillan.

Hardin, Garrett. 1968. "The Tragedy of the Commons." *Science*, Vol.162(3859), pp.1243~1248.

Henderson, David. 2000. "Information Technology as a Universal Solvent for Removing State Stains." *Independent Review*, Vol.4, No.4, pp.517~523.

Hobson, John and Leonard Seabrooke. 2001. "Reimagining Weber: Constructing International Society and the Social Balance of Power." *European Journal of International Relations*, Vol.7, No.2, pp.239~274.

Holsti, K. J. 2004. *Taming the Sovereigns: Institutional Change in International Politics*. Cambridge: Cambridge University Press.

Jackson, Robert. 2016. *Sovereignty*. 옥동석 옮김. 『주권이란 무엇인가: 근대 국가의 기원과 진화』. 서울: 21세기북스.

Jessop, Bob, 2011. "Metagovernance." in Mark Bevir(ed.). *The Sage Handbook of Governance*. London: Sage. pp.106~123.

_____. 1998. "The Rise of Governance and the Risks of Failure: The Case of Economic Development." *International Social Science Journal*, Vol.50(155), pp.29~45.

Jones, Lee. 2013. "State Theory and Statebuilding: Towards a Gramscian Analysis." in Robert Egnell and Peter Haldén(eds.). *New Agendas in State Building: Hybridity, Contingency and History*. London: Routledge. pp.70~91.

Katzenstein, Peter and Takashi Shiraishi. 1997. *Network Power: Japan and Asia*. Ithaca: Cornell University Press.

Keohane, Robert and Joseph Nye. 1977. *Power and Interdependence: World Politics in Transition*. Boston: Little, Brown and Co.

Krasner, Stephen. 1999. *Sovereignty: Organized Hypocrisy*. Princeton: Princeton University Press.

Mann, Michael. 1984. "The Autonomous Power of the State: Its Origins, Mechanisms and Results." *European Journal of Sociology*, Vol.25, No.2, pp.185~213.

Maoz, Zeev. 2011. *Networks of Nations: The Evolution, Structure, and Impact of International Networks, 1816-2001*. Cambridge: Cambridge University Press.

Mead, Walter Russell. 2004. "America's Sticky Power." *Foreign Policy*, Vol.141, pp.46~53.

Mills, Sara. 2008. *Michel Foucault*. 임경규 옮김. 『현재의 역사가 미셸 푸코』. 서울: 앨피.

Mitchell, Timothy. 1991. "The Limits of the State: Beyond Statist Approaches and Their Critiques." *American Political Science Review*, Vol.85, No.1, pp.77~96.

Murray, Carl. 2005. "Mapping Terra Incognita." *Polar Record,* Vol.41, pp.103~112.

Negri, Antonio and Michael Hardt. 2001. *Empire.* 윤수종 옮김. 『제국』. 서울: 이학사.

Offe, Claus. 1984. *Contradictions of the Welfare State.* London: Hutchinson.

Ohmae, Kenichi. 1995. *End of the Nation State: The Rise of Regional Economies.* London: HarperCollins.

Poulantzas, Nicos. 1969. "The Problem of the Capitalist State." *New Left Review,* Vol.58, pp.67~78.

Robinson, William. 2005. "Gramsci and Globalization: From Nation-State to Transnational Hegemony." *Critical Review of International Social and Political Philosophy,* Vol.8, No.4, pp.559~574.

Ruggie, John Gerard. 1993. "Territorial and Beyond: Problematizing Modernity in International Relations." *International Organization,* Vol.47, No.1, pp.138~174.

Russell, Peter. 2021. *Sovereignty: The Biography of a Claim.* Toronto: University of Toronto Press.

Sassen, Saskia. 2000. "Digital Networks and the State: Some Governance Questions." *Theory, Culture and Society,* Vol.17, No.4, pp.19~33.

Slaughter, Anne-Marie. 2004. *A New World Order.* Princeton: Princeton University Press.

Stilz, Anna. 2019. *Territorial Sovereignty: A Philosophical Exploration.* Oxford: Oxford University Press.

Strange, Susan. 2001. *The Retreat of the State.* 양오석 옮김. 『국가의 퇴각: 세계 경제 내 권력의 분산』. 서울: 푸른길.

찾아보기

가

경제-사회적 위기 229
『고르기아스』 38
관조 59~60
『국가의 귀환』(1984) 110
국가중심적 국가론 112
『국가』 42, 48
국부펀드 138
국익(國益) 51~52
국제 30~32
국채 136
글로벌 정의 42
금 태환제 129
금본위제 128
금융화 139

나

내러티브(서사, 스토리) 178~179, 191, 197, 200, 202, 205, 207, 209~210
내장된 자율성 112
네 번째 재건국 210
네오-마르크시즘 111
네이션 179, 201
네이션의 전기(national biography) 207
네트워크 국가(network state) 15
노모스 34, 38~39

다

다수-소수 국가(majority-minority nation) 188
다양한 유형의 세계화 117
대전략(Grand Strategy) 13
대전환 11
뒤르켐, 에밀 125

마

마르크스, 카를 125
망제정치 17
메타 거버넌스(meta governance) 14
문화전쟁 182, 186, 189, 193, 204~205
미국 신조(American Creed) 177, 181, 183, 194, 197
미국인을 위한 문화전쟁 199

바

바이든, 조(Joe Biden) 176, 199
반세계화 144
발전국가 112
백인 민족주의 185, 198, 200, 208, 211
백인 민족주의자 199
베버, 막스 126
복수전통론(multiple traditions approach) 182, 199, 209
부르디외, 피에르 126
브레턴우즈 130
비세계화 117
비판인종이론(critical race theory) 195, 197, 203~204, 208

사

사회구성체 논쟁 113
세계화 127
세계화 비판 서사 118
슈트렉, 볼프강 141
스코치폴, 시다(Theda Skocpol) 110

시민 민족주의(civic nationalism) 177, 188
시민적 민족주의 205
신자유주의 114
신자유주의적 세계화 117
신흥안보(emerging security) 10

아

아리스토텔레스 32, 51, 53, 55, 57~58
연기금 137
오바마, 버락(Barack Obama) 187
외채 137
위기 148
유로 131
인간본성(human nature) 35~37

자

자본주의 국가론 108
자본주의의 다양성 115
자연 32~33
자유주의 129
자전적 서사(national biographic narrative) 179
재세계화(re-globalization) 13, 117
재세계화의 국가론 121
정체성 정치(identity politics) 195~197, 208
정체성 정치학 209
정치적 양극화 208
정치적 위기 226
『정치학』 53
좋은 삶의 정치 54, 57
좋을 삶 56
주권 30~31
중국 모델 142
중국적 레닌주의 222
지구적 위기 236

타

탈(脫)신자유주의 13
토빈세 145
토크빌-하츠 테제(Tocqueville-Hartz Thesis) 181, 183
통화주의 132
통화질서 131
투키디데스 32~33, 40
트라시마코스 43
트럼프, 도널드(Donald Trump) 176, 185, 198
티파티(Tea Party) 188

파

『펠로폰네소스 전쟁사』 33
포디즘 135
포퓰리스트 민족주의 187
포퓰리즘 182, 206
퓌시스(Φύσισ) 33~35, 38~39
플라톤 32, 38, 42~43
피부색 불문(color-blind) 186, 196

하

헌팅턴, 새뮤얼(Samuel Huntington) 186
환경 146
휘브리스 40~41
흑인의 삶도 소중하다(Black Lives Matter: BLM) 177, 192, 196~197

기타(숫자)

1619 프로젝트 191, 201
1776 위원회(President's Advisory 1776 Commission) 193, 196, 200, 208

서울대학교 미래전연구센터

서울대학교 미래전연구센터는 동 대학교 국제문제연구소 산하에 서울대학교와 육군본부가 공동으로 설립한 연구기관으로, 4차 산업혁명 시대 미래전과 군사안보의 변화에 대하여 국제정치학적 관점에서 접근하는 데 중점을 두고 있다.

김상배

서울대학교 정치외교학부 교수다. 서울대학교 외교학과를 졸업하고 동 대학원에서 석사학위를 받은 뒤 미국 인디애나대학교에서 정치학 박사학위를 받았다. 현재 한국사이버안보학회 회장을 맡고 있다. 주요 연구 분야는 신흥안보, 사이버 안보, 디지털 경제, 공공외교, 미래전, 중견국 외교다. 대표 저서로 『미중 디지털 패권경쟁: 기술·안보·권력의 복합지정학』(2022), 『버추얼 창과 그물망 방패: 사이버 안보의 세계정치와 한국』(2018), 『아라크네의 국제정치학: 네트워크 세계정치이론의 도전』(2014) 등이 있다.

박성우

서울대학교 정치외교학부 교수다. 서울대학교 외교학과를 졸업하고 동 대학원에서 석사학위를 받은 뒤 미국 시카고대학교에서 정치학 박사학위를 받았다. 현재 한국정치사상학회 편집위원장을 맡고 있다. 주요 연구 분야는 고전정치철학, 국제정치사상, 글로벌 정의론, 정전론 등이다. 대표 저서와 역서로 『국가: 플라톤』(해설·옮김, 2022), 『동굴 속의 철학자들: 20세기 정치철학자와 플라톤』(공저, 2021), 『정치사상사 속 제국: 정치사상사 속에서 제국의 본질과 의미를 찾다』(2019), 『영혼 돌봄의 정치: 플라톤 정치철학의 기원과 전개』(2014) 등이 있다.

홍태영

국방대학교 안보정책학과 교수이자 안보대학원장이다. 서울대학교 정치학과를 졸업하고 동 대학원에서 석사학위를 받은 뒤 프랑스 파리 사회과학고등연구원에서 정치학 박사학위를 받았다. 주요 연구 분야는 자유주의, 민족주의, 공화주의, 근대와 탈근대의 정치 등이다. 대표 저서로 『국민국가를 넘어서: 근대정치의 시공간적 전환을 위하여』(2019), 『정체성의 정치학』(2011), 『국민국가의 정치학』(2008) 등이 있다.

손열

연세대학교 국제학대학원 교수이다. 미국 시카고대학교에서 정치학 박사학위를 취득하였다. 현재 재단법인 동아시아연구원(East Asia Institute) 원장이다. 연세대학교 국제학대학원장과 언더우드국제학부장, 지속발전연구원장, 국제학연구소장 등을 역임하였고, 중앙대학교 국제대학원 교수, 도쿄대학과 와세다대학 특임초빙교수, 노스캐롤라이나대학(채플힐)과 캘리포니아대학(버클리) 객원교수를 거쳤다. 한국국제정치학회장과 현대일본학회장을 지냈고, 외교부, 한국국제교류재단 및 동북아역사재단 자문위원이다. 전공 분야는 일본 외교 및 정치경제, 국제정치경제, 공공외교이다. 최근 편저로 『코로나 위기 이후 세계정치경제질서: 미중경쟁, 디지털 전환, 거버넌스 변화』(공저, 2022), 『위기 이후 한국의 선택: 세계금융위기, 질서 변환, 중견국 경제외교』(공저, 2020) 등이 있다.

조홍식

숭실대학교 정치외교학과 교수다. 파리정치대학(Sciences Po Paris) 정치·경제·사회학과를 졸업하고 동 대학원에서 정치학 박사학위를 받았다. 주요 연구 분야는 유럽 정치와 국제정치경제다. 대표 저서로 『22개 나라로 읽는 부의 세계사: 역사의 흐름을 지배한 7가지 부의 속성』(2022), 『자본주의 문명의 정치경제』(2020), 『문명의 그물: 유럽 문화의 파노라마』(2018) 등이 있다.

송지연

서울대학교 국제대학원 교수다. 고려대학교 정치외교학과를 졸업하고 동 대학원에서 석사학위를 받은 뒤 미국 하버드대학교에서 정치학 박사학위를 받았다. 현재 진행하고 있는 주요 연구는 저출산·고령화 문제와 이러한 인구구조의 변화로 나타나고 있는 정치적 갈등, 경제시스템의 변화, 사회복지정책 대응 등을 분석하고 있다. 그리고 새로운 도전에 직면한 자본주의 모델의 조정 및 세계화와 탈세계화 흐름 속에서 출현하고 있는 양극화, 대중주의(populism), 반이민주의 등의 정치적 지형을 비교적 맥락에서 살펴보고 있다. 대표 저서로 *Inequality in the Workplace: Labor Market Reform in Japan and Korea*(Cornell University Press, 2014)가 있고, 동아시아 정치, 비교정치경제, 국제정치경제, 노동시장, 복지정책, 이민정책, 국제개발협력 등을 분석한 다수의 연구논문을 국내외 저명 학술지에 게재하였다.

차태서

성균관대학교 정치외교학과 조교수이다. 서울대학교 외교학과를 졸업하고 동 대학원에서 석사학위를 받은 뒤 미국 존스홉킨스대학교에서 정치학 박사학위를 받았다. 현재 성균관대학교 글로벌미래전략연구소 소장을 맡고 있다. 주요 연구 분야는 미국 외교정책, 국제정치이론, 담론분석 등이다. 대표 논문으로 "Contending American Visions of North Korea: The Mission Civilisatrice vs. Realpolitik"(2023), "Is Anybody Still a Globalist? Rereading the Trajectory of US Grand Strategy and the End of the Transnational Moment"(2020), "Competing Visions of a Post-modern World Order: The Philadelphian System vs. The Tianxia System"(2018) 등이 있다.

여유경

경희대학교 국제대학 국제학과 교수다. 미국 메릴랜드대학-컬리지파크에서 정치학 박사학위를 받았다. 홍콩시립대학에서 조교수를 역임했으며, 하버드대학교 페어뱅크 중국연구센터에서 방문학자로 활동했다. 주요 연구 분야는 중국 정치경제, 중국 외교경제 정책, 동아시아 국제관계, 글로벌 거버넌스와 중국이다. 대표 저서로 *Varieties of State Regulation: How China Regulates Its Socialist Market Economy*(Cambridge: Havard University Press, 2020)가 있다.

고민희

이화여자대학교 정치외교학과 부교수이다. 이화여자대학교 정치외교학과와 영문과를 졸업하고 미국 시카고대학교에서 정치학 석사·박사학위를 받았다. 이후 미국 뉴저지 윌리엄패터슨 주립대, 뉴욕시립대(CUNY)에서 조교수로 재직하였다. 주요 연구 분야는 소수자 정치, 지속가능성, 도시 불평등, 젠더이다. 미국을 중심으로 도시정치, 재난과 불평등, 인종문제에 대해 연구하였으며, 대표 저서로 *Rethinking Community Resilience: The Politics of Disaster Recovery in New Orleans*(NYU Press, 2021)가 있다. 현재는 동아시아의 젠더불평등에 대한 연구를 수행 중이다.

민병원

이화여자대학교 정치외교학과 교수이다. 서울대학교 외교학과와 동 대학원을 졸업하고 미국 오하이오주립대학교에서 국제정치학을 주제로 정치학 박사학위를 취득하였다. 국제정치이론, 국제문화와 안보, 국제정보질서, 사이버안보, 복잡계이론 등의 분야를 주로 연구하고 있으며, 『사이버 안보의 국제정치학적 지평: 전략과 외교 및 규범』(공저, 2018), 『장소와 의미: 동주 이용희의 학문과 사상』(공저, 2017), 『복잡계로 풀어내는 국제정치』(2005) 등을 저술하였다.

한울아카데미 2470
서울대학교 미래전연구센터 총서 8

대전환 시대의 국가론

위기 극복의 국제정치학

엮은이 김상배 | **지은이** 김상배·박성우·홍태영·손열·조홍식·송지연·차태서·여유경·고민희·민병원
펴낸이 김종수 | **펴낸곳** 한울엠플러스(주) | **편집책임** 조수임 | **편집** 정은선
초판 1쇄 인쇄 2023년 8월 25일 | **초판 1쇄 발행** 2023년 9월 25일
주소 10881 경기도 파주시 광인사길 153 한울시소빌딩 3층
전화 031-955-0655 | **팩스** 031-955-0656 | **홈페이지** www.hanulmplus.kr
등록번호 제406-2015-000143호

Printed in Korea.
ISBN 978-89-460-7471-2 93340

※ 책값은 겉표지에 표시되어 있습니다.